A CAIXA-PRETA DA GOVERNANÇA

GOVERNANÇA

Conselhos de administração
por quem vive dentro deles

SANDRA GUERRA

A CAIXA-PRETA DA GOVERNANÇA

Conselhos de administração
por quem vive dentro deles

4ª edição

BestSeller

Rio de Janeiro | 2021

CIP-BRASIL. CATALOGAÇÃO NA PUBLICAÇÃO
SINDICATO NACIONAL DOS EDITORES DE LIVROS, RJ

G964c 4. ed.	Guerra, Sandra A caixa-preta da governança: conselhos de administração por quem vive dentro deles / Sandra Guerra. – 4. ed. – Rio de Janeiro: BestBusiness, 2021.

        Inclui bibliografia e índice
        ISBN 978-65-5670-008-3

        1. Administração. 2. Governança corporativa. I. Título.

21-71986
                    CDD: 658.4
                    CDU: 005.94

Leandra Felix da Cruz Candido – Bibliotecária – CRB-7/6135

Publicado mediante acordo com Villas-Boas & Moss Agência e Consultoria Ltda.

Design de capa: Juliana Misumi
Foto da autora: Fifi Tong
Gráficos, tabelas e figuras: Glauco Lara

Texto revisado segundo o novo Acordo Ortográfico da Língua Portuguesa.

Direitos exclusivos desta edição
adquiridos pela Editora Best Seller Ltda.
Rua Argentina 171 - 20921-380 – Rio de Janeiro, RJ – Tel.: 2585-2000.

Impresso no Brasil

ISBN 978-65-5670-008-3

Seja um leitor preferencial Record.
Cadastre-se e receba informações sobre
nossos lançamentos e nossas promoções.

Atendimento ao leitor e vendas diretas:
sac@record.com.br.

Para Bengt Hallqvist,
que me abriu as portas da governança corporativa
e, com isso, mudou minha vida.

Sumário

Agradecimentos

Este livro só existe porque César Souza é uma pessoa determinada e convincente. Se você ainda não sabe, saberá, lendo este livro, que César é conselheiro de administração, consultor e autor renomado. Passamos a nos sentar juntos em um conselho de administração (CA) em 2011 e aí meu sossego acabou. Toda vez que a palavra "livro" vinha à tona, César me cobrava o fato de eu ainda não ter escrito o meu. Ele sabia de minha coautoria de livros com organizações multilaterais, mas não era disso que ele falava. Era a "minha" obra que ele reclamava. E, como eu sempre tivera um motivo para deixar o projeto um pouco mais para a frente, César usou um argumento que foi definitivo para mim: "Você não tem o direito de reter esse conhecimento só para você." No mesmo ano, eu realizava a primeira entrevista e agradeço a César pela mentoria em todo o processo de elaboração deste livro.

Mas a dificuldade permanecia, minha agenda intensa de trabalho era um impeditivo real e palpável. Eu precisava de ajuda para escrever. Tendo sido jornalista nos primeiros dez anos de vida profissional, sei bem usar a escrita para me expressar, mas o tempo — artigo mais luxuoso da época em que vivemos — simplesmente não me permitia dar o ritmo que uma obra como esta demanda. E a procura por ajuda não era trivial: eu não buscava o auxílio de um *ghost-writer* típico, pois sabia muito bem o que e como queria escrever. Deveria ser alguém que poderia trabalhar a partir do conteúdo efetivamente construído por mim e, principalmente, alguém que tivesse tamanha segurança sobre seu texto que não se incomodaria com uma revisão que poderia ser devastadora para ficar do meu "jeito". Cristina Sant'Anna, minha amiga desde os tempos que nós duas éramos jornalistas, era a resposta óbvia, que foi evitada por meses a fio por nós duas, com receio de que o projeto pudesse azedar nossa amizade. Ela dizia: "Não subestime os embates que poderemos ter." Não subestimamos. Fomos cuidadosas com a obra, mas, acima de tudo, com nossa amizade de décadas. Sinto uma profunda gratidão por Cristina ter aceitado correr o risco e ter contribuído de corpo e alma para este projeto, com a qualidade que é sua marca registrada.

Para esta edição revista e atualizada em português e realizada simultaneamente à versão em inglês de meu livro, lançado em 2021 pela Routledge/Taylor & Francis, recebi ainda o valioso apoio de Mike Lubrano, sempre rigoroso e primoroso em suas contribuições na revisão e na melhor adaptação de forma e conteúdo. Meu interlocutor permanente nas questões de governança desde 1999, Mike tornou-se um amigo e estou certa de que minha trajetória na área não seria a mesma sem contar com sua presença sempre próxima.

Este livro contou também com a generosidade de 31 profissionais do mais alto calibre do mundo todo e que deixaram de lado as reservas, me contando o que de fato se passa nos conselhos. Alguns deles — experts em governança — são citados no livro, como **sir Adrian Cadbury, Bengt Hallqvist, Ira Millstein, Mats Isaksson, Mervyn King, Mike Lubrano, Robert Monks** e **Stephen Davis**. Entre os conselheiros entrevistados, foram citados **Alexandre Gonçalves Silva, Betania Tanure, César Souza, Fernando Carneiro, Herman Bulls, Linda Parker Hudson, Luiz Carlos Cabrera, Paula Rosput Reynolds, Pedro Parente** e **Sérgio Rial**. Mas os nomes dos outros não foram revelados para que todos os leitores pudessem aproveitar os casos que eles descreveram. Agradeço profundamente a todos esses experts, executivos e conselheiros pela oportunidade de aprender um pouco mais com eles sobre a "caixa-preta" e partilhar com os leitores.

Este livro também se valeu de três pesquisas respondidas anonimamente: uma por 102 conselheiros brasileiros, outra por 340 conselheiros de quarenta países e a terceira por 103 conselheiros brasileiros. Agradeço a todos pela atenção e pelo tempo empregados nesse exercício. Meu parceiro na primeira pesquisa foi Rafael Liza Santos. Trabalhamos juntos há anos, mas a cada nova iniciativa nossa parceria se consolida. Agradeço o esforço sem medida de Rafael desde o desenho do questionário aplicado até a finalização do estudo. Na segunda pesquisa, Rafael e eu contamos com a liderança do professor doutor Lucas Ayres Barreira de Campos Barros, coordenador do Programa de Pós-Graduação em Controladoria e Contabilidade (PPGCC) da FEA/USP. E nós três agradecemos o suporte de Alessandra Polastrini e Aline Moraes, que cuidaram meticulosamente dos gráficos de resultados.

Para coroar todo esse esforço, tive o privilégio de **Ira Millstein**, **Karina Litvack** e **Sérgio Rial** terem aceitado o convite para prefaciar a nova edição deste livro em português e em inglês. Não há como agradecer a generosidade desses três renomados e experientes profissionais.

Mesmo assim, ainda não teríamos este livro sem o conhecimento profundo do mercado editorial da competente agente literária, Luciana Villas-Boas, que foi um verdadeiro achado. Agradeço a Luciana o aconselhamento contínuo desde a primeira edição, pois foram sua grande vivência e sensibilidade que me permitiram encontrar a editora Best Business, do Grupo Record, onde, nas figuras de Rodrigo Lacerda, Duda Costa e equipe, descobri grandes parceiros em minha vivência como autora. Agradeço a todos.

Prefácio

Ira Millstein*

A caixa-preta da governança é uma leitura importante para conselheiros de administração e executivos assim como para todos aqueles que têm a expectativa de encontrar uma "boa governança" nos conselhos de administração (CA).

Sandra Guerra é absolutamente qualificada para conceber este trabalho abrangente, detalhando o que realmente ocorre nas salas dos conselhos e como aprimorar a eficácia de seu desempenho. Ela vem estudando o comportamento dos conselheiros há mais de duas décadas — atuando ela própria como conselheira ou como consultora. Foi uma das fundadoras e depois presidente do conselho do Instituto Brasileiro de Governança Corporativa (IBGC). À frente da Better Governance, tem oferecido sua valiosa consultoria a companhias públicas e privadas. Além de pesquisar

---

* Ira Millstein, advogado corporativo e sócio sênior do escritório Weil, Gotshal & Manges, é um dos mais reconhecidos especialistas em governança corporativa dos Estados Unidos e liderou o comitê que redigiu os Princípios da Organização para Cooperação e Desenvolvimento Econômico (OCDE). Ele aconselhou mais de cinquenta conselhos de empresas listadas e de entidades de filantropia em temas de governança corporativa, incluindo conselhos da General Motors, Westinghouse, Bethlehem Steel, WellChoice (fka, Empire Blue Cross), the California Public Employees' Retirement System (CalPERS), Tyco International, The Walt Disney Co., the New York State Metropolitan Transportation Authority, The Ford Foundation, The Nature Conservancy and Planned Parenthood Federation of America, entre outros. Em adição à sua prática como advogado, Millstein é professor e presidente fundador de The Millstein Center for Global Markets and Corporate Ownership na Columbia Law School e professor na Columbia Business School.

centenas de conselheiros durante a preparação deste livro, ela conduziu inúmeras entrevistas em profundidade. Nesta edição revista e atualizada de *A caixa-preta da governança*, ela também incorporou os resultados de uma pesquisa adicional com 340 conselheiros atuantes em quarenta países. Especialista reconhecida e muito respeitada, Sandra Guerra tem acesso aos maiores pensadores e praticantes da boa governança.

Ainda mais importante do que isso, é uma conselheira experiente. Não se trata, portanto, de uma mera observadora à margem das funcionalidades (e disfuncionalidades) dos conselhos e do bom (e mau) comportamento dos conselheiros. Sua própria experiência e longa interação com conselheiros, presidentes de conselhos e executivos fundamentaram seu extensivo trabalho de pesquisa, nos oferecendo uma verificação da realidade prática.

As sugestões da autora sobre como enfrentar os desafios vivenciados pelos conselheiros são elucidativas e valiosas. Mas o que torna este livro fundamental sob o ponto de vista prático — e único sobre o assunto — são as ferramentas comportamentais oferecidas por Sandra Guerra para ajudar os conselheiros a navegar entre as armadilhas criadas por nossas limitações cognitivas e vieses individuais e de grupo. A abordagem com relatos de "casos fictícios", usada para apresentar muitos dos desafios enfrentados pelos conselhos modernos, é um recurso particularmente eficiente para ilustrar como essas ferramentas podem aprimorar de forma significativa o desempenho dos CAs e das empresas. Mostrar o cenário com "casos fictícios" também possibilita que todas as perspectivas e motivações sejam desconstruídas, incluindo a dos conselheiros, dos executivos e de todas as outras partes que influenciam a dinâmica dos conselhos de administração.

A publicação desta edição revista e atualizada em português e, principalmente, da versão em inglês de *A caixa-preta da governança* disponibiliza as pesquisas e o conhecimento da autora para uma audiência global. Os praticantes da governança corporativa comentarão esta obra por muitos anos.

Prefácio

Sérgio Rial*

Por mais técnicos e cartesianos que possam ser os conselheiros, não há conselho de administração (CA) cuja efetividade não seja impactada — positiva ou negativamente — pelos aspectos comportamentais de cada indivíduo e/ou da própria dinâmica do grupo. Em minhas vivências como conselheiro, e novamente agora como CEO, tenho visto essa influência nas decisões das reuniões dos CAs e nas interações com os executivos. É justamente essa constatação que me faz hoje acreditar que, antes de sermos lógicos, somos seres psicológicos. E, dessa forma, os limites da racionalidade e a complexidade emocional do ser humano não podem mais simplesmente ser ignorados pelas práticas de administração e governança implementadas nas organizações. É também essencial ter em mente que, associado à complexidade inerente à dinâmica de grupos e à cotidiana gestão dos negócios em qualquer tempo ou lugar, existe o fato de que os conselhos são treinados para evitar surpresas — e estamos vivendo uma era de "surpresas".

---

* Sérgio Rial é atualmente vice-presidente do Conselho e diretor presidente do Banco Santander no Brasil e membro do conselho da Delta Airlines. Sua carreira inclui atuação como CEO da Marfrig Global Foods S.A., vice-presidente executivo e CEO mundial da Cargill. Foi também membro do conselho de administração da Cargill por nove anos. Foi diretor-gerente no Bear Stearns & Co., em Nova York, diretor do ABN AMRO Bank e membro do conselho de administração do ABN AMRO Bank na Holanda, bem como membro do conselho de administração da Mosaic Fertilizantes.

Este novo século está se provando mais desafiador do que havíamos antecipado. A palavra transformação tornou-se um mantra e o cerne desse processo está no novo papel da alta liderança de todas as empresas, incluindo o próprio CA. Desde 2001, quando vimos a magnitude do ataque às Torres Gêmeas em Nova York, temos testemunhado sucessivas crises financeiras, assim como a divisão da União Europeia com o Brexit e a eleição de alguns governantes que tendem a liderar somente para aqueles que votaram neles e não para a sociedade como um todo. Estamos mais polarizados e as democracias estão sendo testadas. A pandemia da **Covid-19** tornou tudo ainda mais complexo e deu origem a uma série de novas tendências: taxas de juros mais baixas vieram para ficar por um longo período; agora, tudo é possível remotamente; o desemprego estrutural é uma nova e triste realidade; na percepção de valor, a interação humana está em alta; a importância dos serviços de pós-venda é crescente; está surgindo uma elite tecnológica no mundo; e, sob o ponto de vista da governança, os riscos de cauda não são mais remotas possibilidades.

Paralelamente a tudo isso, fazer previsões sobre o desconhecido nas reuniões do conselho pode não ser um bom uso do tempo dos executivos. Então, o que fazer? Minha recomendação é discernir claramente as tendências globais e buscar compreendê-las. Os CAs devem estimular um alto nível de bom senso e equilíbrio na análise dos riscos que, no passado, eram em grande parte imateriais, mas já não são mais. Com sua experiência, os conselheiros devem ser capazes de apoiar os executivos na síntese dos pontos críticos dessas mudanças aceleradas no macrocenário e no consumo individual. Cada vez mais, as marcas devem se apegar a seus valores para construir suas histórias e, ainda mais importante, definir como abraçará esse novo futuro.

Especialmente à luz desse cenário disruptivo sem precedentes e em linha com os estudos mais recentes na área, tenho considerado a abordagem comportamental como uma das contribuições mais inovadoras e relevantes em administração de empresas. E é com base nessa perspectiva que seremos capazes de minimizar o que chamo de "teatralização da gestão", ajudando a desenvolver duas capacidades — mais essenciais do que nunca — em executivos e conselheiros: a disposição de **ouvir** e a habilidade de **perguntar** — sendo a segunda decorrência da primeira. Nos processos decisórios mais complexos, em geral o mais importante não está na "pirotecnia" de uma apresentação em Power Point, nem naquilo que é abertamente dito. Não é que haja a intenção deliberada de encobrir informações cruciais ou manipular conclusões; é que, imersos nos milhares de variáveis de cada projeto, é grande a probabilidade de os executivos perderem de vista as prioridades. Nossa habilidade de ouvir, porém, é capaz de superar os naturais obstáculos à boa comunicação, quando ultrapassa o sentido da audição e coloca o foco de observação também sobre os comportamentos expressos. A capacidade de ouvir é a observação meticulosa do que não é dito e, justamente aí, pode estar o maior valor para enriquecer o debate. É ouvindo mais do que as palavras que conseguimos articular novas perspectivas e perguntar aquilo que pode ser realmente de maior interesse sobre cada proposição discutida.

Na sociedade moderna, está bastante arraigada a correlação da sabedoria empreendedora e do sucesso empresarial com nossa competência para dar as respostas certas a cada novo desafio enfrentado pelo negócio. Não chega a haver um erro nisso. Vejo aqui uma meia verdade, já que as melhores respostas são sempre precedidas pelas perguntas mais precisas. Para mim, a grande manivela da gestão são as perguntas.

Quando ouvem mais do que o habitual e perguntam além do óbvio, os conselheiros têm a oportunidade de estabelecer uma relação de confiança com os executivos, na qual o diálogo aberto, franco e transparente é capaz de construir as melhores respostas, atendendo a todas as partes interessadas e não só aos acionistas. No contexto brasileiro, sobretudo, em que a maioria das empresas ainda é controlada por um núcleo duro familiar, os conselheiros se sentem mais confortáveis ao desempenhar seu papel fiduciário, como guardiões das melhores práticas de governança. Isso é inegociável. No entanto, o conselho não pode se limitar a atuar como comitê de auditoria sênior. A meu ver, outra atribuição proeminente dos CAs é oferecer apoio técnico de qualidade aos executivos, fazendo questionamentos construtivos para que sejam capazes de chegar à síntese da prioridade e com ela articular as melhores respostas para cada proposição. É uma relação tão simbiótica que costumo dizer: "Mostre-me o seu CEO que eu lhe direi quem é o seu conselho." Assim, vejo o CA como parte integrante e vital do sucesso ou do fracasso de todo e cada projeto da empresa.

Há que se evitar, entretanto, que esse objetivo seja idealizado e apartado das práticas e dos processos reais. Essa percepção costuma emergir da tendência que todos temos — em especial, nós, brasileiros, sempre cordiais — de supor que as boas relações se caracterizam pela unanimidade entre as partes e nenhuma tensão nas interações. Isso, sim, seria um equívoco, pois é pouco provável que haja unanimidade quando estão sentadas em volta da mesa pessoas pensantes e independentes. Sendo assim, certa dose de tensão é elemento fundamental da relação para que executivos e conselheiros possam manter seus posicionamentos independentes e diversos, enquanto buscam o alinhamento e o consenso em torno de valores e objetivos estratégicos do negócio.

É essa tensão construtiva que caracteriza o funcionamento dos CAs mais saudáveis, aqueles que dão sua melhor contribuição à estratégia sustentável dos negócios, atuando como um grande nariz, mas jamais como um grande dedo.* Esses CAs existem e são maioria.

Todos sabemos que aspectos comportamentais nocivos existem, é claro, mas ninguém gosta de falar sobre isso, embora essa discussão seja decisiva quando se trata de identificar as rotas de acesso ao aprimoramento das práticas de governança corporativa. Exatamente por essa razão é que considero este livro de Sandra Guerra um ato de coragem: seu texto tem a ousadia de trazer à tona questões que preferimos manter subterrâneas no dia a dia da gestão das empresas. Não com o mero objetivo de problematizar, mas com o intuito explícito de contribuir

---

* "Mantenha o nariz dentro e os dedos fora" (nose in, fingers out) é um mantra da governança corporativa que deixa claro que os CAs devem governar a organização, mas sem interferir no papel dos executivos de administrá-la.

para a busca das possíveis soluções. Longe de propor receitas prontas mirabolantes, o livro endereça questões que de fato ocorrem diariamente nas salas de conselhos, provocando reflexões para que se construa entre todos uma interação de CONFIANÇA — palavra fundamental na relação entre conselheiros e executivos.

Outro atributo muito positivo de *A caixa-preta da governança* é que, embora embasada em pesquisa entre os mais renomados teóricos, a autora nos apresenta um livro eminentemente prático. A partir de suas próprias vivências profissionais como executiva e conselheira, da realização de três estudos com centenas de conselheiros no Brasil e no exterior e de uma série de entrevistas com especialistas brasileiros e estrangeiros, Sandra estrutura e nos oferece um guia consistente para aplicar a abordagem comportamental no diagnóstico e mitigação das principais disfuncionalidades dos CAs e da interface entre conselheiros e executivos. Fiquei honrado e satisfeito por participar desta iniciativa de Sandra, como entrevistado e um de seus prefaciadores, pois estou convicto de que a leitura deste livro será de grande valia para todos aqueles cujo objetivo é dar sua melhor contribuição ao aprimoramento das práticas de governança corporativa.

Prefácio

Karina Litvack*

Este livro sobre governança corporativa não é comum. É o mais próximo que se pode chegar de ouvir valiosas histórias de 25 anos de guerra, como se estivéssemos na cozinha de Sandra tomando uma xícara de café forte — ou, melhor ainda, um bom gim-tônica. É o mais próximo que se pode chegar do aprendizado pela experiência prática quando se lê um livro.

E é isso exatamente que torna sua leitura tão atraente. Engenhosamente, o texto apresenta uma visão panorâmica de todas as principais pesquisas acadêmicas sobre governança somada a histórias da vida real contadas por pessoas de carne e osso, que falam abertamente sobre o melhor e o pior da natureza humana nesse mundo de incertezas — às vezes, inglório — que são os conselhos de administração (CAs). Cada uma de todas essas histórias soa verdadeira. Cada uma provoca um comentário: "Ah, claro! Eu estava lá!" ou "Nossa! Pensei que isso só acontecesse aqui!" ou ainda "Mas isso não é nada"...

É que cada uma dessas lições é universal. Cada uma nos conta como os grupos de seres humanos interagem quando têm que tomar decisões sob pressão, com um único e pequeno detalhe: esses grupos específicos,

---

* Karina Litvack é conselheira independente na Eni S.p.A. e conselheira na BSR (Business for Social Responsibility) e no CFA Institute e tem uma visão global e multistakeholder do cenário de governança corporativa. Nascida no Canadá, reside no Reino Unido e atua como conselheira em uma empresa italiana. Além disso, é especialista em GC e investimentos sustentáveis e, antes de se tornar conselheira, teve 25 anos de experiência na área financeira.

em grande parte, são formados por profissionais muito talentosos, cujo histórico de competência e sucesso foi recompensado com uma posição de grande privilégio e responsabilidade. São pessoas acostumadas a estar no topo e esperam ser ouvidas, embora agora tenham que trabalhar como um colegiado em uma situação em que a tensão e a dissensão são bem-vindas e necessárias, mas não a ponto de recair no facciosismo e na disfuncionalidade. Onde o dever de oferecer um desafio franco e construtivo, até mesmo uma crítica, deve ser expresso na linguagem de apoio, assistência e supervisão. Onde uma mistura equilibrada de competências, integridade incontestável e lealdade à empresa é uma necessidade, mas está longe de ser suficiente, porque dinâmicas de grupo de alto desempenho são tão essenciais quanto proezas técnicas. Onde a independência é fundamental, embora em grande parte impossível de avaliar a partir de um currículo, porque, como a experiência tem mostrado com frequência, cada valor pode estar aparentemente atendido, mas o caráter de uma pessoa só se torna visível quando colocado à prova. Onde a liderança forte e sábia do presidente do conselho de administração (PCA) é crucial para trazer à tona o melhor de cada conselheiro, mas o PCA deve agir como um facilitador, muitas vezes um *coach*, sempre um *primus inter pares,* que responde pelo desempenho do grupo em vez de atuar como um autocrata inflexível que decide por todos.

Essa é uma composição altamente desafiadora. Não há graduação ou certificado que possa ensinar essas competências; são aprendidas e conquistadas pela experiência e, sem dúvida, cometendo muitos erros. Como alguém que já cometeu sua justa fatia de erros como novata em CAs — e, com certeza, continuarei a cometê-los —, posso atestar quão delicado e continuamente desafiador é esse trabalho. Como Sandra articulou com tanta eloquência, nossa função não é apenas ler papéis, embora o façamos diligentemente; não é apenas ouvir, embora tentemos ativamente; não é apenas colocar perguntas incisivas e votar com nossa mente e nossos valores. É ser genuinamente ambicioso para agregar valor, trazendo perspectivas externas, que complementem o conhecimento interno que os executivos colocam sobre a mesa; é alcançar o equilíbrio exato entre coesão e novas ideias, o que pode conduzir a melhores decisões que nenhum de nós — executivo ou não executivo — conseguiria atingir sozinho. E o mais desafiador de tudo nesses tempos extraordinários de crise climática e de saúde pública é orientar nossas empresas no gerenciamento dessa ruptura histórica, quando nem o cérebro humano, muito menos os códigos convencionais de governança corporativa foram projetados para modelar esse cenário.

Entre os erros e "lições aprendidas", que eu mesma coletei ao longo de minha trajetória, lembro-me de uma supostamente óbvia, que Sandra captou tão bem em sua discussão sobre o aparentemente banal registro de votos nas atas dos CAs: uma das empresas em que atuei foi alvo de uma ação criminal, envolvendo um incidente que ocorreu antes de qualquer um de meus colegas conselheiros ou eu entrarmos para o conselho. Ainda assim, como o CA conduziu a investigação independente necessária nesse caso, cada detalhe ficou sob o microscópio do promotor e fui intimada a responder sobre como o conselho havia navegado por essas questões delicadas — em plena luz dos holofotes da mídia. Durante o duplo escrutínio, fui agressivamente questionada para explicar por que as fortes preocupações que eu havia expressado não se traduziram em abstenções ou votos contra em nenhuma das atas do CA. O incidente destacou a importância crucial — como Sandra nos lembra sabiamente — de garantir que as nuances do debate e da dissidência no conselho sejam registradas de forma precisa e completa nas atas. Como aprendi naquele dia, é melhor ser o conselheiro que aborrece o secretário de governança do CA com emendas aparentemente triviais no texto das atas do que ter que assumir uma posição para explicar a discrepância entre o que alguém disse e o que foi registrado. Isso não é apenas uma apólice de seguro para o conselheiro dissidente. O mais importante é que serve como evidência robusta de que o conselho fez, de fato, seu trabalho, debatendo pontos difíceis e agiu de boa-fé para equilibrar todos os argumentos e chegar à melhor decisão possível dadas as circunstâncias.

Assim como a maioria dos conselheiros que Sandra estudou, passei muitas noites sem dormir, agonizando ao refletir se na hierarquia das batalhas por lutar eu havia feito as escolhas certas ou se tive a coragem e a sabedoria de mudar de ideia na hora devida. Só o tempo — e, para uns poucos, uma intimação judicial — dará a resposta.

Introdução

Uma das minhas mais caras premissas profissionais, confirmada ao longo dos 25 anos em que atuo em governança corporativa (GC) e como conselheira de administração, tornou-se uma profunda convicção: a GC do "**parecer ser**", aquela adotada por obrigação como mero cumprimento de regras ou até mesmo de forma oportunista, é *incapaz* de gerar valor sustentável. De fato, a adoção de práticas de GC apenas aparentes pode destruir valor. E muito.

Essa conclusão foi amadurecida durante todos esses anos em que testemunho a adoção por empresas das boas práticas de GC — seja por entusiasmo com os potenciais resultados, seja por medo das consequências de não as adotar. Em muitos casos, o trajeto de aperfeiçoamento da governança é motivado por algum ganho de curto ou médio prazo, como a redução do custo de capital via uma oferta pública inicial (*initial public offering* — IPO) ou mesmo a diminuição das taxas de empréstimos. Até aí, não há nada a questionar; são os objetivos de curto e médio prazos que levam aos de longo. O problema começa quando a adoção dessas boas práticas de GC foca apenas na conformidade a um conjunto de regras — e nada mais.

Já faz tempo que essa convicção me acompanha. Em 2007, eu já alertava, em um artigo para a revista *Capital Aberto*,[1] para a possível inconsistência na adoção de boas práticas de governança. Além disso, advertia para os riscos que algumas empresas, em atitudes equivocadas, poderiam correr e, pior, impor às partes interessadas (*stakeholders*)* e ao

---

* O conceito de *stakeholders* aqui adotado se refere àqueles diretamente envolvidos com a empresa, como empregados, fornecedores, clientes, comunidade e governo, além de toda a cadeia de criação de valor e os usufrutuários dos ambientes em que a empresa opera.

ambiente de negócios como um todo. Isso porque, na enxurrada das IPOs no Novo Mercado vivida no Brasil naquele momento, eu suspeitava que já houvesse aquelas que buscavam apenas **"parecer ser"**: pretendiam se mostrar prontas para os compromissos exigidos por esse segmento de listagem, sem, na verdade, terem feito um processo maduro de aprimoramento. Em 2013, explorei melhor as consequências dessa governança de aparências em outro artigo, dessa vez na publicação *Governança Corporativa e Criação de Valor*:

> Essa abordagem superficial e de certa forma oportunista é em geral orientada por modelos prontos, que não foram profundamente refletidos e discutidos internamente. Como consequência, não geram um modelo de governança que responda aos desafios da empresa em dado momento, já que cumprem apenas o papel do "parecer ser". Quando isso acontece, cria-se uma dicotomia entre o que acontece de fato na empresa e o que seus relatórios e documentos divulgam. Essa quase esquizofrenia entre interno e externo destrói o valor, minando o ambiente de confiança, diminuindo a atração e a retenção de administradores e expondo a empresa a riscos, no mínimo, de reputação.[2]

Essa busca pela GC de "conformidade às regrinhas", porém, nem sempre é mal-intencionada. Tenho observado que há uma crença honesta de que a boa governança é isto mesmo: basta adotar e formalizar algumas regras. O meu argumento era — e continua a ser — que, ao contrário, a governança do **"ser"** é adotada por seu valor intrínseco, o que também acaba por resultar em valor percebido do lado de fora da empresa. A GC, de fato, é aquela praticada no cotidiano, que manifesta seu valor na administração dos conflitos de interesses; nos processos de decisão mais robustos e eficazes; no aumento da confiança resultante de práticas éticas e equânimes; na atração de talentos — e assim por diante. Tudo isso se reflete na reputação da organização, aumentando a confiança interna e externa. É o arraigamento dessa cultura que fortalece o processo decisório, levando a negócios mais sustentáveis. A longo prazo, esse ciclo gera valor tangível e intangível e protege a empresa da destruição.

Ninguém precisa ser expert para constatar que não foi a governança do "**ser**" que predominou na série inumerável de trágicos episódios da história empresarial. Embora as políticas e os padrões de boas práticas de GC tenham evoluído continuamente desde meados da década de 1990, quando o movimento de GC teve um grande impulso em todo o mundo,* isso não foi capaz de impedir a eclosão dos sucessivos escândalos e crises corporativas, levando a consequências nefastas tanto sob o ponto de vista econômico quanto social e ambiental.

Falhas espetaculares de GC, como as ocorridas na Enron, WorldCom e Tyco, no início do milênio, foram exemplares da profunda destruição de valor e decorreram da má governança. No entanto, se nem aquela onda de insucessos foi capaz de convencer os mais céticos sobre a importância da boa GC, a vida real trouxe outro exemplo inquestionável: o desastre originado no uso de derivativos de alto risco, as *subprimes*, que resultou na crise financeira internacional de 2008 e cujas consequências foram duramente sentidas em todo o mundo. Diante da magnitude desse exemplo, não é preciso nem mencionar casos como os da MFGlobal (2011), Toshiba (2015), o *"dieselgate"* da Volkswagen (2015) ou o da Nissan (2018), além de tantos outros que continuam ocorrendo. Não há como negar: a governança segue falhando, com consequências devastadoras, apesar de todas as tentativas de aperfeiçoamento institucional feitas em vários níveis.

Não é nenhum exagero imaginar que, em todos esses casos, prevaleceu a governança do "**parecer ser**". Mas para alguém como eu, que caminha para quase três décadas em GC, essa constatação é, no mínimo, inquietante. Por que seguem ocorrendo as falhas das práticas de GC, mesmo com todo o escrutínio dos últimos anos? Durante muito tempo, episódios desse tipo foram explicados pela crença de que esta é a natureza

---

* O histórico da evolução da governança corporativa está resumido no Capítulo 1.

humana: havendo oportunidade, grande parte de nós, humanos, agimos errado, fraudando, especulando com o dinheiro alheio e tendo como interesse só o ganho pessoal. Estudos já evidenciam, entretanto, que essas crenças podem ser contestadas.[3] E, afinal, mesmo quem duvida da consistência desses estudos pode se dar o benefício de outra dúvida: como a quantidade de pessoas envolvidas nos episódios citados é bem grande, é pouco razoável imaginar que todas estivessem agindo de má-fé, sem a devida responsabilidade ou apenas focadas nos próprios interesses. O que fez, então, com que todos esses executivos e conselheiros* não atuassem de forma a prevenir iniciativas que causaram prejuízos irreversíveis como os que temos testemunhado?

Antes, porém, de responder a esse questionamento, trago outra dimensão que considero indispensável e que remete à própria visão que tenho sobre governança. Este é o conceito, que julgo indispensável: a melhor GC é sempre aquela que busca estabelecer relações em equilíbrio entre todos os atores envolvidos — executivos, conselheiros, donos, auditores e *stakeholders*. Esse equilíbrio deve ser almejado, mesmo quando as partes em questão encontram-se distanciadas por visões antagônicas. O intuito é buscar alinhamento entre estas partes para que prevaleçam soluções capazes de propiciar o equilíbrio sustentável entre esses diversos agentes de governança. No entanto, tenho também plena consciência de que a aparente simplicidade dessa ideia não diminui em nada a complexidade de sua aplicação. E, justamente por isso, a boa GC tem sido sistematicamente negada pela prática.

Minha visão sobre a relevância do virtuoso entrosamento de todos esses profissionais com papéis fundamentais na governança teve origem já na fase inicial do Instituto Brasileiro de Governança Corporativa

---

* Na 4ª edição atualizada e ampliada deste livro, buscou-se adotar a neutralidade de gênero na linguagem. Autora e editora chegaram, inclusive, a testar a aplicação de recursos neutros propostos por movimentos ativistas. No entanto, por não estarem ainda amplamente assimilados, verificou-se que dificultavam a fluência da leitura, um resultado oposto ao pretendido desde o início da concepção desta obra. Sendo assim, optou-se por seguir a norma culta, obedecendo aos limites ainda impostos pelas estruturas sintática e semântica da Língua Portuguesa.

(IBGC). O grupo de fundadores, do qual eu fazia parte, decidiu ampliar o escopo de atuação do instituto. Ao ser criada, em 1995, a entidade se chamava Instituto Brasileiro de Conselheiros de Administração (IBCA). Começamos com foco em conselhos, admitindo sua centralidade no contexto de GC. Mas, já em 1999, no mesmo ano em que preparávamos a primeira edição do Código de Melhores Práticas, decidimos transformá-la em uma organização, envolvendo todos os atores da cena da governança. Afinal, nunca tivemos em mente a criação de uma organização de profissionais, já que nossa intenção sempre foi melhorar a GC das organizações no país como um todo. Assim, com essa decisão, o instituto passou a se chamar IBGC.

Esse tema era recorrente nas longas conversas que tive com **Bengt Hallqvist**,*** o determinado sueco que reuniu os cofundadores do IBGC em 1995 em torno da ideia de que era imprescindível fazer muito diferente da governança até então praticada em nossas empresas. E assim foi, mais uma vez, em outubro de 2016, quando estive em Stenungsund, uma adorável cidade marítima cercada de fiordes onde ele morava. Naquele dia, **Bengt** voltou a comentar que, muito provavelmente, na época em que ampliamos o escopo do instituto, nenhum de nós tinha a consciente convicção da importância que essa decisão teria para o desenvolvimento da GC no Brasil. Com sua vasta vivência empresarial desenvolvida em vários países e em distintos contextos, como executivo e conselheiro, ele considerava que houve muito progresso em governança no Brasil

---

* Bengt Hallqvist (1930-2019), graduado em Administração pela Harvard Business School, construiu sua experiência em governança a partir de sua vivência em cinquenta conselhos, doze deles como presidente, em vinte países, desde 1979. Antes disso, foi CEO da Volvo Latin America e da AEG Telefunken no Brasil, entre outras várias posições executivas que ocupou ao redor do mundo. Recebeu o ICGN Awards, em 2005, por Excelência em Governança. Em entrevista à autora em 5/10/2016 na cidade de Stenungsund, Suécia.

** Considerando que certos leitores escolhem capítulos específicos para leitura, os entrevistados serão apresentados em notas de rodapé a cada novo capítulo em que forem mencionados. Para facilitar a contextualização do leitor em relação ao tema coberto pela entrevista, a data da entrevista será inserida em nota toda vez que uma entrevista for citada.

nessas décadas e que esse sucesso devia ser atribuído à ampliação da atuação do IBGC:

> O que fizemos no Brasil teve um impacto enorme em governança corporativa, e a base de nosso sucesso foi o fato de termos transformado o instituto inicialmente orientado apenas para conselheiros no que o IBGC é hoje, envolvendo todos os atores de governança: donos, gestores, auditores e também os conselheiros.

No âmbito internacional, a evolução da governança nas últimas décadas também é destacada por **Stephen Davis**,* *senior fellow* e diretor associado no Programa de Governança Corporativa da Harvard Law School. Ao celebrar os vinte anos da Global Conference on Corporate Governance, realizada em colaboração com o Banco Mundial e presidida por ele em julho de 2000 em New Haven, nos Estados Unidos, Davis avalia que os conceitos e práticas de GC se disseminaram notavelmente, tendo alcançado, inclusive, outras partes interessadas, como os investidores institucionais, que hoje compreendem que o sucesso dos acionistas a longo prazo também depende da atenção dedicada às questões de Environmental, Social and Governance (**ESG**). **Mike Lubrano**** é outro ator fundamental na cena global de governança corporativa: ele foi peça-chave no desenvolvimento das diretrizes de GC usadas hoje pelos investidores em mercados emergentes, tanto por sua atuação como *head* de governança no IFC (International Financial Corporation) quanto depois à frente da área de GC e Sustentabilidade na Cartica Management, LCC. **Lubrano**, que, assim como eu, também esteve entre os participantes

---

* Stephen Davis, ph.D. é um dos arquitetos da atual estrutura de governança corporativa global e presidente da Davis Global Advisors. Em entrevista virtual concedida à autora pela internet em 8/8/2020.

** Mike Lubrano é diretor da Lubrano Advisory Services, consultor sênior da Nestor Advisors e diretor da Aktis Intelligence. Expert reconhecido em questões de governança corporativa, foi nomeado para a lista da Global Proxy Watch entre as pessoas mais influentes em GC. Em entrevista virtual concedida à autora pela internet em 5/8/2020.

da Global Conference de 2000, considera que ali começou a surgir uma rede de experts, que impulsionou mundialmente a GC:

> Essa rede — que se formou na conferência de 2000 — tem sido crucial e notável, pois fornece especialistas que se tornaram instituições em GC, com os quais é possível contar para solucionar um problema ou aproveitar oportunidades. Os investidores, ao longo dessas duas décadas, têm se beneficiado dessa rede. Esses primeiros champions foram bons desde o início, levantando questões, por exemplo, como a definição do papel dos conselheiros e a quem eles devem prestar contas.

Por sua vez, ainda em sua análise retrospectiva sobre os avanços da GC, **Stephen Davis** enfatizou, inclusive, a evolução da própria definição de quais são os fatores mais relevantes para o melhor desempenho dos conselhos de administração, considerados a máquina de tomar decisões nas empresas:

> De início, a independência era vista como um fator-chave, mas se revelou um conceito insuficiente e até ingênuo. Os conselheiros não precisam apenas ser independentes: além do relacionamento adequado entre eles, é necessário que tenham profundo conhecimento do negócio e saibam se comunicar não somente com os gestores e os principais acionistas, mas também com o mercado de capitais como um todo. Eles não são os representantes demográficos só dos acionistas e, por isso, devem formar um corpo diversificado, trazendo diferentes perspectivas ao debate para endereçar os desafios futuros da empresa, sem se fixar aos do passado. Esses são alguns dos insights que desenvolvemos ao longo dos últimos vinte anos e, certamente, ainda não somos capazes de colocar todos em prática. Nós ainda estamos nessa jornada.

O papel de protagonista do conselho de administração no cenário de governança é inquestionável. É preciso ter isso em mente ao analisar um CA: tudo em governança é fruto de um contexto preciso e particular. Portanto, estamos de volta à pergunta que deixei em suspenso. O que pode ter acontecido nos conselhos, o motor da governança, para que não tenham sido capazes de prevenir as enormes perdas e falhas que testemunhamos?

A máquina de tomar decisões, que é o CA, já foi dissecada por estudos teóricos e práticos quanto a seus papéis, responsabilidades, estrutura e funcionamento. Mesmo assim, continuam a ser vistos como uma "caixa-preta".* É que, afinal, só os conselheiros sabem, de fato, o que se passa ali entre as quatro paredes da sala de reuniões do CA. E o que acontece ali? Quais são os fatores com maior potencial para desviar o processo das melhores decisões ou até tornar o desempenho do grupo de conselheiros realmente disfuncional — ou, como preferem alguns autores, patológico? Foi assim que, em vez de fazer uma necropsia em escândalos corporativos à procura da doença que teria levado à falência dos órgãos de governança, encontrei na abordagem comportamental o melhor bisturi para observar causas relevantes das limitações e males dos CAs. Além disso, esse instrumento também oferece oportunidades para transformar os conselhos em colegiados decisórios capazes de liderar e inspirar a criação de valor sustentável para as organizações.

Só a partir de uma visão de seu interior, entendendo as entranhas do conselho — um ser vivo e dinâmico —, é que se torna viável compreender que há muitos outros fatores além da pretensa racionalidade da atuação do conselho e de suas decisões. Olhar a caixa-preta por dentro abre as portas para admitir que mesmo os CAs compostos dos mais competentes, zelosos e comprometidos conselheiros podem falhar desastrosamente.

---

* Devido a dificuldades práticas para acessar e estudar as atividades internas dos conselhos de administração, pesquisadores sobre GC e CAs referem-se frequentemente ao órgão como sendo uma "caixa-preta".

E é a abordagem comportamental que permite evidenciar que conselhos e conselheiros podem ser reféns de vieses cognitivos aos quais todos nós, humanos, estamos vulneráveis. Mais: esses vieses individuais somam-se àqueles comuns à dinâmica dos grupos, tornando o CA disfuncional e o afastando da racionalidade. Essa abordagem desafia definitivamente a visão daqueles que seguem considerando o comportamento humano absoluta e exclusivamente norteado pela racionalidade. Ainda mais quando esse comportamento acontece em salas tão nobres como as ocupadas por compenetrados e capazes conselheiros. As salas são nobres, os conselheiros compenetrados e capazes, mas isso não assegura a eficácia racional, como este livro pretende demonstrar.

Foi a partir dessa convicção, portanto, que senti necessidade de refletir profundamente sobre essas questões, o que me fez encontrar disposição, tempo e foco para escrever esta obra: realizei 31 entrevistas com profissionais de 9 nacionalidades distintas em 8 cidades ao redor do mundo: de Tóquio a Leipzig; de New Port a Dorridge — sendo que, nesses tempos de **Covid-19**, as novas entrevistas foram realizadas em salas de reunião virtuais. Além de revisar a mais recente literatura brasileira e internacional sobre a abordagem comportamental e entrevistar experts mundiais em governança, como **sir Adrian Cadbury**, **Bengt Hallqvist**, **Ira Millstein**, **Mats Isaksson**, **Mervyn King**, **Mike Lubrano**, **Robert Monks** e **Stephen Davis**, dediquei-me a aprofundar minha compreensão das práticas de GC nas empresas, tomando por base a realização de três pesquisas: a primeira delas foi com 102 conselheiros das mais relevantes organizações e dos mais diversos setores da economia brasileira, aplicada de maio de 2015 a janeiro de 2016. A seguir, entre junho e outubro de 2018, o professor doutor Lucas Barros, Rafael Liza Santos e eu realizamos outro estudo do qual participaram 340 conselheiros de quarenta países. Dessa vez, olhamos dentro da "caixa-preta" para investigar alguns dos principais desafios enfrentados pelos CAs em sua busca por um processo decisório eficaz. Também exploramos a perspectiva exclusiva dos próprios conselheiros sobre a prevalência dos vieses de grupo e outros fatores potencialmente capazes de prejudicar ou aprimorar o desempenho dos conselhos. E, finalmente, entre outubro de 2019 e janeiro de 2020, a **Better Governance*** coletou e analisou as respostas de 103 conselheiros brasileiros atuantes em 238 conselhos para verificar como é a dedicação do tempo deles — dentro e fora das salas de reunião.

Para examinar ainda mais de perto os meandros da GC e o funcionamento dos CAs, no entanto, ouvi pessoalmente a opinião de alguns dos profissionais mais experientes, que já ocuparam — ou ainda ocupam — a cadeira de CEO e/ou a de conselheiro de administração, trazendo também essa valiosa perspectiva empírica para o livro. Entre esses entrevistados estão **Alexandre Gonçalves Silva, Betania Tanure, César Souza, Fernando Carneiro, Herman Bulls, Linda Parker Hudson, Luiz Carlos Cabrera, Paula Rosput Reynolds, Pedro Parente** e **Sérgio Rial**. Muitos outros conselheiros e executivos ao redor do mundo foram entrevistados, mas seus nomes são omitidos para preservar o sigilo nos casos relatados. A obra está recheada de pequenos relatos desses administradores e cada capítulo é aberto com um caso que se refere ao conteúdo ali abordado, episódios que são concluídos mais adiante, quando as ideias apresentadas no capítulo já podem ser aplicadas à história. As situações relatadas são reais, mas nem tente identificá-las: embaralhei de tal forma circunstâncias, personagens e características dos casos ocorridos nos diversos países de meus entrevistados que eu mesma tenho dificuldade de relembrar os contornos precisos dos casos originais. Assim, as situações reais foram transformadas na mais pura ficção.

Ao escrever este livro, meu principal objetivo é compartilhar vivências e aprendizados em GC — os meus e de todos os entrevistados — com todos aqueles que, direta ou indiretamente, se envolvem com conselhos ou são impactados por suas decisões e muitas vezes se perguntam como são tomadas. A expectativa é que sua leitura seja útil tanto para conselheiros e CEOs como para executivos ou gestores que ainda não circulam

---

*   Consultoria especializada em governança corporativa que dá suporte ao aprimoramento do modelo e à adoção das melhores práticas de GC. A autora é sócia fundadora da Better Governance.

com frequência nas reuniões do CA. O mesmo se aplica a consultores, auditores, advogados, secretários de governança e *chief governance officers* que servem aos conselhos, assim como para estudantes, pesquisadores e especialistas em GC e conselhos. Meu convite é para que, em vez de ficar do lado de fora, tentando entender "as decisões emanadas daquela 'caixa-preta'", você utilize a bússola comportamental trazida por este livro para tornar mais produtiva e eficaz sua interação com o conselho, envolvendo todos — e cada um — nas práticas de governança.

A primeira parte do livro — **A caixa-preta** — é constituída de cinco capítulos:

- **Capítulo 1**: além de um breve histórico de GC, os entrevistados me ajudam a debater o desempenho dos conselhos.
- **Capítulo 2**: descreve como são os CAs, apresentando suas principais características de composição e discutindo os efeitos da diversidade limitada. O capítulo traz ainda os comportamentos individuais mais deletérios nas salas dos conselhos de acordo com nossa primeira pesquisa com 102 conselheiros, concluída em 2017.
- **Capítulo 3**: aborda o processo decisório submetido às tensões intraconselho e extraconselho, com destaque para a relação tão delicada do CEO e dos demais executivos com os conselheiros.
- **Capítulo 4**: trata da atuação solitária e tão incompreendida do presidente do conselho (PCA) — em meio a tantas tensões e comportamentos disfuncionais individuais, é dele a responsabilidade de manter o CA em bom funcionamento.
- **Capítulo 5**: aponta as questões e discussões que mais tiram o sono dos conselheiros. O resultado da pesquisa realizada com esses profissionais desvenda preocupações, dores de cabeça e arrependimentos, abordando também os aspectos comportamentais envolvidos.

A segunda parte — **Pensando fora da caixa** — é dividida em dois capítulos e tem início com uma discussão sobre os limites da racionalidade com base principalmente nos conceitos teóricos de Herbert Simon e Daniel Kahneman (dois ganhadores do Prêmio Nobel de Economia):

- **Capítulo 6**: aplica a abordagem comportamental — sob o ponto de vista individual e de grupo — para identificar os vieses cognitivos que mais influenciam o processo decisório.
- **Capítulo 7**: traz uma bússola comportamental: um guia com instrumentos para minimizar os efeitos dos vieses sobre a atuação dos conselheiros, seja individualmente, seja em grupo. O capítulo descreve como aplicá-los para que todos os profissionais — conselheiros, CEOs ou executivos nas mais diferentes posições — possam navegar com mais tranquilidade e confiança entre as armadilhas comportamentais, aperfeiçoando o processo interativo e aumentando a eficiência da tomada de decisões e demais atribuições do conselho. Ao trazer esses mecanismos, o capítulo faz referência à literatura que explora a arquitetura das escolhas. Trata-se do conceito de *nudge* (empurrão), isto é, "qualquer aspecto que altere o comportamento das pessoas de uma maneira previsível, sem proibir nenhuma opção ou alterar significativamente seus incentivos econômicos".[4]

Espero que o livro ajude você a se conduzir pela **"governança do ser"**, levando-o a contemplar a oportunidade de geração de valor. Entender a boa governança a partir de seus princípios — transparência, equidade, *accountability* (prestação de contas) e responsabilidade corporativa — e reconhecer o grande impacto que as pessoas e sua limitada racionalidade têm sobre a forma com que as organizações são governadas já nos tornarão mais aptos a colher esse valor.

Que a exploração da abordagem comportamental inerente à dinâmica dos conselhos seja prazerosa e instigante. Virando a página, você encontrará uma descrição dos destinos, roteiros, mapas e equipamentos para empreender a jornada por esse admirável mundo novo. Boa viagem!

PARTE I

A caixa-preta

1. A máquina de tomar decisões

"Os melhores conselhos de administração são lugares muito desconfortáveis e é assim que devem ser", foi a frase de sir **Christopher Hogg**,[1] ex-presidente do Financial Reporting Council, órgão regulador do Reino Unido, em um artigo que li há alguns anos. E posso garantir que vivi isso durante três longos meses, enquanto discutia no CA da SanMartín a viabilidade do Projeto Andorinha. Éramos nove conselheiros e, entre eles, eu, o único independente.

Em fevereiro de 2016, os executivos começaram uma rodada de reuniões para nos apresentar um dos mais ambiciosos projetos em andamento no grupo, que prometia ser também um dos mais rentáveis. No final da primeira reunião, meus oito colegas conselheiros pareciam já estar convencidos pelos números potencialmente extraordinários de rentabilidade, enquanto eu me inquietava. O potencial de risco me parecia alto. Os executivos já haviam nos garantido que o modelo de gerenciamento de riscos estava atendido; todos os alvarás para as obras haviam sido emitidos; e o projeto contava com pareceres técnicos positivos de ambientalistas e advogados especializados na área ambiental. Mesmo assim, eu ainda não estava totalmente convencido.

Nas reuniões seguintes, meu desconforto não encontrou alívio. Quanto mais os executivos reafirmavam a confiabilidade dos números e a improbabilidade de um desastre ambiental de grandes proporções, mais eu me apegava às minhas desconfianças. Questionei tão detalhadamente cada aspecto que acabei gerando um ambiente quase hostil em relação ao meu papel de conselheiro independente. Cheguei a sentir o ambiente pesado.

> *Temendo que a decisão fosse protelada, o presidente do conselho, acumulando também o cargo de CEO, calou minha voz solitária: "Relaxa, você é novato nesse setor. Espera só para ver o salto que as ações vão dar no final do trimestre, quando o Projeto Andorinha for anunciado." Não foi preciso aguardar até o final de março. Quinze dias depois do anúncio, o mercado já tinha precificado os papéis da companhia com alta de 25%. Apesar desse aparente final feliz momentâneo para a SanMartín, o futuro iria me dar razão...**

Desde o século XVII, quando surgiram as primeiras entidades comerciais com separação entre propriedade e gestão, não há um só período da história corporativa em que a relevância e a eficácia da atuação dos administradores não sejam questionadas — com maior ou menor intensidade. Já na Companhia das Índias Orientais, o pequeno grupo de administradores, indicados vitaliciamente, era regularmente acusado pelos demais acionistas de privilegiar as questões relacionadas à guerra e à política e não os interesses estritamente comerciais do empreendimento. Estava caracterizada, portanto, "uma das primeiras manifestações do 'ativismo de acionistas'", que, desde então, já apresentava três reivindicações básicas — ainda atualíssimas séculos depois: (1) fornecimento de informações claras; (2) direito de indicar os administradores; e (3) mudanças na forma de remuneração desses administradores.[2]

Muito embora tenha sido um empreendimento bem-sucedido por quase dois séculos, nem a crescente pressão dos acionistas externos à gestão nem a contínua criação de novos mecanismos disciplinatórios foram capazes de evitar que a Companhia das Índias falisse em 1799, vergando sob a competição dos produtos do Novo Mundo e submersa em acusações de fraude e corrupção. Analogamente, nos séculos subsequentes, a história corporativa demonstrou que os instrumentos de governança, apesar de continuamente em evolução, não têm sido capazes de impedir os piores fracassos empresariais, sempre com desastrosos

---

*   A conclusão do relato será apresentada no final deste capítulo.

impactos sociais diretos e indiretos. Isso ocorre até hoje, na verdade, e o que se verifica é uma dinâmica cíclica: o avanço das melhores políticas e práticas é sucessivamente retroalimentado por crises e escândalos empresariais — falhando sempre, porém, no intuito da prevenção.

Os investidores institucionais assumiram maior poder político e econômico nas décadas de 1980 e 1990, após a onda de aquisições hostis nos Estados Unidos e na Europa, quando foram criados mecanismos de defesa. Os investidores, então, passaram a exercer seu papel fiduciário de donos.[3] Na virada do século XXI, o processo de globalização dos mercados reais e financeiros ampliou a complexidade do ambiente com a universalização dos riscos e turbulências decorrentes, por exemplo, das crises da Ásia, da Rússia e do Brasil, enquanto os escândalos empresariais, como os da Enron, WorldCom e Tyco, acentuavam a desconfiança e o conflito entre administradores e acionistas.

Em uma análise retrospectiva, não se questiona que o desenrolar desses escândalos tenha sido resultado de uma combinação entre processos viciosos baseados em assimetria de informações, divergência de interesses e desacerto de propósitos e doses notáveis de ganância e ausência de princípios básicos de conduta ética. "Há pouca dúvida de que o colapso Enron, a maior falência na história dos Estados Unidos até hoje, foi causado por problemas de governança corporativa",[4] apontaram especialistas posteriormente.

Como mais uma resposta direta às malversações por parte dos conselhos e dos executivos, em 2002, foi instituído o Ato Sarbanes-Oxley (SOX) nos Estados Unidos. Naquele momento, parecia imprescindível atribuir pesadas penalidades àqueles que não aderissem às novas normas de governança, além de tentar restabelecer a confiança nos relatórios financeiros das empresas e a credibilidade das consultorias e auditorias externas. No universo corporativo, esse período se caracterizou pela adoção de um modelo rígido de adesão compulsória a uma longa lista de mecanismos de controle, monitoramento e fiscalização.

Nem essa severidade imposta, entretanto, conseguiu prevenir, deter ou mitigar a ruptura sistêmica que viria a seguir e que se originou na concessão desenfreada de empréstimos hipotecários de alto risco (*subprime*) nos Estados Unidos. Deflagrada em 2007-2008, a crise de inadimplência das hipotecas teve um efeito dominó e contaminou os sistemas bancários e financeiros globais — deixando sequelas até hoje. Os consequentes prejuízos pecuniários só não foram maiores do que o abalo causado na credibilidade da relação entre acionistas e administradores. "O que fizeram os administradores dessas instituições, entre eles, os que eram regiamente remunerados?", querem saber os pequenos investidores. "Onde estavam os conselheiros de administração que não viram a má conduta dos executivos a quem devem orientar, supervisionar e controlar?", ainda se perguntam, indignados, alguns dos maiores experts em governança corporativa.

SÓ HÁ UMA CERTEZA: OS CAS FALHAM

Essas e outras questões ainda inquietavam especialistas do calibre de **sir Adrian Cadbury**,* um dos precursores do movimento de melhoria da governança corporativa na década de 1990. Portanto, embora tenha sido um dos principais promotores da contínua evolução dos mecanismos de GC, ele jamais deixou de reconhecer que os conselhos de administração têm seguidamente falhado na prevenção dos escândalos empresariais. Em entrevista concedida à autora, **sir Adrian** comentou as principais causas das disfunções dos CAs:

> Quando começamos a análise pelos escândalos, parece que os conselhos não estão cumprindo seu papel. Não fazem as perguntas certas e não desempenham adequadamente as funções de um conselho. A função-chave do CA é indicar e monitorar o CEO, dando-lhe o máximo de apoio para assegurar que siga o caminho

---

* Sir Adrian Cadbury (1929-2015) foi autor do Relatório Cadbury, que, em 1992, definiu os padrões de governança corporativa para o Reino Unido, além de presidente do conselho da Cadbury Schweppes. Concedeu entrevista à autora em 4/12/2013 em sua residência, na cidade de Dorridge, no Reino Unido.

definido pelo conselho, porque é o CA que decide a estratégia da companhia, quais são os objetivos, o propósito e — mais importante — quais são os valores praticados. No período em que houve esses desvios, os CAs não estavam cumprindo suas funções. Estavam prontos para deixar os executivos fazerem o que quisessem e, além disso, houve outros problemas, como acordos de incentivo que encorajaram a tomada de riscos e a ganância. Não posso explicar o que aconteceu naquela época: nós vimos o desastre emergir, vimos a extraordinária disparidade entre os ganhos de alguns poucos executivos e a força de trabalho como um todo. Isso é algo com que o conselho deve se preocupar porque a companhia precisa contar com uma força de trabalho estável, operando do topo à base com a percepção de que existe uma estrutura de remuneração justa para que todos se sintam parte da companhia, contribuindo para seus resultados. Quando existe uma distância grande entre os executivos do topo e os demais, há fortes implicações sociais: as pessoas da força de trabalho não se percebem valorizadas e, além disso, os executivos do alto da pirâmide ficam desconectados e não se sentem parte da empresa. Há a deterioração dos relacionamentos; é responsabilidade do conselho estar atento a isso. Em última instância, as empresas enfrentam dificuldades, não por causa da estrutura como um todo, mas porque os responsáveis não endereçam os problemas que são identificados.

Basicamente, nos dois casos, estamos falando do resultado de comportamentos gananciosos dentro do conselho e entre os executivos.

Sim, estamos falando sobre ganância e, infelizmente, sobre a habilidade de alguns poucos beneficiários de agir de forma gananciosa. É isso que está errado. Não deveria ser possível que os executivos seniores no topo conseguissem manipular o sistema de remuneração por meio de bônus e opções. No entanto, eles se beneficiam da remuneração paga pelas companhias, o que significa, por fim, que são os clientes e a comunidade que pagam pela ganância de um pequeno grupo. Isso está errado, e é responsabilidade do conselho de administração das empresas.

Como observador externo, quais são os sinais de que um conselho não está funcionando bem?

O sinal mais evidente é quando o conselho é dominado por uma pessoa, seja o presidente do CA, o CEO ou, eventualmente, um dos conselheiros externos. Então, a dominância — o silêncio dos conselheiros externos ou o excesso de poder de apenas um — é um sinal evidente de que o CA não está funcionando. O ponto fundamental é que a dominância impede o funcionamento do conselho: se alguém apenas ouve, se não há a contribuição de todos, isso indica um CA disfuncional. Em um bom conselho de administração, todos os conselheiros expressam suas ideias e contribuem para as decisões e estratégias. Um CA disfuncional é onde não há ideias expressas coletivamente e um ou outro conselheiro tenta impor sua influência ou anular a dos outros.

Os sucessivos ciclos entre a eclosão de crises de governança e a instituição de novas regras e práticas foram analisados por **Ira Millstein**,* cujo papel em governança corporativa pode ser comparado ao de **sir Adrian** do outro lado do Atlântico. Em entrevista à autora, **Ira** apontou o excesso de mecanismos regulatórios e, principalmente, a pressão do mercado financeiro por resultados de curto prazo entre os principais obstáculos à gestão sustentável das empresas:

---

* Ira Millstein, advogado corporativo e sócio sênior do escritório Weil, Gotshal & Manges, é um dos mais reconhecidos especialistas em governança corporativa dos Estados Unidos e liderou o comitê que redigiu os Princípios da Organização para Cooperação e Desenvolvimento Econômico (OCDE). Em entrevista à autora em 31/3/2014 na cidade de Nova York, Estados Unidos.

Um dos problemas atuais é que os conselhos de administração estão sobrecarregados com o excesso de regulamentação — estão investindo mais tempo em *compliance* do que em estratégias e táticas. Então, é aqui que começa minha análise: muito daquilo originalmente proposto por mim era — e ainda é — necessário, mas não é o fim da história. Algumas regras foram levadas longe demais ou se tornaram o foco principal, em detrimento do debate das questões estratégicas nas salas dos conselhos. Por exemplo: será que agora os acionistas não têm poder demais no sentido de que o ativismo quer mudanças mesmo quando não são no melhor interesse da empresa? Somadas todas as novas regras, elas enfraquecem os conselhos? Todas essas regras foram criadas para melhorar os conselhos, não para ajudar os ativistas com diferentes agendas. Portanto, ando me questionando mais a respeito do que faz um conselho funcionar bem. Serão somente as regras? Precisamos de mais regras e regulações? Não. Os conselhos estão sobrecarregados por elas, gastando muito tempo com *compliance* e não o bastante na supervisão de riscos. O que está realmente sendo feito na análise da estratégia de negócios e também no sistema de compensação para verificar se é adequado para a companhia ou apenas para os conselheiros e os executivos? Apesar de todas essas regras, continua a ocorrer o que não deveria: em alguns casos, excesso de riscos; em outros, a remuneração ainda não está sob controle. Além disso, o mercado de capitais mudou, tornando--se orientado para o curto prazo. Os CAs estão preocupados em fechar bem o trimestre porque sua remuneração vem basicamente de seus pacotes de ações; eles querem ver as ações subindo. Infelizmente, há também as *naked options*,* que podem ser executadas imediatamente. Mesmo que conseguíssemos alongar o prazo, a remuneração ainda está muito atrelada ao mercado de ações, o que encoraja a visão nos resultados do trimestre e não a longo prazo.

---

* Opções a descoberto — quando o investidor assume o direito de negociar (compra e/ou venda) um lote de ações de uma empresa dentro de um prazo predeterminado, sem, de fato, possuir previamente o papel.

Qual deveria ser o foco da nossa atenção para tornar os conselhos melhores?

Os conselhos são formados por pessoas e, portanto, quando você procura por um bom conselheiro, deve avaliar os atributos daquele ser humano. É alguém que tem a coragem e a disposição de fazer a coisa certa? Meu professor **David W. Miller** tinha uma definição para ética que hoje eu considero o principal atributo do bom conselheiro: "Ética é a arte e a disciplina para discernir as ações corretas, positivas e mais adequadas e, então, ter criatividade e coragem para adotá-las." Com base na minha experiência de mais de cinquenta anos prestando consultoria a CAs, considero que os conselheiros — pelo menos, a maioria deles — querem fazer a coisa certa. Então, a questão real é a seguinte: eles têm, de fato, a ousadia para agir?

No **Capítulo 5**, **Ira Millstein** fará o relato de três casos em que os conselheiros exercitaram essa ousadia ao decidir e agir. Já sobre os aspectos relacionados às funções e à atuação dos conselhos de administração — antes, durante e depois dos momentos de crise de governança —, **Mats Isaksson*** traz uma perspectiva inquietante. Até março de 2021, ele foi diretor de Governança Corporativa e da Divisão de Finanças Corporativas da OCDE, que formulou os Princípios de GC do G20/OCDE,** que têm orientado todos os códigos sobre o tema em todo o mundo desde 1999:

---

* Mats Isaksson é economista e, quando ocupava o cargo de diretor de Governança Corporativa e da Divisão de Finanças Corporativas da OCDE, liderou o desenvolvimento dos Princípios de GC do G20/OCDE. Em entrevista à autora em 24/9/2015, na cidade de Leipzig, na Alemanha.

** Publicados pela primeira vez em 1999, os Princípios de Governança Corporativa do G20/OCDE tornaram-se *benchmark* internacional em governança corporativa e têm sido adotados como um dos principais padrões do Conselho de Estabilidade Financeira para sistemas financeiros sólidos e endossados pelo G20 em 2015.

Como observador externo, sempre fiquei fascinado pelo trabalho e o funcionamento dos conselhos de administração nas grandes empresas. Por que essas organizações têm CAs? Como eles desempenham seus deveres e o que motiva os conselheiros? Os conselhos são compostos de um grupo relativamente pequeno de pessoas altamente qualificadas, não muito bem remuneradas e, ainda assim, encarregadas de questões de importância estratégica em grandes e complexas organizações que, cotidianamente, são geridas por um exército de experts e executivos, que compreende e controla todos os aspectos dos negócios. Ainda assim, cada vez que ocorre algum tipo de crise ou escândalo corporativo, os CAs são chamados a assumir mais e mais responsabilidades. Surgem sugestões para adicionar mais um conselheiro independente, criar outro comitê do conselho, ampliar as exigências de *compliance*, aumentar os deveres e assim por diante. Não estou afirmando que esse é sempre o caminho errado. Mas, antes de enveredar por ele, devemos ter uma melhor compreensão do que realmente o CA pode realizar, quando comparado a outras esferas, como a assembleia de acionistas e os executivos. Sob um ponto de vista mais prático, o que diferencia um conselho que gera valor a seus acionistas daquele que simplesmente atende a suas obrigações formais? Se já está sobrecarregado e não funciona adequadamente, o conselho pode ser parte do problema; e, quanto mais responsabilidades receber, mais estaremos longe de uma solução. A correta distribuição de autoridade e *accountability* entre os diferentes órgãos da empresa, como a assembleia de acionistas, o conselho e a diretoria executiva é obviamente o resultado de seus diferentes incentivos e da necessidade de supervisão e controle. Mas, uma vez que o conselho é formalmente instituído, ele se torna uma questão de competência, análise e capacidade humana. E o que fascina tanto na qualidade do conselho é que ela é o produto tanto de competências individuais quanto de coletivas. Individualmente, como os conselheiros percebem seu papel? Com que frequência os conselheiros devem se reunir para interagir eficazmente como grupo? Quanto tempo devem durar as reuniões? Devemos contar com CAs totalmente profissionalizados ou os conselhos podem ser de dedicação parcial, reunindo-se sete ou oito vezes por ano?

Qual o caminho para aprimorar o desempenho dos conselhos?

O pior dos mundos provavelmente é aquele em que confiamos a um órgão corporativo responsabilidades importantes sem saber se ele conta realmente com as competências e os meios para realizá-las. Então, temos que definir isso de forma que haja proporcionalidade entre as responsabilidades do conselho e sua capacidade de desempenhá-las realística e diligentemente. Além disso, a tendência de a cada escândalo corporativo investir o CA com mais rotinas e responsabilidades torna mais importante do que nunca compreender e aprimorar o funcionamento dos conselhos. É uma tarefa que considero prioritária não apenas para os acionistas que indicam os conselheiros, mas também para eles próprios, que vêm assumindo crescentes exigências nas grandes organizações. Esse questionamento não somente nos ajudará a administrar melhor as empresas como também nos preparará melhor para debater o papel dos conselhos quando o próximo escândalo corporativo disparar novas demandas por reformas.

Robert Monks* assume um tom ainda mais provocativo do que **Isaksson. Monks**, um dos pioneiros do ativismo de acionistas nos Estados Unidos, é reconhecido pela sua combatividade e considera quase inacreditável que os conselhos de administração continuem a existir, especialmente nas companhias abertas. Segundo ele, os CAs são um mito, "quase como Papai Noel":

---

* Robert Monks é cofundador do Institutional Shareholders Services e autor de livros, como Corpocracy e Watching The Watchers. Em entrevista à autora em 13/9/2013 em Pelican Hill, Newport Coast, Califórnia, Estados Unidos.

Basicamente, o que posso concluir é que os conselhos de administração de companhias abertas são uma ficção. São quase como Papai Noel, algo que foi inventado para desempenhar um papel útil na imaginação pública. Ninguém realmente quer que os conselhos façam aquilo que a imaginação pública acredita que eles façam. Isso é verdade, particularmente nos Estados Unidos. Do modo como os conselhos são estruturados, existe uma resistência permanente contra a criação de uma separação entre os papéis de presidente do conselho e CEO da empresa. Isso significa que o conselho, cuja maior responsabilidade é monitorar o CEO e escolher um novo, quando necessário, está, de fato, com sua pauta predeterminada, já que suas reuniões são lideradas pelo CEO. Basta a adoção desse modelo para que as pessoas sérias já saibam que não existem conselhos de administração de verdade. Os ingleses são um pouco mais sofisticados, mas também perderam o sentido do conselho em meio a seu sistema de classes. Eles têm conselhos que só admitem pessoas que façam parte do clube de celebridades. Então, se você for do clube, será aceito; se não for, não estará no conselho. O resultado disso é que cabe a todo mundo fingir que os conselhos fazem aquilo que as pessoas dizem que deveriam fazer. Portanto, do meu ponto de vista, os conselhos são um mito.

Por sua vez, **Mervyn King**,* a figura mais expressiva em governança corporativa na África do Sul com reconhecimento internacional, compara as empresas a "pessoas incapacitadas", já que não pensam e não agem por si mesmas. Ele traz novamente à discussão um ponto já enfatizado por **Ira Millstein**: os CAs são compostos de seres humanos — mas vai

---

* Professor Mervyn King, presidente emérito do conselho do International Integrated Reporting Council (IIRC), também é presidente emérito do Global Reporting Initiative (GRI). King, com sólida carreira na Suprema Corte da África do Sul, presidiu o King Committee on Corporate Governance, que produziu o código de governança que recebeu seu nome. O King Report on Corporate Governance é uma referência internacional e já está em sua quarta edição. Em entrevista à autora em 1/4/2014 na cidade de Nova York, Estados Unidos.

mais longe. Para **King**, os conselheiros estão sujeitos às tentações e aos pecados do "diabo corporativo".

> Eu sempre disse que há um diabo corporativo e, por isso, temos que estar atentos aos seus pecados, entre eles, a **ganância** e as preocupações autocentradas. Você não pode ser conselheiro e temer assumir algum grau de risco, porque é seu dever assumir riscos para alcançar as recompensas. Você estará agindo em função do próprio interesse ao pensar: "É melhor me proteger. Se algo der errado, posso ser processado." Nesse caso, você não estará usando sua capacidade no melhor interesse da empresa, ou seja, em favor da maximização de valor. A preocupação autocentrada já é uma falha no cumprimento do dever do conselheiro. Outro pecado corporativo é a **arrogância**. Por exemplo, foi decidida uma estratégia de longo prazo sobre a qual, quando é comparada à outra, você pensa algo como: "Não tenho ideia do que eles estão fazendo. Estão malucos. Por que sair do Brasil? Por que ir para o Peru? O que há no Peru? Eles estão ficando loucos?" E há ainda o **orgulho**. Vocês tomaram uma decisão no CA que está sendo implementada. Da sua perspectiva, você a considera equivocada, mas, em vez de abrir esse debate no CA, você dá uma entrevista à TV fazendo críticas. Você evita a discussão no CA porque, no fundo, só está com medo de que a opinião pública lhe atire ovos na cara. Esses são os demônios corporativos que estão constantemente nos tentando. Portanto, a honestidade intelectual é uma questão crítica. **Você tem que focar honestamente a sua mente e considerar que está agindo em nome de uma entidade inanimada e incapacitada, isto é, uma empresa. A companhia não tem coração, mente nem alma, não tem nada; é pior do que uma pessoa em estado vegetativo depois de um grave acidente de carro: não pensa por si mesma, está imóvel, dependendo de aparelhos. Por isso, o conselheiro se torna o coração, a mente e a alma da empresa.** É ele quem cria sua reputação e direciona a estratégia. Então, temos que discutir

o conteúdo dos deveres dos conselheiros, que precisam ter boa-fé e diligência para ser o coração, a mente e a alma de uma pessoa incapacitada.

O QUE É E COMO FUNCIONA A CAIXA-PRETA

Além de os próprios escândalos e crises retroalimentarem o ciclo evolutivo da governança corporativa, outro fator — antagonista do primeiro — tem contribuído para estimular a criação e a adoção de novas regras e mecanismos com o objetivo de assegurar as melhores práticas e a otimização dos resultados dos negócios. Desde o início do século XXI, pesquisas vêm reiterando o valor da boa governança, que hoje pode ser definida da seguinte forma:

> Governança corporativa se refere a tomar decisões, controlar sua implementação e distribuir os resultados de maneira justa para as diferentes partes envolvidas. É orientada para a criação de valor no longo prazo, preservando o equilíbrio entre os interesses dessas mesmas partes.

Em 2000, a consultoria **McKinsey & Company**[5] realizou um estudo com investidores internacionais de 22 países e identificou que o grupo estava disposto a pagar um prêmio entre 18% e 28% para ações de empresas com práticas superiores de governança. Depois disso, ao longo dos anos, vários estudos foram associando boas práticas de governança a valor percebido. Já em 2015, um grupo de pesquisadores de quatro países[6] voltou a encontrar evidências de que as boas práticas de governança corporativa elevam o valor das empresas nos quatro mercados emergentes estudados (Brasil, Índia, Coreia e Turquia). Entre os aspectos associados à geração do valor, estão a transparência (*disclosure*) financeira e a independência do conselho.

Ainda menos controvertido, porém, é o fato de que as melhores práticas de GC ampliam o acesso ao financiamento, reduzem o custo de capital e otimizam o desempenho operacional, já que, entre outros benefícios, propiciam a melhor alocação de recursos e facilitam o relacionamento com partes interessadas.[7] O efeito positivo da implementação das normas de GC, no entanto, ainda vai além do desempenho individual das companhias: a estrutura de governança é capaz de influenciar setores de atividade e até mesmo países. Nesse caso, as incertezas em relação à governança se traduzem na elevação do custo de capital e podem afetar até mesmo o funcionamento do mercado de capitais de um país, caso se estenda a um conjunto de empresas ou a um setor. No Corporate Governance Factbook 2019 da **OCDE**, o *chair* Masato Kanda reafirma a relevância da GC para as empresas — e os países:

> A governança corporativa é um instrumento essencial, que cria um ambiente de confiança e integridade dos negócios, sustentando o desenvolvimento do mercado de capitais e dando acesso às empresas a recursos financeiros para investimentos produtivos no longo prazo. De fato, a qualidade da estrutura de governança corporativa de um país é de importância decisiva para a dinâmica e a competitividade do seu setor de negócios.[8]

Ao longo das últimas décadas, entre os mecanismos de GC, os estudos e pesquisas têm dedicado especial atenção ao conselho de administração. As práticas e processos do CA estão entre os primeiros elementos analisados para determinar o nível de governança de uma empresa e, apesar das diferentes perspectivas e dos questionamentos críticos, há muita concordância entre os especialistas sobre a importância de sua existência e atuação. De acordo com alguns dos principais estudiosos da área, o conselho de administração pode ser definido das seguintes formas a seguir:

- É o sustentáculo da governança corporativa e o nexo crítico no qual os destinos da companhia são decididos.[9]
- É o órgão responsável, em última instância, por assegurar a integridade da organização em todos os assuntos.[10]
- Ocupa uma posição crítica no sistema moderno de empresa livre, com a responsabilidade e a oportunidade de fazer uma diferença significativa por apresentar necessidade competitiva, podendo ser usado como diferencial competitivo.[11]
- Provê a salvaguarda da governança para o capital e os gestores e é um importante instrumento interno de controle.[12]
- É o órgão-chave de tomada de decisão da corporação em nome dos acionistas e o repositório do máximo poder da empresa.[13]
- É o fulcro do sistema da governança e ponto focal para acionistas e o sistema de mercado,[14] por estar entre os mais veneráveis instrumentos de governança corporativa.[15]

Existe, porém, uma contradição flagrante: apesar da relevância do conselho de administração na estrutura de GC das companhias e do foco dedicado a esse instrumento em centenas de estudos, o CA é também considerado uma caixa-preta, justamente pela dificuldade de se ter acesso direto a seus rituais internos de funcionamento[16] — se você não é um dos conselheiros sentados à mesa. Mesmo assim, a contínua busca por uma compreensão mais aprofundada de suas engrenagens originou trabalhos teóricos e práticos, dissecando metodicamente o CA sob diversos aspectos: por seu papel e responsabilidades, por sua estrutura e seu funcionamento ou por seus processos. Essas várias dimensões serão sucintamente apresentadas a seguir para que, nos próximos capítulos, seja possível avançar a partir delas para analisar a dinâmica das interações individuais e em grupo, além de outros fatores com características intangíveis também presentes no funcionamento dos CAs.

PAPÉIS E RESPONSABILIDADES
(as atribuições do CA* relacionam-se a várias esferas corporativas)

Estratégia
- Definir o direcionamento estratégico de forma integrada com a diretoria, apoiando sua implementação. Ao definir a estratégia, o CA deve assegurar que as escolhas tenham caráter sustentável e sejam consideradas as externalidades geradas, assim como sua responsabilidade social.
- Monitorar regularmente a implementação da estratégia definida.
- Tomar decisões sobre projetos de investimentos relevantes, dentro de sua alçada — entre eles, fusões e aquisições.
- Manter o foco do CA no futuro da organização, reavaliando continuamente oportunidades e ameaças, assim como a necessidade de agregar ou reformular competências organizacionais, permitindo que a organização se antecipe às mudanças externas.

Identidade, valores e governança
- Atuar como guardião dos princípios e valores da organização, promovendo sua discussão e definição.
- Zelar pela conduta ética.
- Preservar a identidade da empresa e zelar pelo respeito à cultura da organização. Avaliar quando transformações da cultura são necessárias, apoiando sua promoção.
- Zelar para que a organização ouça as partes interessadas (*stakeholders*)** a fim de considerar seu ponto de vista na atuação

---

* Já considerando as recomendações da quinta edição do Código das Melhores Práticas de Governança Corporativa do Instituto Brasileiro de Governança Corporativa (IBGC) (2015), mas não me restringindo a elas.

** O conceito de *stakeholders* aqui adotado se refere àqueles diretamente envolvidos com a empresa, como empregados, fornecedores, clientes, comunidade e governo, além de toda a cadeia de criação de valor e os usufrutuários dos ambientes em que a empresa opera.

da organização. Especial atenção deve ser dada aos investidores, estabelecendo um canal de diálogo estratégico em sintonia com aquele administrado pela área de relacionamento com investidores no âmbito executivo.

- Atuar como guardião da governança da empresa, liderando revisões regulares de suas práticas.

Desempenho, riscos, controles e auditoria

- Supervisionar o desempenho econômico, financeiro e operacional.
- Garantir que exista um modelo do conjunto de riscos a que se expõe a atividade, um processo para monitorar e mitigá-los, assim como mecanismos para que o conselho supervisione a gestão de riscos regularmente.
- Assegurar a existência de um sistema de controles internos que funcione com a devida independência e com linha direta de reporte ao conselho.
- Aprovar as demonstrações financeiras e assegurar que expressem com fidelidade e clareza a situação econômica, financeira e patrimonial da organização.
- Escolher a auditoria independente, assim como aprovar seu programa de trabalho anual, fazendo sua avaliação ao final do período.

Pessoas, organização e inovação

- Contratar e demitir o CEO e validar escolha e demissão dos executivos que a ele se reportam.
- Avaliar anualmente o principal executivo e assegurar que ele ou ela faça o mesmo com seus subordinados.
- Ratificar que o conselho mantenha um plano estruturado e atualizado para substituição em caráter de emergência do principal executivo, assim como para sua sucessão programada.
- Supervisionar os planos de sucessão realizados pelo CEO para seus subordinados.

- Realizar anualmente uma avaliação estruturada do conselho e que, no mínimo a cada três anos, seja facilitada por um agente externo e independente. A avaliação deve resultar em um plano de melhorias e ainda alimentar uma matriz de competências, características e estilos para programar a composição e a renovação do conselho.
- Manter um plano atualizado e estruturado para a sucessão dos conselheiros.
- Definir uma política de remuneração para a diretoria executiva, assegurando uma visão de longo prazo.
- Estabelecer as metas do CEO, assim como validar as metas de seus subordinados.
- Zelar para que a organização se mantenha competitiva, inovadora e atualizada em sua tecnologia.
- Assegurar que a organização adote políticas e mecanismos para atração, desenvolvimento e retenção de profissionais, antecedendo as demandas estratégicas.

Essa é a descrição concisa das responsabilidades dos conselheiros, mas, com os holofotes intensamente focados nos CAs a cada novo escândalo ou crise, as atribuições dos conselhos só fizeram crescer, como já destacado anteriormente por **Mats Isaksson**, que foi diretor de Governança Corporativa e da Divisão de Finanças Corporativas da Organização para Cooperação e Desenvolvimento Econômico (OCDE). Os conselheiros estão sobrecarregados, particularmente no que se refere aos requisitos legais e a seus consequentes riscos. Há, inclusive, uma nova discussão em torno desse tema: até quando haverá profissionais dispostos a enfrentar essa sobrecarga e a assumir esses riscos?

ESTRUTURA

Pela descrição já apresentada de seus papéis e atribuições, o CA pode ser considerado uma "máquina de tomar decisões" e, assim, sua composição tem impacto muito relevante, pois a interação entre os conselheiros é um dos fatores determinantes para aumentar ou diminuir sua eficácia. É fundamental que haja um ambiente aberto ao contraditório, especialmente em relação à tomada de decisões, pois aquelas mais questionadas e escrutinadas tendem a ser as mais robustas. Portanto, para que ocorra um debate capaz de elucidar todas as proposições apresentadas, é necessário que a composição do CA contemple o grau adequado de **diversidade**, sendo o conceito aqui estendido a todos os seus aspectos: formação, conhecimento, experiência, gênero, idade, origem ou vivência geográfica, perspectivas culturais, além de estilos de comportamento e liderança. É a abertura ao contraditório e o conjunto das diferentes visões de mundo que possibilitarão que o mesmo objeto seja avaliado por diversas perspectivas — e que a decisão final seja a melhor.

Há consistentes pesquisas no campo da psicologia social que comprovam a relevância da **diversidade** na interação dos grupos.[17] Existem situações, por exemplo, em que nem todos concordam com um ponto de vista, mas, por estar em minoria, a pessoa omite sua opinião, deixando de apresentá-la em uma discussão. A falta de **diversidade**, dessa forma, reduz a influência social do indivíduo e pode até cegar os conselheiros, prejudicando a qualidade do processo decisório ao criar um círculo interno de poder dominante.[18] Outros estudos indicam ainda que grupos com mais **diversidade** têm melhor desempenho do que aqueles mais homogêneos — e não apenas por haver um fluxo mais dinâmico de novas ideias, mas também porque a **diversidade** leva ao processamento mais cuidadoso da informação, o que não se verifica em grupos mais homogêneos.[19] No **Capítulo 2**, ao abordar o perfil dos conselheiros e alguns aspectos da dinâmica de suas interações, serão analisados o atual quadro e as implicações da **diversidade** de gênero nos CAs. Ainda considerando o aspecto estrutural, o conselho de administração desempenha suas atribuições com o apoio de comitês — órgãos colegiados também formados por conselheiros, mas que têm papel acessório, isto é, não tomam qualquer decisão isoladamente nem atuam como instância supervisora.

DINÂMICA E PROCESSOS

Um ponto crucial para o melhor desempenho do conselho de administração é o órgão contar com seu próprio planejamento de trabalho para não ficar à mercê da pauta de temas trazidos pelos executivos. Isso implica a prévia definição pelos conselheiros de uma dinâmica de atuação e também do estabelecimento das prioridades entre as atribuições do CA. Por exemplo: quantidade de tempo não é necessariamente qualidade. Porém, um conselho que se reúne quatro vezes por ano, essencialmente para aprovar as demonstrações financeiras da companhia, é totalmente diverso daquele que tem reuniões mensais — tanto sob o ponto de vista das atribuições prioritárias quanto das dinâmicas e dos processos que devem ser implementados.

A TENSA INTERAÇÃO ENTRE CONSELHEIROS E EXECUTIVOS

Dentro do CA, a relação entre o grupo de executivos e o de conselheiros é uma das mais complexas e, em alguns casos mais extremos, pode até mesmo se tornar turbulenta. A principal razão disso está no fato de haver um aparente paradoxo: simultaneamente, os conselheiros devem aconselhar *e* supervisionar os gestores, o que, com frequência, dá origem a um relacionamento tenso. Essas duas atribuições concomitantes (supervisionar e aconselhar) fazem com que os conselheiros assumam um comportamento mais focado no ceticismo com o objetivo de manter a objetividade e a assertividade. Ao agir assim, entretanto, tendem a exacerbar o lado crítico, relegando a segundo plano as observações mais construtivas.

O resultado é que esse comportamento coloca os executivos na defensiva: eles oferecem somente as informações que os deixam fora da berlinda, abrindo-se o mínimo possível nas reuniões do CA. Nos casos de conselhos muito severos e inquisidores, estabelece-se até uma relação de amor e ódio. Essa disfunção chega ao ponto de ser associada à síndrome de Estocolmo, quando alguém, depois de ser submetido por muito tempo à intimidação, passa a ter simpatia e até mesmo sentir amor ou amizade por seu próprio agressor. É raro, mas acontece.

Sendo, no entanto, o CA considerado a "máquina de tomar decisões", como é possível que o processo seja eficiente e eficaz em um ambiente que não propicia a confiança e a troca de informações sem reservas? De acordo com **Pound**,[20] o problema fundamental em GC não se origina no desequilíbrio de poder, mas em falhas sutis decorrentes da interação entre os gestores e os conselheiros na tomada de decisões e no monitoramento do progresso do negócio. Portanto, a construção de uma relação positiva que permita o fluxo e a troca de informações, além da maturidade para o contraditório — apreciado pelos dois grupos, conselheiros e executivos —, é ferramenta essencial para a tomada de melhores decisões e será discutida ao longo de todo este livro, privilegiando aspectos da abordagem comportamental.

É preciso mencionar ainda que existem outras tensões internas aos CAs, que se referem à dinâmica das interações entre o próprio grupo de conselheiros. Uma delas, por exemplo, resulta de outra aparente contradição: é recomendável que a composição diversificada do conselho instigue e abra espaço ao contraditório, mas, ao mesmo tempo, que os conselheiros possam ao final chegar a um posicionamento coeso. Essa tarefa é ainda mais desafiadora, considerando-se que o processo de decisão no CA ocorre em um contexto já influenciado pelas tensas relações com os executivos. Todos esses aspectos da dinâmica de grupos são tão relevantes que o **Capítulo 3** será integralmente dedicado ao tema.

Outro fator fundamental para o bom desempenho do CA é o papel de liderança do presidente do conselho (PCA). O ponto é complexo, já que ainda há poucos profissionais capazes de compreender a dimensão exata dessa liderança, via de regra, confundindo-a com o papel puro e simples de mando e poder. O perfil de atuação do PCA deve ser o de um facilitador de discussões, obtendo o melhor dos conselheiros e regendo com maestria o processo de decisão ou supervisão devidamente testado pelo contraditório. Existe aqui um espaço importante de progresso: enquanto os conselhos forem capitaneados por líderes, que não compreendem e/ou não desempenham seu real papel, grande parte da capacidade do órgão para gerar valor continuará sendo desperdiçada. Para apoiar sua atuação, o PCA conta com um secretário de conselho, denominado em alguns países, como no Brasil, de secretário de governança, responsável por todos os processos — pauta, atas, documentação, portal do conselho —, e se reporta diretamente ao PCA. O papel do PCA será abordado em detalhes no **Capítulo 4**.

MESMO QUANDO TUDO ESTÁ EM CONFORMIDADE...

A eficácia dos conselhos de administração tem sido historicamente relacionada a seu funcionamento e estrutura. Como visto antes, muita atenção já se dedicou à sua composição, a seus comitês, à quantidade e duração das reuniões, além da qualidade do material prévio oferecido para informação e a antecedência com que tudo chega aos conselheiros. Não se discute a importância de todos esses elementos: é, de fato, inegável que um bom conselho tem que considerar todos esses aspectos básicos e estruturais. No entanto, é fundamental discernir que o CA — antes e acima de tudo — é um grupo de pessoas altamente qualificadas que deve tomar decisões, definir estratégias, aconselhar os gestores e supervisionar a execução de tudo de maneira vigilante; e tudo isso deve ser realizado *em conjunto*. Todo o restante decorre dessa visão da comunicação entre as pessoas.

O desempenho do CA depende essencialmente de como os conselheiros interagem entre si e de como esse colegiado se relaciona com a diretoria executiva. Os pesquisadores **Katharina Pick** e **Kenneth Merchant**[21] apontam tendências em grupos que podem obscurecer talentos de pessoas inteligentes e bem-intencionadas, causando o que chamam de pontos cegos, vieses e ineficiências, capazes de fazer com que os conselhos se tornem ineficazes. Esses fatores podem levar CAs altamente qualificados a não identificar riscos e problemas. Ainda de acordo com esses pesquisadores, os grupos tomam decisões conjuntas que nenhum dos indivíduos assumiria isoladamente. Apesar de o tempo das reuniões ser sempre extremamente limitado, a tendência do grupo é se perder em detalhes desimportantes para a qualidade da decisão a ser tomada.

Regras, práticas e mecanismos são fundamentais para o funcionamento de um bom conselho, mas nada disso resultará em melhor governança se o comportamento e a atitude das pessoas não forem mais propiciadores da eficiência dentro da máquina de governar. Após quase três décadas do início do movimento de governança corporativa no mundo, já é possível voltar o foco para ângulos mais sutis e sofisticados dos CAs, que ainda não mereceram a devida atenção. Esse é o caso da abordagem comportamental, que permeia toda a dinâmica dos conselhos e também sua interação com os demais órgãos de governança corporativa.

É possível especular que, ao analisar mais de perto esses aspectos comportamentais, sejam encontradas evidências mais claras para explicar por que empresas que tinham uma governança considerada como modelo — ao menos vistas de fora e a distância — viveram escândalos corporativos notórios e/ou se transformaram em casos emblemáticos de insucesso empresarial. Conceitualmente, parece até simples; na prática, entretanto, reside aqui um dos maiores desafios das empresas: quando se trata de conselho de administração, tudo pode dar errado. Por sua própria natureza de caixa-preta, o mais grave é perceber que o CA, em vez de gerar, está destruindo valor. Nesse caso, o prejuízo é grande e irreversível, com alto custo financeiro e, geralmente, também reputacional.

No relato iniciado neste capítulo, o conselheiro estava vivenciando no CA da hipotética SanMartín uma situação disfuncional como essa, que o tornava impotente diante dos fatos. A sequência dos acontecimentos se encarregou de lhe dar razão, mas não a satisfação de ter conseguido cumprir seu papel de conselheiro independente:

> *Cerca de dois anos depois daquela fatídica reunião no CA da SanMartín, eu estava tomando uma xícara de café logo cedo, enquanto lia as notícias no meu portal de negócios preferido. De repente, a mão para no ar, a boca entreabre e os olhos congelam. Sim, eu estava vendo direito. Um grave desastre ecológico de proporções inéditas no sul do país provocara danos ambientais ainda não dimensionados, causando muitas vítimas. Até aquele momento, as informações permaneciam imprecisas. Não havia confirmação do número total de mortos, mas a estimativa era de que passava de cinquenta, além de centenas de desaparecidos. No epicentro da tragédia, a bem-sucedida empresa SanMartín, que até então não se pronunciara sobre o acidente. Eu não tive dúvidas: a descrição era evidentemente do Projeto Andorinha, que tanto me inquietou e tanto me fez questionar sua adequação. De imediato, senti um misto de alívio e tristeza.*
>
> *Nove meses depois daquela reunião, eu havia tomado a difícil decisão de renunciar ao cargo de conselheiro independente da SanMartín. Naquela ocasião, talvez não tenha ficado tão óbvio, mas agora as evidências de que eu estava certo saltavam da tela do meu notebook. Em todas as reuniões seguintes, percebi os sinais claros de que o todo-poderoso controlador, presidente do conselho e CEO não estava, de fato, apreciando minha contribuição independente. Para ele, o CA era apenas mais uma plateia para suas falas infindáveis. Questionamentos não eram bem-vindos e meus pares só faziam elogiar as iniciativas do "nosso presidente". Minha consciência não conseguiu mais aceitar aquele teatro, embora a remuneração como conselheiro na SanMartín fosse muito relevante para mim naquele momento — até porque minha mulher acabara de perder o emprego. Mais uma vez, respirei aliviado.*

Foi importante ter insistido e conseguido que as atas das reuniões registrassem meus votos contrários ao Andorinha, além de todas as minhas ponderações sobre os riscos implicados. Felizmente, segui a sugestão de um amigo com grande experiência e enviei uma carta, explicitando os motivos de minha renúncia: o papel do conselho estava equivocado e eu não me sentia capaz de exercer minhas atribuições de conselheiro independente, de acordo com minha consciência. Nada disso, porém, amenizava minha tristeza pelo que acabara de ocorrer. Eu me sentia impotente: o que um conselheiro independente em um grupo de nove pode fazer? Como eu poderia ter previsto que, de fato, aquele era um CA que existia somente no papel?

O cenário parece familiar? Nos próximos capítulos, serão abordados os meandros e traçados os contornos de situações de **disfuncionalidade** dos CAs de forma mais clara, assim como serão oferecidas as ferramentas e a bússola para que conselheiros e executivos naveguem com mais tranquilidade por situações turbulentas, aprimorando a interação e, principalmente, o modelo de governança para assegurar a maximização do valor da companhia.

2. Sozinho, mas sempre acompanhado

*O estranhamento inicial foi total. Eu me sentia absolutamente isolado naquele CA, que, além de mim, incluía mais sete conselheiros. Depois de me formar em engenharia de produção, iniciei uma carreira muito bem-sucedida, primeiro como técnico, depois como executivo, até chegar a CEO numa indústria de máquinas automatizadas. Ainda atuando como CEO, fui convidado a ocupar meu primeiro posto como conselheiro de administração. Nos últimos 27 anos, estivera imerso em ambientes corporativos de alta competitividade — interna e externa. Achava, portanto, que minha trajetória e os últimos seis anos como CEO me credenciavam ao cargo: já sabia tudo que precisava sobre a gestão de negócios, inclusive sobre as relações humanas em todas as suas dimensões organizacionais. Ao longo da carreira, aprendera a fazer frente ao **feedback** de que minha abordagem, como é de se esperar de um bom engenheiro, tendia a ser muito cartesiana e nem sempre incluía na equação os fatores humanos em jogo nas empresas e nos negócios. Portanto, tinha certeza de que minha forte sensação de isolamento não se devia ao fato de minhas eventuais limitações nas relações humanas: tinha passado por longos processos de coaching, cursos de liderança e treinamentos para desenvolver competências de relacionamento.*

Logo depois das primeiras reuniões do CA, porém, eu me senti como se tivesse sido lançado de paraquedas em uma cidade desconhecida, sendo a única pessoa do mundo que não falava a língua daquele país. Confuso, só consegui atribuir aquele mal-estar ao fato de eu não ter um conhecimento específico e aprofundado em finanças. Não, pelo menos, no grau requerido por aquele negócio complexo e sofisticado: eu me tornara conselheiro no La Rochelle, um banco privado de propriedade compartilhada, e o grupo de controle era formado por três diferentes acionistas. Cada uma dessas "facções" tinha expectativas muito diferentes quanto ao rumo dos negócios — assim como os conselheiros eleitos por eles. Todos pareciam ter outros compromissos; ninguém jogava abertamente. Só era possível saber o posicionamento de cada um na hora do voto. Era como estar numa mesa de pôquer e não no board de uma grande instituição financeira.

Mesmo identificando essa situação, considerei que a falta de entrosamento era resultado sobretudo do fato de meu conhecimento financeiro estar em desequilíbrio com o dos meus pares. Sendo falha minha, eu me esforcei para compensá-la. A atitude dos outros conselheiros indicava que nenhum deles parecia estar disposto a me apoiar numa empreitada de aprendizado. E, mesmo que alguém se interessasse, eu desconfiava de que o mais provável é que tivesse a intenção de "enviesar" meus votos a seu favor. Então, me sentindo ainda mais isolado, mergulhei de cabeça nos meandros do setor bancário, indo a fundo na literatura sobre finanças. Sempre que podia, conferia minhas conclusões com o CFO, já que ninguém conhecia melhor do que ele os modelos aplicados nas operações do banco. Num processo intenso e desgastante, "eu aprendi a língua deles", mas nosso diálogo não melhorou. O fato é que as reais razões disso eu só fui vivenciar e compreender integralmente alguns anos depois.*

A sensação de isolamento dos profissionais que chegam ao topo do poder corporativo é assunto habitual em sessões de *coaching*: a solidão do CEO, por exemplo, já é clássica. Embora seja o líder de um time montado por ele ou ela e atuando sob sua inequívoca batuta, ainda assim o CEO se sente sozinho diante de boa parte dos desafios que enfrenta

---

* A conclusão do relato será apresentada no final deste capítulo.

diariamente. Mas o que dizer, então, do conselheiro de administração? Especialmente aqueles que ocupam pela primeira vez uma posição na mesa do CA costumam sofrer desta estranha síndrome: sentir solidão fazendo parte de um grupo, que representa a mais alta esfera de poder da organização. O conselheiro pode estar muito bem-acompanhado, mas não deixa de se sentir sozinho.

O CEO, quando se sente isolado, tem a possibilidade — nem sempre real — de levar aquela questão específica para debater com os conselheiros. No entanto, em uma reunião do CA na qual um tema mais complexo ou mais espinhoso esteja em discussão, com quem o conselheiro poderia se abrir? Melhor perguntar antes: lidando com questões estratégicas e, muitas vezes sigilosas, ele pode, de fato, se abrir com alguém? E, se agisse assim, qual seria a reação dos demais conselheiros? Com frequência, da composição de um CA, fazem parte conselheiros indicados por diferentes grupos de acionistas — que podem estar alinhados ou não. Foi o que aconteceu, por exemplo, no início deste capítulo, no caso relatado pelo conselheiro do banco. Cada qual com sua agenda própria, todos sentados em torno da mesma mesa e ninguém tendo certeza até que ponto seria possível confiar nas pessoas do grupo. Outro aspecto que fomenta a solidão é a dificuldade que alguns conselheiros têm de (candidamente) demonstrar seu desconhecimento ou suas dúvidas a respeito de algum assunto. Nesse caso, há o pudor de ser visto por seus pares como despreparado para integrar o CA ou, às vezes, também o justificado temor de se tornar alvo de zombarias.

O desempenho do conselho de administração é produto da combinação de diversos fatores, como sua estrutura e composição. Mas, além disso, deve ser considerada a qualidade das interações humanas em diferentes níveis — a começar, entre os próprios conselheiros e, a seguir, entre os conselheiros e os executivos da companhia. Antes de ser possível analisar essas diversas dinâmicas internas e externas ao grupo de conselheiros, porém, é necessário conhecer um pouco mais sobre aqueles que o compõem: quem é o conselheiro de administração enquanto indivíduo?

O CONSELHEIRO TÍPICO: HOMEM E EX-EXECUTIVO

Um homem branco com idade entre 50 e 60 e tantos anos. Esse ainda é o perfil de conselheiro que prevalece ao redor do mundo — a despeito dos ventos que começam a arejar as salas de conselho. Um estudo comparativo, realizado anualmente pela **Spencer Stuart** entre conselhos de dezessete países,[1] indica que, em 2019, os homens seguem dominando os CAs, com presença igual ou superior a 70% em dez países, entre eles: Canadá (70%), Estados Unidos (74%), Espanha (79%), Brasil (89%) e Rússia (92%). Com idade média mais alta, os conselheiros norte-americanos ficaram em primeiro lugar, com 63 anos — seguidos de Canadá (62 anos) e Holanda (61 anos). Os países com conselheiros mais jovens foram Rússia (55 anos), Noruega (56 anos) e Itália (57 anos), a mesma faixa etária média verificada no Brasil, onde 54% deles têm entre 50 e 69 anos.[2] Ao descrever o perfil típico de um candidato a conselheiro, a **Forbes** aponta um conjunto de competências técnicas e destaca a necessidade da experiência como CEO bem-sucedido:

> As empresas são altamente rigorosas na seleção de seus conselheiros e a competição por essas posições é feroz. Para ser um candidato, você não precisa ter sido o CEO de uma das companhias que compõem o ranking da Fortune 500* (embora isso ajude!), mas, já que as empresas são lucrativas e têm a obrigação de dar retorno financeiro a seus acionistas, é preciso que os conselheiros tenham expertise comprovada em iniciar, gerir e desenvolver negócios bem-sucedidos.[3]

Naturalmente, a vivência como principal executivo é bastante relevante. No entanto, é importante manter em perspectiva que isso deveria ser requerido somente de parte dos conselheiros, não de todos. As experiências em diferentes funções executivas ou mesmo de outra natureza compõem uma combinação necessária para que o grupo tome as melhores deci-

---

* O ranking Fortune 500 é composto das quinhentas empresas com maior faturamento anual nos Estados Unidos.

sões em conjunto. **Diversidade** — inclusive em relação ao background profissional — é o nome do jogo.

É interessante notar ainda que os Estados Unidos e o Canadá, que têm os conselheiros com média de idade mais alta, também ocupam os dois primeiros lugares no ranking da duração dos mandatos: os conselheiros norte-americanos permanecem no posto, em média, por oito anos; os canadenses, por 7,3 anos. Mandatos mais longos e média etária mais alta podem ser indicadores de baixa renovação, o que talvez dificulte a ampliação da **diversidade** na composição dos CAs.

A presença de conselheiros independentes vem aumentando gradualmente ao longo das últimas décadas. Entretanto, após a crise financeira internacional eclodida em 2008, ficou evidente que a independência deveria sempre estar acompanhada das devidas experiências e competências, requeridas no negócio da empresa. A presença de independentes pode ser bastante alta, como aponta pesquisa da **Spencer Stuart** em conselhos de 23 países.[4] Em 2020, Holanda e Estados Unidos encabeçam a lista com 87% e 85%, respectivamente, ficando o Brasil (41%), Japão (39%) e a Turquia (35%) no extremo oposto (Gráfico 2.1).

Conselheiros independentes: ampla variação global

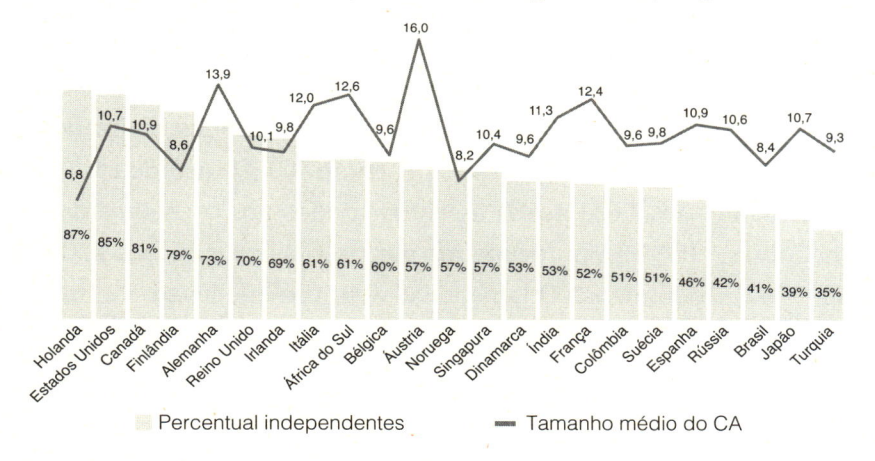

Gráfico 2.1: Tamanho dos conselhos e percentual de conselheiros independentes. Fonte: Spencer Stuart (2020) — amostra de 23 países.

Ainda de acordo com o estudo comparativo internacional da **Spencer Stuart**, em 2020, a presença de estrangeiros nos conselhos variou entre 50,3% (Dinamarca) e 4,0% (Japão), com a faixa de maior frequência entre 25% e 40%.

DIVERSIDADE ÉTNICA AINDA LONGE DAS SALAS DE CONSELHO

Em relação a minorias étnicas e culturais, o relatório *Delivering through diversity*,[5] publicado em 2018 pela **McKinsey** com base em dados de 1.007 empresas de doze países, apresenta uma considerável variação da representatividade, de acordo com a região geográfica e o nível de liderança pesquisado. No Reino Unido, por exemplo, as minorias étnicas são 13% da população, enquanto 59% dos conselhos de administração não têm sequer um representante desses segmentos. Já na África do Sul, onde os negros* são 79% da população, a maioria das empresas nacionais e internacionais atuantes no país (69% da amostra) são lideradas por profissionais brancos — uma realidade resultante do impacto da complexa história social do país.

Outro indicador alarmante sobre a baixa **diversidade** nos conselhos foi apontado pelo censo de representatividade de minorias, realizado em 2018, tendo como amostra o ranking Fortune 500. De acordo com esse levantamento, dos 1.033 novos assentos criados nos conselhos dessas companhias, 80,7% foram ocupados por pessoas caucasianas e, desse total, 59,6% são homens.[6] O lamentável episódio que levou à morte de George Floyd, um homem negro de 46 anos, na cidade de Minneapolis,

---

* Essa edição adotou a palavra negro para se referir às pessoas afrodescendentes, embora no Brasil haja um amplo debate entre os diferentes grupos de ativistas sobre o uso preferencial da referência a negro ou preto.

Minnesota, em maio de 2020,* não só indignou a sociedade em todo o mundo como expôs as maiores corporações dos Estados Unidos a críticas por falta de **diversidade** — até mesmo entre aquelas que apoiaram o *Black Lives Matter*, movimento que conquistou momentum e apoio público. Floyd foi morto por um policial branco que se manteve ajoelhado sobre o pescoço dele, mesmo quando ele implorava repetidamente dizendo que estava tendo dificuldade para respirar.

Foi irônico porque as mesmas marcas reconhecidas que assumiram um posicionamento público nas mídias em relação ao episódio, apoiando a justiça social, têm elas próprias poucos ou nenhum representante de outras etnias nos seus conselhos de administração. Alguns críticos disseram que uma companhia não inspira por seus posts em mídias sociais, mas pelos rostos negros em suas salas de conselho, dando outra demonstração de que os *stakeholders* estão atentos e cobram consistência das empresas. Eles também pressionam cada vez mais para que os discursos corporativos estejam alinhados às ações e práticas.

No Brasil, um país em que, de acordo com dados do Instituto Brasileiro de Geografia e Estatística (IBGE), 55,8% se declaram pretos e pardos e aproximadamente 43% se consideram brancos,[7] a presença de negros nos CAs é prática e gritantemente inexistente. Segundo o experiente *headhunter* **Fernando Carneiro**,** "o problema é gravíssimo e levará um prazo relativamente longo para ser corrigido".

---

* Em novembro de 2020, em circunstâncias muito semelhantes, João Alberto Siqueira Freitas, um homem negro de 40 anos, foi morto por seguranças na saída de um supermercado em Porto Alegre, Rio Grande do Sul (RS).

** Fernando Carneiro está à frente de práticas focadas em CEOs na América Latina e no Brasil e foi membro do conselho da Spencer Stuart Global. Reconhecido expert em governança corporativa, já conduziu diversos projetos e pesquisas de avaliação de conselhos para empresas brasileiras e multinacionais. Em entrevista à autora em 15/3/2016, na cidade de São Paulo.

MULHERES AINDA EM MINORIA
NO CENTRO DAS DECISÕES

Ao longo das últimas décadas, no mundo todo, as organizações têm testemunhado o crescimento do contingente de mulheres nos seus quadros de funcionários, mas, quando se observa o topo hierárquico das companhias, verifica-se que, quanto mais alto é o cargo, menor a participação feminina. A **diversidade** de gênero nos conselhos de administração caminha — globalmente — a passos curtos e lentos. Em maio de 2020, o **Peterson Institute** publicou os dados coletados entre 1997 e 2017 em 58 países com 62 mil empresas listadas, que representam 92% do PIB global.[8] Ninguém ficou surpreso com uma das conclusões desse estudo: mantendo a taxa média anual de crescimento de 5,2%, a paridade de gênero nos CAs só será alcançada em 2045. Na análise sobre **diversidade** de gênero feita pela **Spencer Stuart** em dezessete países, em 2019, a participação feminina nos conselhos variou entre 8% e 47%, com os mais altos percentuais na França (47%) e na Noruega (43%).

Nesse mesmo estudo, no extremo oposto, estão Rússia, Brasil e Colômbia, que têm, respectivamente, apenas 8%, 11% e 12% de mulheres conselheiras. No Brasil, a presença feminina nos CAs é tão desequilibrada que somente no biênio 2019-2020 — pela primeira vez — a **diversidade** de gênero foi considerada no levantamento de dados para o **Anuário de Governança Corporativa das Companhias Abertas**, que analisa as 150 empresas brasileiras mais negociadas na B3.[9] Do total de 1.151 assentos em CAs estudados na amostra, apenas 110 eram ocupados por conselheiras, resultando na taxa de menos de uma mulher por conselho (0,73).

A baixa **diversidade** de gênero e o lento avanço dessa tendência nos conselhos é também confirmado em estudo mais amplo da **Deloitte**,[10] cobrindo sessenta países com dados de 2018. Entre as 8.648 empresas analisadas, a média de assentos ocupados por mulheres era de 16,8%, apenas 1,9% acima do resultado obtido dois anos antes. Inevitavelmente, tamanha discrepância entre a representatividade de homens e mulheres nos conselhos de administração alimenta o duradouro e controverso debate sobre a aplicação de cotas de gênero. Depois que a Noruega, em 2003, adotou o sistema de cotas para as estatais e, posteriormente, também para as companhias de capital aberto do país, o movimento de cotas para conselheiras foi ganhando impulso por Europa, Ásia, África e Oriente Médio.

Com o objetivo de ampliar o debate sobre o tema, o **Instituto Brasileiro de Governança Corporativa (IBGC)** divulgou uma carta,[11] oferecendo à opinião pública as principais ideias — contra e a favor das cotas. Entre os argumentos contrários às cotas a carta menciona uma possível desvalorização das profissionais do sexo feminino nomeadas por esse sistema, em termos de inclusão no processo de tomada de decisão e mesmo em sua remuneração em relação a seus colegas homens.

No Brasil, os números sobre a participação feminina nos conselhos devem ainda ser vistos com adicional reserva. E a explicação é simples: frequentemente, a indicação de mulheres como conselheiras em empresas familiares é resultante de direito familiar, não em decorrência de uma condição profissional. Nessas empresas, não é raro que os controladores deem assentos para suas esposas, irmãs e filhas, que se tornam conselheiras formalmente, mas que nem sempre comparecem às reuniões. Preferindo não ser identificada, uma conselheira independente relatou em entrevista sua experiência com mulheres da família no conselho de administração, sem conseguir conter certo tom de indignação:

> Fui conselheira independente por três anos em uma empresa de controle familiar e havia outras duas mulheres com assento no conselho, que eram a esposa e a irmã do presidente do CA. Na única reunião em que vi uma delas na sala, todos nós sabíamos que ela estava lá apenas e tão somente para garantir o quórum da votação, dada a ausência de outros conselheiros. Entrou, votou alinhada com o presidente do conselho — que era também o CEO — e foi embora. Nunca mais a encontrei.

Entre os argumentos favoráveis às cotas de gênero nos conselhos de administração, está o fato de que a imposição legal está realmente ampliando — ainda que lentamente — a presença das mulheres nos conselhos de administração. Em 2019, no estudo comparativo da **Spencer Stuart** entre dezessete países, o percentual de participação feminina nos CAs havia aumentado na França (47%), Suécia (39%), Itália (35%) e Holanda (22%), entre outros países. De acordo com o levantamento divulgado em 2020 pela **Catalyst**,[12] uma ONG norte-americana dedicada a acelerar a inclusão de mulheres no mercado de trabalho, apesar de continuarem sub-representadas, havia 20% de conselheiras nas 2.765 empresas da amostra coletada em 47 países — e esse percentual significava um ligeiro crescimento em relação ao ano anterior.

Esse mesmo relatório conclui que "as companhias que já contam com uma conselheira têm maior probabilidade de ampliar a presença feminina nos conselhos". Analisando esse efeito positivo em relação à imposição legal de cotas de gênero, os pesquisadores encontraram dados estimulantes: 71,8% das companhias sediadas em países com cotas estabelecidas tinham, pelo menos, 30% de conselheiras, enquanto naqueles sem essa imposição legal somente 20,3% haviam atingido essa mesma representatividade feminina, e 23% ainda não contavam com nenhuma mulher em seus conselhos. Ainda segundo essa pesquisa, para atingir "massa crítica" em sua atuação nos conselhos, as mulheres precisam ocupar, pelo menos, três cadeiras em cada CA. Essa nova proporção de gênero seria capaz de mudar substancialmente a dinâmica das reuniões dos conselhos, criando um ambiente em que as ideias inovadoras encontram espaço para ser expressas, o que pode levar a empresa a um melhor desempenho financeiro.

Além dos benefícios citados por esses estudos, a percepção direta de atores que interagem cotidianamente com conselhos de administração também é positiva quando se trata da participação de conselheiras. **Fernando Carneiro*** é regularmente contratado como *headhunter* para buscar potenciais conselheiros no mercado e está entre esses entusiastas. Ele acompanha diretamente a percepção dos demais conselheiros e daqueles que contratam as conselheiras e argumenta que a presença

---

* Em entrevista à autora em 15/3/2016, na cidade de São Paulo.

feminina "melhora a dinâmica interpessoal entre os conselheiros no que se refere a tratamento, objetividade e clima. Além disso, propicia um ambiente com mais espaço para questionamentos e aprendizados". Segundo ele, a mulher tem a capacidade de dizer simplesmente "não sei" quando colocada diante de uma questão que lhe parece — a princípio — mais complexa. As conselheiras, de acordo com **Carneiro**, também promovem um enfoque mais consistente e persistente nos temas relacionados com sustentabilidade, capital humano, *compliance* e risco, fomentando e perpetuando o engajamento em "fazer a coisa certa".

Como resultado dessa percepção positiva em relação à participação das conselheiras na gestão estratégica dos negócios, os investidores institucionais estão começando a votar contra os conselhos de administração compostos exclusivamente de homens. Talvez essa seja uma das razões para a presença feminina em mercados em que os investidores têm sido mais vocais, como nos Estados Unidos, por exemplo, onde os CAs saltaram de 20,3% em 2016 para 26,1% em 2019, como apresentado na Tabela 2.1:

Evolução da presença de mulheres nos conselhos

Países	Mullheres Conselheiras, 2019	Mullheres Conselheiras, 2016	Com três ou mais mulheres, 2019	Com uma ou duas mulheres, 2019	Com nenhuma mulher, 2019	Cota e ano do início da exigência
Austrália	31,2%	26,0%	58,2%	40,3%	1,5%	Não
Canadá	29,1%	22,8%	63,0%	35,9%	1,1%	Pendente
França	44,3%	37,6%	98,6%	1,4%	0,0%	Sim, 2010
Alemanha	33,3%	19,5%	81,0%	17,2%	1,7%	Sim, 2015
Índia	15,9%	12,8%	21,3%	78,8%	0,0%	Sim, 2013
Japão	8,4%	4,8%	3,4%	63,2%	33,4%	Não
Holanda	34,0%	18,9%	65,2%	34,8%	0,0%	Sim, 2013
Suécia	39,6%	35,6%	96,6%	3,4%	0,0%	Sim, 2016
Suíça	24,9%	17,5%	48,8%	51,2%	0,0%	Pendente
Reino Unido	31,7%	25,3%	82,2%	17,8%	0,0%	Não
EUA	26,1%	20,3%	56,2%	42,8%	1,0%	Apenas na Califórnia, 2018

Tabela 2.1: Representação global das mulheres nos conselhos, 2016-2019.
Fonte: Catalyst — Women on Corporate Boards: Quick Take, março de 2020.

Embora o ritmo do aumento de **diversidade** de gênero e de etnia venha sendo muito abaixo do desejado, um alento pode vir do resultado de uma pesquisa de 2019 da **PwC**[13] com mais de setecentos conselheiros nos Estados Unidos. O estudo relata que foi quebrado um recorde: 59% de novos conselheiros independentes apontados no período foram mulheres ou o que eles categorizam como homens de minorias (afro-americanos, asiáticos e hispânicos/latinos). No ano anterior, foi registrada apenas metade desse avanço. O estudo indica que o maior impedimento para a mudança de cenário na composição dos CAs é a baixa taxa de renovação nos conselhos.

MAIOR DIVERSIDADE, MELHOR DESEMPENHO

Assim como as inovações **disruptivas*** têm transformado totalmente a estrutura e os modelos de negócios herdados do século XX, a **diversidade** na composição dos conselhos de administração — e não apenas de gênero — vem se tornando um dos fatores decisivos de que as organizações necessitam para revolucionar seu processo decisório. O alvo é um só: agregar valor aos negócios e simultaneamente contemplar os interesses de uma sociedade cada vez mais complexa e em constante mutação. A **diversidade** étnica/cultural nos quadros de líderes das empresas, por exemplo, já está correlacionada à lucratividade, de acordo com o estudo realizado sobre o tema pela **McKinsey** em 2015 e repetido em 2018.[14] No relatório mais recente, uma das conclusões apresentadas é que "as companhias com time executivo com maior **diversidade** — não apenas em termos de representação absoluta, mas também na combinação de variedade de etnias — têm 33% a mais de probabilidade de conseguir superar a lucratividade de seus pares". O documento afirma que essa correlação também ocorre em relação

---

* Fatores disruptivos tecnológicos e outros, como a pandemia da Covid-19, serão abordados nos Capítulos 3 e 5.

aos conselhos de administração e conclui: as empresas com conselhos com maior **diversidade** étnica/cultural têm até 43% mais chances de apresentar lucros mais altos, como mostra o Gráfico 2.2.

O valor da diversidade étnica/cultural nos CAs e no time executivo

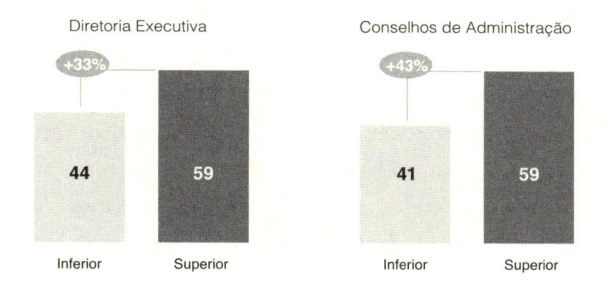

Gráfico 2.2: Diversidade étnica e sua correlação com a lucratividade das empresas. * Margem EBTI média (lucros antes de juros e impostos) de 2011-2015. Fonte: McKinsey. *Delivering through diversity,* janeiro de 2018 — amostra de doze países.

A **diversidade**, porém, não traz às empresas somente maior retorno financeiro. Com o objetivo de elencar alguns dos benefícios intangíveis derivados da **diversidade**, a **Catalyst** realizou uma compilação de estudos internacionais, denominado *Why Diversity and Inclusion Matter: Quick Take,* publicado inicialmente em 2013 e depois atualizado em 2018.[15] Entre as melhorias de performance geradas pela **diversidade** na composição das equipes de gestores e conselho, estas são algumas apontadas pela compilação de estudos:

- As empresas com maior **diversidade** no time de gestores obtêm, em média, 38% a mais de receitas por seus produtos e serviços inovadores ao longo de três anos.

- **Diversidades** de gênero, país de origem, trajetória de carreira e experiência profissional estão altamente vinculadas à inovação entre os gestores.
- As companhias mais bem colocadas no ranking das empresas mais admiradas da *Fortune* contam com o dobro de mulheres na alta administração do que aquelas que estão mais abaixo na lista.
- Conselhos de administração com maior **diversidade** de gênero são mais eficazes nas práticas de gestão de risco nos investimentos em pesquisa e desenvolvimento.
- Quando os CAs contam com conselheiras, mais atenção é dedicada às atribuições do mandato, como monitorar e supervisionar a estratégia.
- As empresas com conselhos com maior **diversidade** de gênero ficam menos propensas a entrar em práticas corporativas controversas, como fraude, corrupção, suborno e disputas entre acionistas.

CONFLITOS: CONSELHEIRO EXECUTIVO E CEO AUTOCRÁTICO

O conselheiro clássico — em geral, um homem vindo de uma bem-sucedida carreira executiva e tendo ocupado a posição de CEO — está acostumado a sentar no banco da frente, segurar firme o volante e, depois de tomar decisões conjuntas com o CA, conduzir o carro até o fim do trajeto. É, em geral, o profissional do voo solo, do lema "que vença o melhor". Na faixa de idade em que está, ele definitivamente não foi forjado na cultura do *team building* ao longo de sua carreira. Há casos, claro, de profissionais especialistas, como advogados ou acadêmicos, mas, como já apontado anteriormente, são apenas a exceção para confirmar a regra geral.

Essa predominância de ex-executivos na composição dos conselhos dá um contorno peculiar ao grupo — e pode até conturbar o relacionamento entre o CA e o CEO. É que, nas salas dos conselhos, além de haver muitas estrelas para acomodar em torno de uma única mesa, é possível observar conselheiros frequentemente focados em detalhes operacionais. Ora, até pouco tempo eram eles os responsáveis por tocar minuciosamente os empreendimentos e enfrentar situações desafiadoras. Por que, então, teriam que se conformar com aquela máxima da boa governança para conselheiros: "Mantenha o nariz dentro e os dedos fora" (*"nose in, fingers out"*)? Agora, porém, estão sentados no banco de trás do carro, de onde participam das decisões — participam, mas não decidem sozinhos — e devem deixar o volante nas mãos dos executivos comandados pelo CEO. Quem está acostumado a dirigir e se senta eventualmente no banco de trás sabe: para evitar acidentes, é mais acertado não tentar interferir excessivamente na forma de conduzir do motorista. Aprender a confiar e a delegar, com mecanismos adequados de controle, é a alternativa. Se não der certo, resta a opção de trocar o motorista (mais informações sobre isso no **Capítulo 3**).

Para o desempenho como conselheiro, no entanto, a vivência executiva anterior nem sempre é uma dificuldade: pode trazer vantagens, como destacado por um conselheiro experiente:

> Na minha opinião, já tendo experiência em vários conselhos, os melhores conselheiros são aqueles que tiveram cargos de CEO. Não sei se é coincidência ou porque também já fui CEO, mas entendo perfeitamente como ele reage a determinadas questões. Quem foi ou é CEO tem uma habilidade muito grande para fazer análise de situações rapidamente — quais são os riscos envolvidos, as possíveis alternativas para tomar a melhor decisão. Contudo, o CEO é uma pessoa complexa: quer botar a mão na massa, é o cara que quer fazer, que fez e, claro, tem o ego muito grande porque contabiliza vários casos de sucesso na carreira.

Esse hábito de colocar a mão na massa é apontado como um desafio pelo conselheiro de várias empresas e presidente do conselho da Embraer,

Alexandre Gonçalves Silva,* que orienta os executivos recém-chegados ao conselho:

> Uma situação que causa estresse em reuniões é quando você tem conselheiros que foram executivos até há pouco tempo e não entenderam ainda seu novo papel. Vão para as reuniões de conselho querendo interferir na gestão, dar ordens e fazer valer sua opinião a qualquer custo. Essa capacidade de conviver com pares não é natural para o executivo. Ele está acostumado a lidar com subordinados ou chefes. Quando tem pares, em geral, são competidores internos da empresa, concorrentes para alguma promoção. Já no conselho é todo mundo igual, o voto do presidente também é igual. Você tem que aprender a convencer os outros das suas ideias de uma maneira persuasiva, de uma maneira inteligente. Tem que estar aberto a mudar de opinião, adotar a de outra pessoa. Tudo isso é um aprendizado. Alguns, porém, demoram mais e ainda estão com a velocidade de executivo — o que, às vezes, causa estresse nas reuniões do CA.

Quando o conselho tem mais de um integrante com esse "pendor operacional", o CEO e seu time de executivos podem se perceber limitados em suas atribuições. Nesse caso, geralmente, as decisões são tomadas, mas a execução pode perder a agilidade. É que paira no ar o temor de que o conselho ainda mude de ideia ou intervenha diretamente na execução dos projetos. Os executivos ficam sempre meio ressabiados. Em contrapartida, porém, algumas dificuldades de relacionamento podem ser causadas pelo próprio perfil do CEO. Não é tão raro encontrar aqueles que assumem um comportamento autocrático e de dominância desde

---

* Alexandre Gonçalves Silva é conselheiro independente e presidente do conselho de administração da Embraer, foi CEO da General Electric do Brasil entre 2001 e 2007 e, desde então, tem participado de conselhos de administração em empresas de diversos setores da economia do país. Em entrevista à autora em 19/2/2016 na cidade de São Paulo.

o processo decisório até a execução, como relata um entrevistado muito qualificado para essa visão por ter vivido os dois papéis. **Sérgio Lires Rial**,* CEO do Banco Santander no Brasil e membro do conselho da Delta Airlines, era o PCA do banco, quando concedeu esta entrevista:

> Às vezes, o CA tem que lidar com um CEO dominador, um profissional com grandes convicções ou, como descrevem alguns especialistas, com uma personalidade mais próxima da paranoia. Diante desse perfil de CEO, os conselheiros podem se sentir intimidados. Nesse caso, quando o CEO traz uma proposição e passa a defendê-la com sua veemência dominadora, é preciso ter a coragem, dentro de um contexto respeitoso, de fazer questionamentos. Esse CEO se sente desafiado, porque acredita que já fez todas as análises possíveis e imagináveis e se acha certo — sempre. Como o conselheiro faz para não ser simplesmente conduzido às conclusões desejadas pelo CEO dominador? O conselheiro considera que a proposição não é a melhor, mas é muito difícil enfrentar — até porque algumas culturas organizacionais rendem culto à figura do CEO como se fosse um deus. O resultado é um excesso de assertividade e de prepotência: ele acha que é o único que tem o conhecimento necessário sobre suas proposições, porque na sala do conselho só ele está dentro da operação do negócio. Isso não é muito inteligente por parte do CEO e o conselho não deve cair nessa armadilha. Mas, como no Brasil, de forma geral, temos a cultura do consenso, evita-se falar de forma aberta e enfrentar esse conflito surdo entre o conselho e o CEO autocrático. Porém, se essa situação não for muito bem discutida, pensada e resolvida, pode ser a porta para muitos outros problemas.

---

* Com larga experiência em posições executivas e como conselheiro no Brasil e no exterior, Sérgio Rial, que já ocupou a presidência do conselho de administração do Santander, é atualmente CEO do banco no Brasil e membro do conselho da Delta Airlines. Em entrevista à autora em 11/9/2015 na cidade de São Paulo.

Aparentemente, essa situação traz como consequência reuniões com um clima tenso, pesado e formal, mas é, de fato, um dos sinais de que o conselho de administração está tendo um desempenho disfuncional. Ou seja, a desconfiança recíproca se instala e o CA se torna incapaz de continuar decidindo pelo melhor interesse da empresa. A mais clássica das teorias de governança corporativa — a teoria da agência — argumenta, justamente, que os executivos podem tomar decisões mais motivados por seus interesses pessoais do que pelos da companhia. Há quarenta anos, **Jensen** e **Meckling**[16] introduziram o conceito de comportamento gerencial para definir as relações de agência: os gestores devem atuar como agentes do acionista, sendo pagos para agir no melhor interesse dos donos da empresa.*[17] Caso contrário, estarão expropriando a riqueza dos acionistas. É atribuição dos conselheiros prevenir que isso aconteça.

> O movimento de melhorias na governança corporativa desenvolveu-se nesse ambiente de desconfiança entre executivos, conselheiros, acionistas e investidores depois dos escândalos empresariais e financeiros ocorridos no final do século XX e início do XXI. Histórias como as da Enron, WorldCom e Tyco foram o resultado de processos viciosos baseados em assimetria de informações, divergência de interesses e desacerto de propósitos, com doses extras de ganância e ausência de princípios básicos de conduta ética.[18]

Houve diversos casos em que os conselhos alegaram simplesmente desconhecer as iniciativas dos executivos ou mesmo como usavam o modelo de remuneração variável para encher os bolsos, inflando ainda mais resultados falsamente alcançados. Conclusão: *Nose in is mandatory!***

---

* Já há algum tempo, o conceito contido na teoria de agência vem sendo questionado por correntes que advogam que os conselheiros devem atender aos interesses da empresa e não apenas ao dos acionistas, considerando a perspectiva de todas as partes interessadas (*stakeholders*).

** "É fundamental manter 'o nariz dentro'!", em tradução livre.

MUITO ALÉM DAS COMPETÊNCIAS TÉCNICAS

É um grande engano imaginar que as competências trazidas da vivência executiva serão suficientes para enfrentar os dilemas e o intrincado quebra-cabeça de relações humanas vivido nas salas de conselho. Por mais que seu repertório já pareça amplo, no novo papel de conselheiro ele terá pela frente um longo processo de aprendizagem e aperfeiçoamento contínuo. Esse processo requer determinação e disciplina. Como quando era executivo, ele deve pensar que a cada ano precisa buscar um programa para seu desenvolvimento — tanto em relação à forma quanto ao conteúdo. Precisa aprender a criar valor a partir de um colegiado e também conhecer mais e mais os temas relevantes para os conselhos em que atua. O conteúdo costuma ser mais valorizado pelos conselheiros, que habitualmente subestimam a forma: para a maioria, a forma exige apenas a assimilação de um conjunto de regras e processos. No entanto, para "dirigir sentado no banco de trás", o desenvolvimento de habilidades comportamentais é mais relevante do que o conhecimento técnico sobre o motor do carro.

Valorizar as competências comportamentais, porém, não significa menosprezar as técnicas. **César Souza,*** conselheiro de administração, considera que a composição ideal mínima de um conselho deve incluir competências técnicas diversificadas, como: um perfil empreendedor, um estrategista, um profissional de finanças, um especialista em capital humano, um bom especialista na área jurídica e outro bom profissional de comunicação para ajudar a empresa a se posicionar externamente. Porém, em sua entrevista, ele acabou por destacar que as competências mais escassas nos CAs são realmente as comportamentais:

---

* César Souza é presidente da Empreenda e foi apontado pelo World Economic Forum como um dos 200 Global Leaders for Tomorrow em 1992, além de ser conselheiro de administração de empresas. Em entrevista à autora em 22/7/2015 na cidade de São Paulo.

O que mais falta nos CAs são posições mais equilibradas entre o excesso de assertividade e a capacidade de flexibilizar. Também anda escassa a capacidade para negociar e lidar com conflitos. Durante as reuniões, antes de se chegar a um impasse, é comum o presidente do conselho dizer: "Bom, então vamos parar a reunião por aqui, fazer um intervalo e daqui a pouco a gente volta: vamos esfriar a cabeça." Aí, dois vão para um lado, três para o outro e os demais se fecham em outra sala por alguns minutos. Os assuntos não são tratados às claras, porque se teme o conflito. Falta a capacidade de antecipar posições divergentes e a habilidade de negociar, ver os pontos de convergência em posições, às vezes, aparentemente antagônicas. Além de ser capaz de negociar e resolver questionamentos, há falta de posicionamentos convictos e, ao mesmo tempo, flexíveis. Nas reuniões de conselho, vejo ainda a criatividade e a inovação serem cerceadas. Entre os conselheiros, existem pessoas criativas e inovadoras, mas que ficam inibidas. Quando surge uma ideia um pouco mais "fora da caixa", há sempre alguém que diz: "Ah, isso não funciona aqui" ou "Deu certo naquela empresa porque era de outro setor". E os criativos vão perdendo a vontade de trazer novas ideias. As reuniões de conselho, que deveriam ter um clima menos pesado, são um pouco formais demais. Mas disciplina não significa falta de criatividade. Na maioria dos conselhos também falta alguém profundamente competente na área de recursos humanos: um profissional que consiga compreender melhor o comportamento dos líderes para poder melhor avaliá-los.

Outro conselheiro, que atua principalmente em empresas familiares, afirma que, embora os aspectos comportamentais sejam fundamentais para a qualidade da dinâmica do conselho de administração, esse conjunto de competências ainda é pouco valorizado pelos conselheiros:

A abordagem comportamental em governança corporativa ainda é muito nova. Então, sob esse aspecto, vejo poucos conselheiros preparados. A gente sempre ouve dizer: 100% dos conselheiros são contratados pelo currículo, por suas capacidades técnicas, mas 100% deles acabam saindo pela parte comportamental. É o que acontece: a maioria dos conselheiros é muito bem preparada. Têm ainda profunda experiência, mas, quando se sentam à mesa do conselho, não estão prontos comportamentalmente para estar ali. A reunião daquele grupo de profissionais, cada qual com sua história de sucesso, o ambiente, as circunstâncias do debate, o processo da decisão... Ainda não sei como fazer isso, mas cada reunião de conselho deveria ser estruturada de tal forma a fazer com que todos os presentes também levassem sempre em consideração a dimensão comportamental.

Não são apenas os comportamentos claramente expressos, porém, que jogam a favor ou contra a qualidade da dinâmica nos conselhos de administração. **Thomas Brull*** destaca a importância das emoções subjacentes a toda e qualquer decisão tomada nos CAs. No capítulo de sua autoria no livro *Dynamics at Boardroom Level*, ele descreve sua experiência como conselheiro independente em um grupo de empresas controlado por duas famílias rivais. O conflito estava instaurado nas reuniões do conselho. As facções** familiares só se alinhavam quando se tratava de antagonizar o CEO, que, por sua vez, também tinha queixas recorrentes contra o CA. Mesmo em meio a essa rede intrincada de conflitos, um fundo internacional fez uma injeção de capital no grupo, mas estabeleceu mudanças na estrutura de governança, ampliando, por exemplo, a composição do CA com três novos integrantes. **Brull** conta a seguir

---

* Thomas Brull é conselheiro independente na SiemensGamesa Renewable Energies e ministra cursos no Instituto Brasileiro de Governança Corporativa (IBGC) e na Fundação Dom Cabral (FDC).

** O Capítulo 6 trará informações sobre a formação de coalizões disfuncionais em conselhos, considerada como uma patologia.

como se sentiu e como passou a agir proativamente como um facilitador da solução desses conflitos:

> No início da nova estrutura de governança, quando os três novos conselheiros chegaram, eu me senti inseguro e pouco valorizado, talvez por um sentimento de fracasso, já que houve a necessidade de trazer novos profissionais. Conforme entendi melhor o que estava acontecendo, tentei ter um papel mais ativo, me encontrando com os novos conselheiros e tentando manter contato com cada um fora da sala do conselho. Quando me senti mais confiante, eu também (...) iniciei contatos mais pessoais com o CEO e agora nos encontramos para um café da manhã mensal. Enquanto isso me traz novas perspectivas e melhor compreensão sobre a dinâmica do CA, também possibilita que o CEO teste seus sentimentos e ideias. Tenho que tomar cuidado para não revelar informações internas do conselho para o CEO e também para não ser cooptado por ele. (...) Estou satisfeito e com a expectativa de ser parte da solução.[19]

COMPORTAMENTO DELETÉRIO: EXCESSO DE VAIDADE

Mesmo ainda não estando no foco direto da atenção dos conselheiros, a teoria e a prática em governança corporativa já conseguiram identificar e tipificar alguns comportamentos deletérios bastante frequentes em salas de conselho. Talvez esses comportamentos não sejam o principal fator a desviar o processo decisório do melhor interesse das organizações — mas não há dúvida de que dão uma grande contribuição nesse sentido. Um conselheiro relata que vivenciou a seguinte experiência:

Não é raro um grupo de conselheiros ficar contra ou a favor de uma decisão apenas e simplesmente porque existe dentro do conselho outro grupo considerado adversário. Então, se uns são contra, o outro grupo tem, necessariamente, que ficar a favor. É como briga de grupinhos.* É muito ruim. É a vaidade falando mais alto: é um grupo que não quer "perder" para o outro e quem perde mesmo é a empresa. Lembro agora de uma situação que vivenciei: o conselho decidiu fazer uma aquisição. Na reunião, discutimos qual seria a estratégia de negociação do nosso CEO. Dois queriam colocar um teto fixo no valor da transação. Mas a maioria votou que o CEO poderia ter uma margem de negociação de até 15% para cima ou para baixo. Bom, o que aconteceu foi que o CEO fechou a transação — era uma aquisição muito importante porque tomaríamos um novo mercado. Se a gente não entrasse, tínhamos medo de que o concorrente fizesse a aquisição — e aí, sim, isso nos atrapalharia muito. Só que o CEO, no meio da negociação, em vez de ir até os 15%, subiu o valor para 20%. Isso não estava aprovado pelo conselho, mas na reunião ele falou: "Olha, ou eu aumentava até 20%, ou perdia o negócio..." Na hora, aqueles conselheiros, que já tinham ficado contra a margem de negociação de 15%, acharam um absurdo o CEO ter ultrapassado aquele percentual. Quiseram demiti-lo imediatamente, alegando que fechou o negócio sem consultar o conselho. Mas, na verdade, a gente percebia que eles estavam realmente se sentindo afrontados, com o ego ferido. No lugar do CEO, talvez eu tivesse feito o mesmo: não ia perder aquele negócio — porque os 5% a mais eram um valor irrisório frente à transação inteira e à importância da aquisição. Mesmo não tendo sido demitido, dali para a frente o CEO ficou sem espaço nas reuniões do conselho, apesar de, na minha opinião, ter feito um belo trabalho.

---

* O Capítulo 6 trará informações sobre a formação de coalizões disfuncionais em conselhos, considerada uma patologia.

COMPORTAMENTO DELETÉRIO: *BULLYING*

A valorização excessiva do ego não é o único comportamento deletério que grassa pelas salas de conselho. Em especial em reuniões em que serão discutidos assuntos relevantes para o grupo com mais poder, com frequência os conselheiros com opinião contrária à da maioria podem sofrer vários tipos de pressão — desde brincadeiras e apelidos até o rebaixamento intelectual. Foi o caso, por exemplo, da história relatada no **Capítulo 1**. Na fictícia SanMartín, quando o único conselheiro independente foi mais questionador do que os outros, o presidente do conselho (PCA) interveio: "Relaxa, você é novato neste setor. Espera só para ver o salto que as ações vão dar no final do trimestre, quando o Projeto Andorinha for anunciado." Para definir e identificar com nitidez esse tipo específico de comportamento deletério, **César Souza*** levou para as salas de conselho o conceito de *bullying*:

> Existe um sistema de pressão sobre os pares que eu observo desde quando ainda não era conselheiro e participava de reuniões de CA como consultor. É um tipo de *bullying* para desestabilizar quem pensa diferente do grupo. Às vezes, um projeto é encaminhado e todo mundo quer ver o "efeito manada". Ou é o presidente do conselho, ou é o acionista majoritário, ou é o executivo que está à frente do negócio: o fato é que ele quer o projeto aprovado — e o mais depressa possível. Então, alguém ergue uma voz dissonante. Sempre é desconfortável questionar, você está na frente de sete, oito pessoas experientes e bem-sucedidas. Tudo está sendo encaminhado e, de repente, um solitário começa a "levantar a lebre". Talvez não seja a melhor decisão... e pede esclarecimento e quer informação. Aí, a primeira reação, em geral, é tentar desqualificar essa voz dissonante. E como é isso? É dizer algo do tipo: "Você não é do ramo, isto aqui realmente tem peculiaridades que você não está percebendo." Mas, se o conselheiro pergunta quais são as tais peculiaridades, o assunto é desconversado. Fica no ar aquela insinuação de que você não é do ramo ou de que não tem

---

* Em entrevista à autora em 22/07/2015, na cidade de São Paulo.

capacidade para perceber as sutilezas ou a profundidade daquele projeto ou a estratégia do negócio — como se a estratégia pudesse ser tão sutil a ponto de só ser percebida e compreendida por poucos e bons. É mesmo um tipo de *bullying* intelectual para desqualificar e constranger a pessoa, num processo, às vezes, até intimidante. Quer dizer, se o conselheiro não tiver uma personalidade bem estruturada, acaba cedendo, porque se intimida ou porque não quer se incomodar mais. Assim, as decisões vão sendo tomadas e depois haverá um preço a pagar. Sempre sugiro que assistam ao filme *12 homens e uma sentença*. Muito educativo sobre as vozes dissonantes.

Com sua experiência em conselhos, como deve reagir o conselheiro que enfrenta esse tipo de *bullying*?

Diante de situações de *bullying*, o conselheiro deve ter uma sabedoria muito grande. Ele ou ela vai precisar buscar o equilíbrio entre ser firme o suficiente para não abrir mão de suas convicções, sem se tornar rígido. Porque não se trata de simplesmente ser contra a maioria — questionar por questionar —, ele ou ela tem que encontrar a flexibilidade necessária para também continuar aprendendo, para perceber o que talvez não esteja sendo percebido, para compreender melhor um assunto. Só que essa flexibilidade também não pode ser excessiva... Não pode ser simplesmente capitular e entrar no "efeito manada" ou se tornar um "maria vai com as outras", do tipo: "Eu voto a favor, porque a pressão do grupo está muito forte." Como ninguém quer dar um tiro no pé, buscar esse equilíbrio é fundamental. Não se pode ceder àquilo que é incongruente; o conselheiro tem que escolher as batalhas. Quando o assunto envolve ética, prática de valores, não se pode abrir mão dessas batalhas. É tolerância zero. Mas também não pode manter a rigidez naquilo que é, às vezes, mais supérfluo. É uma habilidade comportamental conseguir se posicionar entre a firmeza e a flexibilidade. Essa é uma das competências que um conselheiro precisa ter, e isso não se aprende em escola.

O comportamento de *bullying*, observado por **César Souza***, foi estudado por **Guerra, Barros** e **Santos** no projeto internacional de pesquisa, que ainda estava sendo concluído quando esta edição foi impressa. Trezentos e quarenta conselheiros de quarenta países responderam a um questionário com o objetivo de investigar os principais desafios enfrentados pelos conselhos de administração (CAs) no processo decisório. O projeto também visou a mapear as limitações que prejudicam o melhor desempenho dos grupos em geral e dos CAs em particular, além dos mecanismos capazes de mitigá--las. Até onde se tem conhecimento, esse estudo foi a primeira iniciativa a investigar essas questões de uma perspectiva internacional, tomando como base as percepções daqueles que estão diretamente envolvidos no processo decisório dos conselhos. Entre as descobertas dessa pesquisa está justamente o fato de que não é insignificante a probabilidade de que um novo conselheiro seja colocado em uma situação desconfortável ao apresentar uma abordagem totalmente nova e diferente. Somente 18% deles relataram que a rejeição de ideias sugeridas por novos conselheiros é inexistente nos CAs em que atuam. O Gráfico 2.3 a seguir apresenta esses resultados:

Abordagens sugeridas por novos conselheiros não são bem-vindas

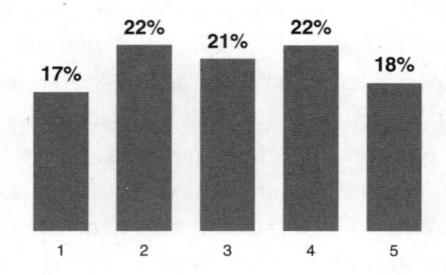

Gráfico 2.3: Rejeição a abordagens novas e diferentes.
Questão da pesquisa: Quando um conselheiro novo ou que não tem expertise no setor traz uma proposta de abordagem ou direcionamento totalmente nova e diferente do que o setor/empresa vem fazendo há anos, qual a chance de ouvir uma resposta do tipo "Você não conhece esse setor/empresa. Isso não funciona assim"? (1) Muito grande (5) Inexistente
Fonte: Guerra, Barros e Santos (2020). [20]

---

* Em entrevista à autora em 22/07/2015, na cidade de São Paulo.

COMPORTAMENTO DELETÉRIO:
APEGO À PRÓPRIA REPUTAÇÃO

Há conselheiros que parecem mais preocupados com a própria reputação e seu conceito social do que com os resultados da empresa. Às vezes, é mais um exemplo de vaidade. Um entrevistado mencionou o caso de um conselheiro que, por seu prestígio e credibilidade, foi convidado a integrar o conselho de uma companhia instalada em uma pequena cidade do interior. De família muito respeitada e considerada na região, o conselheiro era médico, tinha sido prefeito e várias vezes reeleito. Logo depois que se tornou conselheiro, porém, os negócios da empresa desandaram. Em vez de ajudar a tomar as decisões necessárias — mesmo que dolorosas — para tentar salvar a companhia, o ex-prefeito protelou ao máximo a recuperação judicial. Ele não queria que "aquele insucesso empanasse o brilho da sua reputação".

Na maioria dos casos, no entanto, o apego à própria reputação entre os conselheiros não chega a se manifestar tão evidentemente em episódios típicos de vaidade. É mais uma preocupação constante e sutil, que permanece subjacente às decisões que toma no conselho. Por exemplo, ele ou ela pode se sentir tentado a votar alinhado com o PCA, porque sabe que aquele relacionamento tem o potencial de lhe trazer benefícios futuros mais interessantes — ou malefícios duradouros. Não se trata de um ato de corrupção, nem chega a caracterizar um conflito de interesse: é apenas a permanente disposição de ser simpático para manter as boas relações. O equívoco desse conselheiro talvez seja levar o networking a sério demais, como explica **César Souza***:

> Às vezes, o conselheiro valoriza demais seu capital de relacionamento. Não é apenas o networking adequado, vai muito além disso. Ele tem um relacionamento social com o sócio majoritário, ou é amigo do CEO, ou a relação vai além da social: é parente do

---

* Em entrevista à autora em 22/07/2015, na cidade de São Paulo.

PCA ou tem alguma dependência — financeira ou afetiva — da organização em que é membro do conselho. Daí, o conselheiro começa a zelar demais pela própria reputação; não no sentido de só fazer o que é certo. Ele quer ter certeza que vai ficar "bem na foto" com as pessoas que lhe interessam. Não quer que falem mal dele. Se for muito questionador, se não votar alinhado, ele tem medo de que digam pelas costas: "Aquele cara é chato, aquele cara questiona só por questionar." Não é fácil: às vezes, alguém põe o rótulo e dali a pouco o mercado está repetindo que ele é chato. O conselheiro excessivamente preocupado com a própria reputação não quer perder, por exemplo, a oportunidade de estar em outro conselho porque os outros dizem que ele é chato. Então, ele coloca na balança: "O que eu perco se enfrentar essa situação? Eu vou ser tachado de chato e isso vai prejudicar minha imagem?" Ou: "Vou perder a amizade dessa pessoa que está aqui? Vou deixar de me relacionar bem ou de ser ouvido ou de ser convidado para outras coisas?" No fundo, todo mundo é humano e pensa um pouco sobre isso — mas não pode exagerar no networking.

Em pesquisa realizada por **Guerra** e **Santos**,[21] 102 conselheiros brasileiros indicaram quais são os fatores que mais induzem seus pares a se desviar das decisões e iniciativas para o melhor benefício das organizações (Gráfico 2.4). Do total de respondentes, 72% afirmaram que os conselheiros agem assim frequente ou muito frequentemente para "não prejudicar seus laços sociais com os controladores"; e, em segundo lugar, 56% admitiram que frequente ou muito frequentemente "a preocupação com sua própria reputação é maior do que aquela com a empresa".

Causas mais frequentes que afastam os conselheiros do melhor interesse da empresa

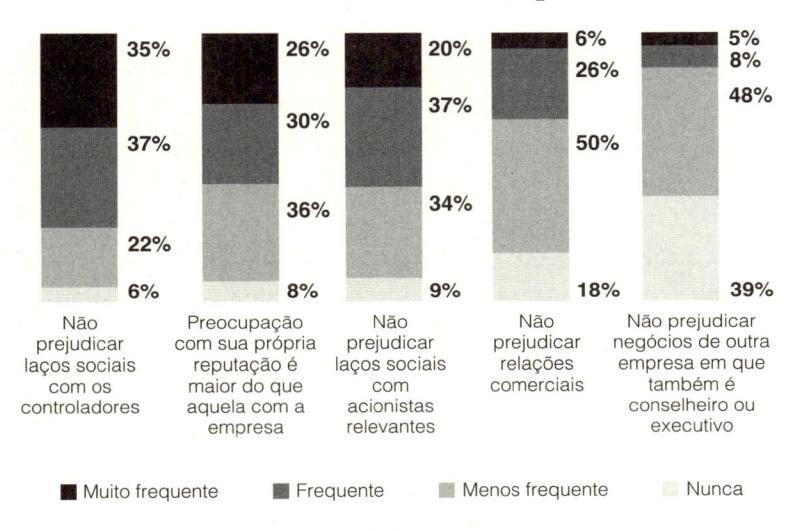

Gráfico 2.4: As razões para desviar dos interesses da empresa.
Fonte: Guerra e Santos (2017).

COMPORTAMENTO DELETÉRIO: DESPREPARO, OUVIR POUCO OU FALAR MUITO

Na mesma pesquisa, ao serem perguntados sobre o comportamento que mais atrapalha o andamento das reuniões do conselho e a qualidade das decisões, dos 102 respondentes, 95% apontaram que seus pares não se preparam adequadamente. Segundo essa massiva maioria, a situação atrapalha ou atrapalha muito a atuação do conselho. O fato é que reconhecem que um conselheiro sem preparo não tem condições de se posicionar assertivamente sobre qualquer assunto, porque não dispõe do quadro completo. Como questionar, por exemplo, um projeto em discussão se a informação pode estar no material que lhes foi enviado previamente — mas os conselheiros não tiveram tempo de ler? Esse tipo de comportamento, infelizmente, é bem mais comum do que se gostaria de esperar.

Existem, por outro lado, conselheiros muito qualificados que se preparam profundamente. Com alguns, porém, costuma haver outro comportamento deletério: não são capazes de escutar. Conselheiros com esse perfil têm tantas certezas a respeito de todos os assuntos que não se dão o trabalho sequer de tentar ouvir atentamente seus pares ou os executivos que estejam apresentando uma proposição na reunião do CA. Entre os 102 conselheiros que responderam à enquete integrante da pesquisa de **Guerra** e **Santos**, 86% disseram que seus pares incapazes de escutar atrapalham ou atrapalham muito as reuniões do conselho. Em seguida, 76% afirmaram que o que atrapalha ou atrapalha muito são os conselheiros que falam demais — o que não passa, de fato, de outra maneira de não escutar ninguém.* Os resultados da pesquisa de **Guerra** e **Santos** sobre o que mais atrapalha o desempenho dos conselhos estão no Gráfico 2.5:

---

* Nessa questão da pesquisa de Guerra e Santos (2017), 69 conselheiros elegeram como fator que mais atrapalha as reuniões o fato de o presidente do conselho (PCA) não ser aberto ao contraditório. O papel do PCA, porém, é tão relevante que o Capítulo 4 é integralmente dedicado a ele.

Comportamento: o que impede o bom funcionamento do CA

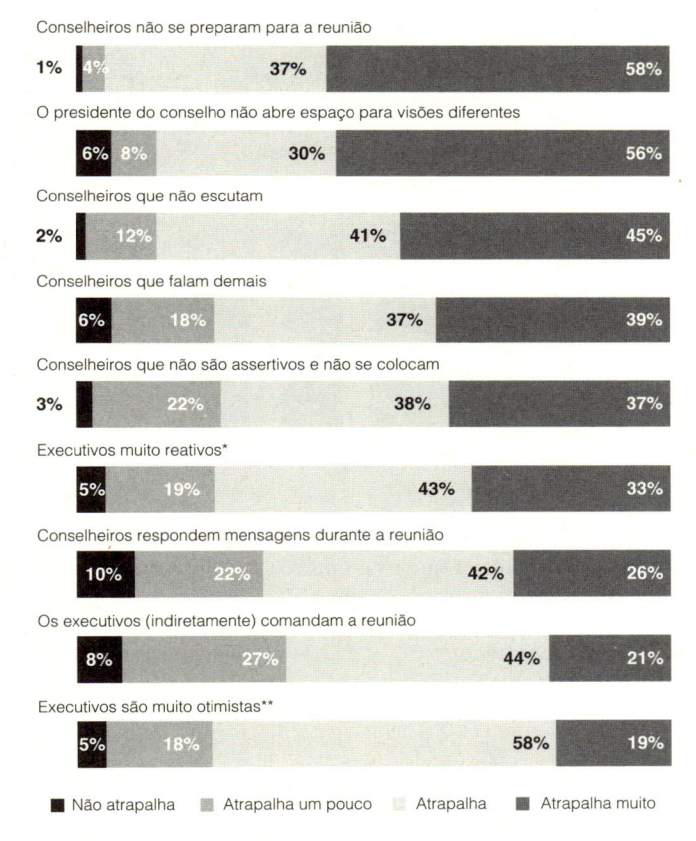

* Aos questionamentos dos conselheiros
**Pouco críticos em suas proposições

Gráfico 2.5: Elementos comportamentais que mais atrapalham o bom funcionamento do conselho.
Fonte: Guerra e Santos (2017).

O problema dos conselheiros que se apresentam nas reuniões do CA despreparados para tomar decisões parece continuar. A pesquisa mais recente e mais ampla realizada por **Guerra**, **Barros** e **Santos** indica que somente 22% dos respondentes do questionário consideram que os conselheiros estão frequentemente bem preparados para as reuniões, como mostra o Gráfico 2.6:

Preparação para as reuniões do CA ainda deve melhorar

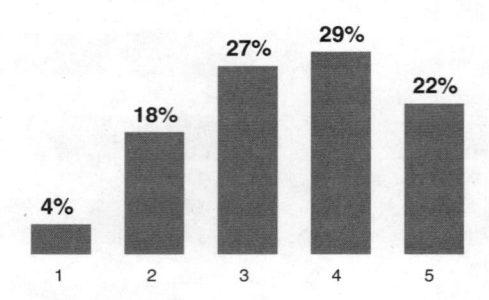

Gráfico 2.6: Nível de preparação para tomar decisões.
Questão da pesquisa: Você avalia que os membros do conselho estão bem preparados/instruídos no momento em que tomam decisões durante as reuniões do conselho?
(1) Raramente (5) Frequentemente
Fonte: Guerra, Barros e Santos (2020).[22]

COMPORTAMENTO DELETÉRIO: CONSELHEIRO MULTITAREFA E/OU SUPERATAREFADO

O conselheiro típico, dentro do perfil já citado, está sempre superatarefado. Em geral, participa de vários conselhos de administração, tem inúmeros relatórios para ler, programas de treinamento para se manter atualizado, vai às reuniões dos comitês dos conselhos dos quais participa e ainda precisa achar tempo para conversar individualmente com os executivos da empresa. É um volume quase sobre-humano de atividades, mas a tecnologia está aí para ajudar — ou para incomodar os presidentes de conselho (PCA), responsáveis pelo bom funcionamento do órgão. Antes das reuniões, ninguém pede que os participantes desliguem seus celulares, tablets e demais aparelhos eletrônicos que estejam conectados. Parte-se do pressuposto de que todos em torno daquela mesa sabem como se comportar, correto? Infelizmente, nem todos. Há conselheiros que se mantêm continuamente atentos aos seus smartphones, respondendo a e-mails, digitando no WhatsApp... Se alguém interrompe a própria fala, aguardando a atenção dos presentes, esse conselheiro costuma dizer simplesmente — sem olhar para o interlocutor: "Estou te acompanhando, pode prosseguir." Uma conselheira entrevistada para este livro descreveu uma cena que presenciou durante uma reunião em meio à discussão de um tema bastante espinhoso e, ao mesmo tempo, delicado sob o ponto de vista ético. Não havia mais como protelar uma decisão e, ao final, todos os conselheiros teriam que dar seu voto sobre aquele assunto:

> Estávamos em plena reunião, quando tocou um celular com um som alto e estridente. Como já contei, o assunto era superdelicado e o ambiente estava bem tenso. Chegamos a nos assustar com aquele toque alto e repentino. Pior foi que nosso colega conselheiro, um respeitável ex-ministro da República, atendeu e começou a conversar em voz alta. Pelo nosso olhar, percebeu que estava incomodando. Levantou da mesa e foi até a janela. Não adiantou. Percebeu que a conversa não terminaria logo, então saiu e ficou uns quinze minutos lá fora no corredor. Sei porque continuamos a escutá-lo, mesmo lá fora, com a porta da sala fechada. Como é possível que um profissional desse nível não perceba a impropriedade de atender uma ligação durante uma reunião de conselho? E, ainda por cima, falar alto, atrapalhando todos os demais? Isso já seria deletério bastante para a reunião. Mas aconteceu na pior hora: durante a ausência de nosso colega, um fato ainda mais delicado e fundamental para a questão analisada foi mencionado por um exe-

cutivo presente na reunião. Ninguém voltaria a mencionar aquele fato, porque o executivo estava visivelmente envergonhado por ter que revelá-lo. Por isso, nenhum de nós tocou de novo no assunto. Cientes daquilo, porém, o voto de cada um poderia certamente se alterar. O ex-ministro e conselheiro retornou à sala, voltou a ouvir o final da discussão e, por fim, deu seu voto tranquilamente — em absoluto desconhecimento daquele fato tão relevante.

Certamente, conselheiros que adotam esse tipo de comportamento deletério não estão cientes do resultado das pesquisas em relação à capacidade humana de ser multitarefa, ou seja, de realizar diversas tarefas simultaneamente. No experimento chamado de "Gorila Invisível",* criado por **Simons** e **Chabris**, as pessoas assistem ao vídeo de uma partida de basquete e devem dizer depois quantos passes deu o time de branco. Entretidas com a contagem, a maioria não nota uma pessoa vestida de gorila que passa pelo vídeo. Cada vez mais estudos comprovam que o ser humano tem um nível de atenção limitado. Então, quanto mais tarefas que demandam atenção estiverem sendo realizadas por um indivíduo, menos ele será capaz de realizá-las adequada e corretamente. É exatamente por isso, por exemplo, que a legislação que proíbe o uso de celular para motoristas ao volante deveria incluir o viva voz:

> O problema não é segurar o telefone em uma das mãos e manter a outra na direção, o problema é que nossa atenção é um recurso cognitivo limitado. E, o mais importante, como demonstraram as reações incrédulas dos participantes de nosso estudo, não temos percepção do limite de nossa atenção. Novos experimentos evidenciam que não há diferença entre segurar o celular ou conversar no viva voz. De fato, a legislação proibindo

---

* Outros conceitos são discutidos no Capítulo 6 com base nesse experimento desenvolvido por Daniel J. Simons e Christopher Chabris em 1999. Vídeo disponível em: http://www.theinvisiblegorilla.com/videos.html. Acesso em: 22 fev. 2021.

o uso do celular na mão teve o irônico efeito de fazer as pessoas acreditarem que, quando estão dirigindo e falam ao celular pelo viva voz, elas estão agindo de modo mais seguro.[23]

Sendo assim, quando aquele conselheiro multitarefa diz "Estou te acompanhando, pode prosseguir", a ciência prova o contrário.

MAIS DO QUE UM SIMPLES AGREGADO DE INDIVÍDUOS

Com seu mais clássico perfil de homem branco com idade entre 55 e 65 anos, formação acadêmica majoritariamente em engenharia e ampla experiência em posições executivas, é esperado — e merecido — que os conselheiros se tenham em alta conta por seu histórico de carreira. No entanto, apesar de todos os seus pontos fortes e seu potencial de aprimoramento, quando se trata do desempenho em grupo nas salas de conselho, eles próprios ficam reticentes. Uma pesquisa que ouviu 182 conselheiros revela que "90% deles consideram o próprio desempenho muito eficaz, enquanto somente 30% atribuem o mesmo grau de eficácia à performance do grupo de conselheiros do qual fazem parte, expondo uma falha que precisa ser endereçada".[24]

A própria evolução da governança corporativa denota que, momentaneamente, alguns conselhos parecem ser acometidos por uma espécie de cegueira. É que, como seres humanos, os conselheiros são capturados — sem perceber — por uma soma de fatores: os limites da racionalidade, a assimetria de informações, os vieses culturais e cognitivos, os comportamentos deletérios, além dos interesses específicos e muitas vezes contrastantes dos diferentes proprietários. Tudo isso influencia a dinâmica do grupo e pode interferir no processo decisório, desviando-o dos melhores interesses da empresa.

Todos esses fatores negativos pareciam estar em ação no CA do fictício La Rochelle, que só não perdeu uma excelente oportunidade de negócios porque, por acaso, nesse episódio, os interesses específicos da maioria dos controladores acabaram levando à melhor decisão para o banco. Num CA disfuncional, porém, o acaso nem sempre costuma jogar a favor.

Alguns anos depois da crise financeira internacional de 2007-2008, ainda era preciso entender todos os seus impactos, particularmente sobre os bancos. Como em qualquer outra instituição financeira, no La Rochelle havia naquele momento uma especial preocupação com o aperto das margens. Foi nesse cenário que aterrissou na mesa do CA a proposta de aquisição de uma seguradora com atuação nas áreas patrimonial, de responsabilidades e de riscos financeiros. Apesar de o setor ser bastante regulado e ter especificidades que poderiam desviar a atenção do CEO do banco — já pressionado por resultados —, o racional indicava que havia ali uma boa oportunidade. A avaliação dessa compra, no entanto, evidenciou na maioria dos conselheiros a postura não orientada para a melhor decisão para o banco. Em vez disso, cada conselheiro defendia o interesse do acionista que o elegera.*

Como um dos sócios era um investidor financeiro, que administrava um portfólio de investimentos e estava prestes a fazer um IPO, aquela aquisição lhe interessava: dava mais brilho à sua carteira e poderia impulsionar o interesse dos investidores na oferta inicial de suas ações. Outro já tinha um negócio em sinergia com a seguradora e, pela primeira vez, se mostrava aberto e declaradamente a favor de uma decisão. E, por fim, o terceiro sócio, que supostamente poderia se manter neutro, enfrentava uma situação bem difícil: seu negócio ia de mal a pior e precisava de dividendos para fazer frente a uma dívida; logo, ficou contra o investimento na compra da seguradora. Dessa vez, foi voto vencido. A maioria foi a favor da aquisição, que acabou por se comprovar uma excelente oportunidade para o banco.

Deixei de ser conselheiro no La Rochelle algum tempo depois dessa aquisição e, olhando em retrospectiva, vejo dois aspectos, que não consegui identificar na época. Em primeiro lugar, obviamente, não fui

---

* Resultados de pesquisas sobre coalizão serão apresentados no Capítulo 6.

levado ao conselho do banco por minha competência (ou falta dela) em finanças, mas sim por minha expertise em tecnologia, cibernética e vivência internacional em diferentes setores. Portanto, não era isso que me isolava. Era a própria dinâmica daquele grupo de conselheiros. Em segundo, se pudesse retroceder, naquele momento, não teria aceitado o convite para me tornar conselheiro. Pelo menos não numa instituição financeira daquele porte, naquele contexto e naquele momento de minha trajetória.

Hoje, quando converso com executivos com potencial para se tornar conselheiros, eu digo honestamente: não superestime suas competências nem subestime suas limitações, mesmo quando achar que já estão superadas. Ao longo da carreira, eu havia aprimorado minha habilidade de relacionamento interpessoal. Tudo bem, era o bastante para a vida executiva, mas a dinâmica num conselho é muito mais complexa. No CA, é fundamental atuar em colegiado e, no grupo, as relações de poder e os interesses muitas vezes são pouco palpáveis. Os seus gaps e expertises vão estar em interação com a dinâmica peculiar daquele grupo, trazendo à tona equações comportamentais entrelaçadas e efeitos inesperados. Nem mesmo o melhor CEO está pronto para ir sem preparação prévia da vida executiva para dentro de um CA, em particular se houver um gap importante em relação às competências ligadas diretamente ao negócio da empresa. Ao contrário, se levar apenas o repertório de CEO, é bem provável que meta os pés pelas mãos. Dentro de um grupo responsável por decisões nesse nível de poder, fazer acontecer é uma arte.

Reunidos em torno da mesa do CA, os conselheiros são muito mais do que um mero agregado de individualidades: são um grupo cujo desempenho tem alto impacto sobre o negócio e o ambiente em que a empresa opera. Existem dinâmicas dentro do CA, porém, que podem minar as habilidades dos mais competentes e bem-intencionados conselheiros e gerar **disfuncionalidades**. Por isso, depois de identificar o perfil individual do conselheiro neste capítulo, a seguir a abordagem avançará para a análise da dinâmica do grupo de integrantes do CA.

No próximo capítulo, será abordada a administração das principais tensões (já brevemente abordadas no **Capítulo 1**) que rondam as salas de conselho, com destaque para aquelas resultantes de dois aparentes paradoxos existentes na atuação dos conselheiros: o primeiro ocorre entre o dever de criticar e supervisionar os gestores e, ao mesmo tempo, ter a missão de lhes dar apoio e suporte; o segundo resulta da interação entre os próprios conselheiros, pois é imprescindível que haja espaço para o contraditório nos debates, mas que não se perca a coesão.

3. Sob o estresse das tensões

Durante 54 anos, a Hawaii Engenharia foi uma construtora especializada em grandes obras privadas no Brasil e no exterior e, por 34 anos, eu estive muito satisfeito por trabalhar na empresa. Desde que me formei em direito, fui convidado a integrar a área jurídica da companhia e construí toda a minha carreira em torno da instituição. Foi essencial para formar minha rede de relacionamentos profissionais e pessoais. Na verdade, meus melhores amigos sempre estiveram na empresa, entre eles, Gabriel, filho do fundador e único herdeiro do negócio. Logo depois da morte do pai, ele assumiu a cadeira de CEO e rapidamente deu início a um processo de reestruturação e profissionalização da empresa. Alegando que havia necessidade de abrir espaço na gestão para os mais jovens e com outras experiências, foi criado o conselho de administração (CA), para onde migraram alguns dos então executivos. Assim, além de CEO, Gabriel se tornou também presidente do conselho (PCA) e me nomeou conselheiro, além de mais três outros engenheiros, ex-executivos como eu, que também haviam feito carreira exclusivamente na construtora.

Ao longo dos anos, nossa convivência sofreu os naturais e inevitáveis desgastes do cotidiano da vida profissional, mas o clima de camaradagem entre nós sempre foi favorecido pelo fato de termos interesses comuns, em especial porque somos vidrados no mesmo esporte. Éramos todos sócios do Iate Clube, adorávamos velejar e, com muita frequência, nossas esposas iam junto, e também se tornaram boas amigas. Nas reuniões trimestrais do CA, o clima era de um encontro de amigos. Falava-se muito de família, de planos de férias e, principalmente, de veleiros, de competições e da arte de velejar. Às vezes, eu chegava a pensar que ser remunerado para ser conselheiro parecia um exagero, porque fazer parte daquele grupo era realmente uma satisfação e um prazer.

Na maior parte das reuniões, Gabriel discorria sobre os últimos fatos ocorridos na empresa, pois, como nós quatro já havíamos saído da gestão diária, não estávamos mais envolvidos no negócio. Quando algum tema requeria efetiva deliberação, era tudo muito rápido. Os temas começavam a ser apresentados pelos novos executivos, mas — invariavelmente — eram interrompidos por Gabriel. Com seu sorriso indefectível, ele dominava a conversa e expunha com entusiasmo por que a proposição deveria ser aprovada. No final da preleção do PCA, nós, os outros quatro conselheiros, estávamos invariavelmente de acordo. A argumentação de Gabriel era sempre tão convincente que acabava por haver pouco debate ou questionamento nas reuniões. Eventualmente, um de nós fazia mais algum comentário de assentimento, às vezes até em tom reverente. A verdade é que todos nutriam grande admiração por Gabriel, que, de fato, sempre se mostrara um profissional de visão e capacidade notáveis.

Em 2015, o PCA ficou bastante motivado com o então recém--lançado programa de investimento em infraestrutura do governo federal. Queria uma fatia daquele bolo e estava convencido de que a empresa estava qualificada, já que não faltavam à empreiteira reputação impecável, experiência, know-how e processos eficientes. Ele, então, colocou sua rede de relacionamentos para funcionar e logo tinha domínio de um "manual informal" com o passo a passo para conseguir entrar nas maiores concorrências públicas federais. Na Hawaii Engenharia, as decisões seguiam sempre o ritmo acelerado de Gabriel e o CA mantinha o clima amigável. Esse ambiente, porém, logo mostraria suas implicações...*

---

* A conclusão desse relato será apresentada na página 115 desse mesmo capítulo.

Como tão bem sintetizou **sir Christopher Hogg,*** uma das características do bom funcionamento de um CA é não ser um lugar confortável para os conselheiros. Mesmo assim, não é raro que eles se sintam "entre amigos" nas reuniões, como mostra o relato na abertura deste capítulo. Há uma série de fatores para explicar isso e o primeiro deles é estrutural, ou seja, advém da própria composição do CA. No capítulo anterior, ao apresentar o perfil médio do conselheiro no mundo e no Brasil, destacou-se que costuma haver mais similaridade do que **diversidade** nos conselhos.** São homens maduros, experientes, com formação e vivências profissionais parecidas, e é natural que haja entre eles interesses comuns, além da própria vida corporativa, induzindo à formação ou à consolidação de boas amizades.

Outra contribuição para que haja esse clima de aparente confraternização é o fato de os CAs serem majoritariamente compostos a partir da rede de relacionamentos do sócio-controlador — ou do CEO, no caso de empresas de propriedade dispersa. Com pressuposta naturalidade, os conselheiros costumam ser escolhidos entre os amigos ou entre as relações mais próximas de negócios dessas pessoas. Essa questão se agrava especialmente quando os conselhos são menores e contam com menos conselheiros independentes, como já discutido no **Capítulo 2.**

A alegação mais comum para privilegiar a presença de amigos nos conselhos de administração é a necessidade de que exista nos negócios uma sólida relação de confiança. Há aqui, sem dúvida, uma legítima preocupação com o sigilo e a confidencialidade das questões estratégicas da empresa. Caso contrário, como dar acesso aos conselheiros aos dados imprescindíveis para o processo decisório no CA? Pode estar oculta sob essa relação de confiança, no entanto, uma distorção: é dos melhores amigos que se pode esperar uma atitude mais complacente e compreensiva.

---

* Frase de sir Christopher Hogg, ex-presidente do Financial Reporting Council (FRC) do Reino Unido, citada no Capítulo 1: "Os melhores conselhos de administração são lugares muito desconfortáveis e é assim que devem ser."

** Para os dados estatísticos sobre o perfil dos conselheiros, consulte as páginas de 68 a 72, no Capítulo 2.

Mesmo que não seja explicitada e permaneça inconsciente, essa questão interfere com frequência no processo de escolha dos conselheiros, como revela este episódio entreouvido em uma festa:

> Há décadas à frente de um conglomerado, o empresário convidou à queima-roupa um velho amigo para fazer parte do CA de sua holding familiar. Com reputação de jamais transigir, o experiente conselheiro sorriu amigavelmente e se saiu com sua resposta mais singela: "Tenho certeza que você não vai querer um amigo tão crítico quanto eu no seu CA." Em volta, todo mundo riu, a situação delicada se desfez; o empresário, por sua vez, desconversou e nunca mais insistiu no convite. Aquele conselheiro tinha plena consciência de que havia a expectativa de que ele cedesse ou, ao menos, silenciasse diante do estilo autocrático de liderança que seu velho amigo imprimia aos negócios da família. Caso contrário, era altíssimo o risco de que a velha amizade se transformasse rapidamente em algo amargo.

Essa preferência dada ao conselheiro "amigo" pode ter ainda outro aspecto negativo. Afinal, partilhar decisões e — mais importante — dividir o poder com "estranhos" não é algo arraigado na cultura de negócios, especialmente em países cujo modelo que prevalece é o de concentração de propriedade, como o Brasil. No caso específico da composição de CAs, os "estranhos" são os chamados conselheiros independentes. Tanto é que não costuma ser frequente o uso de *headhunters* para a busca de conselheiros para a composição ou renovação dos quadros dos CAs. O que provavelmente escapa àqueles que privilegiam as amizades é que não é preciso ser amigo para agir como um conselheiro responsável e confiável. Para evitar o predomínio das relações de amizade e o excesso de similaridade no perfil de conselheiros, a recomendação de **sir Adrian Cadbury*** era para que a escolha de um profissional para integrar o conselho de administração nunca ficasse restrita a uma única pessoa — fosse controlador, presidente do CA ou o CEO:

---

* Sir Adrian Cadbury (1929-2015) foi autor do Relatório Cadbury, que, em 1992, definiu os padrões de governança corporativa para o Reino Unido, além de presidente do conselho da Cadbury Schweppes. Em entrevista à autora em 4/12/2013 em sua residência na cidade de Dorridge, Reino Unido.

Quando estávamos definindo nosso código de práticas de governança, uma de nossas melhores recomendações foi contra a indicação de conselheiros pelo presidente do conselho (PCA). Havia muitos casos em que o PCA simplesmente dizia "Essa é a pessoa que quero no CA, é a que considero mais valiosa e a que escolhi para ser conselheiro" e os demais conselheiros não eram consultados. Isso significa que o novo conselheiro não é independente de fato. Além do mais, o perigo é que isso empobreça a diversidade de visões no conselho. Quando a maioria dos conselheiros tem o mesmo background, as mesmas experiências, eles tendem a pensar de maneira semelhante, e um CA deve ser capaz de ter uma visão mais ampla. Deve considerar também a perspectiva da força de trabalho, da comunidade, dos clientes e dos acionistas. Para tornar o grupo mais eficaz, devem ser considerados dois pontos: 1) o convite precisa ser feito aos melhores profissionais; e 2) os demais conselheiros devem opinar sobre essa decisão.

UM INVISÍVEL EMARANHADO DE TENSÕES

Por mais que o ambiente das reuniões de um CA possa parecer amigável e agradável, a dinâmica do conselho de administração está sujeita a um invisível emaranhado de tensões concomitantes — internas e externas. Existem aí dois eixos, abordados ligeiramente no **Capítulo 1**: o primeiro resulta da própria interação entre os conselheiros — individualmente e como grupo —, as chamadas tensões intraconselho; já o segundo eixo é decorrente do relacionamento entre os conselheiros e os executivos, assim como daqueles resultantes das relações da empresa com seus *stakeholders* (partes interessadas), já que, embora administradas pelos executivos, também afetam o CA — eis então as tensões extraconselho.

Tensões

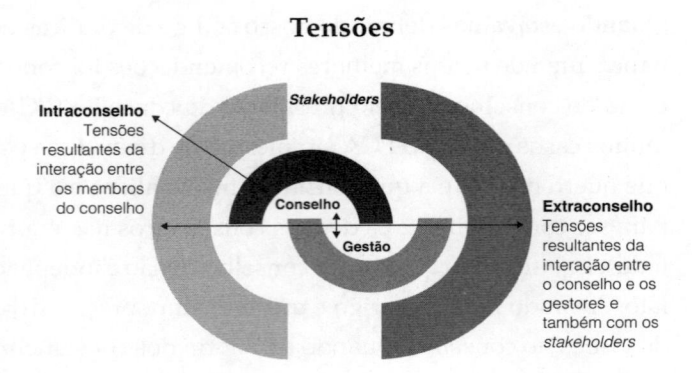

Figura 3.1: Tensões intra e extraconselho.

Essas tensões nas salas de conselhos são confirmadas pelos conselheiros participantes de uma pesquisa sobre CAs, realizada por **Guerra**, **Barros** e **Santos** em quarenta países. Como ilustra o Gráfico 3.1, apenas 22% dos 340 conselheiros indicaram que as reuniões nunca acontecem em uma atmosfera tensa.

Reuniões sob tensão

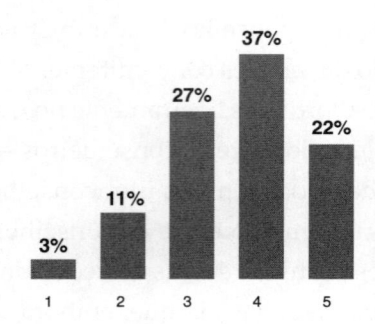

Gráfico 3.1: Tensão.
Questão da pesquisa: As reuniões do conselho ocorrem sob um clima tenso?
(1) Sempre (5) Nunca
Fonte: Guerra, Barros e Santos (2020).[1]

1. TENSÕES INTRACONSELHO

Um aparente paradoxo é inerente à dinâmica de todo grupo: embora haja necessidade de integração e coesão, é preciso abrir espaço ao contraditório e às discussões, possibilitando que surjam conflitos producentes de inovação e consistência no processo decisório. Entretanto, essas discordâncias podem também resultar em conflitos contraproducentes. Por isso, somente quando busca e se aproxima do ponto de equilíbrio de tensão é que o grupo interage em condições de atingir seu melhor desempenho.

Sentados em torno da mesa, portanto, os conselheiros de administração certamente não estão imunes às tensões decorrentes da própria natureza da dinâmica dos grupos. Dessa forma, um dos sintomas mais evidentes da **disfuncionalidade** de um CA costuma ser a ausência de debates, como ocorre, por exemplo, no relato da Hawaii Engenharia (concluído na página 115). Na superfície, parece haver harmonia, mas os possíveis conflitos podem estar ficando camuflados e anestesiados. É aquilo que **Luiz Carlos Cabrera**,* experiente *headhunter* de conselheiros de administração, chama de "harmonia hipócrita", o que, segundo ele, conduz inevitavelmente a decisões equivocadas com potencial para destruir valor da companhia:

> Ao longo da minha experiência, eu não vi harmonia de fato até hoje em conselhos de administração. O que pode acontecer, às vezes, é uma harmonia hipócrita. Um ou mais conselheiros preferem abrir mão das discussões para evitar um conflito maior. Mas, mesmo assim, o conflito está lá, é conhecido e previsto. O

---

* Luiz Carlos Cabrera sócio-fundador e CEO da LCabrera Consultores. Ex-conselheiro da Association of Executive Search and Leadership International Board (AESC) e ex-presidente do conselho do capítulo brasileiro da AESC. Foi agraciado com o prêmio Gardner W. Heidrick, oferecido anualmente pela AESC, a quem fez contribuição notável para a atividade de consultoria em executive search. Em entrevista à autora em 23/2/2016 na cidade de São Paulo.

que acontece é que, em nome de diferentes bandeiras — preservar a paz na família ou preservar as relações de amizade —, o conflito fica ali anestesiado e isso, muitas vezes, leva a decisões equivocadas. Quando a harmonia no CA é falsamente preservada, os prejuízos para a organização aparecerão no curto, médio ou longo prazos. Isso me faz lembrar de uma crônica antiga do Carlos Heitor Cony* em que ele descreve a convivência de um grupo de pessoas, que tomava diariamente o mesmo bonde, no mesmo horário. Apesar de serem estranhos, com o passar do tempo, eles já se conheciam pelo cheiro, pelo olhar, pelo rosto, pelo vestir. Entre os conselheiros, especialmente quando o grupo é pequeno e pouco diverso, costuma ocorrer algo semelhante. Só a mudança na expressão facial de um já leva o outro a pensar: "Eu tenho certeza do que ele vai dizer" ou "Tenho certeza do que ele está pensando". E aí as discussões não ocorrem. E, num conselho em que não há discussões produtivas, está aberta a porta para a tomada de decisões erradas.

Como evitar que impere esse ambiente de "harmonia hipócrita"?

Uma das soluções mais frequentes tem sido convidar mais de um conselheiro independente. Mas não deve ser apenas um: sozinho, ele vai acabar frustrado e/ou massacrado pela harmonia hipócrita. Os independentes ajudam muito a criar ou recriar um ambiente de discussão produtiva, ou seja, focada em resultado. Outro ponto, que fica cada vez mais claro em governança, é que tem que haver renovação. Em geral, esses mandatos extensos ocorrem porque, quando se tem estruturas acionárias compartilhadas ou distribuídas entre diferentes familiares, a moeda mais importante não é a competência, é a confiança. Mesmo no caso de conselheiros

---

* Carlos Heitor Cony (1926-2018), jornalista e escritor que, em 2000, foi eleito para a Academia Brasileira de Letras (ABL).

independentes, depois que a confiança é adquirida, a tendência é preservá-lo, transformando-o nitidamente num membro da família. O independente será abduzido para um processo decisório mais simples e mais favorável, sem discussões. Para evitar isso, o melhor é que os mandatos sejam mais curtos e que os conselheiros possam permanecer no cargo por dois, três mandatos, no máximo. Isso evita que até os conselheiros independentes fiquem contristados por não divergir ou até por divergir demais.

Dentro de todo e qualquer grupo surgem espontaneamente pressões sociais, que exercem forte influência sobre os comportamentos individuais. Muitas vezes, são tão poderosas que as pessoas chegam a optar pelo silêncio em vez de manifestar sua vontade ou opinião — mesmo quando são formalmente convidadas a se expressar. De acordo com pesquisadores, em muitos casos, o silêncio é apenas uma tentativa de evitar a desaprovação dos outros:

> As pessoas podem se calar não porque achem que estão erradas (...), mas para evitar o risco de receber vários tipos de punição social. De fato, não há dúvida de que a influência social contribuiu para o silêncio, por exemplo, na Casa Branca durante o governo Kennedy.* Mesmo em sociedades e organizações que têm forte compromisso com a liberdade e a honestidade, as pessoas que desafiam a posição dominante no grupo arriscam-se a receber alguma forma de desaprovação, que as levará a ser menos confiáveis, apreciadas e respeitadas no futuro.[2]

---

* Os pesquisadores se referem à tentativa norte-americana de invadir Cuba pela baía dos Porcos. A invasão, determinada para derrubar o governo revolucionário cubano, liderado por Fidel Castro, fracassou porque os assessores do presidente John Kennedy se calaram, mesmo quando tinham razão para acreditar que a missão não seria bem-sucedida.

Na interação entre os conselheiros, essas pressões sociais se unem ao "efeito bonde do Cony", apontado anteriormente por **Cabrera.*** Em outras palavras, na convivência excessivamente estreita e duradoura entre conselheiros, pode haver perda de qualidade no processo decisório por causa do que é chamado de **groupthink** — um conceito que será aprofundado no **Capítulo 6**, mas que **Irving Janis** define da seguinte maneira:

> (...) refere-se ao modo de pensar que as pessoas adotam quando estão profundamente envolvidas em um grupo coeso, quando os esforços dos membros para atingir a unanimidade ultrapassam sua motivação para realisticamente avaliar cursos de ação alternativos. (...) Groupthink se refere à deterioração da eficiência mental, teste de realidade e julgamento moral que resultam das pressões internas do grupo.[3]

Como desdobramento negativo do **groupthink**, a dinâmica do grupo fica suscetível a outras anomalias como a conformidade e, ainda mais grave, a unanimidade. Essas características de comportamentos grupais vêm sendo amplamente estudadas e aplicadas especificamente à governança corporativa — não só porque, entre outros papéis, o CA seja a máquina corporativa da tomada de decisões, mas também porque as interações patológicas entre os conselheiros podem trazer ameaças silenciosas. As anomalias estão ali, mas não são reconhecidas conscientemente. Dessa forma, vão solapando o processo decisório no conselho e dificultando que haja o necessário detalhamento para se tornar robusto e meticuloso. Ao identificar essas **disfuncionalidades**, **Katharina Pick** e **Kenneth Merchant**[4] organizaram as tensões intraconselho em seis diferentes tipos, que podem ser assim resumidos:

a. **Tensão da coesão social:** enquanto grupo, o conselho de administração precisa simultaneamente criar e evitar a coesão social. Deve

---

* Em entrevista à autora em 23/2/2016, na cidade de São Paulo.

haver fatores comuns — atração, interesses, similaridade cultural e laços sociais — para que os indivíduos desejem continuar a fazer parte do grupo. Isso torna a interação mais agradável, aumenta a motivação e ajuda a lidar politicamente com conflitos internos. Contudo, quando excessiva, a coesão induz à conformidade de pensamento e impede o surgimento de opiniões e informações que poderiam ser muito úteis ao processo decisório. Segundo os autores, a escolha não é entre ter coesão ou não, mas qual o grau ideal e que tipo de coesão deve haver entre os integrantes do CA.

b. **Tensão da divergência:** essa tensão deriva da busca contínua pelo equilíbrio entre possibilitar e até encorajar o contraditório e impedir que o surgimento de eventuais conflitos ameace a coesão social do grupo e acabe por paralisar as reuniões. Em outras palavras, a divergência deve ser suficiente para suscitar a inovação, mas não tanto a ponto de produzir o caos. É a medida exata do que está sendo chamado aqui de "conflito producente".

c. **Tensão da segurança psicológica:** o CA deve ser um lugar em que os conselheiros se sintam seguros para assumir riscos, compartilhar ideias impopulares ou admitir erros. A segurança psicológica é um dos fatores que se contrapõem à conformidade; no entanto, também pode induzir que cada indivíduo contribua com um esforço menor do que seria capaz na realização das atividades do grupo. É o que se chama de *social loafing*, um fenômeno da dinâmica de grupos, que será examinado no **Capítulo 6**.

d. **Tensão do sentimento coletivista:** é imprescindível que os conselheiros tenham um sentimento de pertencimento ao grupo: eles formam um coletivo que realiza atividades conjuntas. Se demasiada, porém, essa percepção coletivista pode sufocar a visibilidade e a contribuição individual, se transformando em um dos fatores responsáveis pela conformidade do pensamento. Para **Pick** e **Merchant**, "é crítico encontrar o equilíbrio entre fazer parte e operar como um coletivo e, ainda assim, avaliar e mensurar as contribuições individuais".

e. **Tensão da diversidade de pensamento:** o principal benefício da **diversidade** é enriquecer a tomada de decisões, possibilitando que os conselheiros sejam municiados por várias perspectivas, advindas de diferentes gêneros, etnias, culturas, tipos de conhecimento e experiências individuais — profissionais e pessoais. A **diversidade** ajuda a evitar discussões polarizadas. No entanto, a tendência natural dos grupos é considerar as informações comuns a todos e não aquelas detidas por apenas um ou dois de seus integrantes.

f. **Tensão do líder forte:** o presidente do conselho de administração (PCA) tem uma dupla missão: deve ser capaz de encorajar o contraditório, lembrando que está à frente de um "grupo de pares", e, ao mesmo tempo, cuidar para que o funcionamento do CA ocorra dentro das normas e da conformidade legal. Para isso, é necessário que seja exercida uma forte liderança, mas não forte demais. É tão comum que o PCA seja mal interpretado no atendimento dessa dupla missão que o **Capítulo 4** será inteiramente dedicado ao tema.

Essas tensões internas e inerentes ao funcionamento de grupos adicionam uma dose extra de estresse às já complexas decisões tomadas cotidianamente pelos conselhos de administração. É importante notar, porém, que tudo isso costuma ocorrer de modo oculto, isto é, sob a aparência de um funcionamento "normal e natural" do conselho. Quando entra em cena o conflito — seja franco ou esquivo, como ocorria, por exemplo, no CA do banco La Rochelle no episódio descrito no **Capítulo 2** — a destruição de valor pode se tornar dramática.

Sendo compreendido aqui como "as divergências de interesses percebidas entre as partes, que não podem ser atendidas simultaneamente",[5] o conflito tem impacto imediato sobre o comportamento dos indivíduos: basta que alguém "perceba" divergências entre os integrantes do grupo para que entre em ação na defesa de seus interesses — mesmo que seja apenas adotando uma atitude defensiva sub-reptícia. Se e quando esses comportamentos de defesa deságuam na agressividade mútua, está criado o império da hostilidade e o conselho pode ficar simplesmente intoxicado, improdutivo e paralisado. A única vantagem — se é que se pode pensar nisso — é que a guerra verbal dá sinais mais evidentes do grau de **disfuncionalidade** atingido pelo conselho de administração. O fato é que dificilmente o processo decisório mais robusto e consistente funciona de maneira efetiva em qualquer ponto extremo: seja na amizade complacente entre bons amigos conselheiros, seja no conflito aberto entre as diferentes coalizões de acionistas.

Com exceção de divergências chegando ao ponto da exacerbação do conflito, algumas das tensões intraconselho estão exemplificadas no episódio envolvendo a hipotética Hawaii Engenharia. Sob a aparente harmonia existente entre os conselheiros, esse relato mostra como as pressões sociais no grupo são capazes de causar a ausência do contraditório e, como consequência disso, levar a resultados bastante danosos — até desastrosos — para a companhia:

Em uma das reuniões ordinárias do CA (que continuavam trimestrais), Gabriel nos deu a boa notícia: a Hawaii Engenharia estava pronta para participar das concorrências públicas para as obras do programa federal de infraestrutura. Ele nos alertou, entretanto, que havia "uma joia para entrar nesse clube" e garantiu: "Podem ficar tranquilos. Alex, que acabamos de contratar, é nosso executivo com maior experiência em setor público. Já passou por várias empresas prestadoras de serviços para órgãos governamentais e sabe como tudo isso funciona." Pela primeira vez, como conselheiro da Hawaii, senti um mal-estar. Engoli em seco e fiquei incomodado com a proposta implícita colocada sobre a mesa. Mas, quando esbocei fazer um questionamento contrário à ideia, Gabriel encerrou com seu sorriso e seu conhecido tom amigável: "Você não vai querer bancar o inocente, não é? Neste país, não tem outro jeito de fazer a máquina andar!" Na hora, preferi ficar quieto. Mais uma vez, a aprovação das decisões de Gabriel aconteceu por unanimidade no conselho de administração. Nós só voltaríamos a nos reunir dali a três meses, quando a proposição daquele dia já tivesse se tornado um fato irreversível.

Meu mal-estar como conselheiro da Hawaii continuava. Eu parecia sentir sobre os ombros o peso do olhar do meu pai, que, na década de 1980, havia sido professor de direito societário e um dos profissionais mais ouvidos no país, quando o assunto era a atuação ética das empresas. Não gostava de ter que admitir que os profissionais que eu mais admirava — e meus melhores amigos — pudessem aceitar aquela situação com tanta naturalidade. E eu seguia me recriminando pelo silêncio e omissão naquela reunião do CA.

Um dia, tentei conversar com minha mulher, Suzy, sobre esse assunto: ela conhecia muito bem todo mundo do conselho e, além disso, era muito amiga e sócia da esposa do Gabriel em uma grife de moda praia. Mas ela não me deu tempo nem de tocar nas questões éticas, que andavam me atormentando. Quando terminei de contar o que havia acontecido na última reunião do CA, ela foi diretamente aos próprios interesses: "Por favor, não vá arrumar encrenca com eles! Estou conseguindo entrar com nossa grife no Country por causa dos relacionamentos no Iate. Além disso, se você criar obstáculos para o Gabriel, já pensou como vai ficar o clima entre vocês na disputa do America's Cup em setembro?" Cada um a seu jeito e por seus próprios motivos, Suzy e Gabriel não queriam ouvir meus questionamentos. Não recordo de muitas outras ocasiões em que tenha me sentido tão isolado e tão angustiado pessoal e profissionalmente.

Participei de mais três reuniões do conselho da Hawaii, mas, para mim, o ambiente fraterno e agradável havia se revelado uma farsa: só agora ficava claro que éramos conselheiros para aprovar as decisões de Gabriel, que atropelava com seu ritmo até mesmo nossos valores mais arraigados. Luiz não trouxe mais deliberações sobre a participação da empreiteira em concorrências públicas e eu, alegando questões pessoais, acabei deixando de ser conselheiro da construtora logo no início do ano seguinte. Essa atitude me acalmou. Naquele momento, foi a melhor decisão que fui capaz de tomar: mesmo contra minhas convicções éticas, em nome da amizade, preferi me manter calado. Agora, como conselheiro independente em uma companhia de outro

*setor, prefiro evitar noites de insônia: sou sempre o primeiro a promover
o debate sobre considerações éticas no CA.*

*Em 2017, a Hawaii Engenharia viu-se denunciada — não, conde-
nada — por pagamento de propina. O nome de Gabriel não chegou
a ser diretamente citado nem na Justiça, nem pela imprensa. Mesmo
assim, soube que a empreiteira perdeu grandes contratos privados
no Brasil e no exterior, e o mercado chegou a falar em recuperação
judicial. Não importa nem o tamanho do prejuízo financeiro imediato, a
destruição de valor é inegável. Ultimamente, os ventos não têm estado
mais propícios nem para velejarmos juntos.*

Para concluir a abordagem das tensões intraconselho, é adequado sair
do terreno da ficção, especialmente porque existe a tendência de minimizar os efeitos nocivos do excesso de conformidade nos CAs. Por
isso, finalmente vale recordar a descrição de fatos reais feita por **James
Surowiecki** na revista *The New Yorker* sobre a atuação dos conselhos de
administração da Enron e da Tyco. O artigo argumenta que, nas duas
empresas, a ausência do debate producente foi o que abriu as portas
para o desastre:

> Nos conselhos da Enron e da Tyco, os conselheiros consisten-
> temente concordavam com os executivos em vez de desafiá-
> -los. Eles desencorajavam o debate e a discordância em vez de
> cultivá-los. Em outras palavras, esses conselheiros eram machos
> alfa ou abelhas-rainhas com opiniões fortes e atitudes asserti-
> vas. Mas dentro da sala do CA, juntos, eles se transformavam
> em conformistas dóceis, valorizando mais a unidade do que a
> verdade. Na Enron, por exemplo, praticamente toda votação
> do conselho era unânime. Quando Fastow e Skilling* propu-
> seram as estratégias que finalmente destruíram a empresa, os
> conselheiros fizeram algumas perguntas superficiais e, então,

---

* CFO e CEO da Enron.

assinaram embaixo. Os conselheiros aparentemente haviam
esquecido que tinham o poder de dizer não.[6]

O que os conselheiros da Enron não fizeram — e deveriam ter feito — foi
questionar adequadamente o modelo proposto pelos executivos, mesmo
que isso levasse a certa tensão. Afinal, essa tensão entre o conselho e
executivos é uma das características mais comuns no ambiente de governança. A seguir, as tensões para além das paredes da sala de conselho.

2. TENSÕES EXTRACONSELHO

O desempenho dos conselheiros de administração — já imersos nas
dificuldades naturais originadas da inter-relação entre os integrantes
de todo e qualquer grupo — se vê ainda envolto em outro conjunto de
tensões mais específico, resultante da inevitável interdependência do
CA com os gestores à frente da operação do negócio. Intrínsecas ao dia
a dia da administração da empresa e com alto potencial de destruição
de valor, mesmo quando excessivas, essas tensões costumam passar
despercebidas até pela falta de um mecanismo sistêmico para identificar o problema, como aponta o *headhunter* experiente na composição de
conselhos, **Fernando Carneiro.***

> Existe um ambiente de desconfiança mútua e, como não há clareza
> na separação dos papéis de governança e gestão, as características
> pessoais acabam favorecendo os conflitos, principalmente entre o
> presidente do CA e o CEO — até mesmo porque geralmente falta
> também um processo definido para identificar e mitigar essas
> tensões.

---

* Fernando Carneiro está à frente de práticas focadas em CEOs na América Latina
e no Brasil e foi membro do conselho da Spencer Stuart Global. Reconhecido expert
em governança corporativa, já conduziu diversas pesquisas e projetos de avaliação
de conselhos para empresas brasileiras e multinacionais. Em entrevista à autora em
15/3/2016, na cidade de São Paulo.

Esse clima de desconfiança mútua entre os conselheiros e executivos é parcialmente explicado pela teoria da agência, que modela o relacionamento entre o principal (acionistas) e seus agentes, aqueles que ele contrata e aos quais delega a administração da companhia. Dominante nas duas últimas décadas do século XX como modelo de compreensão de governança corporativa, a teoria da agência pressupõe que os executivos são agentes dos acionistas (principal), sendo pagos para agir no melhor interesse dos donos da empresa. Esses gestores, entretanto, nem sempre decidem e agem de acordo exclusivamente com esse propósito, e o resultado disso — como demonstram os escândalos corporativos do final do século XX e início do XXI — pode ser a expropriação de riqueza dos acionistas. Por isso mesmo, quando se fala em governança corporativa, uma tensão paradigmática é o conflito de agência: além da relação de poder que os conselheiros têm sobre os executivos, o que por si só já responderia por uma boa dose de tensão, há a permanente sensação de que existe entre os dois grupos um desalinhamento de interesses, considerando que os conselheiros são eleitos pelos acionistas.

Essa tensão foi descrita inicialmente nos mercados onde reinam as chamadas **corporations**, ou seja, empresas sem dono e cujas ações estão espalhadas por diversos investidores que as negociam na bolsa de valores. Ao longo de muitos anos, os investidores reivindicaram seus direitos de minoritários e, depois da crise financeira internacional, passaram a ficar cada vez mais vocais e ativos. Atualmente, buscam o engajamento com os conselhos de administração das empresas em que investem para dialogar sobre as questões de Environmental, Social and Governance (**ESG**) e intensificam seu ativismo nas assembleias de acionistas.

Em resposta ao aumento da pressão dos investidores ativistas sobre os conselhos de empresas, um grupo de treze CEOs e líderes de grandes empresas de investimentos dos Estados Unidos se juntaram em 2016 para resolver a lacuna de confiança entre acionistas e administradores e, ao mesmo tempo, enfrentar a luta com o que chamam de labirinto de regras de boa governança.[7] Como resultado, desenvolveram o que denominaram de "Princípios de Governança Corporativa Senso Comum", encarados pelo mercado como proposições amigáveis aos investidores.

Porém, o conflito de agência não é exclusividade no mundo das *corporations*. Nas companhias de propriedade concentrada, o conflito de agência existe e pode ocorrer de forma duplicada. O acionista controlador atua como principal na relação com os gestores e, além disso, também desempenha o papel de agente na relação com os acionistas minoritários — que igualmente têm o direito de questionar se as decisões e ações do controlador estão sendo em favor do melhor interesse de todos os acionistas. Como é crescente o ativismo dos minoritários, reivindicando voz e assento nos conselhos de administração, esse é mais um fator gerador de tensão no processo decisório do CA. Afinal, aquele helicóptero adquirido pela empresa, mas que servia também à família do controlador, agrega algum valor ao negócio, beneficiando também os minoritários? O salário excessivo do presidente do conselho, que é também acionista controlador, não é uma maneira de expropriar os minoritários? Questionamentos como esses têm sido cada vez mais expostos por minoritários ativos, que pressionam os conselhos para que exerçam seu papel de guardião dos interesses de todos os acionistas e controlem os potenciais abusos dos controladores.

Eventualmente, porém, pode surgir uma situação oposta e rara: os minoritários é que agora são acusados de abusos. Em 2016, no Brasil, houve um caso em que acionistas minoritários — mas expressivos — usaram um dispositivo legal para convocar uma assembleia em uma empresa investida para deliberar sobre a situação econômico-financeira da companhia e tomar medidas para mitigar o que argumentam ser a possibilidade de insolvência. A companhia reagiu, alegando que esses investidores estavam interessados em gerar volatilidade para obter ganhos com o papel da companhia, e apelou para a Comissão de Valores Imobiliários (CVM), órgão regulador do mercado de capitais.

A empresa pediu que o caso fosse investigado e conseguiu na Justiça uma liminar para suspender a convocação da assembleia. Paralelamente, foi convocado um encontro de acionistas para propor a destituição dos dois administradores do fundo sentados no CA e no conselho fiscal da empresa — órgão responsável por analisar, rever e aprovar os estatutos financeiros da companhia, formado por membros eleitos na assembleia anual. A alegação é que ambos haviam faltado com seus deveres fiduciários, pois tinham solicitado um volume excessivo de dados à empresa, sugerindo que o pedido estava ligado a interesses próprios e não da instituição.

Esse tipo de fato gera uma grande polêmica sobre os direitos dos conselheiros de pedirem informação aos executivos. Na ocasião, o então advogado Marcelo Barbosa, e, em 2020, presidente da Comissão de Valores Mobiliários (CVM), afirmou que "o conselheiro tem o dever de monitorar a gestão executiva e não se deve criar um regramento exaustivo de como isso deve ser feito. Justamente para que cada conselheiro possa decidir dentro da razoabilidade ao que quer ter acesso".[8] No entanto, muitas vezes o conselheiro não consegue sequer pedir a informação, já que a regra da empresa é de que o pedido deve ser avaliado de forma colegiada para ser atendido. Mauro Rodrigues da Cunha, conselheiro em empresas listadas e que, então, era o presidente da Associação de Investidores no Mercado de Capitais (AMEC), foi categórico ao dizer que "conselheiros têm direito de questionar a administração executiva sobre qualquer tema e têm direito a fazer isso diretamente, sem necessidade de pedir permissão".[9]

FOCO ALÉM DOS ESTREITOS INTERESSES
DOS ACIONISTAS

Mas o papel do CA vai além de guardião dos interesses de todos os acionistas; deve se atentar também aos interesses dos demais *stakeholders* (partes interessadas) da empresa. Essa consciência se evidencia com o crescente questionamento daquela visão de que o valor é gerado exclusivamente para os acionistas. O conceito considera que a empresa deve contemplar a criação de valor para seus *stakeholders* em equilíbrio com o de seus acionistas e que, além disso, o compromisso do conselheiro deve ser com a empresa em sua totalidade, não somente com seus acionistas.

Em agosto de 2019, a questão ganhou ainda mais destaque, quando os cerca de duzentos CEOs que integram a **Business Roundtable** (BRT) — associação norte-americana criada em 1972 — assinaram e divulgaram a Declaração do Propósito de uma Corporação, assumindo compromissos com a satisfação e o desenvolvimento de clientes, colaboradores, fornecedores, comunidades e acionistas. Ao final, a declaração enfatiza: "Cada um dos nossos *stakeholders* é essencial. Nós nos comprometemos a gerar valor para todos eles, para o futuro sucesso de nossas empresas, comunidades e nosso país."[10] Em janeiro de 2020, em Davos, na Suíça, o manifesto divulgado ao final da reunião anual do **Fórum Econômico Mundial** afirmou que o modelo centrado exclusivamente nos interesses dos acionistas não serve mais para a realidade do século XXI, que inclui a mudança climática, a globalização e a transformação digital. Em sua carta anual aos investidores em 2020, Larry Fink, CEO da BlackRock, a maior gestora de ativos do mundo, com um total de US$ 9 trilhões, reiterou seu compromisso com todas as partes interessadas:

> Acreditamos que todos os investidores, juntamente com os reguladores, seguradoras e o público, precisam de uma imagem mais clara de como as empresas estão lidando com questões relacionadas com a sustentabilidade. Esses dados devem ir além das questões climáticas e se estender a questões sobre como cada empresa contribui, como a diversidade da sua força de trabalho, a sustentabilidade da sua cadeia de suprimentos ou como protege os dados dos seus clientes. As perspectivas de crescimento de cada empresa são indissociáveis da sua capacidade de operar de forma sustentável e servir todo o conjunto de partes interessadas.[11]

Essa proposta da BRT foi desafiada, entre outros, pelos acadêmicos. Um dos pesquisadores mais vocais sobre o tema tem sido **Lucian A. Bebchuk**. Em coautoria com **Roberto Tallarita**, eles publicaram um artigo afirmando que a declaração da BRT deveria ser vista mais como uma iniciativa de relações públicas do que como o prenúncio de grandes mudanças.[12] Os dois argumentam que, além de o proclamado compromisso com todos os *stakeholders* ser pouco detalhado e ilusório, essa declaração de 2019 não substitui — como será demonstrado a seguir — os posicionamentos anteriores da BRT. É que, em seu pronunciamento de 1997, os autores afirmam que a BRT já proclamava que o maior dever dos executivos e conselheiros é com os acionistas da empresa e já defendia explicitamente que também deveriam "ser levados em conta os interesses dos demais *stakeholders*".[13] Dessa forma, na avaliação de **Bebchuk** e **Tallarita**, não há nada de novo no mais recente posicionamento da BRT.

A chegada da pandemia da **Covid-19**, poucos meses depois em 2020, deu ainda mais protagonismo a essas questões e fez com que o "S" (Social) de **ESG** (Environmental, Social and Governance) arrombasse a porta das salas de reunião dos conselhos de administração. Para assegurar a própria sobrevivência em curto e longo prazos, as empresas foram obrigadas a lançar um novo olhar para as relações em toda a sua cadeia de valor com foco particular em clientes, colaboradores e fornecedores sob a perspectiva da sustentabilidade. A partir dessa situação claramente **disruptiva**,* as questões de **ESG** ganharam horário nobre nas salas de CA.

No entanto, como são potencialmente controversos, esses temas podem aumentar ainda mais a tensão entre conselheiros e executivos. Como os gestores é que fazem essa interface com as demais partes interessadas, são também eles que devem conhecer e apresentar essas demandas diante do CA. Dessa maneira, independentemente de a companhia ter capital aberto ou fechado e controle definido ou disperso, gradativamente os CAs têm se visto premidos a considerar em seu processo decisório, além dos acionistas e investidores, também as múltiplas vozes de outros *stakeholders*.**

---

* A pandemia e outros fatores disruptivos serão abordados no Capítulo 5.

** O conceito de *stakeholders* aqui adotado se refere àqueles diretamente envolvidos com a empresa, como empregados, fornecedores, clientes, comunidade e governo, além de toda a cadeia de criação de valor e os usufrutuários dos ambientes em que a empresa opera.

Em conjunto, mas muitas vezes percebendo seus objetivos como conflitantes, conselheiros e executivos têm que buscar cotidianamente o equilíbrio entre dar ênfase ao desempenho financeiro do negócio para satisfazer acionistas e investidores e, ao mesmo tempo, considerar os interesses das demais partes que compõem o ambiente da empresa. Tanto um como outro têm absoluta consciência de que qualquer deslize aqui pode ser letal para a reputação corporativa: não é preciso sequer um grande esforço de memória para recordar episódios que dilapidaram o valor de marcas antigamente sólidas no mercado.

DIFÍCIL EQUILÍBRIO ENTRE APOIO E SUPERVISÃO

Dentro das salas dos conselhos, porém, esse pano de fundo de tensões se entrelaça a outras questões mais pragmáticas, mas não menos relevantes. Os conselheiros usam um triplo chapéu:[14] além de estar na direção da máquina de tomar decisões, também devem exercer os papéis de supervisionar o desempenho da empresa e dos gestores e, simultaneamente, aconselhá-los e apoiá-los em seus projetos e iniciativas. Oscilando entre as atribuições antagônicas de apoiar e controlar, nem sempre os conselheiros encontram o melhor equilíbrio. Se for excessivamente apoiador, o CA pode abrir o flanco a eventuais falhas da gestão. Já os conselhos demasiadamente controladores e céticos tendem a sufocar as iniciativas e o vigor empreendedor dos executivos, além de colaborar para que ajam de modo menos transparente:

> Se você pretende que o CEO seja transparente (...), então, não pode dizer que ele está errado a cada pequeno relato que lhe fizer e depois ficar especulando e investigando a informação. É isso que, às vezes, faz com que os executivos fiquem receosos de dizer aos conselheiros o que realmente está acontecendo.[15]

É importante acrescentar a esse contexto o fato de que os conselheiros também devem estar sempre atentos para tentar verificar se a proposta levada à mesa do CA é resultante de uma decisão colegiada ocorrida no âmbito da diretoria executiva, quando todos tiveram possibilidade de expressar seu entusiasmo ou restrição a ela, por um lado. Ou, por outro lado, se a proposição expressa essencialmente a visão de um CEO que, talvez muito centralizador e assertivo, costuma impor sua vontade ao time.

QUANDO OS EXECUTIVOS RESISTEM AO CA

O papel de supervisão do conselho tem ganhado espaço e relevância a partir dos escândalos corporativos ocorridos principalmente nos Estados Unidos no início do século XXI que resultaram na adoção de práticas de governança corporativa aprimoradas. As boas práticas relacionadas a esse papel de supervisão nem sempre contribuem para amenizar a delicada relação entre conselheiros e executivos, pois especialmente o CEO tende a percebê-las como perda de poder, segundo **Luiz Carlos Cabrera***:

> Todos nós estamos aprendendo sobre governança, inclusive os executivos... A distribuição mais ampla do controle acionário, a crescente complexidade dos negócios, enfim, tudo que aumentou a importância do conselho de administração acabou com a rela-ção direta, a conversa direta do executivo com o dono. Ele estava acostumado com essa conversa: abria a porta, conversava com o dono, saía com a decisão tomada e acabou. A pretensão dele é continuar assim, tendo reuniões prévias; ele quer conversar antes com o controlador. Mas isso não é mais eficaz, e o executivo tem que se acostumar com o protocolo de apresentação ao conselho. Para identificar esse problema, quando converso com o CEO, per-gunto: "Quão essencial é esse conselho para você?" E muitos dizem

---

* Em entrevista à autora em 23/02/2016 na cidade de São Paulo.

algo nesta linha: "Só me enche a paciência, só me dá trabalho, eu não vejo nenhuma essencialidade, se eu pudesse ter uma relação direta com o controlador, seria muito mais eficaz. Nós trabalhamos vinte dias por mês para o CA; na verdade, eu poderia estar fazendo outras coisas em vez de preparar esse monte de relatórios para um monte de conselheiros que não entendem nada sobre o negócio." Esses são os desabafos que eu escuto todo dia. Na minha percepção, ainda existem uns 40% de CEOs que consideram o conselho apenas um mal necessário e que não tiram proveito do apoio dos conselheiros. Em geral, quando o CEO não consegue mais interpretar o contexto como antes, em vez de entender que o ambiente é que ficou muito mais complexo, ele responsabiliza o CA: "Está vendo? É essa demora nas decisões. Tive que explicar isso cinco vezes lá."

A pesquisa de **Guerra** e **Santos**,[16] realizada com 102 conselheiros, confirma essa resistência dos gestores ao papel de supervisão do CA: 76% dos conselheiros acreditam que os executivos reagem mal aos questionamentos e que essa atitude atrapalha ou atrapalha muito o funcionamento dos CAs. Assumir uma perspectiva contrária à atuação do CA não é a saída mais inteligente para um CEO. Tampouco para os conselheiros, que, no dia a dia dessa relação, às vezes se veem em uma "saia justa" quando precisam de mais informações dos gestores para a tomada de decisões. Em um estudo com 45 conselheiros experientes, um deles relatou como teve que se posicionar com extremo cuidado diante de um grupo de gestores pouco amistosos:

> Quando os gestores entraram e se sentaram na sala do conselho, eu disse: "Pessoal, estamos bem conscientes do trabalho que vocês fizeram. Temos uma ampla visão disso. Mas há uma quantidade enorme de informações aqui. Nós sabemos que todos vocês tomaram decisões significativas para chegar a essas conclusões apresentadas. Suspeitamos

que sejam as melhores. Mas a única maneira que conhecemos para conseguir avaliar isso é vocês nos darem a oportunidade de questioná-los bastante ao longo dos próximos dois dias de discussões. Assim, poderemos chegar aos mesmos pontos e decisões que vocês tomaram. Precisamos, então, que sejam pacientes conosco para que possamos fazer isso." Eles agiram assim, nós agimos assim e chegamos a um denominador co-mum. Mas foi preciso uma discussão muito mais intensa, uma mudança na relação entre os gestores e os conselheiros, o que significa fazer perguntas, sondar profundamente as questões. Isso não é ruim, é bom.[17]

O TEMÍVEL EXCESSO DE OTIMISMO

É inegável que entre os papéis esperados de um CEO está a capacidade de liderar projetos corporativos, avaliando riscos e inspirando confiança nos melhores resultados futuros. É difícil imaginar executivos afirmando que existe a possibilidade de seus planos não darem certo. Há, além disso, a tendência natural de se ter a expectativa de que as circunstâncias positivas passadas voltem a se repetir. O perfil profissional do CEO é forjado por uma carreira de sucessos e, humanamente, ele fará todo o possível — até quem sabe um pouco do impossível — para se manter em ascensão. Em conjunto, no entanto, esses fatores podem conduzir a um cenário de excesso de otimismo, uma ideia que já coloca os conselheiros em estado de alerta: é que altas doses de otimismo estão associadas a grandes catástrofes empresariais.

A crise financeira global personificou o otimismo de todos os players, levando ao colapso do Bear Stearns no início de 2008. Isso foi o prelúdio da falência do gerenciamento de riscos nos bancos de investimento de Wall Street, o que teve como consequência a crise global e a recessão. Esse colapso

> foi impulsionado pelo otimismo e tem sido extensivamente
> documentado desde 2008.[18]

Depois dessa experiência, que ainda produz sequelas tão daninhas, nada mais natural que a cautela em relação ao otimismo dos executivos contaminasse as salas de reunião dos conselhos de administração em todo o mundo. Aqui, no Brasil, não é diferente. Na pesquisa de **Guerra** e **Santos**, 78% declararam que esse fator é crítico, pois prejudica ou prejudica muito a performance do CA. Essa percepção dos conselheiros tem outro fundamento relevante: estudo de **Barros** e **Di Miceli da Silveira** revela que as empresas geridas por CEOs mais otimistas ou excessivamente confiantes são mais endividadas.[19] Para combater o excesso de otimismo dos CEOs, especialmente quando conjugados a eventuais deslizes no que se refere à manipulação de informações, **Alexandre Gonçalves Silva*** recomenda a definição de métricas que, inclusive, sejam capazes de evitar equívocos na avaliação de desempenho dos executivos:

> É preciso ter métricas bem definidas para medir a performance dos executivos e da empresa. Já vivi situações em que há planos e metas para um executivo e, quando se apura no fim do ano vis-à--vis os resultados, a pessoa atingiu 90%. Mas todo mundo sabe que a performance daquele executivo foi ruim. Quando isso acontece, é porque as métricas foram mal estipuladas. Existem áreas em que a métrica é difícil — por exemplo, jurídico, RH, customer service. Há muitas nuances, claro; na produção é mais fácil medir. Resultados financeiros também são mais fáceis de medir. Mas medir o intangível é muito complicado. Então, em uma das empresas em que já fui conselheiro, a gente gastava um tempo enorme

---

* Alexandre Gonçalves Silva é conselheiro independente e presidente do conselho de administração da Embraer, foi CEO da General Electric do Brasil entre 2001 e 2007 e, desde então, tem participado de conselhos de administração em empresas de diversos setores da economia do país. Em entrevista à autora em 19/02/2016 na cidade de São Paulo.

para identificar métricas para realmente poder acompanhar o desempenho. Num projeto mais complexo, é preciso quebrá-lo em planos de ação e definir momentos de checagem para ver se está todo mundo andando no mesmo ritmo. Cada plano de ação desses tem que ter o responsável, o quanto ele vai gastar, o timing, as metas, e você tem que ter as métricas para medir tudo. Se for feito isso, fica mais fácil. Caso contrário, o CA fica vulnerável a ser operado pelo CEO, querendo mostrar que o negócio está bem, quando não está. Com métricas, não há como enganar. É preciso muita maturidade para adotar essas métricas, pois, mesmo assim, ainda há na avaliação da pessoa uma parte substancial que não é matemática, é discricionária.

O excesso de otimismo voltará a ser abordado no **Capítulo 5**, no contexto das decisões mais difíceis tomadas pelos conselheiros.

O MAIOR PECADO DO CEO É O "DOM DE ILUDIR"

Seria interminável o exercício de tentar contabilizar os inúmeros exemplos de CEOs que sentem seus interesses alinhados aos da organização e aos dos acionistas, estando dispostos a fazer a melhor administração em benefício primeiro dos objetivos coletivos e depois de suas metas individuais. Esse dado da realidade factual não pode ser negado tanto quanto aquele que se refere à existência pontual de pessoas que, ocupando altos cargos executivos, frequentemente "pintam os fatos de cor-de-rosa" para defender apenas os próprios interesses. Algumas atitudes diante do CA, como procrastinar más notícias, desrespeitar os valores da organização ou maquiar dados colocam realmente em xeque a integridade moral de alguns CEOs.

Nos dois trechos de entrevistas a seguir, as fontes preferiram não ser identificadas, pois foram fundo nessa questão do falseamento de informações transmitidas pelo CEO aos conselheiros. O primeiro deles, um ex-executivo brasileiro da área industrial, admite que a desonestidade intelectual é nefasta na relação com o CA, mas lembra que "tem gente que mente até para o analista":

> Entre os maiores pecados dos CEOs está a falta de honestidade, entendida aqui como desonestidade intelectual: informações incompletas ou distorcidas, indução a erro. Considero isso grave do ponto de vista moral. Tem gente que mente até para o psicote-rapeuta, tem gente que está no curso de pós-graduação e cola na prova. Quer dizer, não é mais criança, não está na escola porque o pai mandou. Seria melhor não ir ao terapeuta nem fazer pós. São situações, para mim, absolutamente incoerentes, mas já vi CEOs agirem assim.

Já segundo um ex-CEO da área financeira, que esteve à frente da gestão de fundos de hedge em diversos países da Europa e hoje é conselheiro de uma instituição financeira global, algumas peculiaridades do próprio setor podem induzir o CEO à omissão consciente de informações para o conselho de administração:

> É preciso antes lembrar que respondo pela perspectiva específica de alguém que atuou no setor de fundos de hedge. Nesse caso, o CEO tem o controle de muitas informações, lembrando que as análises e projeções são todas escritas de modo a imunizar o admi-nistrador do portfólio de toda responsabilidade. Simultaneamente, você deseja que o CA possa lhe trazer ideias, apresentar novos e potenciais investidores e ajudar você, como CEO, a avançar em governança corporativa, tornando os processos melhores. Você quer a colaboração dos conselheiros, mas, ao mesmo tempo, não quer dar muita informação a eles. No meu caso, metade dos conselheiros era também de investidores em nossos fundos e, dessa forma, queríamos agradá-los. Além disso, como eram investidores, você não quer mostrar a eles os pontos fracos da operação ou do

controle de riscos. Você quer desenvolver o melhor controle de riscos possível e pede a ajuda deles. Então, coloca tudo sob uma luz positiva.

E agora que você é conselheiro, como se sente em relação ao CEO?

Quando você está como CEO, tenta mostrar a melhor face da companhia para o conselho. Assim, eles acreditam e reforçam o fato de que você é um bom CEO, que está realizando um bom trabalho, e os conselheiros ficam felizes por lhe trazer mais investidores. Por outro lado, agora que estou sentado à mesa do conselho de administração, quero conhecer especificamente as imperfeições para ser capaz de ajudar a resolver os problemas. Para mim, esse é o dilema mais interessante entre ser o CEO e estar sentado à mesa do conselho. Um tenta mostrar o melhor lado e o outro tenta ver o que está acontecendo de forma subjacente.

Embora, pelos princípios da governança corporativa, o CEO responda para o conselho de administração, na prática pode haver um desequilíbrio de poder entre as partes, especialmente quando o principal executivo da companhia também exerce o papel de presidente do CA (PCA). Em situações desse tipo, fica facilitado o caminho para que o executivo exerça seu "dom de iludir". Por isso, os outros conselheiros, principalmente os independentes, é que precisam assegurar que o conselho não fique sujeito e se torne cego às falhas, limitações, vieses — e até mesmo aos eventuais desvios de conduta do CEO. Nesses casos, a presença do LID — *Lead Independent Director* (Conselheiro Independente Líder) — tem se provado bastante eficiente.*

Divulgado na **Harvard Business Review** (HBR),[20] um estudo analisou 38 incidentes causados por comportamentos inadequados dos CEOs, que ganharam visibilidade na mídia norte-americana entre 2000 e 2015.

---

* Essa prática será apresentada detalhadamente no Capítulo 4.

Segundo esse trabalho, 34% dos casos eram de mentiras contadas ao CA sobre antecedentes criminais ou falsificação de credenciais; 21% envolviam casos amorosos com subordinados, fornecedores ou consultores; 16% se referiam ao uso questionável (não ilegal) de verbas corporativas; e 13% estavam relacionados a declarações públicas ofensivas a clientes ou grupos sociais. Os pesquisadores chegaram, entre outras, às seguintes conclusões: o impacto sobre a empresa do desvio de conduta do CEO foi significativo e duradouro, havendo consequências práticas, como a perda de clientes; no entanto, apenas 58% terminaram com a demissão do executivo. Em março de 2020, outro artigo publicado na própria HBR pontuou: "Dentro de muitas empresas, não está claro quem gerencia o CEO. Ele reporta para o conselho de administração, mas, no dia a dia, os conselheiros não estão lá, vendo as ações dos executivos. É por isso que, nas companhias mais saudáveis, os executivos 'gerenciam' uns aos outros."[21] Mas e quando surge dentro do grupo de executivos aquela pressão social capaz de silenciar o contraditório, como já descrito anteriormente? Nesse caso, quem "gerencia" o CEO?

Para **César Souza***, um experiente conselheiro, uma das formas para prevenir esse tipo de problema é os conselheiros conhecerem melhor quem é "a pessoa" que exerce o cargo de CEO da empresa:

> Em geral, o CEO é avaliado pelos resultados trazidos, mas não a pessoa em si. E não é comum entrar no mérito: ou rifam, ou promovem. Isso ocorre, a meu ver, porque os conselheiros não convivem com os executivos; não, pelo menos, no nível de profundidade que deveriam. Não é estar junto no dia a dia, obviamente, mas conhecer um pouco mais quem é o executivo, como pensa, os valores da pessoa, como toma as decisões, suas motivações. Às vezes, o conselheiro não sabe quem é carreirista, quem não é; quem gosta

---

* César Souza — presidente da Empreenda e apontado, em 1992, pelo World Economic Forum como um dos 200 Global Leaders for Tomorrow, além de conselheiro de administração de empresas. Em entrevista à autora em 22/7/2015 na cidade de São Paulo.

da empresa, quem está ali porque tem paixão pelo negócio ou está simplesmente passando um tempo para poder ir para outro lugar. Quer dizer, sem conhecer um pouco, fica difícil avaliar por que certas decisões são propostas. Um conselheiro independente ou que não participa da gestão do dia a dia não pode passar um ano sem, pelo menos, ter dois encontros privados com o CEO ou com algum dos outros executivos. Quando me refiro a encontro privado, estou falando de convidar para uma conversa, passar duas horas, sentar e conversar: "Como é que você está vendo, qual é sua visão real do negócio?"; "Se você fosse o acionista, o que faria?"; "Se estivesse no meu lugar, o que você acha que poderia fazer?"; "Qual é o seu próximo passo de carreira?"; "Por que você está propondo uma aquisição, já é a terceira vez que você propõe uma aquisição, o que está por trás disso?"; "Qual é a sua estratégia para a empresa?". Ou ainda: "Por que você sempre reage?"; "Por que você valoriza tanto só os números, o resultado quantitativo, e não o qualitativo?"; "Qual a sua avaliação da empresa?"; "Qual empresa você mais admira no mercado?"; "Quem são os líderes empresariais que você admira?". O papel do conselheiro não é só ler a documentação, ir para a reunião do CA e depois assinar a ata. Ele não é remunerado só para participar de reuniões.

A MELHOR ATITUDE DOS EXECUTIVOS

E, finalmente, dois dos entrevistados deram suas recomendações para que os executivos consigam se tornar mais eficazes no relacionamento com os conselheiros, superando as principais tensões intra e extraconselho em benefício dos interesses do negócio. **Alexandre Gonçalves Silva***, que foi CEO por muitos anos e atua em conselhos, sugere maturidade, equilíbrio e controle do ego:

---

* Em entrevista à autora em 19/02/2016 na cidade de São Paulo.

Vejo que os executivos maduros, inteligentes e que controlam o ego lidam muito bem com o CA. Discutem abertamente, defendem as suas opiniões, ouvem as opiniões dos conselheiros. O CEO deve estar aberto a mudar de ideia, estar aberto a ouvir e aceitar opiniões do conselho. Ao mesmo tempo, precisa ter garra para vender a posição dele, quando acha que está certo. Vejo relações excepcionais entre as duas partes. Tudo vai depender da maturidade do CA, da governança, da atuação dos comitês. Eu tenho notado uma melhora substancial nos conselhos. Inclusive em empresas fechadas ou de menor porte, está sendo dada mais importância aos CAs.

Como forma de amenizar as tensões entre o CEO e os conselheiros, **Luiz Carlos Cabrera*** considera que as duas partes devem fazer um esforço mútuo para a construção de uma ponte:

Tenho usado uma metáfora para o CEO que chega para mim e diz: "Sabe como eu vejo o conselho? O conselho, para mim, é uma porta fechada." Em vez disso, peço que ele veja o CA como uma ponte. Mas é preciso que do outro lado da ponte haja um presidente do CA ou um conselheiro mais hábil, que consiga fazer a travessia pedagogicamente, trazendo o CEO para mais perto. É interessante observar, no entanto, que esse aprendizado tem sido muito mais pela correção dos erros do que pela convivência natural. A relação melhora a partir do momento em que o CEO consegue reconhecer: "Se não fosse pelo conselho, eu teria cometido um erro enorme." A porta se abre quando algum erro é evitado aos 44 minutos do segundo tempo.

---

* Em entrevista à autora em 23/02/2016 na cidade de São Paulo.

EXECUTIVOS: ATITUDES MAIS FAVORÁVEIS
NA RELAÇÃO COM O CA

- Não resistir à atuação dos conselheiros que têm, entre seus papéis, o de supervisionar o desempenho dos gestores;
- Não pretender que suas decisões sejam autocráticas — debater antes proposições com o time de diretores e, depois, aceitar contribuições dos conselheiros;
- Manter-se aberto às contribuições dos conselheiros;
- Proposições ao CA devem evitar detalhamentos desnecessários, mas ficar aberto a questionamentos;
- Jamais falsear dados ou postergar a apresentação de más notícias ao CA;
- Ter maturidade, abertura e controlar o ego.

OS CONSELHEIROS TAMBÉM PECAM

Nessa relação tão delicada entre conselheiros e executivos, foram abordados até agora somente os principais pecados cometidos pelos profissionais à frente da gestão da companhia. Os conselheiros, no entanto, não são imunes às falhas (no **Capítulo 2** seus comportamentos mais deletérios já foram abordados). Eventualmente, eles também contribuem para a deterioração do nível de entendimento com os gestores. Entre os especialistas entrevistados, uma crítica foi praticamente unânime: alguns conselheiros, especialmente aqueles que já foram ou ainda são executivos, não resistem às ingerências no dia a dia da administração do negócio.

A violação da tradicional máxima sobre conselheiros — *"nose in, fingers out"* — é uma das maiores causas de atrito com os gestores. Ao extrapolar suas atribuições e avançar nas questões operacionais, o conselheiro limita o espaço de atuação e a autoridade do CEO. Para

Alexandre Gonçalves Silva*, o conselheiro não pode se envolver no dia a dia, dar ordens e nem se relacionar diretamente com subordinados — com ou sem o conhecimento prévio do CEO. Ele considera essa atitude "um pecado mortal, um desastre" e abre uma única exceção: é quando o conselheiro percebe que pode ajudar em algum ponto específico, especialmente se o CEO for mais jovem, ainda em formação. Nesse caso — e só nesse caso —, ele considera madura e positiva a contribuição direta do conselheiro com o executivo, desde que fora da reunião do CA.

O mesmo ponto foi trazido à discussão por **Luiz Carlos Cabrera****, mas com uma perspectiva ainda mais ampla. De acordo com ele, além de extrapolar seus papéis, os conselheiros — quando são ex-executivos — podem chegar até a sentir uma ponta de ciúme e inveja da performance do CEO. A situação só pode ser mais grave, conforme destaca Cabrera, se o desempenho dos executivos for excepcionalmente positivo e/ou se ele fizer parte de uma das famílias acionistas ou grupo de controle:

> O quadro piora ainda mais quando esse ex-executivo que se tornou conselheiro nutre dois sentimentos perigosos. O primeiro é de inveja da performance do CEO. O segundo é de ciúme. Parece interessante eu estar falando em sentimentos mundanos, como inveja e ciúme. Mas isso determina mais a intensidade da tensão do que as próprias questões de performance. É mais ciúme e inveja do que desalinhamento estratégico. A relação fica muito complicada, pois o CEO tem pouco espaço para fazer melhor, crescer, aumentar resultados, diversificar, inovar. Muitas vezes, o conflito vai ao limite da insatisfação, o que leva o CEO a deixar

---

* Em entrevista à autora em 19/2/2016 na cidade de São Paulo.

** Em entrevista à autora em 23/2/2016 na cidade de São Paulo.

a empresa. E, se você tentar apontar que está havendo inveja e ciúme, muito provavelmente ouvirá: "Imagina, você acha que é isso que está prevalecendo? Não, o que está predominando aqui é esse problema de performance..." O que me deixa mais otimista é que, ao fazer uma avaliação de conselho, começo a escutar uma ou outra declaração individual — protegida pelo sigilo — de que aquela "não foi uma decisão racional, foi absolutamente emocional". Dentro do CA, como em qualquer parte, as relações estão crivadas pelas emoções. Essa relação só tende a se agravar, se o CEO for membro de uma das famílias de acionistas.

Como identificar, compreender e mitigar o impacto dessas questões emocionais e comportamentais no desempenho dos conselhos de administração está entre os temas que serão abordados nos **Capítulos 6 e 7**.

OS CONSELHEIROS SOBRECARREGADOS

Outro ponto considerado crítico é a falta de tempo crônica demonstrada — frequentemente sem pudor — por alguns conselheiros de administração. Não é raro o conselheiro que participa de até seis CAs ser também investidor em algumas dessas empresas ou ter outra atividade profissional. Sem tempo para se aprofundar sobre cada um desses negócios, o conselheiro sobrecarregado mal consegue se preparar para as reuniões, como observa **César Souza:***

> Às vezes, eu vejo conselheiros que vão para a reunião sem saber o que está acontecendo. Quer dizer, na véspera, eles leem os

---

* Em entrevista à autora em 22/7/2015, na cidade de São Paulo.

> documentos, no dia da reunião vão lá, depois veem a ata, ocasionalmente, encontram os executivos. Muitos membros de conselho não conhecem nem a operação da empresa. Existe uma fábrica no interior, mas ele nunca entrou lá, não sabe como as coisas são feitas, não conhece os clientes, a concorrência, não entende o mercado. Só acompanha pelos relatórios, pelo que sai publicado na mídia e por alguma pesquisa de mercado, mas não tem uma sensibilidade pessoal sobre a vida da empresa. Isso é um erro muito grande. Acho que um conselheiro independente deveria participar, no máximo, de três CAs. Mais do que isso é muito difícil se dedicar com a profundidade que deveria.

Essa percepção de que os conselheiros vão para as reuniões sem saber o que está acontecendo é confirmada pela pesquisa de **Guerra** e **Santos**.[22] Quando perguntados sobre o que mais atrapalha o bom funcionamento do CA, 95% dos respondentes citaram conselheiros que não se preparam para as reuniões. Esse fator pode trazer pelo menos duas consequências: 1) ao perceber que estão sendo questionados por um conselheiro que não se preparou para a reunião e não leu previamente a documentação, chega a ser compreensível que os executivos, especialmente o CEO, sintam-se perdendo tempo quando estão diante do CA; 2) sem preparação e sem algum aprofundamento prévio, nenhum conselheiro reúne condições para contribuir para o melhor desempenho do CA e, portanto, do próprio negócio.

Guerra, **Barros** e **Santos** apontam que 33% dos conselheiros participantes da pesquisa têm assento em três ou mais CAs e 24% integram três ou mais comitês. O trabalho realizado em 2020 com 340 conselheiros de quarenta países também descobriu que 30% da amostra não participa de nenhum comitê, como apresentam os Gráficos 3.2 e 3.3:

Número de posições em conselhos e comitês

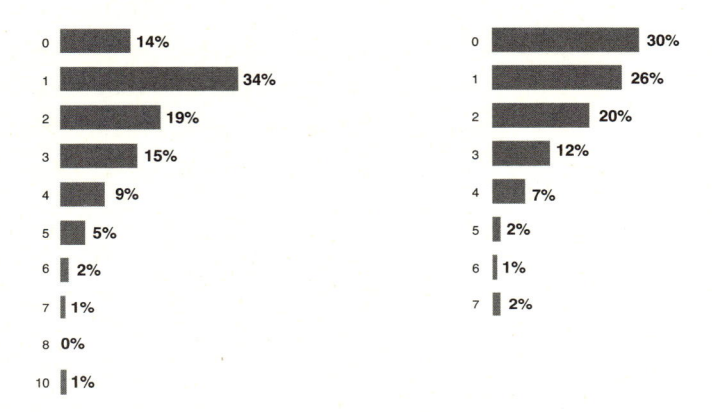

Gráfico 3.2: Número de CAs
Questão da pesquisa: Em quantos
conselhos de administração você atua
nesse momento?

Gráfico 3.3: Número de comitês.
Questão da pesquisa: Em quantos
comitês de conselho você atua nesse
momento?

Fonte: Guerra, Barros e Santos.[23]

O tempo necessário para realmente participar de um conselho não tinha ainda sido analisado em profundidade. Até a atualização deste livro, não havia registro no Brasil de algum estudo detalhando como os conselheiros empregam seu tempo, considerando os diversos tipos de organizações em que atuam. De acordo com pesquisa realizada pela **Better Governance***[24] — consultoria especializada em governança corporativa, que oferece suporte ao aprimoramento do modelo e adoção de melhores práticas de GC —, em média, os conselheiros de administração dedicam 157 horas por ano em sua atuação por conselho, enquanto os conselheiros consultivos** empregam 131 horas. Desse total, 46% do tem-

---

* A autora é sócia fundadora da Better Governance.

** A diferença de um conselho de administração e um consultivo é que o primeiro é responsável por efetivamente tomar as decisões dentro de sua alçada, enquanto o conselho consultivo apenas recomenda aos executivos e/ou ao conselho de administração o caminho a seguir.

po é dedicado a atividades fora das reuniões de conselho, como leitura de materiais, conversas por telefone, reuniões individuais e entrevistas. Uma hipótese que se pode levantar é que a dedicação dos conselheiros talvez esteja associada ao efetivo papel do conselho na governança da empresa, uma questão que será detalhada no **Capítulo 4** na diferenciação entre o CA coadjuvante e o CA protagonista.

ACIMA DE TUDO, A PRÓPRIA REPUTAÇÃO

Se, por um lado, o excesso de otimismo é um possível deslize dos executivos; por outro, pode haver também cautela desmedida por parte dos conselheiros. Pelo menos em algumas circunstâncias. Em conversa reservada, um bem-sucedido CEO, que viveu uma experiência em uma empresa sem controle definido, a chamada *corporation*, destacou um aspecto muito peculiar dos CAs nesse contexto acionário. Ao contrário de um conselho no qual a presença dos donos é relevante — e, portanto, onde o DNA de empreendedor e tomador de risco é dominante —, o conselho de uma *corporation* pode ter um apetite muito pequeno por riscos. Qual o motivo? No CA da *corporation*, a desmotivação pode se abater sobre os conselheiros; afinal, eles não ganham nada a mais com o sucesso de uma iniciativa. Mas o insucesso pode lhes causar algum dano, em particular à sua reputação.

As empresas de capital disperso (*corporations*) são ainda uma minoria insignificante no Brasil, mas essa experiência pode ser transferida para outro ambiente em que os "donos" também são muitos e não há controladores: as entidades sem fins lucrativos. Nessas organizações, os conselheiros podem ser menos afeitos a tomar riscos já que, nesse caso, têm mais a perder do que a ganhar. Sua reputação é tudo o que conta.

CONSELHEIROS: ATITUDES MAIS FAVORÁVEIS NA RELAÇÃO COM O CEO

- Jamais extrapolar suas atribuições e invadir o espaço e a autoridade do CEO;
- Não participar de tantos conselhos a ponto de não ter tempo de se preparar para as reuniões;
- Não temer riscos do negócio, priorizando apenas a própria reputação;
- Investir tempo para conhecer mais profundamente os executivos;
- Aprofundar-se nas questões relacionadas ao ambiente e à operação do negócio;
- Jamais microgerenciar as iniciativas dos executivos.

MICROGERENCIAMENTO É PECADO COMETIDO A DOIS

Outra questão bastante delicada, envolvendo a relação entre conselheiros e executivos, é o microgerenciamento. Na essência da identificação dessa atitude tão perniciosa está conseguir fazer a distinção entre o que é minúcia desimportante e o que é detalhe relevante e estratégico para os negócios:

> A diferença entre microgerenciamento e um questionamento apropriado nem sempre é clara. O que realmente define o microgerenciamento não é se um membro do conselho está mergulhado em detalhes. É, na verdade, uma questão de quais são os detalhes e qual é a finalidade. O conselheiro está preocupado com uma questão insignificante, como investigar as minúcias das despesas? Ou está sondando detalhes que ajudam a revelar uma questão mais importante — tentando

detectar uma mudança estrutural, chegar à causa básica de
um problema ou questionar a eficácia de um processo? (...)
A chave reside na capacidade de fazer análise retroativa para
vincular os detalhes operacionais às questões estratégicas. (...)
Quando um conselheiro se detém em um ponto insignificante
e o questiona meramente para mostrar o que está certo ou
o que poderia ser feito de forma diferente, ou quando tenta
tomar uma decisão sobre as operações ou as pessoas, é justo
dizer que ele está microgerenciando.[25]

O microgerenciamento é um comportamento que consegue elevar o grau de irritabilidade tanto dos conselheiros quanto dos executivos. Os dois lados têm sempre histórias desgastantes a contar. É comum, por exemplo, ver conselheiros mal conseguirem conter a expressão de enfado quando o colega microgerenciador pede a palavra. O rosto revela o pensamento: "Lá vem ele! Vai refazer as contas de cada slide da apresentação..." E, o que é pior, deixando de lado questões essenciais.

Os executivos, por sua vez, procuram se conter um pouco mais já que sabem que, quanto mais derem detalhes, mais minuciosamente serão questionados — mas nem sempre sendo bem-sucedidos nessa pretensão. No entanto, eles têm também sua parte de responsabilidade pelo microgerenciamento de alguns conselheiros. O CEO deve escolher o que é relevante para embasar a tomada de decisões dos conselheiros. Mas, para isso, devem olhar a proposição sob o ponto de vista dos conselheiros, não apenas do deles próprios.

Uma conselheira entrevistada relata a cena que presenciou em uma reunião: o CEO começou a descrever a quantidade em litros de uma substância necessária para o funcionamento das máquinas de uma das indústrias da empresa e deflagrou uma saraivada de perguntas de um conselheiro que já havia sido diretor industrial. A reunião corria muito bem até que o CEO instigou o microgerenciador: foi ele próprio que desceu do observatório da floresta para o detalhe de uma folha das árvores. Nesse caso, é sempre difícil deter a tentação dos seres operacionais, que consideram difícil esquecer suas origens.

Assim, pode não ser nada esperto para os executivos fazer apresentações com números muito operacionais e irrelevantes para o CA. Além de dar margem a pequenas inconsistências — insignificantes no cômputo geral —, pode ser o estopim para mais uma investida do conselheiro microgerenciador. Quando se trata de manter elevado o nível da discussão nas reuniões do CA, o CEO deve ter a capacidade de eliminar as minúcias operacionais, focando-se nas questões realmente estratégicas. E, para isso, é crucial que os próprios executivos consigam ser transparentes, objetivos e assertivos em suas proposições diante do CA.

Porém, com certeza, não cabe exclusivamente ao CEO — e à sua equipe — a responsabilidade de evitar, impedir ou amenizar o comportamento microgerenciador de um ou mais conselheiros. Essa é apenas uma das muitas atribuições do presidente do conselho de administração (PCA) que requerem dele, além das competências técnicas habituais, muita inteligência emocional e sensibilidade em relação à dinâmica interna do grupo e às interações com os executivos. Especialmente no Brasil, em que a maioria das empresas tem controle definido, o papel de PCA costuma se confundir com o de CEO e/ou do acionista controlador. Nesse múltiplo papel, ele frequentemente é mal compreendido ao tentar cumprir a árdua missão de estar à frente dessa orquestra tão difícil de reger. Por essa razão, o PCA e suas atribuições serão abordados em profundidade no próximo capítulo.

4. Presidente do CA, esse incompreendido

Há bem pouca objetividade e racionalidade em nossas opiniões — e até mesmo nas nossas decisões. Preferimos acreditar que somos capazes de escolher sempre aquilo que é melhor para nós ou para os negócios. Mas não é assim. As emoções e os sentimentos irracionais interferem. Raramente nossas percepções são baseadas em fatos. Depois que uma visão se instala em nossa mente, é difícil mudar ou, pelo menos, buscar outra solução para o mesmo problema. Claro, não me excluo disso: admito que tenho que fazer um exercício constante para tentar manter a consciência alerta para meus eventuais vieses. E essa disciplina tem se comprovado muito útil para mim e para as empresas nas quais atuo como conselheiro de administração.

Por exemplo, eu era presidente do conselho de administração (PCA) de uma indústria nos Estados Unidos do setor de máquinas operatrizes. Depois de passar por um período dificílimo de insolvência e reestruturação, o controle foi adquirido por dois fundos de private equity, que elegeram dois conselheiros para o CA. Assim, nos tornamos treze conselheiros. Superado o período de crise, nosso objetivo estratégico passou a ser estruturar a empresa para realizar uma oferta pública inicial (IPO). Para isso, na opinião dos dois representantes dos fundos, que logo conquistou a adesão de mais oito conselheiros, nossa primeira providência deveria ser nos livrarmos de Harold, nosso então CEO.

Na visão deles, essa era a maneira mais fácil de seguir adiante com um negócio que acabara de escapar da falência. Eu, por minha vez, estava convicto de que esse podia ser o caminho mais fácil, mas não era o que traria melhores resultados. Conhecia o suficiente nosso CEO, um homem de 50 e poucos anos que estava havia trinta na companhia. Até por isso a maioria dos conselheiros o responsabilizava por grande parte dos problemas que estavam sendo enfrentados. Sempre é possível responsabilizar o líder por tudo que acontece. Mas eles estavam sendo influenciados pelos recém-chegados conselheiros dos fundos. Além disso, havia muita pressa em fazer a IPO. E eles achavam que Harold não daria conta de preparar a noiva para deixá-la mais desejável. Para mim, no entanto, isso não correspondia à verdade. Eu tivera a oportunidade de verificar como Harold havia sido decisivo para a travessia daquele período turbulento. Sabia que ele ainda tinha muito a contribuir.

Com a convicção de que a maioria estava se deixando levar mais por percepções e vieses do que pelos fatos, busquei ouvir outros dois conselheiros. Eu suspeitava que eles também não tinham certeza de que a demissão era o melhor caminho e também queriam arejar o debate a respeito da possível troca do CEO. Naquele momento, alguns chegaram a me rotular de teimoso. Mas, como PCA, eu estava no meu papel. Sabia que devia assegurar um processo de decisão objetivo e robusto. Admito que a tarefa foi árdua. Exigiu de mim uma habilidade que eu nem tinha consciência de haver desenvolvido tão bem ao longo dos anos.*

Quando se trata da atuação do PCA, só há um ponto praticamente unânime: a maioria concorda que seu papel não é plenamente compreendido — não só por quem ocupa essa cadeira, mas também por todos aqueles que interagem com ele. É bem provável que uma das causas dessa incompreensão seja o fato de que suas atribuições têm sido tradicionalmente subestimadas e até mesmo negligenciadas dentro e fora do universo corporativo. Basta verificar, por exemplo, como é escassa a literatura com foco nos melhores atributos dos PCAs, enquanto os especialistas esquadrinham e reconstroem idealmente o perfil de competências dos CEOs.

---

* A conclusão do relato será apresentada no final deste capítulo.

Já nas salas de conselho, essa incompreensão torna-se flagrante: por seu papel não ser bem compreendido, com frequência, o PCA também é mal interpretado no exercício de suas atribuições, o que aumenta o grau de tensão em suas interações com os executivos e até mesmo com os demais conselheiros.

Entre as razões que dão origem a essa compreensão enviesada está o fato de a posição de presidente do conselho ser investida de uma aura de poder supremo. Dentro da empresa, o PCA é visto como o senhor dos senhores, o líder dos líderes, o comandante em chefe. Essa idolatria hierárquica se torna mais evidente nas economias em que a maioria das empresas tem concentração de propriedade — entre elas, o Brasil —, pois, geralmente, o PCA foi o fundador e/ou talvez ainda seja um dos mais importantes proprietários do negócio. Isso se acentua nos países de cultura latina, onde existe o costume do "manda quem pode, obedece quem tem juízo". Infelizmente, porém, essa visão centralizada no exercício do poder nem sempre leva o PCA a conduzir o processo decisório no melhor interesse da organização, como afirma um entrevistado:

> O presidente do conselho tem muito poder de fato, mas nem sempre está totalmente bem-intencionado, por exemplo, quando conduz o debate para as decisões do seu interesse. Politicamente, é possível agir assim, o PCA pode conduzir a decisão, fazer com que tudo seja deliberado por mera força do seu poder. Ou, então, porque um *stakeholder* que está ali representado tem mais participação acionária e quer que seja feito tudo do jeito dele. Ou pode ser até que o próprio PCA tenha algum interesse específico naquela decisão, mas que não é, necessariamente, a melhor para a empresa. Então, o grande dilema da presidência do conselho é tentar não tomar partido, nem conduzir o processo. O PCA tem poder, mas não deve usá-lo para construir uma decisão a seu favor. Acho que essa é a questão mais complexa em torno do papel do PCA.

É verdade também que, em grande parte, a própria estrutura acionária da organização acaba dando contorno ao estilo de atuação do PCA. Nas empresas de capital aberto e disperso (*corporations*), ainda raras no Brasil, o presidente do conselho costuma assumir um estilo muito mais ativo e diligente, pois não há nenhum acionista dominante que esteja próximo e atento à qualidade da gestão. Algo bastante semelhante ocorre em instituições sem fins lucrativos, quando não existem associados predominantes. Já quando se trata de uma entidade de economia mista ou estatal, o PCA lida com um acionista forte e presente. Esse é um contexto bastante complexo, especialmente no Brasil, onde, embora a Lei das S.A. preveja a prevalência do interesse público sobre o privado, a gestão pública tem privilegiado os interesses de governos ou de partidos políticos. Essa excrescência da política brasileira, às vezes, consegue transformar os PCAs de estatais em verdadeiros malabaristas.

Já nas empresas familiares ou de controle definido, o dono costuma estar mais próximo do negócio, acompanhando cotidianamente a gestão. É comum também que haja outros membros da família na administração da empresa, uma situação que gera ainda mais confusão em relação ao papel do PCA, como explica o conselheiro **Alexandre Gonçalves Silva*:**

> Na maioria das empresas brasileiras, quando há grupos de controle ou acionista controlador, em geral, são eles que apontam o conselheiro que ocupa a presidência do conselho. Nessa cadeira, por ser também controlador, a figura dele é maior do que a do que seria a de um presidente de conselho. Como controlador e PCA ao mesmo tempo, ele domina o conselho, resolve o que quer. Às vezes, o PCA ainda pode ter um filho que é o CEO ou outro parente ou amigo como CEO e, nesse caso, a situação pode se tornar realmente muito complexa.

---

* Alexandre Gonçalves Silva é conselheiro independente e presidente do conselho de administração da Embraer, foi CEO da General Electric do Brasil entre 2001 e 2007 e, desde então, tem participado de conselhos de administração em empresas de diversos setores da economia do país. Em entrevista à autora em 19/02/2016 na cidade de São Paulo.

Essas ambiguidades no exercício do papel de PCA, porém, estão bem longe de ser exclusivas de empresas brasileiras. Além de reconhecer que o papel do PCA é mesmo muito mal compreendido e desvalorizado, uma das conclusões de um estudo[1] com conselheiros e altos executivos de mais de 12 mil empresas situadas em 17 países foi justamente a seguinte: as características — positivas e/ou negativas — em torno do papel do PCA transcendem as fronteiras nacionais. Ou seja, os atributos que tornam um presidente de conselho eficaz — ou ineficaz — no Reino Unido ou nos Estados Unidos são os mesmos de um PCA atuante no Brasil ou em qualquer outro país estudado, "apesar das diferenças culturais, legais e políticas e também da estrutura dos CAs". O mesmo estudo ainda verificou que a qualidade da atuação dos presidentes de conselho varia muito, até dentro do mesmo país, e apontou a falta de treinamento e desenvolvimento para conselheiros assumirem o posto de PCA.

Nem é preciso, no entanto, uma pesquisa tão ampla e apurada para chegar à constatação de que o papel do PCA é mesmo incompreendido e que isso traz consequências danosas para o desempenho do conselho como um todo. Basta conviver cotidianamente nas reuniões dos CAs para identificar uma série de obstáculos bastante práticos e concretos. Um deles, como já abordado no **Capítulo 2**, é a dificuldade que a maioria dos conselheiros tem para fazer a transição entre suas antigas funções executivas e os novos papéis de supervisionar e apoiar os atuais gestores do negócio. Quando essa migração para o cargo de PCA ocorre para o fundador do negócio, que ocupava antes o posto de CEO, tudo fica ainda mais complexo. Para o sucesso dessa transição, **Luiz Carlos Cabrera***, o experiente *headhunter* de conselheiros, afirma que tem observado dois fenômenos interessantes:

---

* Luiz Carlos Cabrera sócio-fundador e CEO da LCabrera Consultores. Ex-conselheiro da AESC — Association of Executive Search and Leadership International Board e ex-presidente do conselho do capítulo brasileiro da AESC. Foi agraciado com o prêmio Gardner W. Heidrick, oferecido anualmente pela AESC, a quem fez contribuição notável para a atividade de consultoria em executive search. Em entrevista à autora em 23/02/2016 na cidade de São Paulo.

Entre o grupo de conselheiros-acionistas, quando eles percebem que nenhum deles tem a habilidade para ser presidente de conselho, tenho notado a tendência no mercado de buscar um PCA profissional, capaz de inspirar, promover e coordenar a reunião e a agenda, que consiga fazer todos darem sua melhor contribuição. Outro fenômeno é quando um dos acionistas-conselheiros decide assumir o papel de PCA e se dedicar somente a isso, fazendo um trabalho excelente. Não vou dizer que ele consegue deixar de ser acionista, mas luta contra a atitude de controlador e se torna efetivamente um incentivador do melhor desempenho do CA. O mais interessante é que os melhores PCAs que tenho visto eram donos que viraram conselheiros e, por fim, se tornaram presidentes do conselho. São mais jovens, na faixa entre 40 e 50 anos, e tomam o cargo de PCA como uma nova forma de contribuir para a empresa, encontrando prazer em ser presidente do conselho, e não executivo.

E no caso das empresas familiares, quando o fundador do negócio, que se torna o PCA, é, por exemplo, o pai do recém-empossado CEO?

Ah, é difícil, mas tenho visto casos em que essa transição é bem-sucedida. Quando dá certo, quem faz a maior transformação é o sucedido e não o sucessor. É o PCA que muda, não o CEO mais jovem. É quem já foi CEO que resolve assumir o papel de presidente do conselho, chamando para si novas atribuições, como ser o representante institucional da empresa. Ele não tira do CEO essa responsabilidade, mas compartilha com ele como um facilitador. O segredo é encontrar satisfação nesse novo papel, a mesma que ele tinha quando tocava os negócios. É um grande desafio, um processo difícil de maturação. Mas tenho presenciado esta metamorfose: o velho CEO, que tinha tudo na mão, se transforma em PCA, cheio de prazer naquilo que está fazendo, definindo bem seu conjunto de atribuições complementares ao CEO, que é seu filho.

Às vezes, são dois, três anos para aprender a não responder uma pergunta com uma decisão. Como não é mais ele quem decide e executa, sua contribuição passa a ser tirar o melhor proveito daquilo que o CA e o corpo executivo podem dar para a empresa.

Antes de analisar especificamente o desempenho dos presidentes de conselho, **César Souza*** destaca que, até os escândalos corporativos, o próprio CA não tinha função relevante nas organizações. Ele lembra que a maioria das reuniões era realizada *ad referendum*: a ata era preparada e uma secretária se encarregava de circular o documento para colher as assinaturas dos conselheiros. Foi só a partir desses eventos danosos que os códigos e práticas de governança foram aprimorados, e ficou clara a necessidade de haver uma separação entre o poder executivo e o poder de análise e deliberação. Para **César Souza**, existe um nítido processo evolutivo em andamento no que se refere à atuação do CA e de seu PCA, mas o ponto ideal ainda está longe:

> Os presidentes de conselho não possuem ainda o entendimento muito claro da sua função como coordenador de uma instância colegiada e, às vezes, confundem o papel do PCA com poder de comando das decisões sobre o que a empresa precisa fazer. Numa escala de um a cinco, o presidente do conselho ainda está entre dois e dois e meio. Está na metade do caminho, ainda tem uma trajetória a percorrer no sentido de entender melhor o seu papel, de exercer o poder de avaliar melhor os executivos, assumir a liderança durante as reuniões do conselho, de tentar obter o melhor de todos e, ainda, ter a capacidade de lidar com todos os *stakeholders*, não só com os

---

* César Souza — presidente da Empreenda e apontado, em 1992, pelo World Economic Forum como um dos 200 Global Leaders for Tomorrow, além de conselheiro de administração de empresas. Em entrevista à autora em 22/07/2015 na cidade de São Paulo.

acionistas. Os presidentes de CA precisam aprender a conviver e cultivar a diversidade sadia. Muitos ainda gostam dos *yes-men*, de conselheiros que concordam com tudo, sem questionamentos relevantes... um desperdício!

De acordo com a pesquisa de **Guerra** e **Santos**,[2] há realmente ampla margem para aprimoramentos na atuação dos PCAs (Gráfico 4.1). Para os 102 conselheiros que responderam à enquete, o presidente do conselho costuma ser pouco eficaz ou ineficaz no planejamento da agenda anual do CA (36%) e sua atuação também não atinge o melhor desempenho no que se refere a zelar pela boa governança (26%) ou assegurar espaço para a manifestação das diferentes perspectivas dos conselheiros (25%).

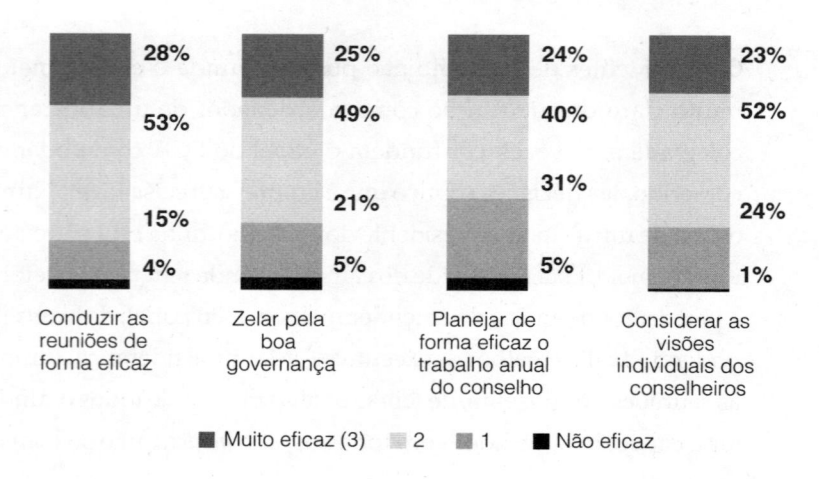

Presidente: espaço para melhorias

Gráfico 4.1: Avaliação da eficácia dos PCAs.
Fonte: Guerra e Santos (2017).

PCA E CA SÃO SIMBIÓTICOS

Com consequências nem sempre producentes, existe uma relação simbiótica entre o estilo do presidente do conselho e o tipo de atuação do próprio CA. Já que o desempenho de ambos está fortemente entrelaçado, não é possível buscar a compreensão do papel do PCA sem antes analisar quais são os diferentes níveis de engajamento dos conselhos nas diversas circunstâncias e momentos do ciclo do negócio. O modelo de **Nadler, Behan** e **Nadler**[3] (Figura 4.1), por exemplo, propõe a existência de cinco arquétipos de CA: passivo, certificador, engajado, interventor e operador com diferentes graus de envolvimento no processo decisório.

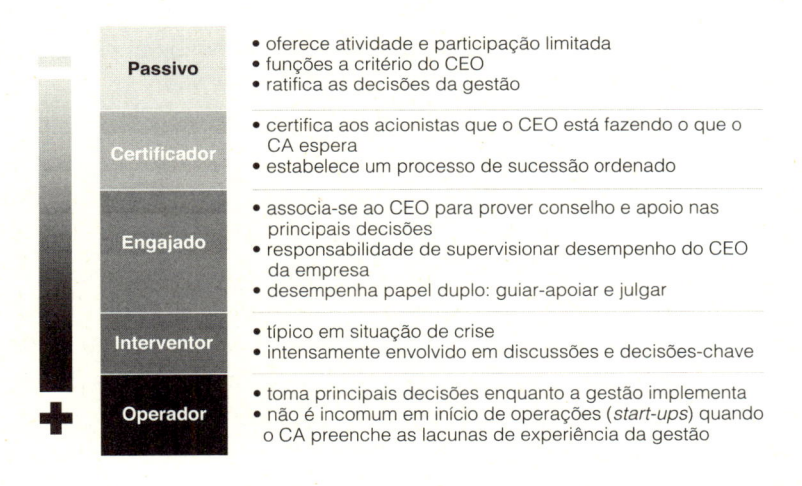

Figura 4.1: Diferentes graus de engajamento do CA de acordo com as circunstâncias do negócio.
Fonte: Adaptado de Nadler, Behan e Nadler (2006 *apud* GUERRA, 2009).

Independentemente desse detalhamento, porém, é possível sintetizar o perfil de atuação dos conselhos em duas categorias distintas (Figura 4.2). Há o **conselho protagonista**, aquele que, de fato, lidera o processo decisório, define as diretrizes estratégicas, supervisiona os negócios e apoia os executivos. Todavia, existe o **conselho coadjuvante**, aquele que funciona como caixa de ressonância de ideias, um mero canal de informação para outros acionistas ou *stakeholders* relevantes e/ou que acaba servindo apenas como instrumento para o cumprimento de um formalismo legal de governança.

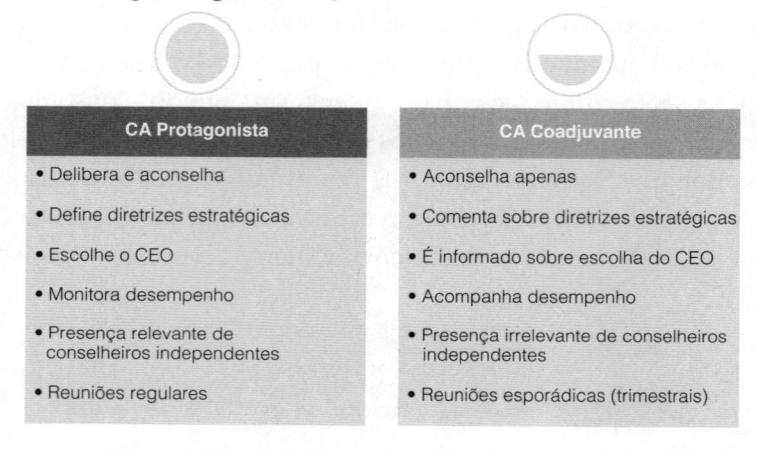

CA Protagonista	CA Coadjuvante
• Delibera e aconselha	• Aconselha apenas
• Define diretrizes estratégicas	• Comenta sobre diretrizes estratégicas
• Escolhe o CEO	• É informado sobre escolha do CEO
• Monitora desempenho	• Acompanha desempenho
• Presença relevante de conselheiros independentes	• Presença irrelevante de conselheiros independentes
• Reuniões regulares	• Reuniões esporádicas (trimestrais)

Figura 4.2: Características que diferenciam o CA protagonista do CA coadjuvante.

Ao redor de todo o mundo, essa atuação coadjuvante dos conselhos de administração ainda existe, especialmente quando se trata de companhias com controle familiar. No relatório de sua pesquisa anual realizada em mais de cinquenta países, a **PwC**[4] afirma que as empresas familiares ainda não conseguem fazer uso pleno de seus conselhos, que deveriam ser muito mais do que um simples "carimbo" para endossar decisões, e conclui: "Enquanto cada família procura por um conselheiro que 'combine' com ela, cada negócio tem diferentes necessidades, quando se trata da composição de seu conselho." Outro estudo[5] focado em práticas de governança procurou identificar os adjetivos atribuídos para definir o perfil de atuação dos conselhos entre 106 empresas familiares da Alemanha, França, Itália e Espanha. O resultado não chegou a surpreender: 53% dos participantes afirmaram que o CA tem perfil tomador de decisão, enquanto 28% escolheram o adjetivo consultivo e 19%, informativo. Ou seja, aplicando-se o resultado dessa pesquisa europeia às categorias de Protagonista e Coadjuvante, tem-se que, naqueles países, 53% consideram o CA protagonista, mas 47% reconhecem que a atuação do conselho se mantém coadjuvante.

É exatamente nesse ponto que a simbiose entre perfil de atuação do CA e o desempenho do presidente do conselho pode se tornar contraproducente. É missão do PCA promover a eficácia do conselho, mas não há como ter a expectativa de que ele exerça proativamente a integralidade de suas atribuições diante de um CA concebido para ser e permanecer coadjuvante na definição dos rumos estratégicos da empresa. Portanto, diante desse perfil de conselho, aumentam as chances de que o presidente esteja lá somente para informar o que já decidiu e colocar os conselheiros a par de sua condução à frente dos negócios. Afinal, quando o conselho se limita a atuar como "caixa de ressonância", é alta a probabilidade de que o PCA assuma a postura de líder máximo da organização, que espera de seus conselheiros apenas e tão somente... conselhos. Nada mais.

PCA: *PRIMUS INTER PARES*

Como forma de combater a preponderância dessa atuação de mando e controle, o PCA deve assumir a liderança do conselho como uma reencarnação do conceito romano de *primus inter pares* — o primeiro entre iguais.[6] O voto do presidente do conselho não deve ter peso maior do que o dos demais conselheiros nem ser decisivo em deliberações empatadas. Isso equivale a dizer que o PCA não tem nenhum poder diferenciado ou superior ao dos demais conselheiros. Ele apenas foi escolhido por seus pares pela competência de poder tirar o melhor de cada um dos indivíduos sentados à mesa, conciliar interesses e organizar o trabalho do colegiado. Seu objetivo deve ser conduzir os trabalhos do CA para tornar o órgão máximo de governança efetivamente deliberativo, ou seja, assumir seu caráter protagonista.

Portanto, para atuar entre iguais, o voto do PCA não deve ser encarado pelos demais conselheiros como um fator de influência no processo decisório. Essa é a melhor maneira para fazer florescer as visões dos demais conselheiros, além de propiciar um debate franco e instruído. Mas o presidente do CA também não pode se omitir de suas responsabilidades. Quando, então, o PCA pode manifestar sua opinião? Buscando esse equilíbrio, com sua ampla experiência, **Pedro Parente,*** recomenda que o PCA deixe para manifestar sua opinião sempre por último. De acordo com ele, deve ser feita exceção apenas quando houver muitos riscos graves envolvidos na decisão:

> Em geral, o PCA deve ser o último a votar. Normalmente, sendo o último a votar, a posição do presidente não é determinante para a decisão tomada, é apenas um voto, certo? Essa é a minha visão, é assim que eu pratico — exceto em situações complexas e relevantes, quando o PCA tem que deixar clara a sua posição. Eu acho importante que o PCA não seja omisso nas decisões onde existem riscos significativos em qualquer escolha que seja feita, para qualquer lado que se vá. Nesse caso, ele escolhe qual é o melhor momento para que os conselheiros que vão votar saibam qual é a posição dele. Essa é a sabedoria de quando expressar seu voto. Às vezes, o PCA manifestar antes sua posição pode ser um constrangimento desnecessário para os demais conselheiros. Mas podem existir situações — poucas — as quais, devido à natureza da decisão que vai ser tomada, esse constrangimento entre aspas pode ser necessário.

---

* Pedro Parente, atual presidente do conselho de administração da BRF, já foi PCA da B3 e CEO da Petrobras entre maio de 2016 e junho de 2018. Além de já ter exercido cargos executivos e atuado como conselheiro e presidente de conselho em diversas empresas, foi ministro do Planejamento (1999), da Casa Civil (1999-2002) e de Minas e Energia (2002). Em entrevista à autora em 3/9/2015 na cidade de São Paulo.

A HORA CERTA PARA FALAR

A pesquisa de **Guerra**, **Barros** e **Santos**,[7] realizada com amostra de 340 conselheiros atuantes em quarenta países, indica que mais da metade dos conselheiros estudados reconhece que o PCA quase nunca é o primeiro a expressar sua opinião sobre um tema em discussão, como é apresentado no Gráfico 4.2:

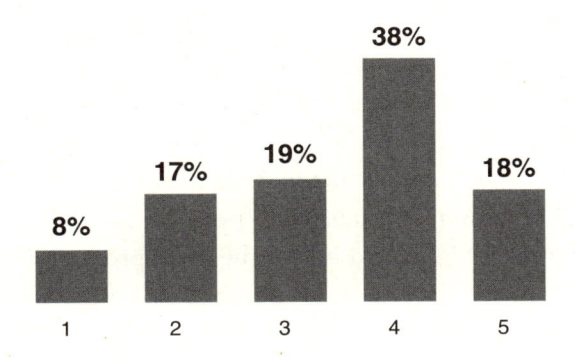

Gráfico 4.2: Presidente: o primeiro a falar.
Questão da pesquisa: O presidente do conselho é um dos primeiros a manifestar sua opinião quando um assunto é proposto para discussão ou decisão? (1) Sempre (5) Nunca
Fonte: Guerra, Barros e Santos (2020).

Quando **sir Adrian Cadbury**[8] publicou um livro com sua visão pessoal sobre governança corporativa, ele deu destaque especial ao papel do presidente do conselho, afirmando que a responsabilidade por fazer o CA funcionar e tirar o melhor de cada conselheiro é do PCA. No cumprimento dessa missão, de acordo com ele, o primeiro passo é entender que ocupar a cadeira do presidente não é ter direito ao privilégio de impor sua visão e vontade. Doze anos depois de ter escrito esse livro, em entrevista concedida à autora, **sir Adrian*** declarou-se preocupado com o fato de o papel do PCA continuar sendo subestimado. Segundo ele, o conselho não é um órgão natural para a administração do negócio e, portanto, não basta reunir as pessoas para formar um CA eficiente:

> É tarefa do PCA fazer com que o conselho seja eficaz e isso exige uma compreensão individual dos conselheiros e, acima de tudo, para viabilizar que eles trabalhem juntos como um grupo. Como presidente do conselho, você tem que ser perceptivo em relação à experiência e às habilidades de todos os conselheiros. Tem que compreender o que cada um pode oferecer, quais são suas motivações, de onde vêm. Então, tem que propiciar um fórum, realizar reuniões nas quais cada um possa expressar suas visões e dar suas contribuições. A capacidade de viabilizar que as pessoas deem o seu melhor requer a habilidade pessoal de ouvir, de compreender os outros. O PCA tem ainda que estar pronto a não trazer para si o papel de líder, mas assegurar que o conselho como um todo assuma o crédito e isso, em última instância, depende das pessoas que estão no conselho. Acima de tudo, o PCA deve ter a habilidade para avaliar a contribuição de cada conselheiro e de suas contribuições como um colegiado.

Para exercer essa função de facilitador, os entrevistados deste livro foram praticamente unânimes ao afirmar que o PCA deve conhecer seus pares além das competências técnicas. É preciso saber como cada um reage às diferentes situações e, principalmente, estimular cada conselheiro a dar sua contribuição mais específica. Admitindo que nenhum líder tem o privilégio da absoluta sabedoria e ninguém tem todas as respostas, o PCA se habilita a extrair o melhor da **diversidade** entre os conselhei-

---

* Sir Adrian Cadbury (1929-2015) em entrevista à autora em 04/12/2013 em sua residência na cidade de Dorridge, Reino Unido.

ros, como explica **Alexandre Gonçalves Silva,*** conselheiro de várias empresas e presidente do conselho da Embraer:

> Acho fundamental o seguinte: o PCA tem que abrir espaço para todo mundo, ouvir a opinião de todos e entender que existem pessoas diferentes — gente que é mais extrovertida, que tem mais facilidade de expressão e existem também pessoas mais caladas. O presidente do conselho tem que procurar a opinião de cada pessoa ali, porque, de modo geral, todo mundo no conselho tem muita experiência. O PCA tem que acreditar que aquelas pessoas ali podem colaborar. No conselho, as pessoas trazem experiências, práticas e culturas diferentes, e o PCA tem que extrair o melhor dessa **diversidade**.

Mais do que fonte de poder, o papel do PCA como facilitador do debate também foi advogado por treze presidentes de conselho reunidos no **II Fórum Exclusivo de Presidentes de Conselhos de Administração de Empresas Listadas,**** realizado pelo IBGC. A cada reunião, um grupo de até vinte presidentes de conselho partilha suas experiências com o objetivo de melhor delinear o próprio papel. Nesse II Fórum, ficou evidente que, acima de liderar o colegiado, o papel do PCA é incentivar e cobrar a participação de todos os conselheiros, estimulando o debate até mesmo antes do processo deliberativo:

> O presidente exerce um delicado papel de balancear e conciliar opiniões divergentes e, para atingir esse fim, em alguns momentos pode fazer uso de contatos prévios com os conselheiros no intuito de alinhar interesses e expectativas, sem, no entanto, minar a possibilidade de um debate durante a reunião que enriqueça o processo decisório.

---

* Em entrevista à autora em 19/02/2016 na cidade de São Paulo.

** Iniciativa do Instituto Brasileiro de Governança Corporativa (IBGC) implantada a partir de setembro de 2012 e que seguia existindo enquanto este livro era preparado, tendo sido realizados até março de 2016 mais de treze encontros. Essa síntese do II Fórum Exclusivo (março de 2013) foi desenvolvida pelo Centro de Conhecimento do IBGC e enviada aos associados em 2/7/2013.

É também o PCA quem precisa buscar o delicado equilíbrio entre a beleza das decisões colegiadas tomadas por consenso e a certeza de que o processo decisório permanece aberto ao contraditório. Deliberações mais harmônicas parecem sempre bem-vindas e bem-intencionadas. Por isso, existe a tendência de buscar o consenso como forma de expressar publicamente a robustez das decisões tomadas pelo conselho. Apesar de não ser necessariamente ilegítima, essa atitude pode estar equivocada, levando-se em conta as pressões sociais internas aos grupos já discutidas no **Capítulo 3**. Sob essa perspectiva, um processo decisório que sempre privilegia o consenso pode ser reflexo apenas da tensão de divergência: aquele temor de que o surgimento de eventuais conflitos ameace a coesão social do grupo.

Para prevenir um ambiente entre os conselheiros que **Luiz Carlos Cabrera*** denomina de "harmonia hipócrita",** é desejável, ao contrário, que o PCA se empenhe em estimular a explicitação das divergências entre os conselheiros. Só assim é possível assegurar que a melhor decisão para a empresa seja adotada em um processo decisório — talvez nem sempre belo e perfeito —, mas que **Pedro Parente***** define como corporativamente saudável:

> Na posição de PCA, sempre deixo claro que não há nenhum problema, nenhum problema mesmo, que os conselheiros explicitem uma divergência. Isso é extremamente saudável, porque se tem a certeza de que os assuntos foram debatidos no limite. É muito importante que exista o contraditório, porque é um dos fatores mais relevantes para a tomada de decisão. Quando se busca o consenso a qualquer preço, há o grande risco de matar o contraditório e, portanto, aspectos relevantes talvez fiquem de fora do debate. Eu não só estimulo que se manifeste o voto contrário, como também con-

---

* Em entrevista à autora em 23/02/2016 na cidade de São Paulo.

** Veja conceito no Capítulo 3.

*** Em entrevista à autora em 03/09/2015 na cidade de São Paulo.

vido e incentivo que quem votou contra apresente sua declaração de voto, se quiser adicioná-la à ata. O pressuposto é que todos ali busquem o que é o melhor para a empresa, então, acho que no CA é necessário desmitificar a necessidade de decisões por consenso.

Por outro lado, o PCA tem também a atribuição de viabilizar antecipadamente o processo decisório nos bastidores, fazendo o que pode se chamar de "costura prévia" entre os conselheiros. Não há nada de maquiavélico nesse posicionamento, desde que isso não seja feito no sentido de direcionar a decisão da maioria de acordo com seus interesses ou opiniões. O PCA não deve usar seu poder para influenciar as deliberações. Bem ao contrário, essa costura deve ser a busca mais genuína pelo diálogo aberto e amplo na reunião do conselho.

Por essa razão, é função do PCA conversar antes com cada conselheiro sobre o tema a ser deliberado, certificando-se da atualização de todos e do grau de profundidade das informações compartilhadas. Nesse diálogo antecipado, ele deve também entender quais as possíveis dúvidas ou restrições de cada conselheiro. Nesse caso, pode recomendar que haja uma conversa informativa com algum executivo ou o próprio PCA oferece novos elementos complementares à discussão. Seu objetivo maior é otimizar e facilitar a condução da reunião, inclusive estimulando o posicionamento dos conselheiros menos assertivos, mas que têm contribuição a dar naquele debate específico.

O PCA tem a opção de adiar a deliberação diante de casos que considere mais extremos. Isso pode ser feito, por exemplo, quando o presidente do conselho considerar que a maioria dos conselheiros não dispõe de informações suficientes ou está diante de uma perspectiva enviesada por uma posição preconcebida (o conceito de *framing* — enquadramento — será discutido no **Capítulo 6**). Um dos entrevistados explicou a situação:

> Às vezes, como PCA, você percebe que os conselheiros não estão preparados para tomar aquela decisão na próxima reunião. Então, deve recuar, tirar o assunto de pauta de uma forma delicada, sem

prejudicar a empresa, é lógico, que não pode ficar aguardando determinadas decisões. Mas, por outro lado, como PCA, você vê que não adianta levar a decisão adiante naquele momento, porque pode sair uma deliberação equivocada, uma decisão mal tomada.

Ao que parece, a maioria dos conselhos de administração ainda não utiliza todos os mecanismos de tomada de decisões disponíveis para aprimorar a qualidade do desempenho dos CAs. A pesquisa realizada por **Guerra, Barros** e **Santos**[9] explorou três diferentes desses mecanismos e os resultados indicam que ainda não são comuns nos conselhos. O Gráfico 4.3 mostra que a maioria dos CAs não adota o mecanismo de interrupção de reuniões, como foi sugerido acima por um dos entrevistados. Esses mecanismos serão abordados detalhadamente no **Capítulo 7**.

Mecanismos de aprimoramento de decisões ainda não são comuns

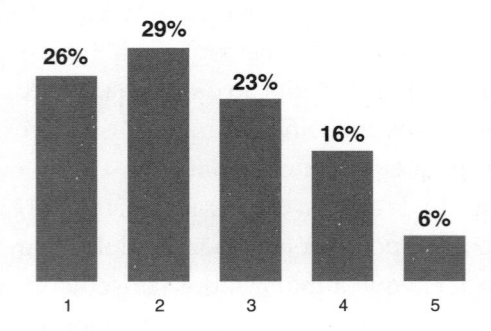

Gráfico 4.3: Adoção do mecanismo de interrupção da reunião.
Questão da pesquisa: Para evitar decisões precipitadas, o conselho se utiliza de um mecanismo regular de interrupção da reunião para retorno posterior ao tema? (1) Nunca (5) Sempre
Fonte: Guerra, Barros e Santos (2020).

De vez em quando, o trabalho de bastidores do PCA vai da "costura prévia" até a abertura de espaço para que algum conselheiro manifeste um retardatário arrependimento por seu voto na reunião. Às vezes, isso ocorre legitimamente: ele apenas teve um pouco mais de tempo para refletir e mudou de opinião. Pode ser, inclusive, que apresente novos pontos de contribuição para o debate. Outras vezes, porém, a pessoa não é suficientemente assertiva na reunião e depois repassa o problema para o presidente do conselho. É uma situação realmente delicada. O PCA não pode ignorar que recebeu aquela nova informação de um dos conselheiros; por outro lado, também não pode reabrir o processo decisório a qualquer pretexto. É então que o presidente do conselho faz entrar em ação sua capacidade de trabalhar nos bastidores também *a posteriori*, como conta outro entrevistado:

> Eu vivi essa situação. Em um CA com sete conselheiros, fiz um processo prévio para auscultar uma determinada decisão. Falei individualmente com os conselheiros e construímos a decisão. Dois dias depois, um deles me telefona e enuncia: "Olha, quero te dizer que eu tenho restrição, sim, a isso. Estou preocupado, pois minha restrição é essa." Pelo menos naquele momento senti que o conselheiro reputava aquela preocupação como realmente relevante. Então, em vez de contra-argumentar, eu respondi que faria uma nova rodada. Conversei de novo com os outros cinco, liguei para cada um, dizendo: "Agora temos uma restrição que é dessa natureza..." E todos os demais disseram que não mudariam o voto, porque não consideravam a restrição relevante. Quando retornei ao conselheiro que apresentou a restrição tardia, passei a posição de todos, voto por voto, até citando algumas frases, mas sem identificar quem disse o quê. Como já fazia alguns dias, ele me pareceu menos angustiado. O conselheiro havia me apresentado, inclusive, uma alternativa e, quando dei a posição dos demais, ele acabou finalmente convencido. Esse tipo de situação consome muita energia do PCA, mas ele tem que saber lidar com isso. É chato, mas acontece.

Segundo **Katharina Pick**,[10] afora oferecer e buscar *inputs* com os conselheiros — antes e depois — do debate e ainda articular normas claras para o processo de decisões nas reuniões do conselho, o PCA também formata os processos do conselho para viabilizar a comunicação eficiente entre os conselheiros e os executivos. Ele ou ela também define a sua própria atuação para fazer a ponte entre o CA e os executivos, criando — ou não — um espaço de confiança, cooperação e diálogo entre os dois grupos. É aqui, liderando a interface entre o CA e a gestão, que recaem sobre os ombros do PCA algumas das mais fortes tensões (veja também o **Capítulo 3**), sem que ele ou ela conte sequer com o beneplácito de poder compartilhar e delegar suas atribuições. Por isso mesmo, **Kakabadse** e **Kakabadse** chegam a ponto de afirmar que o ou a PCA ocupa a cadeira mais solitária do mundo:

> Esse pode ser o emprego mais solitário do mundo. Tecnicamente, o CEO reporta para o presidente do conselho. Por implicação, o CEO discute seus problemas e é aconselhado pelo PCA. Já o presidente do conselho não desfruta desse luxo. Ele é responsável pelo conselho, pelos acionistas e, consequentemente, pela gestão. O PCA está sozinho.[11]

PCA E CEO: MESMO OBJETIVO, DIFERENTES PAPÉIS

Embora a maioria dos códigos de governança corporativa ao redor do globo recomende a separação estrutural entre os cargos de presidente do conselho de administração e CEO, existe uma discussão acalorada em torno do assunto, em especial nos Estados Unidos, onde é ainda bastante comum que a mesma pessoa exerça as duas funções. Os **Princípios de Governança Corporativa do G20/OCDE**, revisados pela segunda vez no biênio 2014-2015,* no entanto, explicitam que essa separação é uma das boas práticas de GC:

> (...) a objetividade do conselho e sua independência perante a equipe de gestão podem ser reforçadas pela separação dos cargos de CEO e de presidente do conselho de administração. A separação dos dois cargos é, geralmente, considerada uma boa prática, pois pode ajudar a alcançar um equilíbrio de poder adequado, aumentar a responsabilidade e melhorar a capacidade do conselho para uma tomada de decisão independente da administração.[12]

No Brasil, para uma empresa ser listada no Novo Mercado, uma das regras da B3 é justamente a separação entre esses dois papéis. Por sua vez, o Código das Melhores Práticas do **IBGC** também é bem claro em relação a essa questão:

> Para que não haja concentração de poder e prejuízo ao dever de supervisão do conselho em relação à diretoria, o acúmulo das funções de presidente e diretor-presidente por uma mesma pessoa deve ser evitado. O diretor-presidente não deve ser membro do conselho de administração, mas deve participar das reuniões como convidado.[13]

Mesmo assim, como a maioria das companhias brasileiras tem controle definido, não é raro que os dois papéis sejam ocupados por uma única pessoa ou que os dois cargos sejam exercidos separadamente por dois integrantes do mesmo grupo de controle ou da mesma família. Uma pesquisa feita pelo **IBGC**[14] com dados de 321 companhias identificou que em 17,5% delas ocorre o acúmulo dos cargos de PCA e CEO.

---

* Publicados pela primeira vez em 1999, tornaram-se *benchmark* internacional em governança corporativa e têm sido adotados como um dos principais padrões do Conselho de Estabilidade Financeira para sistemas financeiros sólidos e endossados pelo G20 em 2015.

Há também, entretanto, argumentos favoráveis à combinação dos dois cargos, entre eles, a ponderação de que isso se baseia no princípio do comando único,[15] que criaria linhas de autoridade mais bem definidas às quais a gestão (e até mesmo o próprio CA) responderia com mais eficácia. **Sir Adrian Cadbury**[*16] lembra que os dois cargos nascem juntos, já que o fundador de um negócio durante muitos anos atua com sucesso sendo simultaneamente o principal executivo e o presidente do conselho. Mas o próprio **sir Adrian** faz seu contraponto e cita também as três principais razões para que seja feita a separação entre os papéis de PCA e CEO: 1) cada um dos cargos requer um conjunto diferente de habilidades; 2) o PCA é o responsável pela escolha e liderança do time de conselheiros, o que por si só já lhe exige muita dedicação; e, por fim, 3) a combinação dos dois cargos exercidos por uma única pessoa torna mais difícil para o CA desempenhar sua função de supervisionar a gestão.

Podem ocorrer, porém, situações transitórias em que haja a necessidade de que uma única pessoa assuma o timão da empresa. Com exceção desses períodos específicos, no entanto, se os requisitos de governança corporativa estabelecem dois órgãos — o conselho de administração e a diretoria executiva —, qual a real justificativa para que ambos sejam liderados pela mesma pessoa? Em outras palavras, qual a justificativa para tamanha concentração de poder? Além disso, apesar de nascerem juntos, à medida que a empresa cresce, os desafios e riscos tornam-se ainda mais complexos e o processo decisório precisa ganhar robustez. É nesse contexto que a contraposição de perspectivas possibilitada pelo CA se torna ainda mais salutar para mitigar os vieses e armadilhas que podem cegar os executivos.

Não bastassem esses argumentos, apesar de reconhecer que o PCA e o CEO têm o mesmo objetivo precípuo de promover o melhor desempenho do negócio, existem outras inegáveis diferenças entre os dois papéis. Uma imagem que explicita bem essa diferença é a do CEO

---

* Sir Adrian Cadbury (1929-2015) em entrevista à autora em 04/12/2013 em sua residência na cidade de Dorridge, Reino Unido.

como o coração da empresa, "bombeando vibração", enquanto o PCA é a alma, pois age como "consciência e guardião moral".[17] Outra posição é a de que nos negócios bem administrados há — e deve mesmo haver — um determinado grau de tensão criativa entre o conselho e a gestão. "Quando essa tensão não existe, é sinal de que alguém não está cumprindo com suas obrigações."[18] Um ponto em que, em sua entrevista, **sir Adrian** também concordou:

> É fundamental que o PCA consiga construir um relacionamento com o CEO no sentido de que cada um entenda claramente seu papel. O PCA não deve buscar a glória para si mesmo, deve se preocupar que os executivos recebam o crédito. O CEO cumprirá sua missão se contar com uma liderança clara quanto ao propósito e à estratégia da companhia. Se receber suporte quando necessário e também for supervisionado quando preciso. Vimos um bom exemplo de falta desse papel quando alguns bancos do Reino Unido enfrentaram problemas, pois se permitiu aos CEOs que adotassem políticas de alto risco e o conselho não cumpriu seu papel de monitoramento. O CEO precisa saber que não é apenas o PCA, mas que o conselho como um todo assume a responsabilidade de ajudá-lo a alcançar o sucesso pretendido por todos.

Para **Pedro Parente***, que já atuou nas duas posições em diferentes períodos, na interface entre PCA e CEO pode haver tensão até mesmo nas atividades mais corriqueiras. Segundo ele, quando se trata, por exemplo, da velocidade do processo decisório, o CEO age no sentido de favorecer a rapidez das decisões, enquanto uma das atribuições do PCA é exatamente oposta, ou seja, assegurar que as deliberações sejam tomadas em colegiado, com ampla discussão e participação de todos os conselheiros:

---

* Em entrevista à autora em 03/09/2015 na cidade de São Paulo.

Ao longo da carreira, fui executivo durante muitos anos tanto no setor público quanto no privado, e é realmente um desafio sair dessa posição e passar a exercer a liderança de um colegiado, tornando-se PCA. Como presidente do conselho, primeiro: você não vai mais tomar uma decisão sozinho; segundo, você não está ali para apressar a decisão — o fundamental é que ela seja tomada no tempo necessário, após a manifestação e a participação de todos os conselheiros —, de tal maneira que o melhor daquele conjunto de sabedorias e experiências se reflita na tomada de decisão. Essa, para mim, é a principal diferença. Eu diria que, no exercício da presidência do conselho, são tão relevantes o conhecimento técnico e a bagagem acumulada quanto a habilidade de conduzir um colegiado. É muito rica essa experiência, muito interessante: você conseguir mudar o seu *mindset* de executivo para ser líder de colegiado e começar a trabalhar por influência, não por imposição.

OS DEZ MANDAMENTOS DA BOA RELAÇÃO DOS EXECUTIVOS COM O CA E O PCA

A qualidade da interface entre o CEO e o PCA é que dá o tom da relação do conselho com todo o *management*. Os executivos, porém, que não se enganem: o condão não está somente na mão do CA. Os executivos podem assumir um papel protagonista e fazer a diferença com suas atitudes e iniciativas, evitando que seja preciso fazer muitas sessões de "DR" (discussão da relação). A seguir, alguns mandamentos para ajudar os executivos na construção de uma melhor relação com o conselho:

1. Não reclame demais nem adote o papel de vítima. Para exercer influência, seja proativo. Para isso, você tem que entender o papel do conselho. Não se trata de ser chato: o CA tem a obrigação de monitorar o desempenho do negócio e supervisionar a

atuação dos executivos. Isso é benéfico, pois oferece uma camada adicional de prevenção de riscos: se a gestão estiver equivocada, o conselho é outra instância para dar mais segurança às decisões.

2. O executivo costuma achar que o conselho retarda e burocratiza o funcionamento da empresa. É preciso ter consciência de que o CA está focado na decisão mais segura e necessita de elementos para tomá-la. Como a gestão domina todos os fatos, às vezes, pode parecer que o CA está demorando demais para decidir. Em vez disso, coloque-se no lugar do conselho: sem todas as informações de que já dispõe sobre a iniciativa proposta, você estaria seguro para tomar uma decisão imediata?

3. Seja atencioso: a melhor resposta pode ser um "não sei, mas vou buscar saber". A atitude de honestidade gera confiança. A tentativa de enrolar ou mesmo dar uma resposta superficial só vai reduzir a confiança. Só os executivos maduros e senhores de si são capazes de afirmar "não sei". E isso gera ainda mais confiança nos conselheiros. Enrolar, nem na pior das circunstâncias.

4. Não caia na armadilha do conselheiro excessivamente operacional. Não entre em detalhes e responda às perguntas objetivamente. Mas não se deixe capturar pelo excesso de detalhes. Quanto mais detalhes você apresentar, mais detalhes lhe serão pedidos. Assim, antes das apresentações, reveja o material. Certifique-se de que não está além da régua apropriada para um conselho de administração, que deve ver a floresta, não as árvores.

5. Se parece que seu conselho anda de mau humor com você, tome a iniciativa: busque uma conversa franca com o PCA, motivando-o a falar abertamente sobre seu incômodo ou o do conselho.

6. Invista tempo e energia para preparar o material para o conselho. A maior parte dos executivos não domina a ciência de preparar uma boa Proposta de Deliberação (PdD). Como você espera que o CA aprove um investimento de centenas de milhões por um prazo de mais de uma década com a informação que está recebendo? Coloque-se no lugar deles. O que você precisaria saber para aprovar com conforto essa proposição? Organize o processo e surpreenda o conselho. O secretário de governança pode ser seu aliado nessa empreitada.

7. Você gostaria de receber cinquenta páginas para se instruir sobre algo que terá que decidir em dois dias? Assim, assuma o protagonismo de comandar um processo de preparação de materiais para que eles cheguem em média sete dias antes da RCA, ou, ao menos, tendo um final de semana completo para permitir tempo de análise para seus conselheiros.

8. Quando você toma a dianteira de preparar bons materiais com antecedência, pode se dar ao luxo de fazer uma atividade importante: conversar com cada conselheiro antes da RCA. Mas não use essa conversa para fazer "lobby" com o conselheiro. Use esse espaço de forma legítima, buscando explicar sua proposição e ouvindo as eventuais restrições que os conselheiros possam ter. Mas ouça com ouvidos que realmente ouçam. Essa proatividade permite até que você ajuste a proposta antes da RCA, ganhando tempo e assegurando um processo de decisão mais robusto e confortável para todos.

9. Não subestime o conselheiro que não é expert no negócio e não tem experiência em seu setor. Justamente por isso, ele pode trazer uma visão fora da caixa e identificar fatores que vocês — os executivos experts — não veem mais.

10. O CA pode ser seu aliado. Use-o, peça orientação, ouça até mesmo aqueles que tenham posições muito contrárias às suas.

O PAPEL DO *LEAD* OU *SENIOR INDEPENDENT DIRECTOR*

A prática de dispor de um dos conselheiros para atuar como líder dos conselheiros independentes foi introduzida nos Estados Unidos e no Reino Unido, recebendo nomes diferentes em cada um dos países: *lead independent director* (LID), nos Estados Unidos, e *senior independent director* (SID), no Reino Unido. Embora tenham sutis diferenças em seus papéis, o principal objetivo de ambos é promover o adequado equilíbrio de forças nos casos em que o ou a CEO é também presidente do conselho de administração (PCA). O objetivo é preservar a capacidade de independência do CA no processo decisório. Em relação à posição de LID, a recomendação da segunda revisão dos **Princípios de Governança Corporativa do G20/OCDE** é a seguinte:

> A designação de um *lead director* é igualmente considerada uma boa prática alternativa em algumas jurisdições, se esse cargo for definido com autoridade suficiente para liderar o conselho nos casos em que a equipe de gestão apresenta conflitos claros. Tais mecanismos também poderão ajudar a garantir uma governança de alta qualidade da empresa e um funcionamento adequado do conselho.[19]

Na Espanha, isso vai além das boas práticas de GC, pois a legislação determina que, quando em uma companhia listada CEO e PCA são a mesma pessoa, o conselho tem obrigação de eleger um LID. Mas LIDs/SIDs não são uma boa ideia apenas nesses casos em que não há separação entre os papéis de CEO e PCA. Eles/elas podem exercer um papel crítico, por exemplo, em outras duas situações.

Primeiro, quando o presidente do conselho é acionista controlador e pode contrariar os interesses dos demais acionistas. Uma clara manifestação disso é na definição da remuneração de conselheiros e gestores, quando os membros da família controladora também são executivos.

A segunda situação, que está se tornando prevalente, é o papel de LID/SID nas grandes corporações onde PCAs, embora independentes, estão tão envolvidos com a gestão e a companhia que, em pouco tempo, não conseguem mais manter o distanciamento necessário para exercer sua liderança com a independência requerida pelo cargo. Nessas corporações, o presidente do conselho dedica metade do seu tempo a interações com os gestores.

Adicionalmente, o *lead independent director* é responsável por dar voz às preocupações aos conselheiros independentes. Ele faz uma ponte com os demais, oferecendo espaço para um debate mais aberto de seus pontos de vista ou trocando informações previamente. Sendo SID da BP, **Paula Rosput Reynolds*** observa que SIDs/LIDs também são valiosos ao colocar novas perspectivas sobre a mesa, quando há desacordo entre conselheiros, o que ajuda a "arejar" as questões mais sensíveis. Ela exemplificou, citando o caso de um colega conselheiro que era o único a não estar confortável com uma decisão endossada pelo PCA. O SID pode ajudar a difundir a dinâmica de outros membros do conselho "unindo-se" ao conselheiro dissidente para reformular a discussão e mostrar que um acordo não é capitulação. Essa intervenção pode ajudar a garantir que a dinâmica do que está acontecendo na sala de reuniões continue a encorajar a discussão das diferenças.

Outro papel de LIDs/SIDs é interagir com as equipes dos investidores institucionais nas questões de Environmental, Social and Governance (**ESG**). É diferente do papel exercido pelo departamento de Relações com os Investidores, já que o LID/SID atende à expectativa dos investidores institucionais de ouvirem uma voz independente. Os temas tratados no assim chamado "engajamento com os investidores" são principalmente focados em iniciativas ambientais, sociais e relacionam-se às preocupações a respeito de governança corporativa. **Paula Rosput Reynolds** explica seu ponto de vista em relação ao engajamento do SID/LID com os investidores:

---

* Paula Rosput Reynolds é conselheira independente da BP e conselheira não executiva da BAE Systems plc e da General Electric. Foi PCA, presidente e CEO da Safeco Corporation, uma empresa integrante do ranking da Fortune 500. Em entrevista concedida à autora em 11/8/2020 em uma sala de reuniões virtual na internet.

Você está lá, principalmente, para ouvir as pessoas. Não interage para elaborar ou defender a posição da empresa no debate. Em vez disso, atua como uma caixa de ressonância confiável para os acionistas. Após uma reunião, produzo uma matriz de questões levantadas pelos acionistas. Não há qualquer julgamento. É simplesmente uma lista das questões que os acionistas têm em mente e eu a compartilho com todo o CA ou com o devido comitê. O que considero mais importante é que o ou a LID/SID não está lá para defender a companhia. Está lá para ser uma caixa de ressonância neutra, levando as mensagens de volta ao conselho. Esse papel assegura aos acionistas que eles não serão questionados por sua posição. Essa postura neutra possibilita a articulação do tema. E todos estão cientes de que alguém da empresa poderá voltar aos acionistas depois para tentar mudar a posição deles. Mas, em primeira instância, a interação toda é apenas para receber a mensagem deles.

Diante de todas essas circunstâncias e papéis, a atuação de LIDs/SIDs pode ser instrumental para assegurar que o conselho de administração atinja seu melhor desempenho.

O PCA E O FIEL ESCUDEIRO

Entre as boas práticas de governança, está a criação de uma função que pode ser de grande utilidade para auxiliar a atuação dos presidentes de conselho de administração (PCA), especialmente aqueles (quase todos) que têm agenda muito sobrecarregada. É o chamado secretário de conselho, que também tem sido chamado de secretário de governança (SG) e que pode se tornar realmente o mais fiel escudeiro do presidente do conselho.

Por isso, é recomendável que ele responda direta e exclusivamente ao PCA e que fique claro para toda a organização o seu papel de "agente neutro". A função também pode incorporar outras atividades para se tornar o governance officer da companhia, atuando como o guardião de GC em um sentido mais amplo.

A definição das regras do relacionamento entre secretário de governança, PCA e os demais conselheiros é da máxima importância para evitar que o SG enfrente conflitos e problemas de delegação — o que, por fim, só aumentaria os pontos de tensão entre o PCA e os demais conselheiros e entre o CA e a gestão. Um dos objetivos do secretário de governança é justamente o oposto: mitigar o potencial de estresse nessas interações.

Uma boa definição de um secretário de governança é "algodão entre cristais", o que demonstra que habilidade de relacionamento e saber navegar nos eixos de poder, onde não raro a vaidade é grande, é questão de sobrevivência. Em conjunto, PCA e SG fazem com que as reuniões do conselho transcorram de modo harmonioso e mais eficaz: "Essencialmente, o PCA é responsável pelo funcionamento e a condução do conselho, enquanto o SG assume os mecanismos e os processos da governança."[20]

O guia de Boas Práticas para Secretaria de Governança[21] do **IBGC** define mais detalhadamente: "O SG é o profissional responsável pelo apoio direto a todas as atividades relacionadas ao funcionamento do sistema de governança, sendo fundamental que aja com autonomia e imparcialidade nas interações entre os agentes e os órgãos de governança e na proposição e/ou implementação de processos que promovam as melhores práticas de governança corporativa."

A publicação também especifica quais são as atribuições dos PCAs, o que podem — e devem — delegar ao SG para assegurar a qualidade do funcionamento do conselho e de seus comitês. Além de zelar pela conformidade (compliance) dos documentos de governança com a regulação e a legislação aplicáveis, o SG cuida de um conjunto de ferramentas com o objetivo de "assegurar a agilidade na comunicação, dar transparência às informações, ter previsibilidade de agenda e facilitar o acesso a documentos de governança".[22] Entre as ferramentas diretamente relacionadas ao funcionamento cotidiano do CA, o documento destaca as seguintes:

Calendário anual de eventos corporativos: Geralmente aprovado ao final de cada exercício, tem o objetivo de sincronizar as datas das reuniões do CA, dos comitês, da diretoria com as das assembleias, possibilitando o agendamento antecipado de todos os participantes, além de permitir o envio prévio das informações necessárias à eficiência das deliberações.

Agenda de reuniões e Agenda anual: Com a contribuição do SG, o PCA define a Agenda de reuniões e os temas a serem debatidos e/ou deliberados pelos conselheiros, de acordo com as demandas da diretoria executiva e em sincronia com as assembleias. A programação da Agenda anual distribui-se ao longo dos meses e o SG pode sugerir temas atuais pertinentes ao contexto estratégico de negócios ou às melhores práticas de governança. Mais do que divulgar internamente as duas agendas, o SG faz o acompanhamento (follow-up) de questões pendentes.

Atas das reuniões do CA: Com fidedignidade e clareza, o SG é responsável pelas atas das reuniões do conselho, que devem incluir a definição de prazos e responsáveis pelas iniciativas. As atas são o principal registro das deliberações do CA, incluindo também declarações, solicitações relevantes e, em especial, votos contrários e abstenções. Além de elaborar as atas, o SG também é responsável por sua divulgação interna e externa, quando necessária.

Propostas de deliberação (PdD): Longe de ser um procedimento burocrático, esse documento registra os temas que serão submetidos à aprovação, demonstrando organizada e objetivamente que há alinhamento das decisões com a estratégia corporativa.

Portal de governança: O site deve oferecer — de forma clara, concisa e objetiva — um conjunto de informações relevantes para o processo decisório, a fiscalização e o acompanhamento dos resultados da empresa, sendo o SG responsável pela administração, manutenção e atualização do conteúdo e também pela definição dos perfis de acesso.

ALTA-TENSÃO: COMPORTAMENTOS DELETÉRIOS

De fato, diversos entrevistados apontaram ainda que, além das naturais diferenças de perspectiva existentes entre PCA e CEO, outros fatores podem acabar gerando tensões entre os próprios conselheiros. Um deles relatou, por exemplo, o caso de um CA em que os conselheiros buscavam construir um relacionamento com o CEO paralelamente à atuação do PCA. Na ausência do presidente, outros conselheiros tentavam conquistar a simpatia do CEO, fazendo afirmações do tipo: "Ah, o PCA é mesmo chato, ele é isso e aquilo" ou então "Pois é, o PCA foi realmente duro demais com você hoje, acho que ele não entendeu bem seu ponto...". Obviamente, o CEO pode ter relações individuais com os outros conselheiros, não há a menor dúvida. Tudo, porém, tem que passar pela articulação e criação da confiança com o presidente do conselho, dentro de um processo de governança muito bem-cuidado por ele. O PCA tem que assegurar o mais absoluto profissionalismo na relação entre o CA e a gestão.

"Aliciar a cumplicidade do CEO" e/ou "Falar mal do PCA pelas costas", entretanto, são apenas mais alguns dos comportamentos deletérios, que podem ocorrer entre os conselheiros. Grande parte dessas atitudes desviantes, como o *bullying*, o excesso de vaidade, as conversas paralelas, a desatenção causada pelos aparelhos eletrônicos ou o despreparo para as reuniões, já foi abordada no **Capítulo 2**. A questão agora é outra: cuidar para que esses comportamentos não prejudiquem o andamento das reuniões é mais uma atribuição do PCA, o que pode gerar ainda mais tensão na sala de reunião do conselho, como foi o caso de um conselheiro falastrão, de acordo com o relato de um dos entrevistados:

> O conselheiro falastrão é difícil, mas é o PCA quem tem que lidar com a situação. Não pode ser outro conselheiro. Nos dois casos em que aconteceu comigo, na primeira vez, eu era par do falastrão. Então, fui pessoalmente ter uma conversa honesta e respeitosa com o PCA e disse: "Olha, não consigo dar minha melhor contribuição e não estou aqui para brigar por espaço. Eu peço para você ver se con-

segue fazer alguma coisa. Mas, se não for possível, é uma situação difícil mesmo, então, como não consigo contribuir como gostaria, eu teria que sair do conselho." Logo depois, percebi que a pessoa melhorou muito. Então, me aproximei do ex-falastrão, fui tomar um café com ele, conversar, e ele relaxou. Às vezes, isso acontece por insegurança da pessoa. Outras vezes, é porque ele é falastrão mesmo e acha que a vida inteligente daquele CA senta na cadeira dele. Aí é mais complicado. Na segunda vez que enfrentei essa situação, eu era o PCA e um conselheiro reclamou para mim da loquacidade de um de nossos pares. Na reunião seguinte, pedi a participação dos demais conselheiros e abri espaço para que todos falassem. Costumo agir com esse tipo de indicação indireta, a menos que chegue a um ponto insustentável. Nesse caso, dou *feedback* direto ao conselheiro falastrão, especialmente se houver um processo de avaliação do CA.

Eventualmente, além de se dedicar à construção da ponte com a gestão e lidar com os comportamentos, às vezes deletérios, dos demais conselheiros, é o próprio PCA que manifesta suas idiossincrasias. Talvez o comportamento equivocado mais comum entre presidentes de conselho, como já foi discutido neste mesmo capítulo, seja o de se imbuir de seu poder e papel de liderança para influenciar e conduzir as decisões de acordo com seu próprio interesse — não no melhor interesse da empresa e de todos os seus *stakeholders* (partes interessadas). Nesse caso, o PCA costuma ser excessivamente presente e assertivo, condenando o conselho ao papel de coadjuvante.

No extremo oposto desse comportamento — mas tão nocivo quanto — está aquele PCA carente de posicionamentos mais afirmativos. Ele permite, por exemplo, que o conselho seja dominado por um de seus pares (provavelmente, o mais falastrão) ou até mesmo pelo CEO, como contou um entrevistado francês que vivenciou esse tipo de situação em um CA em seu país:

Tenho um exemplo de presidente que não cumpria o seu papel, deixando-se dominar pelo CEO. Todos os conselheiros reclamavam, pois a gestão não era realmente desafiada. O PCA não dava tempo para os conselheiros manifestarem sua opinião. Era ausente, omisso, não desempenhava sua função. Então, o CEO assumiu o controle, fazia a agenda e dominava o CA.

O que um conselheiro pode fazer diante desse comportamento do presidente do CA?

Antes de tudo, reunir-se com o PCA e conversar. Perguntar: por quê? É preciso descobrir se a questão é falta de experiência ou timidez ou quem sabe a pessoa não conhece ainda o negócio muito bem. Descubra as razões e tente ajudar. Não é difícil. Eu já fui conselheiro com um PCA assim. Depois de seis meses, decidi que deveria ajudar. Fizemos uma reunião em que eu expliquei o papel do PCA, como ele precisa se comportar e como eu poderia ajudar. Deu certo. Quando alguém puxava temas fora do foco, por exemplo, eu pedia que o PCA fizesse uma síntese da discussão principal, trazendo-o de volta para o seu papel. Nas reuniões, é natural que, às vezes, haja conversas paralelas, mas é preciso dizer: "Tudo bem, vamos voltar ao foco e chegar a uma conclusão antes de seguir para o próximo ponto." Isso é muito importante. Com minha experiência de 12 anos como conselheiro independente ou consultor em empresas de capital aberto ou familiares, sei que, se não houver uma boa governança, não haverá um bom presidente de conselho. Para mim, essa é uma verdade absoluta. O PCA deve assumir a liderança e solicitar aos conselheiros que participem, fazer com que sejam mais proativos, participativos e se preparem para as reuniões. Um conselheiro em silêncio é inútil. É interessante estudar o papel do PCA porque ele é parte da regulação e coloca as melhores práticas em ação. Tudo isso depende do presidente do conselho.

Afora os comportamentos excessivamente assertivos ou exageradamente omissos, alguns outros pecados do presidente do conselho foram indicados por **Sérgio Lires Rial***. Para ele, uma das formas de prevenir ou mitigar os efeitos mais danosos dos comportamentos ineficazes, tanto do PCA quanto dos demais conselheiros, é a adoção de um processo sistemático de avaliação e *feedback*:

> Além do excesso de presença, capaz de sequestrar o debate, o segundo pecado capital do PCA é, às vezes, se preocupar demais com a mitigação de riscos e não estimular a qualidade do processo decisório. Outra falha grave é não se preocupar com o mix de conteúdo técnico e de diversidade dentro do conselho. O PCA tem o papel fundamental de olhar o CA como uma equipe e tentar extrair o melhor dela, seja individualmente, seja pela composição do grupo. O quarto pecado é a falta de *feedback*. Raramente o presidente dá ou recebe um *feedback*. Eu acho que isso não deveria ficar restrito a uma avaliação anual. A avaliação não deve ser uma surpresa, precisa ser muito mais dinâmica. É preciso que haja outros pontos de contato ao longo do ano. O PCA chega para outro conselheiro e fala: "Eu senti que, nesse tema, você ou não estava engajado ou se sentiu pouco à vontade... o que houve, o que faltou?" Ou então o presidente observa que o conselheiro não tem se preparado para as reuniões. Na conversa de *feedback*, ele pode ficar sabendo de uma situação problemática específica e temporária da pessoa. Mas se a falha persiste, acho que uma boa prática é ter uma discussão muito mais clara sobre o número de conselhos em que essa pessoa deve participar. O melhor é explicitar os critérios antes de a pessoa integrar o CA. Pela minha experiência, o que funciona muito bem é exatamente esse pacto: quais são as expectativas do conselho em relação a você e depois ir dando o *feedback* sistemático. Infelizmente, não tenho visto esse aprimoramento pela avaliação contínua.

---

* Com larga experiência em posições executivas e como conselheiro no Brasil e no exterior, Sérgio Rial, que já ocupou a presidência do conselho de administração do Santander, é atualmente CEO do banco no Brasil e membro do conselho da Delta Airlines. Em entrevista à autora em 11/09/2015 na cidade de São Paulo.

ABRINDO A CAIXA-PRETA: AVALIAÇÃO DO CA

A importância dos processos de avaliação de conselhos vem sendo reconhecida e diversos códigos de governança corporativa (GC) já exigem que essa revisão seja regular e formal. Na França, Holanda e Reino Unido, por exemplo, há a exigência específica de que a avaliação do CA seja realizada no mínimo a cada três anos com a participação de um consultor independente. Ao adotar um processo sistemático e independente de avaliação, o conselho de administração, sendo o eixo central da governança da organização, dá o exemplo de que a disposição ao aprimoramento contínuo é um valor a ser perseguido por todas as demais esferas e instâncias da empresa.

Ainda há empresas, porém, em que o principal obstáculo à sistematização da iniciativa é, justamente, a presença de controladores, familiares, fundadores ou ministros como conselheiros, pois a avaliação pode ser vista como um constrangimento para eles. Em sua entrevista, **Pedro Parente**[*] aponta que essa continua a ser uma das razões para a resistência ainda existente em relação às avaliações de CA:

> Se houvesse uma declaração prévia: "Não se preocupe, nós vamos avaliar, mas a avaliação vai ser positiva", toda empresa faria avaliação do CA. Mas, como sempre existe a possibilidade de haver uma avaliação negativa — e, se não houver essa possibilidade, nem adianta avaliar —, há resistência. Às vezes, entre os conselheiros, falta humildade para aceitar ser avaliado: "Veja bem, somos o órgão máximo da empresa. Então, por definição, somos a excelência personificada. Para que avaliar se a gente já sabe que este aqui é um excelente conselho?" Não é incomum a visão de que, se ele ou ela foi convidado para estar num CA, o pressuposto do seu desempenho ou da sua adequação já está vencido. Por isso é que é muito importante, de novo, o papel do PCA e a maneira com que é feita a avaliação. A sensibilidade e habilidade de quem entrega os resultados individualmente para cada

---

[*] Em entrevista à autora em 03/09/2015 na cidade de São Paulo.

conselheiro tem que ser bastante apurada. Precisa fazer o que a gente chama de conversa honesta, mas respeitosa.

Seja por esse ou por outro motivo, a pesquisa de **Guerra, Barros** e **Santos**[23] evidencia a existência de uma certa polarização em relação à avaliação periódica dos conselhos: enquanto 44% dos 340 conselheiros atuantes em quarenta países afirmam que seus CAs nunca realizam avaliações periódicas ou o fazem em um intervalo de tempo superior a três anos, outros 44% apontam que a iniciativa é adotada anualmente em seus CAs, como mostra a seguir o Gráfico 4.4:

Avaliação sistemática dos CAs ainda não é prática comum

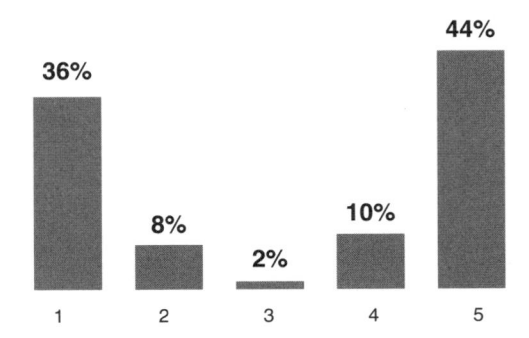

Gráfico 4.4: Existência de avaliação do conselho.
Questão da pesquisa: O conselho realiza a avaliação periódica de desempenho:
(1) Nunca
(2) Menos frequentemente
(3) A cada triênio
(4) A cada biênio
(5) Anualmente
Fonte: Guerra, Barros e Santos (2020).

Mesmo ainda havendo alguma resistência — explícita ou velada — em relação aos processos de avaliação de CA, pelo menos entre as maiores corporações mundiais, é crescente a adoção dessa prática, como indica uma análise dos manuais de assembleia (*proxy statement*) das companhias integrantes do ranking *Fortune 100** realizada em 2019. Publicado no **Harvard Law School Forum of Corporate Governance**,[24] o estudo teve o objetivo de verificar como as companhias líderes nos Estados Unidos estão aprimorando e comunicando às partes interessadas (*stakeholders*) o processo de avaliação de seus conselhos de administração. Do total dessa seleta amostra, 73% avaliaram seus CAs no ano passado e 27% usaram ou consideraram usar terceiros independentes para facilitar o processo. De acordo com esse trabalho, os investidores, reguladores, experts em GC e outras partes interessadas estão continuamente desafiando as organizações a examinar e explicar o desempenho e a composição de seus conselhos. Segundo os autores, está surgindo um novo mantra corporativo:

> De fato, muitos *stakeholders* observam a composição e a eficácia dos conselhos como principal prioridade e fundamento para a criação de valor em longo prazo e a sustentabilidade. Os CAs estão ouvindo. Estão aprimorando as práticas de avaliação, endereçando a necessidade de aumentar a diversidade, expertise e eficácia e também como comunicar melhor esse trabalho aos investidores e outros *stakeholders*. O aprimoramento contínuo é o novo mantra — para os conselhos, a diretoria executiva, a gestão de talentos e para as empresas como um todo. Os conselhos de administração devem incorporar — e suas divulgações devem refletir — esse mantra.[25]

Também é fato que a maioria das companhias que adota o processo de avaliação de seus conselhos acaba por reconhecer que se beneficia dessa iniciativa. Em estudo realizado pela **Deloitte** com 271 conselheiros,[26] 81%

---

* A amostra Fortune 100 reúne as 100 companhias norte-americanas, que ocupam o topo do ranking Fortune 500, que é composto das 500 empresas com maior faturamento anual nos Estados Unidos.

deles concordaram com a afirmação de que a avaliação de desempenho do CA influencia mudanças futuras. Já no relatório da pesquisa anual da **PwC**[27] com presidentes de conselho, 57% deles explicitaram que, como resultado das questões identificadas na avaliação do CA, foram tomadas providências ao longo do período seguinte, que aprimoraram o desempenho do conselho. Entre as principais mudanças realizadas estão: buscar expertises complementares para integrar o conselho (35%), alterar a composição dos comitês (30%), ampliar a **diversidade** do CA (17%) e mudar a composição do conselho, isto é, não renomear um dos conselheiros para o próximo período. Apesar de não ser o desdobramento mais comum, isso pode realmente ocorrer, como conta um dos entrevistados, com vivência internacional em conselhos:

> Na avaliação "360 graus", como estávamos nos encaminhando para o final do mandato do CA, no meu papel de PCA, eu solicitei a inclusão de uma questão específica de avaliação de performance individual. Cada um dos conselheiros tinha que responder se cada um dos outros devia permanecer ou não de acordo com sua percepção do desempenho deles. Da primeira vez que fizemos isso, não houve indício de qualquer problema. Porque, como presidente, se um ou dois apontam uma questão, eu avalio também se aquilo é parte das tensões das interações, ou não. Mas, na segunda vez, quando a metade do conselho apontou o mesmo problema sobre o mesmo conselheiro, aí soube que havia uma questão identificada e precisava agir. A sessão de *feedback* com ele não foi fácil. De início, pareceu chocado porque não seria renomeado para o conselho. Mas depois agiu normal, encerrou o mandato, até voltou a contribuir. Foi um excelente aprendizado para o grupo.

Embora nem sempre os resultados sejam tão drásticos, **Luiz Carlos Cabrera*** afirma que a avaliação de conselho, quando recebe o apoio

---

* Em entrevista à autora em 23/02/2016 na cidade de São Paulo.

de *feedbacks* individuais, também se mostra bastante útil em mudanças comportamentais. Nessa área, segundo ele, as falhas mais comuns são a prolixidade, o despreparo para as reuniões e o excesso de ansiedade dos conselheiros, especialmente do PCA. O processo de avaliação, porém, pode tornar o grupo mais coeso e possibilitar, inclusive, que um conselheiro apoie o outro:

> Normalmente, o protocolo exige que o PCA dê os *feedbacks*, mas alguns presidentes pedem a participação do consultor para atenuar a situação. As correções mais comuns que tenho visto são quanto à prolixidade — tem gente que adora a própria voz, qualquer pergunta se transforma numa dissertação de mestrado. O segundo comportamento que mais muda é a falta de preparação prévia. Eu vivi em relação a isso uma situação bem constrangedora. Estava avaliando um PCA, fundador da empresa e acionista majoritário, e perguntei: "O senhor chega preparado para as reuniões?" E ele disse: *"Eu sou preparado.* Não é que eu me preparo para a reunião, *eu já sou preparado."* Então, quando o comportamento é de prepotência, o conselheiro é professor de deus, aí é mais difícil mudar. Tem também aquele tipo ansioso, que não consegue esperar sua hora de falar e acaba quase que enunciando a própria decisão antes de ouvir os outros. Esse é um defeito mais fácil de lidar do que com o prepotente. No caso de ansiedade, eu sugiro, por exemplo, que a pessoa escolha um guardião no CA. Quando começa a entrar no comportamento inadequado, o outro só coloca a mão no braço e a pessoa se conscientiza que está ansiosa. Isso ajuda a mudar, já vi mudar. Foi uma dica de um conselheiro inglês; que me disse: "Quem mais pode ajudar um conselheiro é outro conselheiro." Porque, às vezes, o consultor ajuda a pessoa a tomar consciência dos comportamentos inadequados, mas não vai estar lá na hora para ajudar na mecânica de evitar o comportamento.

A avaliação do conselho de administração pode ser realizada em quatro dimensões — separadas ou simultaneamente (ver boxe adiante) —, com múltiplas combinações adequadas ao contexto ou à situação vivida naquele momento pelo CA. Dependendo principalmente da etapa de maturidade da governança, a avaliação pode ficar restrita aos integrantes do conselho ou incluir também a visão externa dos membros dos comitês (que não forem conselheiros) e também dos executivos. No Brasil, ainda é bem raro, mas é possível — e, às vezes, desejável — dar voz também aos investidores para que eles indiquem qual sua percepção a respeito da atuação do CA de determinada empresa, como apresentado no Gráfico 4.5:

Visão externa ainda não é ouvida nas avaliações

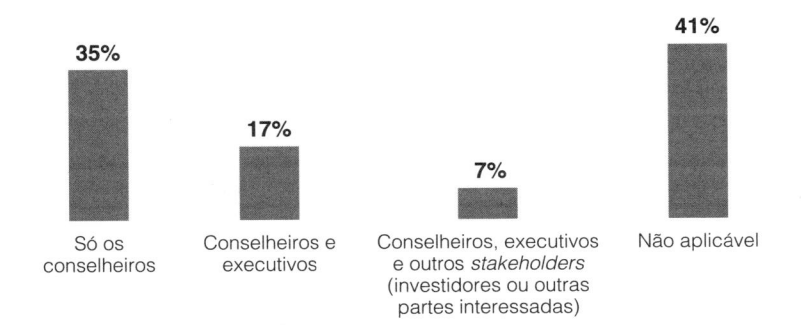

Gráfico 4.5: Avaliadores do conselho.
Questão da pesquisa: Indique quem são os avaliadores:
Só os conselheiros
Conselheiros e executivos
Conselheiros, executivos e outros *stakeholders* (investidores ou outras partes interessadas)
Fonte: Guerra, Barros e Santos (2020).[28]

As características específicas do modelo adotado não são fundamentais. Dois pontos, porém, são essenciais. Em primeiro lugar, o envolvimento de um profissional externo e independente que assegure a isenção, o sigilo e a objetividade do processo. E, em segundo, como afirma **Alexandre Gonçalves Silva**[*], que não se perca de vista que a avaliação é uma ferramenta de aperfeiçoamento da governança:

> Depois de fazer umas três, quatro avaliações, o pessoal que permanece no conselho vai ficando mais objetivo. Diz o que realmente interessa para melhorar o grupo ou a pessoa. Não é criticar por criticar, o alvo é melhorar. Além disso, acho que a avaliação deve ser feita sempre por um consultor externo, porque na conversa do consultor com a pessoa existe uma liberdade maior, um ambiente melhor. Já vi muitos conselheiros mudarem, resultante da avaliação. Eu me lembro de um conselheiro que era líder de um comitê, que foi criticado como líder do comitê, não como conselheiro. No comitê, ele não dava muito espaço para discussão e queria resolver os assuntos da maneira dele. Numa próxima reunião do comitê, ele conversou abertamente com o pessoal sobre aquilo, tratou do assunto com uma maturidade incrível. Eu acho que a avaliação do conselho é uma ferramenta excelente para ajudar o CA a amadurecer. Se não, não amadurece. Quando não é exposto aos problemas, você não aprende. O que mais ensina são as dificuldades.

---

[*] Em entrevista à autora em 19/02/2016 na cidade de São Paulo.

Avaliação de conselhos: muito a ser aprimorado

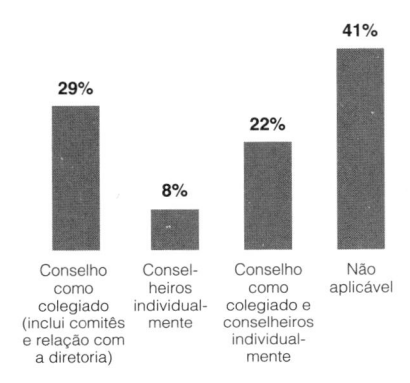
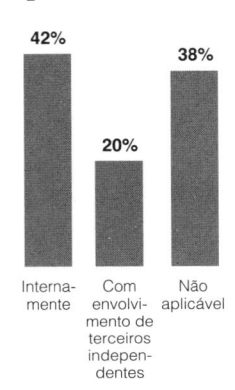

Gráfico 4.6:
Escopo de avaliação do conselho.
Questão da pesquisa:
Indique qual é o objeto da avaliação:
Conselho como colegiado (inclui comitês e relação com a diretoria)
Conselheiros individualmente
Conselho como colegiado e conselheiros individualmente

Gráfico 4.7:
Método de avaliação do conselho.
Questão da pesquisa:
Indique como é feita a avaliação:
Internamente
Com envolvimento de terceiros independentes

Fonte: Guerra, Barros e Santos (2020).[29]

AVALIAÇÃO DE CONSELHO: COMO, QUEM, POR QUÊ?

1. Quais os principais motivadores do processo de avaliação do conselho de administração?
Como órgão central da governança na organização, o CA deve ser visto como paradigma da busca do aprimoramento contínuo, mas há objetivos mais específicos como:
- tornar mais robusto o processo decisório e, portanto, reduzir riscos das decisões adotadas;

- alinhar a estrutura do CA à estratégia, reconhecendo as transformações necessárias para seguir no rumo certo;
- harmonizar a relação entre o CA e a gestão, ganhando eficiência pela identificação de sinergias;
- aprimorar interações do CA também com comitês, investidores e demais *stakeholders*; e
- criar valor pela governança, ampliando eficiência interna e melhorando a percepção externa.

2. O que pode ser incluído no processo de avaliação — em conjunto ou separadamente?

Conselho, como colegiado:
- estrutura e composição;
- papéis;
- funcionamento: processos e secretaria de governança;
- dinâmica;
- interface entre conselho e comitês;
- interface entre conselho e gestão;
- aspectos comportamentais envolvidos na atuação do CA; e
- presidência do conselho.

Comitês:
- estrutura e composição;
- papéis;
- funcionamento: processos e secretaria de governança;
- dinâmica;
- interface entre comitês e conselho;
- interface entre comitês e gestão; e
- coordenação do comitê.

Conselheiros:
- autoavaliação individual;
- avaliação dos pares; e
- competências, características e atributos.

Benchmark:
- comparação de práticas selecionadas com as melhores práticas; e
- comparação com pares nacionais, internacionais da mesma indústria e/ou admirados.

3. Quem participa do processo de avaliação do conselho?
Dependendo do contexto do negócio e do nível de maturidade de governança, podem participar:
- somente os conselheiros;
- membros dos comitês que não forem conselheiros; e
- executivos.

Ainda é rara a inclusão da visão e expectativa dos investidores sobre o CA e a governança da empresa.

4. Como é realizado o processo de avaliação do conselho?
Duas ferramentas são mais frequentemente usadas nas avaliações: 1) enquete eletrônica; e 2) entrevistas pessoais e confidenciais nas quais cada entrevistado tem a oportunidade de explicitar suas opiniões e percepções a respeito de cada tema.

São nessas entrevistas pessoais, valendo-se do sigilo assegurado por alguém independente, que os conselheiros se abrem e abordam os pontos mais nevrálgicos vividos no CA, apontando possíveis oportunidades de melhorias.

Encerrando o processo de avaliação, o conselho deve realizar um profundo debate de seus resultados e estabelecer um plano de ação com prazos e atribuição de responsabilidades. Cabe ao PCA monitorar a implementação do plano e dar retorno ao CA ao longo do ano seguinte sobre o andamento das melhorias propostas. Além disso, eventualmente, contando com o apoio de profissional externo, o PCA dá *feedback* aos conselheiros individualmente. Essa também é uma oportunidade para que ele receba um *feedback* mais detalhado de seus pares.

Os processos de avaliação do CA, especialmente aqueles cujo modelo envolve a avaliação 360 graus entre os conselheiros, podem ser de grande utilidade também para o amadurecimento do PCA. De acordo com uma pesquisa,[30] o desenvolvimento dos presidentes de CAs passa por três alternativas: *feedback* por parte do conselho, participação regular em redes de presidentes de conselho e aprendizado oportunístico. O estudo reconhece, porém, que a ferramenta de desenvolvimento mais impactante das três é o *feedback* dos pares.

É nessa troca igualitária com seus pares que o PCA ajuda — e é apoiado — na construção de um ambiente favorável para que todos — conselheiros e executivos — possam dar sua melhor contribuição à sustentabilidade do negócio. Por ser essa uma causa cooperativa, **sir Adrian**[31] chega a comparar o PCA a um maestro — é ele quem rege e orquestra os meios para o melhor desempenho do grupo. Mas lembra que, acima de maestro, "o presidente do conselho é seu próprio compositor, mas nem pode ter certeza prévia de que músicas seus solistas irão tocar ou se terão uma grande performance".

Talvez por isso mesmo alguns prefiram comparar o PCA a um músico de jazz — aquele que é capaz de criar os melhores improvisos, alicerçado no conhecimento técnico mais profundo dominado pelo grupo de músicos.[32] Regente de orquestra ou músico de jazz, o traço que melhor caracteriza sua atuação à frente do conselho é a competência para liderar e extrair o máximo do grupo — seja sob as condições ideais de conformidade ou nos momentos mais críticos de **disrupção**. Portanto, além de ocupar a cadeira mais solitária do mundo, um estudo[33] aponta que diante de eventos potencialmente **disruptivos** é também o PCA quem "traz à tona a discussão e tem a responsabilidade de manter a liderança estratégica e o alinhamento nos momentos de descontinuidade e incerteza". Mas, muito além dos momentos **disruptivos**, a maior parte dos eventos cotidianos na gestão do negócio já basta para tirar o sono do PCA e dos demais conselheiros, como se verá no próximo capítulo.

Agora, o PCA do caso do início desse capítulo explica como ele conseguiu encaminhar uma decisão que acabou por deixar todos satisfeitos:

Um dos pontos que me faziam resistir à decisão de demissão do CEO era, justamente, o meu entendimento de que o julgamento de vários conselheiros era apressado e superficial. Harold tinha competências técnicas no setor bem acima da média, tinha visão estratégica, capacidade de gestão e era realmente muito querido e respeitado pelo time de colaboradores da empresa. O contexto vivido pela companhia tinha sido muito desfavorável. Outro CEO teria conseguido o mesmo resultado que Harold?

Eu não queria impor minha visão, mas sabia que, como PCA, tinha um papel particularmente importante naquela difícil situação. Tinha que assegurar que tomássemos a melhor decisão, fosse ela qual fosse. Busquei um processo de decisão para tratar da questão de forma objetiva e profunda. Em vez de olhar para nosso CEO como um problema único, procurei introduzir na dinâmica da discussão a busca de pontos fortes e fracos e abordar isoladamente cada uma das limitações identificadas no CEO. Com isso, exauri as possibilidades para suprir suas lacunas. Caso contrário, como a maioria do CA já pretendia, a única solução seria mesmo sua substituição. Mas, se essa fosse realmente a decisão, saberíamos que foi tomada após um processo exaustivo em que todas as perspectivas e possiblidades tinham sido consideradas.

Ele não era o melhor na área financeira? Isso era um fator limitador que o excluía? Existia algo que pudesse ser feito para contrapor essa limitação? Mais do que apresentar respostas, como PCA, conduzi um processo de questionamento, buscando extrair dos conselheiros as respostas. Um deles propôs a contratação do melhor executivo de finanças para orientar Harold. O questionamento levou ainda à conclusão de que ele era muito bom na área técnica, mas estava sobrecarregado. Nesse caso, de imediato, um dos conselheiros apresentou uma proposta: "Certo, então vamos contratar alguém para lhe dar mais suporte nessa área." Precisa ser um líder mais assertivo, se comunicar melhor e tornar a estratégia mais clara? Certo, vamos encontrar o melhor coach para ele. Essa análise detalhada das limitações e também dos pontos fortes e potenciais de Harold acabou por conduzir o CA para a decisão de renovar a aposta no desempenho dele.

Assim fomos evoluindo ao longo do processo até que os primeiros resultados positivos começaram a surgir e a confiança do CA em Harold começou a se restabelecer. Ele ganhou a confiança até mesmo de um dos representantes dos fundos de private equity, que foi capaz de superar sua percepção negativa inicial. Em vez de simplesmente descartá-lo, o que teria sido o caminho mais fácil, tratamos das dificuldades uma a uma ao longo de dois anos. Só que agora o CA estava consciente de que o conjunto de qualidades e resultados já entregues por Harold valia ainda essa tentativa. Em 2017, quando finalmente fizemos o IPO, a ação estava cotada a $30, e três anos depois chegou a $120. É incrível a quantidade de valor que Harold foi capaz de gerar para si mesmo e para os acionistas. Quando se aposentou no ano passado, ninguém mais se lembrava das antigas críticas ao desempenho dele. Como PCA, esse foi um aprendizado importante para mim sobre como moldar o processo de decisão para torná-lo muito mais objetivo, estando sempre atento ao fato de que o conselho pode ser refém de visões distorcidas ou se tornar presa de situações em que a racionalidade não impera.

e arcado com todas as despesas de um jantar bastante requintado. Mais de US$ 50 mil, incluindo todas as despesas de viagem — injustificáveis pela política da empresa. Todos os funcionários conheciam as regras. Quando você é o CEO, vive em uma casa com teto e paredes de vidro. Aquele era um fato concreto a respeito da integridade do nosso principal executivo. E a denúncia era rica em detalhes. Já se sabia internamente que ele estava praticamente roubando a empresa. Então, o assunto virou prioritário; era preciso acabar com nossas noites maldormidas e solucionar logo aquele dilema.*

Se existe entre os papéis do conselho de administração aquele que melhor caracteriza sua atuação, é o de se responsabilizar pela tomada de decisões estratégicas na organização. O CA é, sem dúvida, a máquina corporativa de tomar decisões, e nesse processo reside grande parte do sucesso — ou do insucesso — das empresas. Por si só, a consciência da relevância dessa responsabilidade cotidiana sobre o resultado dos negócios já seria razão suficiente para causar uma boa dose de estresse.

Só que esse desgaste é amplificado pelo fato de o processo decisório estar sempre envolto em um cenário de incertezas — internas e externas — à empresa e aos próprios indivíduos. Diversos pesquisadores já buscaram endereçar a questão, entre eles, **Thuraisingham** e **Lehmacher**, que argumentam que o processo decisório é sempre muito impreciso porque:

> Não somos tão hábeis na tomada de decisões como gostaríamos de acreditar. Além disso, embora queiramos crer que as organizações sejam erguidas sobre uma base de ideias racionais, elas, de fato, operam de forma irracional, porque as pessoas encarregadas de fazê-las funcionar trazem consigo as próprias emoções. Mesmo quando alguém parece agir irracionalmente apenas de vez em quando, em geral, é sistematicamente irracional. Isso está relacionado a seu

---

* A conclusão desse relato será apresentada na página 216 desse mesmo capítulo.

> modo habitual de pensar. É por isso que o processo decisório
> é terreno fértil para os erros — os filtros, vieses, preferências,
> valores e crenças das pessoas interferem e levam a decisões
> menos eficientes do que poderiam ser.[1]

Imersos permanentemente nesse contexto de graves decisões tomadas em ambientes de grandes incertezas, é comum que as noites de insônia façam parte dos relatos dos conselheiros de administração. Em pesquisa realizada por **Guerra** e **Santos**[2] com 102 conselheiros brasileiros, os respondentes elencaram os principais motivos para sua perda de sono (Gráfico 5.1) e, em seguida, detalharam quais foram as decisões mais difíceis já enfrentadas nas reuniões dos conselhos em que atuam (Gráfico 5.2).

Principais razões que fazem os conselheiros perderem o sono

Gráfico 5.1: As questões que tiram o sono dos conselheiros: nove principais respostas escolhidas a partir de treze alternativas que representam 88% de todas as respostas.
Fonte: Guerra e Santos (2017).

Decisões mais difíceis tomadas como conselheiro

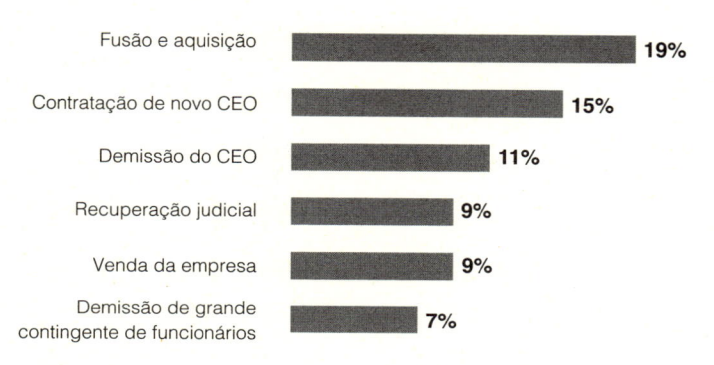

Gráfico 5.2: As decisões mais difíceis: seis principais em número de respostas, escolhidas em total de quinze alternativas e representando 70% das respostas. Fonte: Guerra e Santos (2017).

É interessante observar nos dois gráficos a seguir (Gráficos 5.3 e 5.4) uma ligeira variação das respostas para a mesma pergunta, de acordo com o gênero e o grau de independência autodeclarada pelo conselheiro. Por exemplo, entre os independentes, a decisão mais difícil costuma estar relacionada à venda da empresa (77,8%), enquanto para os não independentes as piores noites de insônia ocorrem quando as demissões em massa estão em discussão no conselho (75%). As principais causas de preocupação entre os conselheiros do sexo masculino ficaram divididas entre contratação/demissão do CEO (37%) e processos de fusão e aquisição (23%). Já entre as conselheiras, a maior dor de cabeça é geralmente causada pelos processos de fusão e aquisição (38%).

Decisões mais difíceis de acordo com independência e gênero

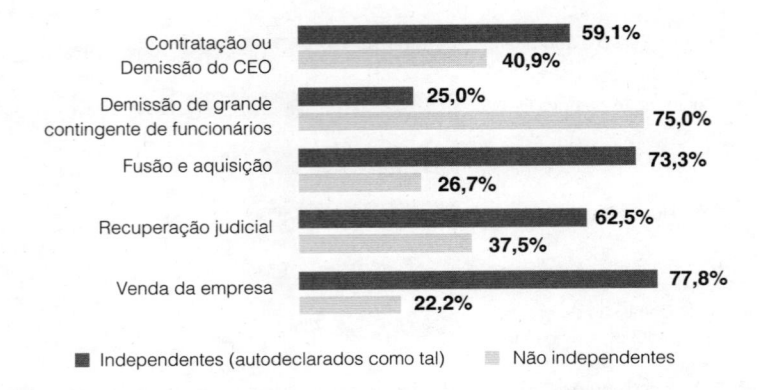

Gráfico 5.3*: As decisões mais difíceis de acordo com a independência: cinco principais em número de respostas de um total de quinze alternativas.
Fonte: Guerra e Santos (2017).

Gráfico 5.4: As decisões consideradas mais difíceis de acordo com o gênero: seis principais em número de respostas de um total de quinze alternativas.
Fonte: Guerra e Santos (2017).

---

* O gráfico indica o percentual de respondentes que identificou cada tópico como sua principal preocupação dentro de cada categoria.

Em pesquisa de **Guerra, Barros** e **Santos**,[3] desenvolvida em 2020 com 340 conselheiros atuantes em quarenta países, verificou-se que, embora as incertezas e a complexidade do ambiente de negócios permaneçam crescentes e cada vez mais céleres, 82% dos participantes admitem que no processo decisório costuma haver algum grau de rejeição a abordagens diferentes trazidas por novos integrantes dos CAs. Além disso, o Gráfico 5.5 indica que 30% deles afirmaram que, quando abordam questões complexas, seus conselhos de administração não propõem soluções criativas e inovadoras, enquanto 35% ficaram neutros.

Qualidade das decisões do conselho

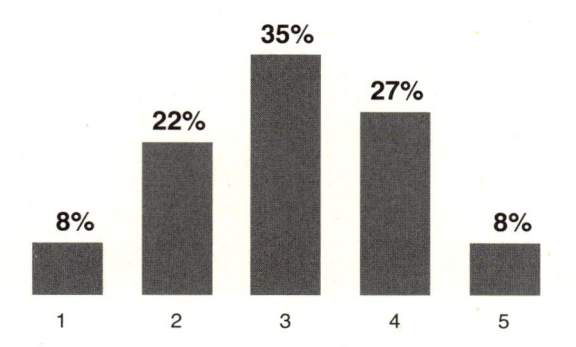

Gráfico 5.5: Criatividade e inovação.
Questão da pesquisa: Quando aborda questões complexas, o conselho normalmente propõe soluções criativas e inovadoras.
(1) Discordo totalmente (5) Concordo totalmente
Fonte: Guerra, Barros e Santos (2020).

Além de muitas vezes as reuniões ficarem presas a um ritual inflexível de rotinas,* o conselho pode também ficar mais fixado em questões operacionais e ao passado. A pesquisa *Conselheiros: dedicação de tempo dentro*

---

* O conceito de "rotinas habituais," desenvolvido por Gersick e Hackman, será abordado no Capítulo 6.

e fora das salas de conselho,[4] realizada em 2020 pela **Better Governance**,* coletou respostas de 103 membros de 238 conselhos. O trabalho revelou que 46% do tempo das reuniões dos CAs é dedicado mais à análise do passado do que à visão de futuro da companhia. Outro ponto identificado é que quase metade dos conselheiros (47%) admitiu que 30% do tempo dos debates nas reuniões é reservado a temas que deveriam ficar restritos à alçada da gestão.

M&A: MAIS ADRENALINA DO QUE RESULTADO?

Quem já frequentou as reuniões que precedem as grandes transações relativas a fusões e aquisições sabe que a carga de tensão e emoção domina o ambiente. Nessas ocasiões, toda a adrenalina liberada na disputa final de qualquer evento esportivo pode ser elevada tranquilamente à enésima potência. Frente a frente na mesa da sala de reuniões, aquela dezena de banqueiros e advogados vive horas contínuas de tudo que faz parte de um filme emocionante — só que na vida real. É um misto de emoção, medo, competição e de antecipação do prazer de uma possível vitória.

Talvez essa seja a explicação para a disposição desses profissionais de trabalharem direto em um acordo até por 48 horas, sem voltar para casa. Às vezes, sem parar nem para se alimentar. Esse mar de adrenalina, é claro, atinge tanto os administradores da empresa compradora quanto os da vendedora, incluindo aqui executivos e conselheiros. Quem compra revive o sentimento dos conquistadores da história, com o refinado prazer do mundo dos negócios. Mesmo que isso nunca seja explicitado, comprar é vencer a batalha e subjugar o comprado.

Mas, com certeza, essa overdose de adrenalina não seria capaz de justificar por si só o acelerado crescimento da atividade de M&A em

---

* Consultoria especializada em governança corporativa que oferece suporte ao aprimoramento do modelo e adoção de melhores práticas de GC. A autora é sócia fundadora da Better Governance.

todo o mundo. A justificativa por trás das transações de fusão e aquisição costuma estar fundamentada em um elenco de fatores, entre eles, a expectativa da rápida aceleração do crescimento dos negócios, redução de custos, ganho de escala, conquista de novos mercados, oferta ampliada de produtos e serviços.

É isso que explica racionalmente por que, em 2018, as transações globais de M&A tenham totalizado US$ 4,1 trilhões e, no ano seguinte — apesar do registro de um ligeiro declínio —, o relatório Global M&A Outlook do **J.P. Morgan** tenha avaliado o nível de atividade nesse mercado da seguinte forma: "Embora haja preocupação crescente com a desaceleração econômica (...) o apetite por grandes transações transformativas seguiu forte entre as corporações em 2019."[5]

No entanto, o que levanta a suspeita de que haja outros motivos — além dos racionais — para estimular o contínuo crescimento da atividade de fusão e aquisição é o fato de que essas transações têm tido tradicionalmente resultados duvidosos. O registro já é até histórico: a respeito das transações de M&A, em 1981, o lendário investidor **Warren Buffett** já afirmava no relatório anual de seu Berkshire Hathaway Inc.:

> Aparentemente, muitos executivos foram superexpostos na infância, quando ainda eram crianças impressionáveis, àquela história do príncipe que é libertado do corpo de sapo pelo beijo de uma linda princesa. Como consequência, tornaram-se convictos de que seu "beijo gerencial" será capaz de fazer maravilhas pela lucratividade da empresa-alvo... Temos observado muitos "beijos", mas bem poucos milagres. Ainda assim, muitas princesas da gestão têm se mantido serenamente confiantes na futura potência de seus "beijos", apesar de os bastidores corporativos já estarem repletos de sapos insensíveis.[6]

Outra avaliação à época pioneira, com uma amostra de 107 empresas de todo o mundo que haviam fechado os setecentos maiores acordos de M&A entre 1996 e 1998, indicou que sucesso e percepção de sucesso podem ser distintos. Um ano depois da transação, 82% dos respondentes estavam convencidos de que o negócio havia sido um sucesso. Ao aprofundar a investigação, porém, ficou claro que 45% daquelas transações não haviam sido reavaliadas formalmente naquele período. Portanto, aquela resposta positiva inicial era mais uma percepção individual do que um dado objetivo. Na mesma amostra, o estudo decidiu aplicar um critério objetivo de mensuração de resultado e chegou ao seguinte: 83% das operações de M&A haviam fracassado ao gerar mais valor para os acionistas. Esse efeito negativo foi confirmado posteriormente por diversos outros estudos; entre eles, um reiterou que 60% das fusões e aquisições não conseguem entregar o valor prometido.[7]

Em 2020, porém, alguns trabalhos já indicaram uma tendência ligeiramente menos otimista — ou, pelo menos, um pouco mais ponderada — por parte dos executivos e a atuação mais proativa de conselheiros na supervisão das transações de M&A. O sétimo estudo realizado anualmente pela **Deloitte** sobre tendências em M&A divulgado em 2020 teve amostra de mil executivos atuantes em companhias norte-americanas ou em subsidiárias nos Estados Unidos, além de firmas investidoras em *private equity* (PEI). Entre os participantes, 82% declararam que seus CAs supervisionavam ativamente as negociações de M&A, mas somente 4% deles manifestaram a expectativa de que houvesse uma redução no ritmo das fusões e aquisições. Quase metade, no entanto, reconheceu que as transações mais recentes não haviam gerado o valor esperado, conforme o relatório *The state of the deal: M&A trends 2020*:

> Apesar do otimismo geral com as M&A para o próximo ano (2020), os desafios prosseguem já que os negociadores enfrentaram diminuição do ROI em períodos recentes. Entre os participantes, 46% afirmam que menos da metade de suas transações dos dois últimos anos gerou o valor ou proporcionou o retorno sobre o investimento esperados.[8]

Entre as causas externas desse insucesso, os executivos citaram as forças econômicas (32%) e de mercado (30%) e, entre as razões internas, apontaram o não atingimento das expectativas de vendas (30%) e rentabilidade (28%), além, entre outras, de falhas nas *due diligence* (24%) e não alinhamento da cultura organizacional (20%). Já entre os fatores que, segundo eles, impulsionaram o sucesso das M&A, estão: integração efetiva (20%), avaliação acurada do valor da empresa alvo (20%) e processo consistente de *due diligence* (13%).[9]

Uma das hipóteses para explicar o interesse contínuo nos acordos de M&A, apesar do considerável registro histórico de fracassos, é o excesso de orgulho (*hubris hypothesis*):[10] os executivos da empresa compradora consideram-se mais competentes do que aqueles que estavam na adquirida. Arrogantemente, alimentam a convicção equivocada de que conseguirão administrar melhor e maximizar os ativos da companhia comprada melhor do que seus atuais gestores. Felizmente, esse nem sempre é o aspecto predominante, como relatou um dos conselheiros entrevistados:

> Numa proposição de aquisição, havia uma evidente oportunidade de geração de valor, mas havia também uma dúvida clara em relação à integridade e à ética da empresa que estaria sendo comprada. O negócio era em outro país, outra cultura, outros valores. Nós éramos doze conselheiros, sendo seis independentes, e ficamos bem divididos. A oportunidade financeira era óbvia, matematicamente comprovada numa planilha. Por outro lado, havia o imponderável; era a falta de *fit* cultural entre as duas companhias. Se não fizéssemos a compra, o dinheiro ficaria na mesa. No começo, o grupo de conselheiros ligado ao controlador e o CEO achavam que devia ser feita a aquisição. A alegação racional era que quem compra consegue impor rapidamente sua cultura, seus valores, mudar as pessoas. Pode fazer tudo aquilo que é necessário para ter a conformidade com o que julga ser correto. Para mim e para mais três outros conselheiros, essa perspectiva subestima a complexidade cultural da

empresa adquirida. É achar que envia uma armada, coloca uma brigada dentro da comprada e vai ser capaz de resolver tudo. Não é assim... A partir da aquisição, a reputação de quem compra é que está em jogo. Nesse debate, o CEO acabou sendo decisivo, pois mudou de ponto de vista durante o processo. Apesar de antes estar ao lado do bloco controlador de acionistas, ele foi muito assertivo e se posicionou firmemente contra a compra. Quer dizer, com todas aquelas dúvidas éticas e reputacionais, fazer a aquisição com o conselho dividido era, no mínimo, muito, muito arriscado. E essa acabou sendo a decisão correta.

MUITO ENTUSIASMO, POUCA OBJETIVIDADE

O CEO descrito no relato anterior, entretanto, pode ser considerado a exceção que confirma a regra. Na maioria das propostas de M&A levadas aos CAs, atrelada à hipótese do orgulho, a tendência dos executivos pende mais para o excesso de otimismo e de confiança, superestimando a própria capacidade de gerar altos retornos. Estudiosos argumentam que uma das características dos CEOs superconfiantes é que eles mantêm suas *stock-options* até a data de expiração,[11] pois, já que não podem diversificar o próprio portfólio, confiam no potencial de resultados das fusões. Nesse caso, ficam em média mais propensos a propor M&As que ampliem justamente a diversificação dos negócios, em especial se a companhia puder financiar internamente a aquisição e/ou tiver capacidade de crédito inexplorada.

Essa foi a conclusão do estudo realizado nos Estados Unidos,[12] analisando as decisões de M&A tomadas entre 1980 e 1994 no grupo de empresas integrantes do Forbes 500. Esse resultado também foi bastante assemelhado ao obtido em trabalho feito no Brasil por **Barros** e **Da Silveira**. Segundo os dois pesquisadores brasileiros, os CEOs ultraconfiantes e otimistas têm uma tendência mais acentuada para:[13]

- investir mais;
- fazer mais fusões e aquisições; e
- aceitar projetos com menor rentabilidade esperada e, portanto, fazer fusões e aquisições piores.

Como consequência, **Barros** e **Da Silveira** apontam ainda outras quatro características resultantes do excesso de otimismo ou autoconfiança desses CEOs:
- maior endividamento da empresa;
- pagamento de menores dividendos;
- preferência por remuneração variável; e
- recompra frequente de ações da própria empresa.

Contudo, é natural que, ao propor uma transação de M&A ao conselho de administração, os CEOs estejam entusiasmados: obviamente, eles não levariam àquela sala uma proposição em que não confiassem. No entanto, é também natural que haja a expectativa de que conselheiros coloquem um limite nesse otimismo. É preciso estar atento aos vieses dos executivos e manter a objetividade. "Não se apaixone pela ideia", como costuma alertar um experiente conselheiro. A categoria de vieses de excesso de confiança e os impactos do otimismo vão ser abordados no **Capítulo 6**, e a maneira de lidar com eles, no **Capítulo 7**.

M&A: SINAIS DE ALERTA

Thuraisingham e **Lehmacher** identificaram o que chamam de "sinais de alerta", indicando que o excesso de otimismo ganhou assento na mesa do conselho de administração. Segundo esses autores, os vieses do entusiasmo estão comprometendo a qualidade do processo decisório em um processo de fusão e aquisição, quando:
- há concordância unânime sem muito debate;
- há previsão de crescimento consideravelmente alto;

- falta avaliação sistemática de riscos, especialmente dos intangíveis;
- o cronograma da tomada de decisões é curto;
- há forte ênfase nos aspectos positivos da M&A;
- há euforia em torno de uma transação de grande porte;
- o processo de *due diligence* foi apressado e inadequado; e
- a abordagem de riscos é inconsistente.[14]

É importante que o conselho de administração e executivos estabeleçam *ex ante* os critérios de qualificação da transação, que devem ser atendidos para que a proposta de M&A seja levada ao CA. Essa iniciativa ajuda a manter o necessário grau de racionalidade, já que deixa transparente a todos os atores envolvidos quais são os limites e parâmetros que precisam ser considerados previamente. A clareza desse processo inicial de análise evita que cada proposta seja tratada como um exercício de oportunidade em vez de uma avaliação racional da transação diante das metas estratégicas do negócio e do universo de outras fusões e aquisições que a empresa deveria perseguir. A aprovação de um conjunto bem articulado de critérios que deve ser atendido antes de mais nada talvez seja a maior contribuição que o conselho pode dar para assegurar que os gestores ajam em alinhamento com as diretrizes estratégicas, aumentando a probabilidade de sucesso da M&A.

Uma das recomendações da **National Association of Corporate Directors** (NACD)[15] para lidar com CEOs excessivamente otimistas é assegurar que o debate seja baseado em dados objetivos e factuais. Além disso, é muito "importante entender se a criação de valor é realista com base nas condições de mercado". Essas contribuições objetivas construídas a partir da expertise de cada conselheiro adicionam uma perspectiva multifacetada à discussão. O debate producente emerge nesse espaço aberto ao contraditório e as melhores decisões se tornam possíveis. Exatamente como ocorreu em um CA e alterou — com sucesso — o rumo de uma aquisição, como relata um conselheiro:

Eu prefiro não especificar exatamente qual foi o negócio, mas nós estávamos fazendo um investimento, uma aquisição bastante importante. Na reunião do CA em que a proposição foi apresentada preliminarmente, o CEO e o presidente do conselho, que é também o acionista controlador, estavam entusiasmados. Para eles, naquele momento, a transação já estava praticamente estruturada. Era um CA com seis conselheiros, quatro internos e dois independentes. E um dos independentes, com experiência no mercado de capitais, propôs o seguinte: "Olha, por que não mudar o desenho do negócio, por que não mudar a estrutura de participação que a companhia vai ter na empresa alvo?" Não houve nem uma reação negativa, nem uma assimilação imediata. Não foi uma reação do tipo: "OK, sua contribuição está acatada." Foi algo mais como: "Vamos ver se o que ele está propondo tem mérito." Em seguida, houve o que chamo de etapa "boca de urna". Nosso CEO costuma usar esse mecanismo, que chamamos de "boca de urna". Ainda na fase de pré-deliberação, ele conversa e ouve muito os conselheiros. Tudo informalmente, do tipo: "Nós estamos indo por tal caminho... A gente pensa em fazer assim... isto, isso e aquilo." Quando o conselheiro especialista em mercado de capitais deu aquela contribuição na reunião, um dos conselheiros internos também quis conversar, e teve início um debate, porque ele tinha ainda outros pontos a acrescentar. Então, à aquisição que era para ter a estrutura X, os conselheiros propuseram a estrutura Y e Z e, depois do debate interno, não foi nem X, nem Y... Ficou XYXZ, que foi um híbrido das nossas conversas e dos debates. Aí o negócio avançou e já foi apresentado mais formalmente ao CA. Tudo foi ponderado e se construiu um caminho — e eram aspectos bastante relevantes, foram contribuições importantes.

CONSELHEIROS: COMO LIDAR COM O EXCESSO DE OTIMISMO DE GESTORES

Para que os conselheiros consigam lidar de um modo mais eficiente com o excessivo otimismo dos executivos, além de um conjunto de recursos e ferramentas comportamentais que será apresentado no **Capítulo 7**, existem algumas boas recomendações que podem ser colocadas em prática imediatamente. As sugestões a seguir foram elaboradas pelo professor **Lucas Barros** para promover a objetividade na relação entre o CA e o CEO e podem ser aplicadas em especial na discussão prévia e logo após a realização de uma fusão ou aquisição:

Durante a deliberação da proposição, é recomendável aos conselheiros:
- contrapor os riscos ao otimismo do gestor;
- solicitar estudos mais detalhados e fundamentados;
- exercitar o ceticismo, questionando consistentemente;
- considerar a possibilidade de que o CEO tenha seus próprios vieses;
- assegurar decisões colegiadas menos afeitas aos vieses;
- desafiar de forma construtiva as proposições;
- selecionar criteriosamente os projetos para que estejam alinhados aos interesses dos acionistas; e
- garantir um processo de decisão mais seguro.[16]

Na implementação do projeto, os conselheiros assumem os papéis de supervisão e apoio:
- acompanhar a implantação do projeto: maior rigor na supervisão, caso haja desempenho com vieses do gestor;
- assegurar que não haja alterações relevantes sem nova ratificação do CA; e
- comunicar clara e tempestivamente ao gestor os receios e prover aconselhamento.[17]

EXECUTIVOS: COMO LIMITAR O PRÓPRIO EXCESSO DE OTIMISMO

Não são somente os conselheiros que devem combater o excesso de otimismo nas salas do conselho. Todas as sugestões apresentadas até agora servem também de pontos de reflexão para os CEOs.

Além dessas e de um conjunto de recursos abordado à frente no **Capítulo 7**, existem também algumas outras recomendações mais específicas, que podem ser postas em prática para que o próprio executivo consiga se prevenir da cegueira causada pela adrenalina do entusiasmo. Essas sugestões não são excludentes; ao contrário, podem — e devem — ser praticadas concomitantemente:

- O CEO deve assegurar que as proposições levadas ao CA sejam resultado de abordagens colegiadas na diretoria executiva. Cada executivo tem sua expertise e sua contribuição a dar, e o papel do CEO é ouvir e ponderar. Manter-se sinceramente aberto às contribuições do próprio time e depois praticar a mesma habilidade de escuta nas reuniões do CA. E é o CEO que deve garantir que aquela seja uma decisão, de fato, colegiada.
- O CEO deve se fazer com frequência — e honestidade — as seguintes perguntas: "Todos os diretores executivos encontram espaço para exercer o contraditório?"; "Eu tenho o hábito de permitir e até estimular que os diretores executivos deem abertamente sua contribuição, mesmo quando contrária à minha visão?"; e, por fim: "Eu me mantenho aberto aos questionamentos tanto dos diretores executivos quanto dos conselheiros?"
- É saudável praticar o que um dos conselheiros entrevistados neste capítulo chamou de "boca de urna": conversas prévias à deliberação entre CEO e os conselheiros — um a um. São diálogos para troca de ideias, identificação de possíveis contribuições. Vale o alerta de que a conversa de "boca de urna" nem passa por perto de ser um conchavo: o CEO não dialoga

para exercer pressão e conseguir um voto favorável ao projeto. A "boca de urna" é uma conversa prévia entre o CEO e cada um dos conselheiros para desenhar o melhor projeto e conformar a melhor decisão com a contribuição de todos. É um diálogo, não um monólogo.

- Depois da "boca de urna", o CEO pode ainda recorrer ao exercício do "**advogado do diabo**".* Ele expõe ao seu time as contribuições dos conselheiros e nomeia um dos diretores executivos para que se prepare para "atacar" o projeto. Os demais, enquanto isso, buscam argumentos para fundamentar a posição favorável à proposição. Ao final desse exercício, é possível que o time de executivos, em vez de estar tomado pelo excesso de orgulho e o otimismo, tenha mais lucidez ao encaminhar a proposição ao CA.

CEO: DIFÍCIL CONTRATAR, AVALIAR E DEMITIR

Somando-se as respostas em segundo e terceiro lugares (contratação do CEO: 15% + demissão do CEO: 11%) na pesquisa de **Guerra** e **Santos**,[18] o processo de substituição de CEOs fica em primeiro lugar, com 26% — à frente, inclusive, das M&As (19%). Não à toa. A tarefa mais relevante dos conselheiros é assegurar que a organização conte com a liderança do CEO certo, já que essa decisão tem repercussão direta — e indireta — sobre todas as áreas e dimensões do negócio.

Por essa razão, escolher um CEO, planejar sua sucessão ou ainda conduzir sua substituição emergencial tem sido a causa constante de muita dor de cabeça para conselheiros. Sendo assim, 52% dos 783 conselheiros participantes de uma pesquisa da **PwC**[19] afirmaram que a sucessão de CEO deveria receber ainda mais atenção de seus CAs.

Embora envolva incertezas e possa ser um processo penoso para as partes envolvidas, gradativamente, a mudança de CEO tem se tornado mais frequente. Segundo o relatório *CEO Transitions* da **Spencer Stuart**,[20]

---

* A aplicação desse conceito será detalhada a partir da página 322.

entre 2009 e 2019, o total anual de transições de CEOs entre as 500 empresas integrantes do S&P 500* subiu de 46 para 56, um aumento de quase 22%, sendo que a maior incidência ocorreu nas companhias que compõem o S&P 100** (25%).

Os conselhos vivenciam uma considerável dose de incerteza, quando se trata da substituição de CEO, mesmo quando há um acordo sucessório prévio. Não importa quanto tenha sido antecipada e planejada, essa decisão enfrenta um conjunto de dificuldades: umas mais objetivas como as questões relacionadas à remuneração; outras mais subjetivas e algumas até assumidamente emocionais, como se verá a seguir nos relatos de alguns entrevistados. A complexidade já começa nos atributos do perfil do líder: por mais que já existam ferramentas diversificadas e aperfeiçoadas de avaliação, não há como evitar um grau significativo de subjetividade nesse processo. Dilema: como identificar o CEO certo para o exato momento do ciclo do negócio e que também coadune com as determinadas características culturais da empresa? O melhor *fit* entre CEO e empresa envolve fatores que não são objetivos, nem tampouco mensuráveis.

É comum que surjam questionamentos e dilemas de outro tipo nas reuniões do conselho, quando se discute o desempenho de um CEO que já está à frente da operação há alguns anos. Pode ser, por exemplo, que tenham sido identificados alguns pontos em que o executivo precisa aprimorar sua performance. Dilema: nesse caso, devem ser investidos tempo e dinheiro no desenvolvimento do CEO ou daqui a um ano o CA estará arrependido por ter postergado a decisão de trocá-lo? Outra situação possível é a daquele CEO que não traz resultados extraordinários, mas tem um histórico de performance mediana. Dilema: como o processo de seleção e escolha de um novo CEO é complexo e subjetivo, não existe sempre a possibilidade de que o próximo tenha um desempenho ainda abaixo da média?

---

* Standard & Poor's 500 (S&P 500) — índice do mercado de ações que reúne as quinhentas maiores empresas do mundo listadas nas principais bolsas dos Estados Unidos, a NYSE e a Nasdaq.

** S&P 100 — índice que reúne as 100 maiores companhias integrantes do S&P 500.

EM FAMÍLIA, TUDO FICA AINDA MAIS COMPLEXO

Para tornar tudo ainda mais complicado, complexo e subjetivo, há circunstâncias em que se somam, a todos esses questionamentos e dilemas, os fatores emocionais. Os conselheiros têm noção de que a demissão do CEO vai expor aquele profissional a um dos mais duros golpes de sua carreira; essa decisão nunca é fria e racional. Como é comum que os anos de convivência criem laços afetivos, essa decisão costuma ser adiada ao máximo. Ficam todos à espera de uma certeza que nunca virá, pois essa é, por natureza, uma decisão cercada de incertezas.

Essas questões emocionais se exponencializam nas empresas familiares, como relata um conselheiro, mostrando também uma situação real de falta de *fit* entre o perfil da empresa e o do CEO — por melhores que possam ser seus atributos:

> A empresa havia acabado de implantar práticas de governança corporativa... E, no conselho daquela empresa familiar, eu e outro independente passamos a imprimir mais velocidade às decisões, estruturamos melhor os processos com planejamento estratégico, *budget*... e aí o negócio começou a crescer mais rápido do que o CEO conseguia acompanhar. Ele estava com 54 anos na época. Era filho do fundador e exercia a presidência executiva e a presidência do CA (PCA). Essa etapa não foi nem a mais complexa: não foi muito difícil convencê-lo a ficar só no conselho. Como na terceira geração não havia ainda sucessores prontos, nossa ideia foi trazer alguém de fora. No começo, houve uma forte resistência de toda a família: "Como um estranho vai ser o CEO do grupo, chefiar familiares que são executivos e ficar subordinado ao PCA, que é o antigo CEO?" A seleção foi bem demorada. Eu e o outro conselheiro independente estávamos liderando o processo; a gente não queria errar de jeito nenhum. O escolhido foi um excelente executivo com experiência internacional. E, para resumir em poucas palavras uma longa história, o primeiro ano foi uma maravilha; no segundo, a coisa

começou a degringolar... O novo CEO perdeu o entusiasmo. Hoje, avalio que talvez esse tenha sido um erro nosso: contratamos um CEO muito competente, com excelente currículo, que já tinha trabalhado até fora do país, mas não tinha experiência com empresa familiar. Nós, os conselheiros independentes, até tentamos abrir espaço, mas não conseguimos evitar o envolvimento da família no dia a dia. Às vezes, havia ingerências até do PCA, que fora CEO...

Como foi até chegar à decisão de demitir esse CEO?

Foi muito complexo. Isso tomava muito a nossa agenda... Havia tantos outros assuntos para discutir no CA, mas acabava que isso era o que mais tomava nosso tempo — não só dentro das reuniões, mas também fora. Quando falamos com a família sobre a necessidade de trocar novamente o CEO, a primeira reação foi negativa: "Vocês não podem ajudá-lo? Ele é sério, honesto, trabalhador. Foi tão difícil encontrar... Agora não queremos demitir. A gente confia nele, já tem até uma afetividade." Depois, quando o cenário externo piorou, os resultados minguaram ainda mais... até o dia em que a demissão ficou impostergável.

Ele foi substituído por outro executivo de fora?

Não, a família não aceitou outro de fora. Então, essa segunda fase, depois da demissão do CEO, foi ainda mais difícil, bem mais complexa. Era preciso gerenciar a família voltando para a gestão. O novo CEO era da terceira geração e queimou etapas de desenvolvimento. Mas, por incrível que pareça, acabou sendo uma boa solução. Como o grande risco era a imaturidade profissional dele, resolvemos contratar dois *coachs*. Por que dois? Um para os aspectos comportamentais e outro, técnico. E foi muito bom. Ele reagiu muito bem, queria provar que era o CEO certo para a empresa da família. Provou, mas levou tempo.

Por isso, antes e acima das competências técnicas, **Ira Millstein*** enfatiza as qualidades do ser humano como aquelas que mais contribuem para o melhor desempenho como CEO ou conselheiro de administração (veja também **Capítulo 1**). Segundo ele, a primeira condição é que, além de ter a capacidade de discernir o que é certo, a pessoa tenha a coragem e a disposição para agir em sintonia com seus valores. Para exemplificar isso, **Ira** rememorou um episódio do início da década de 1990, quando o CA da General Motors demitiu o CEO, em uma época na qual esse tipo de decisão quase não tinha precedentes:

> A General Motors tinha o conselho típico de uma grande companhia de capital aberto, formado por líderes em suas áreas de atuação. No entanto, de acordo com o costume da época, faziam o que outros CAs geralmente faziam e delegavam aos executivos. Dessa forma, quando enfrentaram uma crise, mantiveram a tradição e seguiram as diretrizes da diretoria executiva. Houve um momento, porém, em que a crise pareceu ameaçar toda a companhia e os conselheiros se deram conta de que já era hora de mudar os executivos e encontrar uma nova diretriz. Mesmo assim, foram confrontados com o fato de que os CAs não demitem facilmente os CEOs de grandes empresas listadas. Até mesmo mudanças dramáticas eram comumente acompanhadas de palavras suaves e belos pacotes rescisórios. Naquela época, não me lembro de nenhuma situação em que tenha se tornado público que os executivos precisaram ser trocados porque não estavam desempenhando bem. Dessa vez, os conselheiros sabiam que havia chegado o momento da mudança e enfrentaram a desagradável missão de contratar abertamente novos executivos e, portanto, deixaram mais do que

---

* Ira Millstein, advogado corporativo e sócio sênior do escritório Weil, Gotshal & Manges, é um dos mais reconhecidos especialistas em governança corporativa dos Estados Unidos e liderou o comitê que redigiu os Princípios da Organização para Cooperação e Desenvolvimento Econômico (OCDE). Em entrevista à autora em 31/3/2014 na cidade de Nova York, Estados Unidos.

óbvia a razão da saída dos outros. Foi uma quebra da tradição e o conselho seguia por águas desconhecidas, especialmente em uma das maiores corporações dos Estados Unidos. Eles sabiam que a decisão geraria burburinho no mercado e que poderiam ser criticados, mas encararam a situação corajosamente.

Esse episódio ocorrido na GM foi um marco e se tornou paradigmático em governança corporativa, pois, a partir dele, o processo de troca do CEO passou a ser encarado como algo legítimo e até mesmo esperado dos CAs, quando o desempenho está ruim. O mesmo vale quando há um desalinhamento entre a visão estratégica do CEO e a dos acionistas ou ainda quando há algum deslize em relação à prática de valores.

Entre os 56 afastamentos de CEOs ocorridos em 2019 entre as empresas do S&P 500,[21] 13% deles renunciaram sob pressão. Portanto, embora ainda seja complexa, penosa e continue a causar muita insônia aos conselheiros, a discussão sobre a possibilidade de substituí-los está se tornando cada vez mais comum nas salas dos conselhos. **Robert Monks***, sempre crítico em relação ao desempenho dos CAs nos Estados Unidos, considera que, especialmente nos momentos de crise, essa decisão não deve ser adiada:

> Quando o desempenho está ruim, numa situação de emergência, o que podem fazer os conselheiros? Eles não podem administrar a empresa, não podem contratar uma pessoa mágica que vai consertar tudo... O que podem fazer é chegar diante dos gestores e dizer: "Seu desempenho está ruim e estamos perdendo valor dos acionistas." É preciso tomar uma decisão, nem que seja liquidar o negócio. Os gestores têm que ouvir: "Vamos sugerir aos acionistas para fechar a empresa." É isso que pode clarear a mente de todo mundo.

---

* Robert Monks é cofundador do Institutional Shareholders Services e autor de livros, como Corpocracy e Watching The Watchers. Em entrevista à autora em 13/09/2013 em Pelican Hill, Newport Coast, Califórnia, EUA.

A conclusão do episódio iniciado neste capítulo, no entanto, indica que, por mais complexo que possa ser, é melhor enfrentar o dilema e adotar uma decisão em relação ao CEO — mesmo que a empresa tenha bons resultados sob sua liderança, como no caso de Philip:

> *Depois de receber a denúncia interna, nossa primeira providência foi contratar um escritório de advocacia para investigar os relatórios de despesas apresentados por Phillip desde a sua contratação. Tudo foi repassado. Sobre a viagem a Paris foi feita uma investigação profunda. Nós tínhamos que nos prevenir de uma futura ação dele contra a empresa. Era preciso que a demissão do CEO fosse fundamentada e estivesse documentada. Um dos advogados conseguiu conversar com o convidado daquele jantar em Paris, e nem ele considerava o evento um compromisso profissional. Phillip, infelizmente, havia feito seu relatório de despesas e apresentado à empresa como tal. Estava comprovado que aquele não era um desvio pontual, era um padrão de comportamento.*
>
> *A partir dessa constatação, o principal foco de preocupação dos conselheiros voltou-se para o mercado. Sabíamos que seríamos duramente criticados por demitir um CEO bem-sucedido. Sem discutir abertamente a questão da integridade, o que não pretendíamos fazer para preservar a pessoa, o mercado não entenderia nossas razões. O preço das ações despencaria. Para os investidores, nós devíamos ser severamente punidos por abrir mão daquele gestor. O impacto daquela demissão poderia representar uma forte pressão sobre o CA.*
>
> *Havia muitas consequências negativas diretas e indiretas. Para nos apoiar nisso, contratamos uma consultoria de comunicação corporativa. A integridade do CEO não seria colocada em discussão. A empresa centrou o anúncio no melhor ângulo: a demissão não envolvia divergências na estratégia dos negócios. Além disso, a direção não estava disposta a retroceder no **turnaround** da empresa, que ainda não estava completo e teria continuidade com outro CEO. Paralelamente, já havíamos contratado também uma empresa de search para iniciar o processo de seleção de um novo executivo o mais depressa possível.*

Com todas as precauções tomadas e com a ajuda dos nossos advogados, fizemos uma reunião com Phillip. Foram apresentados os dados resultantes da investigação, inclusive o testemunho de seu amigo, afirmando que não entendia aquele jantar em Paris como parte dos negócios. Evidentemente, ele insistiu, mas nossos advogados trataram imediatamente dos detalhes do acordo de demissão. Nós não lhe pagamos muito, de fato; conseguimos até que ele nos devolvesse algum dinheiro das despesas injustificadas. Para o mercado, não se questionou a integridade de Phillip. Foi alegado um acordo mútuo e se anunciou o processo para a contratação de um novo CEO. Mesmo assim, como CA, fomos duramente criticados e o preço das ações caiu significativamente. Aquela foi uma decisão muito difícil, mas o conselho tem que estar pronto para fazer o que é certo. Por fim, passados alguns meses, como a companhia seguiu apresentando bons resultados, as ações se recuperaram e até voltaram a subir. A reestruturação estratégica da empresa seguiu bem-sucedida mesmo sem Phillip.

INDEPENDÊNCIA E ÉTICA ANDAM JUNTAS

Por mais dura que possa parecer, a sugestão de **Monks** para que haja estrita transparência na relação entre conselheiros e CEO pode abrir espaço, justamente, para atitudes bastante positivas. **Mervyn King*** lembrou o episódio de um CEO que, ao ser colocado diante de uma decisão necessária — e dolorosa —, demonstrou absoluta independência de consciência. Era a subsidiária no hemisfério Sul de uma companhia

---

* Professor Mervyn King, presidente emérito do conselho do International Integrated Reporting Council (IIRC), também é presidente emérito do GRI (Global Reporting Initiative). King, com sólida carreira na Suprema Corte da África do Sul, presidiu o King Committee on Corporate Governance, que produziu o código de governança que recebeu seu nome. O King Report on Corporate Governance é uma referência internacional e já está em sua 4ª edição. Em entrevista à autora em 01/04/2014 na cidade de Nova York, EUA.

têxtil global que não estava suportando a concorrência asiática. Seria preciso fechá-la, cobrir os prejuízos, pagar os credores e demitir 3.700 pessoas, inclusive o CEO. Segundo **King**, ele fez questão de estar presente e se posicionar na reunião do CA a favor do fechamento da fábrica, explicando que ele próprio não via alternativa para a operação:

> Nesse dia, eu aprendi que a independência é mais um estado mental do que qualquer outro fator. Na reunião, aquele CEO conseguiu ser mais motivador e positivo do que qualquer outra pessoa. Foi quando aprendi que devemos ficar alertas aos nossos próprios interesses para tirá-los de foco. Você tem que entrar na sala do conselho com a mente limpa.

Além daquela histórica demissão do CEO da GM na década de 1990, em sua entrevista, **Ira Millstein*** recordou ainda outros dois casos em que as decisões tomadas pelos conselhos de administração se tornaram paradigmas. Aparentemente, em um primeiro momento, seria possível até considerar que os conselheiros estavam decidindo contra os interesses da própria companhia. Um desses episódios foi o *recall* do Tylenol** pela Johnson & Johnson. Além de o custo ser alto, ainda havia o risco de a retirada do remédio das farmácias e supermercados prejudicar a imagem dos outros produtos da J&J nas prateleiras. O CA da empresa, porém, preferiu não dar prioridade aos riscos reputacionais naquele momento, o que, por fim, só reforçou a percepção positiva da marca no futuro. Outro exemplo citado por ele foi o da rede CVS,*** com centenas de

---

* Em entrevista à autora em 31/03/2014 na cidade de Nova York, EUA.

** Em 1982, na região de Chicago, sete pessoas morreram depois de tomar comprimidos de Tylenol propositalmente envenenados. A J&J fez o recall voluntário do medicamento nos Estados Unidos e depois relançou o produto com embalagem mais segura.

*** Ao anunciar, em 2014, que estava deixando definitivamente de vender cigarros em sua rede de farmácias, a CVS abriu mão de uma receita anual estimada em US$ 1,5 bilhão. Essa decisão demorou sete anos para ser tomada e efetivada.

farmácias distribuídas pelos Estados Unidos, quando deixou de vender cigarros. Na opinião de **Ira**, mesmo que tenham perdido dinheiro de imediato, parar de vender cigarros era o certo a fazer:

> Nos negócios, sempre existe o dia em que surge um grande problema e você tem que agir, ou não. Nesse momento, você depende do fato de saber identificar o que é certo e tomar a atitude. Isso requer que o CA tenha conselheiros independentes e que compreendam a natureza do negócio. Bons(boas) conselheiros devem ter profundo conhecimento sobre quem são as partes interessadas (*stakeholders*), apreciar as nuances do negócio, ser independentes e, nas reuniões, ser atentos e dispor de todo tempo que for preciso. Se você pudesse perguntar a **Adrian***, ele lhe diria o mesmo. Tudo que falei antes é pré-requisito necessário, mas o único fator decisivo é ser capaz de agir certo quando chega a hora.

Nas reuniões do CA, o exercício da independência exige que o conselheiro tenha "espinha dorsal", ou seja, consiga se expressar de modo firme, mesmo que isso represente desconforto ou até o risco de perder o assento naquele conselho, como explicou um dos entrevistados nos Estados Unidos. Segundo ele, liderar é "tomar decisões direcionadas pelo que é o certo, mas com a flexibilidade de quem sabe que não está *sempre* certo". Com isso em mente, o conselheiro fica em melhor posição para escolher quais são as batalhas que merecem ser lutadas, como explicou outro entrevistado:

> Uma das piores batalhas que enfrentei como conselheiro envolveu questões éticas. Diante do CA com onze conselheiros — dois independentes, um deles, eu —, foi apresentada uma proposição de aquisição para expansão dos negócios. No meu modo de ver, a

---

* Sir Adrian Cadbury (1929-2015), autor do Relatório Cadbury, que, em 1992, definiu os padrões de governança corporativa para o Reino Unido, que foi também presidente do conselho da Cadbury Schweppes.

origem dos recursos para esse investimento não era completamente límpida e transparente. Quero dizer, não estava evidente para mim que tudo era absolutamente cristalino e correto, tanto a origem dos recursos quanto a aplicação no novo projeto em si. Então, a proposta foi debatida várias vezes e as respostas, para mim, não eram nunca satisfatórias. Pedi estudos complementares para embasar melhor a decisão. Só que o conselho não queria admitir dissidências, queria que a decisão fosse por unanimidade. Aí surgiu o segundo problema de relacionamento interno no CA. Eu era independente e representava acionistas minoritários e, mesmo assim, o majoritário exigia que a decisão favorável ao negócio fosse unânime. Então, registraram a ata dizendo que tinha sido por unanimidade. Eu não assinei. Exigi que a ata fosse alterada. Ou mudava e minhas ressalvas eram colocadas na ata, ou eu não assinava. Mudaram a ata porque eu fui firme: eles não quiseram pagar o preço de eu tornar pública minha discordância. Ou renunciar à minha posição no conselho, explicando as razões. Eu realmente não ia assinar sob nenhuma hipótese aquela ata. Tem umas batalhas que, quando o assunto envolve ética, valores, não é possível conviver, é tolerância zero. Tem que brigar e não fazer concessões...

Havia mais um conselheiro independente, como ele se posicionou?

Havia outro independente, sim... às vezes, conseguíamos nos alinhar, trabalhar juntos nos questionamentos, mas, naquele caso específico, ele capitulou. Num CA de onze conselheiros só com dois independentes, é muito difícil não ficar sozinho. Quando tem três ou quatro, a situação já muda um pouco. Minha recomendação é que o CA tenha sempre, no mínimo, um terço de conselheiros independentes. E que esse um terço de independentes se reúna entre si também para formar uma posição de apoio mútuo. Não é para montar conchavo, é para viabilizar que o conselho não seja apenas um canal para homologar decisões. O CA é para discutir e buscar a melhor decisão. E, para ter a melhor decisão, as vozes têm que ser ativas. O bom conselheiro tem que ser firme o suficiente, mas também flexível sempre que necessário.

Há momentos em que nas decisões tomadas na sala do conselho entram em jogo questões bastante pessoais — até íntimas. Um entrevistado norte-americano contou o caso de um conselheiro que foi obrigado a deixar o CA de uma companhia seguradora porque tinha um comportamento agressivo em família e escondia isso. Até que a mentira veio à tona. Houve uma reunião em que aquele conselheiro teve que participar por telefone e todos notaram que ele estava mais agressivo do que o habitual. À noite, o CEO, que também acumulava a posição de presidente do conselho, descobriu na mídia a notícia de que o conselheiro não participara da reunião porque estivera detido por abusar da esposa. Depois de algum debate, a decisão foi pedir seu afastamento do conselho: "Ele teve a oportunidade de nos falar o que ocorrera, mas optou por esconder a verdade. A confiança estava quebrada. Não era possível mantê-lo como conselheiro."

Sem dúvida, esse é um caso extremo: as questões de fórum íntimo do conselheiro tiveram que ser debatidas no CA para que fosse tomada uma decisão em relação à integridade de seu comportamento — atual e futuro. Existem circunstâncias, porém, em que no próprio processo decisório o conselheiro pode entrar em um impasse. É quando suas convicções pessoais entram em conflito direto com a análise mais racional. Um bom exemplo dessa situação é relatado a seguir, envolvendo um conselho de administração formado em 70% por jovens profissionais, representantes de fundos de investimento no negócio:

A proposta envolvia a compra de uma grande área no centro do país, onde antes a empresa já havia investido R$ 9 milhões. Era a continuidade do projeto que estava sendo deliberada. No CA, havia de um lado os empreendedores, que criaram o negócio. E, do outro, como majoritários, estavam os conselheiros representantes dos fundos. Não havia nada ilegal, nenhuma dúvida de conformidade em relação ao investimento. Era uma região extremamente pobre. O projeto levaria mais R$ 110 milhões para lá e poderia causar mudanças sociais importantes e positivas. Mas era também um ecossistema já degradado, que estava no começo de uma fase de recuperação. Essa era a dúvida. Não havia como medir e avaliar se no futuro o projeto traria desenvolvimento socioeconômico para a população local ou se poderia haver futuramente mais danos ambientais.

Os fundadores queriam a saída do investimento, realizando as perdas. Mas, para os fundos, o negócio era interessante pelo retorno, com uma perspectiva de risco reputacional remota. Parar significaria perder o dinheiro que já havia sido posto ali. O mais provável é que houvesse um conflito, explicitando a diferença de visão de mundo entre os conselheiros empreendedores e os conselheiros representantes dos fundos. Um fator particular, entretanto, deu outro rumo a esse processo decisório. A maioria dos conselheiros eleitos pelos investidores era bem jovem, por volta dos 30 ou 35 anos, formando família, com filhos pequenos.

Eles trouxeram à discussão sua visão pessoal favorável à preservação ambiental: apesar da preferência dos fundos, votaram contra o novo investimento e a continuidade do projeto. Entre esses jovens conselheiros, prevaleceu a visão da pessoa física, a consciência deles na decisão. Então, a empresa desinvestiu, decidiu sair da região, realizou a perda. Apesar de a racionalidade financeira indicar o contrário, a vitória foi da visão dos mais jovens preocupados com as questões ambientais, com o legado para os filhos e o futuro de todas as crianças. O retorno imediato dos fundos ficou em segundo lugar. A preocupação ambiental foi mais forte nesses jovens conselheiros, que, inclusive, não priorizaram a potencial externalidade positiva que o projeto traria no campo social, beneficiando a população local com o investimento. Então, no final das contas, ainda não consigo dizer: "Sobre aquele projeto, nós fizemos o melhor." Ainda pode ser que a gente venha a se arrepender dessa decisão um dia...

Decisões envolvendo questões ética e a prática de valores individuais estão, certamente, entre aquelas mais complexas tomadas pelos conselheiros de administração. No entanto, a pesquisa de **Guerra**, **Barros** e **Santos**,[22] realizada em 2020 em quarenta países, indicou que a maioria dos conselheiros participantes (66%) considera que os conselhos onde atuam nunca tomaram qualquer decisão eticamente questionável. Esse mesmo espaço de conforto, porém, não é vivenciado por 34% deles, que manifestaram ter algum grau de discordância sobre a ética no processo decisório, conforme os dados apresentados no Gráfico 5.6:

Ética das decisões

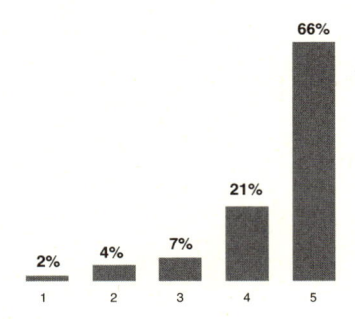

Gráfico 5.6: Decisões eticamente questionáveis.
Questão da pesquisa: Você acha que o conselho toma decisões que, do seu ponto de vista, são eticamente questionáveis?
(1) Com frequência (5) Nunca
Fonte: Guerra, Barros e Santos (2020).

PIOR AINDA É SE ARREPENDER DA DECISÃO

O arrependimento por decisões tomadas não é um sentimento assim tão incomum nas salas de conselho. De acordo com a pesquisa de **Guerra** e **Santos**,[23] em relação às mesmas cinco decisões que os respondentes consideraram mais difíceis (M&A, contratação de CEO, demissão de CEO, demissão de grande contingente e venda da empresa — Gráfico 5.2), eles foram questionados se, depois de conhecer o impacto de suas decisões, adotariam outra abordagem se pudessem voltar atrás. Nessa pergunta, somente 36% dos conselheiros apontaram que não fariam nada diferente (Gráfico 5.7), sendo que desse total 38,9% das conselheiras admitiram que hoje teriam adotado outra abordagem para tomar a mesma decisão (Gráfico 5.8).

Entre o grupo de 102 conselheiros, as decisões que resultaram mais frequentemente em algum grau de arrependimento foram aquelas relacionadas à contratação do CEO e à venda da empresa, seguidas dos processos de fusões e aquisições, demissão do CEO e demissão de grande contingente de funcionários (Gráfico 5.9). Entre as abordagens diferenciadas que os conselheiros adotariam atualmente em relação às decisões de que se arrependeram estão: fazer análise mais aprofundada; ser mais assertivo nas decisões e buscar mais agilidade no processo decisório.

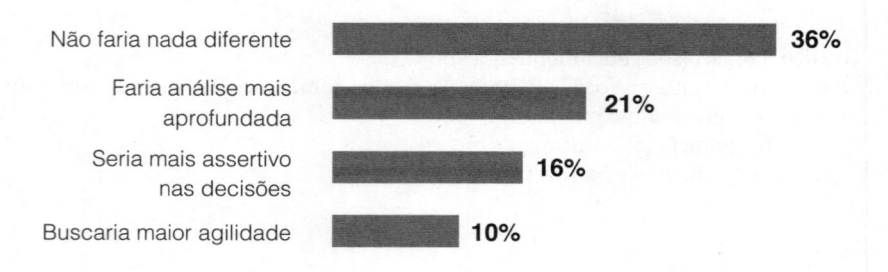

O que os conselheiros teriam feito diferente nas decisões mais difíceis?

Não faria nada diferente	**36%**
Faria análise mais aprofundada	**21%**
Seria mais assertivo nas decisões	**16%**
Buscaria maior agilidade	**10%**

Gráfico 5.7: Arrependimento por decisões mais difíceis e outras possíveis abordagens: quatro principais respostas de 58 conselheiros, representando 83% das respostas.
Fonte: Guerra e Santos (2017).

Mulheres são mais propensas a assumir que teriam uma abordagem diferente agora que conhecem os resultados

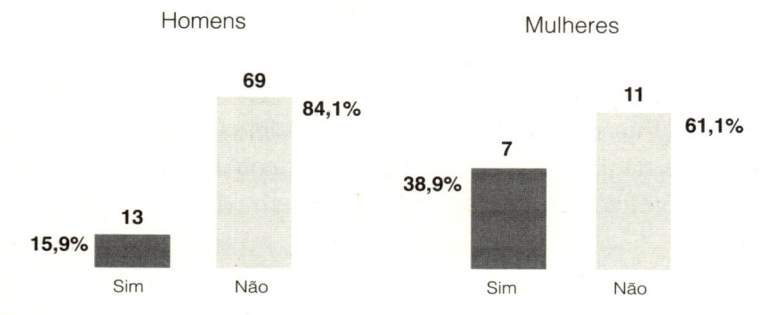

Gráfico 5.8: Arrependimento varia de acordo com o gênero: número absoluto acima de cada barra indica o total de respostas sim/não da amostra por gênero. Os percentuais indicam homens ou mulheres que responderam sim ou não à pergunta. Fonte: Guerra e Santos (2017).

Quais decisões levam ao maior arrependimento dos conselheiros

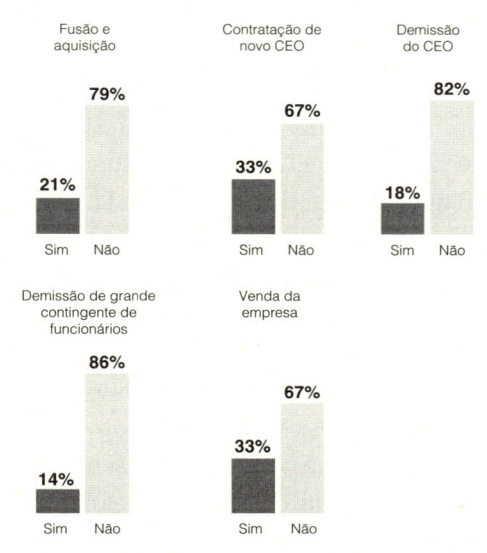

Gráfico 5.9: Grau de arrependimento nas cinco decisões consideradas mais difíceis: cinco mais escolhidas de um total de quinze alternativas. Fonte: Guerra e Santos (2017).

Há casos em que o arrependimento ocorre até porque o conselheiro assumiu uma posição excessivamente assertiva — contra ou a favor — de uma proposição apresentada ao conselho. Em uma avaliação retrospectiva, um dos entrevistados admite que teria adotado uma abordagem mais flexível em uma decisão sobre distribuição de resultados em uma empresa familiar na qual era conselheiro independente. Segundo ele, é provável que, naquela época, seu comportamento tenha sido uma reação à "bomba atômica" que o presidente do conselho (PCA) colocou na mesa:

> Já faz tempo, não vou lembrar muitos detalhes, mas era uma decisão relativa à distribuição de resultados. O controlador era o presidente do conselho (PCA) e lançou a proposta sobre o CA como uma bomba atômica. Era assim que ele queria e detalhou... Deu tudo como certo, como se o CA estivesse ali para homologar. Mas já havia também no CA uma discussão relevante sobre momentos difíceis macroeconômicos no país. Eu, portanto, argumentei que a empresa deveria ser mais conservadora na distribuição dos resultados. A discussão ficou acirrada... Aí, quando o PCA percebeu que os outros independentes estavam se alinhando comigo e a situação caminhava para o convencimento do CA, ele disse: "Não. Tem que prevalecer a minha posição." E eu questionei: "Mas por que tem que prevalecer?" Além de jogar a bomba, o PCA ainda insistiu: "Porque em algum momento tem que valer ser dono." Na hora H, o que se viu foi que o PCA, de fato, não estava preparado para uma decisão de acordo com a governança, que fosse contrária ao que ele pretendia fazer. Houve um desconforto muito grande e improdutivo. Hoje estou mais na linha de promover conversas prévias, muito diálogo para compreender todos os ângulos possíveis. Isso teria evitado talvez que eu assumisse uma posição tão ativa contra o PCA. Até porque a distribuição de dividendos, que acabou sendo feita nos moldes pretendidos por ele, não causou nenhum prejuízo maior à empresa. Mesmo com o cenário macro continuando negativo nos dois anos seguintes. Ou seja, nada que uma boa conversa prévia não pudesse ter feito o alinhamento entre nós.

Esse conselheiro entrevistado demonstra bem qual é o papel do CA na aprovação da distribuição dos dividendos. Estranhamente, porém, em muitos conselhos onde há controlador, os conselheiros minimizam a atuação esperada do CA. Em grande parte das vezes, entendem que os dividendos se referem meramente ao cumprimento das leis em algumas jurisdições e às políticas da empresa. Mas, como explica acima o diligente conselheiro, esse papel é, sim, do CA, que atua como protagonista e decide segundo o contexto da empresa e suas necessidades atuais e futuras. Os demais acionistas fora da empresa, quando houver, contam com que o CA exerça esse papel. E, quando não há outros acionistas ou cotistas, são os funcionários e os demais *stakeholders* que esperam que o CA faça anualmente uma análise de verdade e não apenas formal.

A ampla maioria (55%) dos conselheiros participantes da pesquisa de **Guerra**, **Barros** e **Santos**[24] considera a qualidade do desempenho de seus conselhos entre boa e muito boa e, para 83% deles, o nível de satisfação com o processo decisório no CA fica entre médio e alto, como mostram a seguir os Gráficos 5.10 e 5.11:

Percepção do desempenho do CA

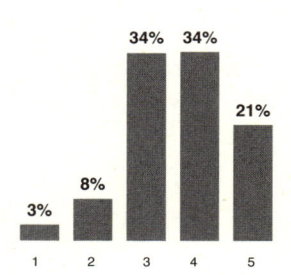

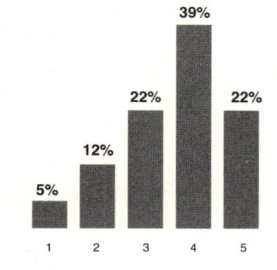

Gráfico 5.10: Performance do conselho em média?
Questão da pesquisa: Como você avalia a qualidade geral da performance do conselho?
(1) Muito ruim (5) Muito boa

Gráfico 5.11: Nível de satisfação com decisões.
Questão da pesquisa: Você se sente satisfeito ou frustrado com as decisões tomadas pelo seu conselho?
(1) Frustrado (5) Satisfeito

Fonte: Guerra, Barros e Santos (2020).

DECISÕES EM UM MUNDO DISRUPTIVO

Desde o século XVII,* quando surgiram as primeiras empresas comerciais nas quais o proprietário deixou de ser também o gestor do empreendimento, o tipo das decisões discutido até aqui — embora ainda provoquem insônia, muita discussão e até mesmo alguns arrependimentos a conselheiros e também aos executivos — é absolutamente intrínseco aos negócios. Ou seja, há quatro séculos, todas essas noites maldormidas têm sido causadas pelo *business as usual*... O que dizer, então, do futuro do processo decisório nas empresas? Quais serão os desafios e dilemas corporativos enfrentados nos próximos anos diante de um cenário cada vez mais instável e mutante? Quais são os possíveis eventos disruptivos mais ameaçadores à continuidade dos negócios?

Em 2016, o Fórum Econômico Mundial[25] já apontava alguns dos principais riscos geopolíticos e sociais para a próxima década, que poderiam ter impacto direto na gestão dos negócios locais e globais. Certamente, não havia — e ainda não há — como permanecer imune às consequências de uma crise no abastecimento de água potável, alimentos ou às mudanças climáticas e às temperaturas extremas no verão ou no inverno. A atualização para a quarta edição deste livro, no entanto, ocorreu sob o estrondoso — e não tão imprevisto** — impacto da pandemia

---

* Histórico de governança abordado no Capítulo 1.

** Bill Gates, fundador da Microsoft, já há duas décadas tem se dedicado — juntamente com sua ex-esposa, Melinda — a questões globais de saúde. Desde 2015, ele vinha alertando para o risco potencial de uma pandemia: "Esse é um problema sério, deveríamos nos preocupar. Na verdade, podemos criar um sistema de reação muito bom. Temos a vantagem de toda a ciência e tecnologia. Temos telefones celulares para divulgar e coletar informações das pessoas. Temos mapas de satélite em que podemos ver onde as pessoas estão e aonde vão. Temos avanços na biologia que mudariam drasticamente o tempo de resposta para analisarmos um patógeno e sermos capazes de criar vacinas e medicamentos compatíveis. Podemos ter ferramentas, mas elas precisam ser colocadas num sistema geral de saúde global, e precisamos de preparação." Disponível em: <https://www.ted.com/talks/bill_gates_the_next_outbreak_we_re_not_ready/transcript?language=pt-br#t-56107>. Acesso em: 17/7/2020.

da **Covid-19** que, a partir de fevereiro de 2020, contaminou e causou a morte de mais de 4 milhões de pessoas no mundo:*

> No espaço de alguns meses, o que começou como uma crise global de saúde também se transformou em uma crise econômica. Há mais de um século o mundo não via essas duas forças tão fortemente entrelaçadas. Enquanto as economias dos países procuram retomar a atividade, as empresas estão profundamente interessadas na interação entre segurança pessoal e comportamento econômico.[26]

Globalmente, todos os setores da atividade econômica foram atingidos, registrando aumento das demissões e queda de receitas em diferentes graus de intensidade — desde os mais afetados, como as companhias aéreas e a cadeia mundial de turismo e hotelaria, até aqueles, como as plataformas de *e-commerce* de bens de consumo, além dos serviços digitais de entrega e fornecedores de refeições prontas,[27] que, logo a seguir, acabaram sendo impulsionados pelo obrigatório isolamento social para evitar o contágio pelo vírus. Despreparadas para responder de imediato à profundidade da crise, as empresas — mais do que nunca — buscaram em seus conselhos de administração as diretrizes para agilizar a recuperação:

> Nenhum de nós poderia prever o real impacto da pandemia na economia global, mas nesse momento crucial existem claras escolhas a fazer. A forma com que os conselhos de administração desempenham seus papéis agora será um fator crítico para a habilidade de a organização emergir da crise atual e reconquistar seu patamar em uma nova era de recuperação econômica e oportunidades em benefício de todas as partes interessadas.[28]

---

* No momento da edição deste livro, as mortes causadas pela Covid-19 ainda estavam com crescimento significativo.

Em meio à profusão de relatórios, pesquisas e trabalhos publicados sobre a gestão dos negócios durante a pandemia, o **World Economic Forum** ouviu 350 entre os principais especialistas mundiais em análise de riscos, que priorizaram quatro focos de preocupação: 1) uma prolongada recessão econômica; 2) possíveis obstáculos a investimentos em sustentabilidade; 3) aumento do nível de ansiedade social; e 4) o surgimento de novos riscos pela abrupta adoção de novas tecnologias. De acordo com esses especialistas, porém, a percepção das empresas não deveria ficar toldada pelas consequências da **Covid-19**, porque outros riscos, incluindo os cibernéticos, são crescentes: "Some-se a tudo isso o temor de outra pandemia infecciosa e [o risco] de aumento dos crimes cibernéticos e do colapso da infraestrutura e das redes de TI e as perspectivas se enchem de pessimismo."[29]

Tal qual Bill Gates que previu a pandemia em relação especificamente a riscos cibernéticos, **Linda Parker Hudson**,* a primeira mulher a liderar uma companhia global da área de defesa e segurança, vem alertando, pelo menos desde 2015, para que os conselhos de administração deem mais atenção ao tema e mantenham as empresas preparadas para uma crise na área de TI. Segundo **Linda**, trata-se de uma questão de tempo:

> Considero que o risco cibernético é um dos maiores que as corporações enfrentam hoje e não acho que os CAs estejam dando a devida atenção ao assunto. Isso afeta tudo, não apenas o seu sistema de computador, mas os negócios básicos, cadeia de fornecedores, as comunicações. É capaz de virar de cabeça para baixo a estrutura da empresa. Não é algo que se possa trancar na sala dos fundos e não se preocupar. Pode haver prejuízos enormes

---

* Linda Parker Hudson foi CEO da subsidiária norte-americana da BAE System, entre 2009 e 2014, tornando-se a primeira mulher à frente de uma companhia global da área de defesa e segurança aeroespacial. Atualmente, atua como CEO e presidente do conselho de administração no Cardea Group, além de ser conselheira do Bank of America e Ingersoll Rand. Em entrevista à autora em 16/4/2015 na cidade de Washington, DC, Estados Unidos.

para as empresas e, se estivermos despreparados para lidar com o risco cibernético, a culpa será nossa [dos conselhos]. Não é uma questão de "se um dia isso acontecer". É uma questão de "quando vai acontecer". E já está acontecendo diariamente com todos nós. Não pode entrar na pauta dos conselhos quando os danos surgirem. É preciso encontrar uma forma de medir isso, nem que seja um *score card*. Pense se um terrorista ou um hacker destruir a confiança no sistema eletrônico bancário. O que ocorrerá com a economia global? Nós estamos sempre falando sobre as questões de infraestrutura. O que aconteceria sem água potável ou com um grande problema no sistema de transporte, mas o risco cibernético teria consequências muito piores. É difícil descobrir como traduzir questões técnicas tão sofisticadas em termos que os conselhos possam entender. A maioria dos conselheiros não tem capacidade para isso, mas eles precisam saber, pelo menos, que o sistema certo está sendo usado. É por isso que profissionais com o meu tipo de formação estão sendo levados aos conselhos. Venho da área de segurança nacional, estive na área de defesa aeroespacial por 42 anos, sei que essa é uma ameaça para a segurança nacional e que a pessoa média não tem a menor ideia de como os negócios e as organizações são vulneráveis no aspecto cibernético. Para os conselhos, o primeiro passo é reconhecer que o tema precisa entrar na agenda e, depois, começar a discutir as alternativas que podem funcionar ou não. Estamos apenas começando a nos dar conta do risco cibernético.

Para identificar os riscos com potencial de maior **disrupção** para os negócios, a **Henley Business School**[30] conduziu um estudo com setenta conselheiros de cinquenta companhias com faturamento em torno de £ 1 bilhão. Mesmo tendo sido realizado antes da pandemia da **Covid-19**, o resultado apontou quatro tipos de eventos, que continuam a ser capazes de tornar ainda mais complexo o processo decisório das empresas.

Das entrevistas em profundidade com os conselheiros emergiu uma matriz intercruzando cenários de **disrupção** com causas planejadas e não planejadas e/ou advindas de situações internas ou externas (Figura 5.1):

Quatro tipos de disrupção confrontando o CA

Figura 5.1: Eventos com potencial para tornar o processo decisório ainda mais complexo.
Fonte: Henley Business School, Alvarez & Marsal (2015).

Três conclusões muito relevantes foram tiradas desse estudo da Henley Business School. Em primeiro lugar, os códigos e as práticas de GC não foram estabelecidos para lidar com a **disrupção**. Ao contrário: são diretrizes de governança definidas para cenários corporativos incrementais e, portanto, nos momentos de crise extraordinária, como o ocorrido durante a pandemia da **Covid-19** ou aquele que pode ser causado pelos riscos cibernéticos, podem ser de bem pouca ajuda aos gestores. A segunda e a terceira conclusões estão relacionadas diretamente à atuação do conselho. Exatamente como já foi apontado antes por **Linda Parker Hudson***, cabe ao CA a responsabilidade por identificar e colocar em discussão prévia e precocemente os maiores riscos enfrentados pelo negócio.

Até este quinto capítulo, a atuação dos conselhos de administração tem sido problematizada. Foram apresentados sua estrutura de funcionamento, as tensões surgidas dentro e fora das salas de reunião, os comportamentos mais deletérios resultantes das interações entre os próprios conselheiros e com os gestores, a complexidade do processo decisório e suas possíveis falhas... Tudo isso envolto em um cenário cuja evolução traz mais ameaças do que efetiva contribuição à qualidade da gestão e no qual a atuação dos conselheiros é essencial para o enfrentamento e superação dos possíveis eventos **disruptivos** do negócio.

Na prática, apesar dos avanços e aprimoramentos da governança corporativa, o que se tem registrado é um histórico de ineficácias e falhas que levam a escândalos corporativos. Na teoria, os especialistas demonstram que o conjunto de ferramentas administrativas — objetivas e racionais — aplicado até então é insuficiente para prevenir, deter ou mitigar as crises corporativas originadas em processos decisórios equivocados. Como lidar, então, com esse somatório de fatores desviantes da melhor decisão, aquela capaz de gerar mais valor para os *stakeholders*? Se a racionalidade não basta para gerir bem os negócios, o que há além da racionalidade? É o que será abordado no **Capítulo 6**.

---

* Em entrevista à autora em 16/04/2015 na cidade de Washington, D. C., EUA.

PARTE II

Pensando fora da caixa

6. O mito da racionalidade corporativa

Como conselheiro, sempre procurei embasar meus posicionamentos em análises lógicas e objetivas. Para mim, sendo engenheiro de formação e ex-executivo do setor de infraestrutura, a razão tem que prevalecer nas decisões empresariais. Eu nem considerava que outros fatores pudessem realmente acabar tendo um peso preponderante. Até que testemunhei um processo que me fez constatar que alguns aspectos podem realmente superar nossa racionalidade e ter um impacto negativo sobre o comportamento do grupo e as decisões do conselho.

Um dos CAs dos quais eu fazia parte era o de uma holding que administrava um amplo portfólio de investimentos. Como as operações de M&A eram bastante frequentes, havia um comitê dedicado exclusivamente à análise de novos investimentos. O CEO já estava à frente da holding havia muitos anos e soube consolidar seus relacionamentos internos. Muito hábil, ele se entendia muito bem com os investidores e executivos das empresas investidas e transitava com desenvoltura no CA. Quando propunha aquisições, o CEO se apoiava especialmente em um conselheiro expert em M&A, Lucas, que liderava o comitê de investimentos. Era um veterano da área; já tinha mais de uma centena de transações societárias em seu currículo. Por isso, era muito conhecido e respeitado — até mesmo reverenciado pelo mercado.

Até então, para todos os conselheiros, o bom entendimento do CEO com os integrantes do comitê de investimentos, e em particular com Lucas, parecia muito positivo. O processo de análise, debate e decisão sobre aquisições e fusões costumava transcorrer sem sobressaltos. Havia uma aparente harmonia que nos fazia considerar o processo todo bem objetivo e eficiente. No ano retrasado, porém, começou a chegar ao conselho uma insatisfação meio difusa de um grupo de acionistas em relação aos resultados do portfólio de investimentos. Logo em seguida, os acionistas incomodados conseguiram eleger um novo conselheiro especialista em finanças, vindo do setor bancário, Oscar.

Desde a primeira reunião, por trás de conversas e sorrisos amenos, ficou claro que Lucas e Oscar não estavam se entendendo. Sempre muito falante, Oscar abriu explicitamente o debate sobre o desempenho do portfólio de investimentos. Segundo ele, "o resultado era medíocre e ficava aquém do potencial tanto das operações já existentes quanto dos novos investimentos". Algum outro fator poderia estar errado na implementação dos investimentos, mas Oscar, a partir de sua visão cética de analista, não descartava que parte do problema residisse na escolha dos investimentos. Em algumas reuniões, quando o CEO era chamado a participar, Oscar questionava a expectativa de rentabilidade das operações propostas e, visivelmente, não se satisfazia com as respostas. Era evidente que o conselheiro, com tamanha bagagem de análise financeira de transações, não estava satisfeito com os métodos que o CEO usava para selecionar e priorizar as várias oportunidades de investimentos.

Lucas, em seu papel no comitê de investimentos, havia participado das decisões da maior parte das transações passadas e conhecia em detalhes cada negócio. Além disso, era visível o tom carinhoso, meio paternal, adotado em relação ao CEO. Mestre na arte dos relacionamentos e com idade para ser filho de Lucas, o CEO partilhava com ele suas apreensões e as agruras impostas a si pelo conselho. Lucas era totalmente solidário ao CEO e, muitas vezes, assumia a defesa dele no CA. Para Lucas, "os resultados do portfólio estavam acima da média em M&A" e o CEO fazia definitivamente o seu melhor. O CEO continuamente pedia mais recursos ao CA para desempenhar seu papel, mas o conselho considerava que havia contratado um CEO muito sênior: ele deveria dar conta com tranquilidade da busca de novos investimentos e da supervisão de três pequenas operações, lideradas por executivos contratados.

Mas Oscar mantinha uma posição excessivamente crítica tanto ao modelo de análise de investimentos que encontrara ao chegar quanto ao próprio CEO, que era quem selecionava os investimentos e advogava por um em detrimento de outro. Oscar estranhava que todos os seus questionamentos não tivessem eco. O modelo de análise de investimento não era revisitado, nem mesmo a atuação do CEO. O que o especialista em finanças não sabia é que, fora da sala do conselho, seu par, Lucas, já estava empenhado em "criticar o conselheiro crítico". No cafezinho, nos almoços, em todo e qualquer encontro formal ou informal em que Oscar não estivesse presente, nós — e inclusive o CEO — éramos brindados com comentários do tipo: "Oscar se arvora a opinar, apesar de não ser exatamente um expert em fusões e aquisições, apesar de seu conhecimento em modelos financeiros" ou "O que ele argumentou não tem cabimento. Usamos uma metodologia que ele não conhece" ou "Por que ele fica contra o CEO o tempo todo?". Deixava no ar a pergunta: "Oscar sentia ciúmes ou, no fundo, estaria disputando com o CEO e gostaria mesmo de estar sentado em sua cadeira?"

Esses comentários tomaram a mente de todos os conselheiros, e o grupo passou a analisar a situação a partir desses relatos, que nos faziam pensar e duvidar da motivação das ações do novo conselheiro Oscar. Estaria ele, realmente, enciumado do CEO ou desejando sua posição? Ele era mesmo excessivamente crítico e incapaz de apreciar o grande esforço do CEO? Afinal, Lucas tinha uma enorme bagagem em M&A e deveria ser respeitado por sua análise. Sendo um cético de plantão como sempre fui, eu até suspeitava que poderia haver algum sentido nos argumentos de Oscar. Mas questionar Lucas frontalmente tinha um peso a ser considerado: ele era tão influente que sabíamos que nada de bom resultaria para quem confrontasse suas ideias. Afinal, era inevitável o encontrarmos fora desse conselho; Lucas era simplesmente influente demais. Mas, por enquanto, essas eram conjecturas minhas. Eu ainda não tinha ideia do que tudo aquilo realmente representava. A dinâmica dos fatos, que eu testemunhava, ainda era

nebulosa e não conseguia antecipar as consequências nefastas daque-
las conversas de corredor.*

Os sucessivos escândalos empresariais ao longo das últimas décadas têm mantido os conselhos de administração sob escrutínio: "O que fazem os conselheiros enquanto a empresa passa por dramática destruição de valor com prejuízos sociais e/ou ambientais profundos e irreversíveis?" Com o objetivo de prevenir — ou, pelo menos, mitigar — a ocorrência desses desastres, os especialistas em governança corporativa (GC) de todo o mundo nos setores público e privado empenham-se em revisar a atuação dos conselhos pelos mais diversos ângulos: estrutura, composição, interação com os comitês, processos, qualidade das informações levadas aos conselheiros...

Como todos esses aspectos têm sido profundamente analisados e continuamente aperfeiçoados desde o início do século XXI, já não deveríamos contar com conselhos nota 10, mais eficientes e eficazes, além de capazes de assegurar a criação de valor sustentável? Respondendo com honestidade, é preciso admitir que ainda está longe o dia em que os CAs poderão desempenhar todos esses papéis, atributos e capacidades integralmente. Ou seja, quando se trata do funcionamento dos CAs, o estado da arte ainda é aspiração.

É que paralelamente a todas as políticas, regras, práticas, mecanismos e processos adotados, mesmo nos conselhos considerados entre os "melhores na categoria", a dimensão comportamental dos processos decisórios é um fator que ainda não tem merecido o devido protagonismo — seja em relação ao indivíduo ou ao grupo. Para tentar explicar por que esses aspectos têm sido continuamente desconsiderados na avaliação dos CAs, talvez o melhor ponto de partida seja o excessivo peso ainda atribuído à racionalidade humana e à capacidade de tomada de decisões objetivas — particularmente no ambiente de negócios. Instaurada pelos economistas clássicos, a premissa da racionalidade humana no processo

---

* A conclusão do relato será apresentada no final deste capítulo.

decisório demorou a ser desafiada por conceitos modernos da psicologia e da sociologia. Mesmo depois de ter sido cientificamente desacreditada, a ideia continua arraigada até hoje, já que, obstinado, o ser humano insiste em crer que toma decisões usando apenas a racionalidade.

Um dos primeiros a questionar esse conceito foi **Herbert Simon**, ganhador do Nobel de Economia em 1978 por sua pesquisa precursora no processo de tomada de decisões dentro de organizações. Em 1947, **Simon**[1] já argumentava que, em relação à racionalidade humana, as ciências sociais sofriam de esquizofrenia aguda: de um lado, o homem econômico era considerado absolutamente racional e onisciente e, de outro, a tendência da psicologia social era reduzir o conhecimento à afetividade e demonstrar que o homem não era tão racional quanto gostaria de ser.[2]

Entre essas duas correntes, **Simon** equilibrou-se em uma nova proposição. Segundo ele, o comportamento humano é intencionalmente racional, mas essa racionalidade só se dá de forma restrita. Esse conceito de racionalidade limitada abriu uma perspectiva totalmente inovadora na área de administração, reconhecendo os limites humanos para processar informações e, portanto, a consequente inabilidade de os gestores tomarem decisões ótimas de maneira economicamente racional.[3] Sendo assim, para analisar quais são os contornos que podem limitar a racionalidade humana, este capítulo traz à discussão a abordagem comportamental: primeiro, sob o ponto de vista individual e, em seguida, pela perspectiva de grupo. No próximo capítulo, serão abordados os instrumentos já disponíveis para reaproximar as decisões corporativas da racionalidade e sua aplicação em conselhos de administração.

ESTOQUE LIMITADO DE ATENÇÃO

Daniel Kahneman, outro ganhador do Nobel de Economia, que levou o prêmio em 2002 pela teoria da tomada de decisão, partiu do conceito de racionalidade para conceber, junto com **Amos Tversky**,* uma abordagem do processo cognitivo humano, explicando suas falhas sistemáticas. Em seu livro *Rápido e devagar*, **Kahneman** adota uma terminologia já consagrada pela psicologia, que é o **Sistema 1** e o **Sistema 2** do processo cognitivo.

Segundo ele, o **Sistema 1** é responsável pelas ações automáticas e rápidas, aquelas atitudes assumidas sem esforço e atenção, até involuntariamente. O **Sistema 2**, por sua vez, é o eu consciente e raciocinador, aquele que controla as ações que necessitam de atenção e são mais complexas.

Entre as capacidades incluídas no **Sistema 1** estão as inatas e também aquelas aprendidas, que se tornam rápidas e automáticas, por causa de muita prática. Já as do **Sistema 2** são discricionárias e exigem atenção integral, deixando de ser realizadas assim que o foco é desviado.

O **Sistema 1** não consegue evitar, por exemplo, que alguém deixe de saber quanto é 2 + 2 ou não consiga entender uma frase simples em sua própria língua, pois esse tipo de conhecimento fica armazenado na memória e é acessado sem intenção e sem esforço. O controle da atenção é compartilhado pelos dois sistemas, e o **Sistema 2** tem algum controle sobre o funcionamento do **Sistema 1**, porque pode reprogramar as funções de atenção e memória.

Por exemplo, quando um turista aluga um carro em Londres, tem que se esforçar e redobrar a atenção para dirigir no lado esquerdo das ruas. Em vez de conduzir o carro quase no piloto automático como costuma fazer habitualmente em sua cidade, o **Sistema 2** ajuda o turista a fazer um esforço contínuo para dirigir corretamente durante a estada em Londres. Em resumo, o **Sistema 1** resolve rápida e automaticamente as atividades habituais até que surja alguma diferenciação na rotina e a capacidade de atenção e reflexão do **Sistema 2** seja convocada a assumir o controle (Figura 6.1).

---

* Amos Nathan Tversky (1937-1996), psicólogo israelense, um dos pioneiros da ciência cognitiva, faleceu antes de suas teorias serem reconhecidas com o Prêmio Nobel, concedido a Kahneman em 2002.

Sistemas 1 e 2

	Percepção	Intuição Sistema 1	Raciocínio Sistema 2
Processo		Rápido Paralelo Automático Sem esforço Associativo Aprendizado lento	Devagar Serial Controlado Com esforço Governado por regra Flexível
Conteúdo	Percebido Estimulação correta Limitado por estímulo	Representação conceitual Passado, presente e futuro Pode ser evocado pela linguagem	

Figura 6.1: Divisão de atividades entre o Sistema 1 e o Sistema 2.
Fonte: Kahneman (2002).

É justamente no compartilhamento do controle da atenção que pode surgir a primeira limitação da racionalidade humana. Como afirma **Kahneman**, o **Sistema 1** é capaz de realizar várias tarefas simultâneas, enquanto o **Sistema 2** não dispõe dessa capacidade:

> [Quando] exige-se de você que faça algo que não lhe vem naturalmente, (...) você vai descobrir que manter de forma consciente um ajuste exige o emprego contínuo de pelo menos algum esforço. A expressão tantas vezes utilizada em inglês, *pay attention*, cabe bem aqui: você dispõe de um orçamento de atenção limitado para alocar às suas atividades e, se tenta ir além desse orçamento, fracassa. Uma característica das atividades que exigem esforço é que elas interferem umas com as outras, motivo pelo qual é difícil ou impossível conduzir várias delas ao mesmo tempo. Você não consegue calcular o produto de 17 x 24 fazendo uma curva à esquerda no tráfego pesado, e certamente é melhor não tentar. Você pode fazer várias coisas ao mesmo tempo, mas apenas se forem fáceis

> e pouco exigentes. É provavelmente seguro conversar com a pessoa no banco do passageiro enquanto dirige por uma estrada vazia, e muitos pais já descobriram, talvez com alguma culpa, que conseguem ler uma história para uma criança enquanto pensam em alguma outra coisa.[4]

O esgotamento desse "orçamento de atenção" é justamente o que acontece com os participantes do chamado experimento do gorila invisível:[5] as pessoas veem o vídeo de um jogo de basquete e, ao final, precisam dizer o total de passes dados pela equipe vestida de branco. O foco da atenção fica tão concentrado na tarefa de contagem que a maioria não percebe que alguém vestido de gorila atravessa a quadra. De acordo com a pesquisa de **Guerra** e **Santos**,[6] um dos comportamentos deletérios em reuniões de CAs é o dos conselheiros que se consideram multitarefa: tentam, por exemplo, repartir o "orçamento de atenção" entre falar ao celular, responder a e-mails e, ao mesmo tempo, ouvir a mais nova proposição apresentada ao conselho pelo CEO. Qual a probabilidade de que algo relevante lhes escape? Como comprova o experimento do gorila, as chances de falhar são altas.

Nas salas de conselho, o intenso foco de atenção dedicado a apenas um dos aspectos de uma questão pode fazer com que os conselheiros deixem de enxergar "o gorila" — até porque há também aquela tendência ao excesso de otimismo, já apontada no **Capítulo 3**. Naturalmente, os fatos costumam ser mais sutis e complexos e, por isso mesmo, é possível que a cegueira tenha resultados ainda mais dramáticos. Quem já não soube de um conselho que ficou inteiramente seduzido por uma aquisição com alto potencial de ganho e se tornou cego para a enorme diferença de cultura entre a empresa adquirida e a adquirente? No dia seguinte ao fechamento do negócio, os enormes contingentes de pessoal dos dois lados passam a se (des)entender tão bem quanto um habitante da Groenlândia e um nômade do Saara. O mais grave, como diz **Kahneman**, é que, além de cegos para o óbvio, é possível ficar cego também para reconhecer a própria cegueira.

ORIGEM DOS VIESES COGNITIVOS

A divisão de trabalho entre o **Sistema 1** e o **Sistema 2** normalmente funciona muito bem. Enquanto o **Sistema 1** reage depressa a situações familiares, usando modelos precisos e previsões de curto prazo, o **Sistema 2** se mantém confortavelmente em repouso. Essa parceria é eficiente, pois minimiza o esforço e otimiza o desempenho. Ocorre, no entanto, que o **Sistema 1**, além de nunca ser desligado, tem pouca compreensão lógica. Por isso, seu modelo de resposta — rápido e irrefletido — pode eventualmente "contaminar" o processo.

Kahneman refere-se a esse processo com um termo aparentemente sofisticado, heurística,[*7] mas cujo sentido é bastante compreensível: é uma manobra simples da mente, que ajuda a encontrar respostas adequadas — mesmo que imperfeitas. E essa contaminação é resultante de vieses de cognição, como ele explica:

> O Sistema 1 gera continuamente sugestões para o Sistema 2: impressões, intuições, intenções e sentimentos. Se endossadas pelo Sistema 2, impressões e intuições se tornam crenças e impulsos se tornam ações voluntárias. Quando tudo funciona suavemente, o que acontece na maior parte do tempo, o Sistema 2 adota as sugestões do Sistema 1 com pouca ou nenhuma modificação. Você geralmente acredita em suas impressões e age segundo seus desejos e tudo vai bem normalmente. (...) O arranjo funciona bem na maior parte do tempo porque o Sistema 1 geralmente é muito bom no que faz: seus modelos de situações familiares são precisos, suas previsões de curto prazo são em geral igualmente precisas e suas reações iniciais a desafios são rápidas e normalmente apropriadas. O Sistema 1

---

* Segundo Kahneman, "heurística é um procedimento simples que ajuda a encontrar respostas adequadas, ainda que geralmente imperfeitas, para perguntas difíceis. A palavra vem da mesma raiz que heureca".

> tem vieses, porém [também apresenta] erros sistemáticos que
> ele tende a cometer em circunstâncias específicas.[8]

Não fossem a capacidade limitada de focar a atenção e a vulnerabilidade aos vieses, a capacidade humana de tomar decisões estaria mais próxima da racionalidade. Estando 24 horas sob influência do **Sistema 1**, no entanto, o indivíduo acredita estar tomando uma decisão totalmente racional, quando, de fato, está sendo vítima de uma percepção equivocada, "sugerida" pelos possíveis vieses cognitivos. Para **Kahneman** e **Tversky**,[9] qualquer atividade que envolva algum tipo de previsão conta com um significativo componente de julgamento, intuição e conjectura instruída (*educated guesswork*), o que leva às seguintes conclusões:

- Mais do que aleatórios, os erros de julgamento são sistemáticos: assim como existe a miopia, existe o astigmatismo mental.
- Como todos os mortais, não há especialista técnico, físico ou analista de inteligência que seja absolutamente imune aos próprios vieses cognitivos. Assim, exímios estatísticos também são sujeitos aos chamados "vieses estatísticos", como se verá mais adiante.
- As intuições equivocadas são como as ilusões de ótica: atraentes até quando a pessoa está totalmente consciente de sua natureza.

Como exemplo dessa vulnerabilidade de percepção, mesmo estando totalmente focada em ver o vaso (Figura 6.2), a pessoa vê os rostos nas laterais da figura, até sem querer. O inverso é igualmente aplicável.

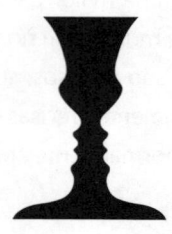

Figura 6.2: Intuições e ilusões de ótica têm forte poder de atração: o que você viu primeiro, os rostos ou o vaso?

NEM TODO CEGO SABE QUE É CEGO

Não bastasse tudo isso, o ser humano ainda é mais sujeito a identificar os erros alheios do que os próprios, como deixa claro o relato de um conselheiro independente sobre o caso de um empreendedor do setor da cadeia de valor de energia alternativa. Depois de realizar um bem--sucedido IPO, uma série de pequenos equívocos cometida pelo acionista controlador acabou por conduzir a empresa ao desastre:

> A empresa abriu capital durante uma janela de IPOs e foi muito bem-sucedida, obteve uma enorme liquidez. O CEO, que era também o empreendedor e acionista controlador do negócio, ficou tão empolgado com o sucesso diante dos investidores internacionais que resolveu assumir também as funções de RI (Relações com Investidores). Isso às vésperas de 2008, quando a economia mundial começou a derreter. Nesse momento, o primeiro equívoco dele foi a decisão de substituir seu CFO, que não falava inglês, porque queria contar com um profissional mais sofisticado. Ele tinha alguma razão: 70% dos novos investidores eram estrangeiros. Mas o CFO anterior tinha a empresa nas mãos, entendia o modelo de negócio, controlava bem a liquidez e fazia o diário da tesouraria. O novo vinha de uma multinacional e não tinha familiaridade com o negócio. Pouco antes do final daquele ano, ele fez uma apresentação ao conselho, demonstrando que tudo seguia bem.
>
> Com o cenário que se avizinhava, eu já tinha sido muito vocal com o CEO para que a alavancagem fosse mantida no máximo em 2,5 do EBITDA. No retorno do recesso de final de ano, porém, o acionista controlador, que também era CEO e RI, me chamou para uma conversa reservada: disse que chegara à conclusão de que os números apresentados antes estavam errados e me pediu a indicação de um novo CFO. Além disso, mencionou que havia sido feita uma emissão de debêntures, que elevara a alavancagem para 4,5. O conselho nunca foi consultado sobre essa emissão. Imediatamente, fomos

verificar como é possível emitir debêntures sem o conhecimento do conselho e, de fato, toda a documentação de governança era omissa em relação a isso. Àquela altura a crise estava instalada. Para o CEO, a dúvida era entre usar a liquidez disponível para pagar a primeira *tranche* da debênture ou manter o investimento para passar a oferecer a energia de acordo com as exigências regulatórias. Já para mim não havia dúvida: como empresa aberta, se não cumpríssemos a regulação, o Ministério Público cairia em cima da nossa operação. Era preciso seguir com o investimento e negociar com os bancos.

Naquele momento, minha suposição era de que a crise ainda era administrável. Achei que daria para reperfilar a dívida com os credores e seguir em frente. Mas, logo depois, a conclusão do banco de investimento foi que nem renegociando 100% da dívida... Para superar aquele nível de alavancagem seria necessária uma solução de patrimônio líquido, um novo aporte de capital. Como o mercado financeiro mundial já estava derretendo, infelizmente teve que ser feita uma venda organizada de ativos. Os credores foram pagos e a companhia deixou de existir.

Em retrospectiva, é possível perguntar agora por que esse CEO empreendedor elevou a alavancagem a 4,5 do EBITDA. O que vejo é que houve uma cegueira causada por certo amadorismo e empolgação diante dos investidores internacionais. Em 2006, para fazer o IPO, ele contou uma história de estratégia bem-sucedida e se comprometeu com uma receita de R$ 1 bilhão no final de 2007. Só que, para isso, o negócio tinha peculiaridades que exigiam realmente investimentos prévios muito altos. Com a ruptura do setor financeiro mundial, ele podia ter chegado para os investidores e simplesmente ter dito: "Olha, o mundo mudou nos últimos 12 meses e as metas da empresa também mudaram." Mas ele insistia em cumprir o compromisso e caiu no excesso de alavancagem. Até porque, pretendia fazer um *follow-on* do IPO... Todo CEO, especialmente aquele que é o empreendedor/fundador do negócio, tem algumas características comportamentais inegáveis: muita autoconfiança, um amor-próprio exacerbado e também a visão mítica da construção de um império. Nada contra, desde que ele não fique cego por isso...

Demonstrações científicas a respeito das falhas — inevitáveis — nos processos decisórios costumam deixar de cabelo em pé os conselheiros, em especial aqueles mais confiantes em sua racionalidade e objetividade, como o que foi descrito no relato de abertura deste capítulo. "Onde estarão os gorilas?", eles se inquietam. Mesmo o mais capacitado e sênior entre todos os conselheiros pode ser presa dos vieses cognitivos: a alternativa é mitigá-los. Antes disso, porém, é imprescindível conhecê-los e admitir que eles existem e influenciam o comportamento humano.

OS VIESES E SUAS ARMADILHAS COGNITIVAS

Atuando continuamente em um ambiente de incertezas, os conselheiros tentam fundamentar suas decisões em dados objetivos e tecnicamente consistentes: as diversas probabilidades são viradas pelo avesso e as previsões chegam à audácia de expor os números em seus centavos. Isso tudo pode passar a impressão de que a decisão será baseada exclusivamente em informação objetiva e no mais alto grau de racionalidade. Todos os julgamentos, avaliações e escolhas, no entanto, estão sujeitos aos vieses cognitivos capazes de comprometer a qualidade das decisões, desviando-as da racionalidade. Sendo assim, toda decisão só vai se provar acertada *se* e *quando* as premissas — que pareciam tão sólidas! — se mostrarem reais.

> O que nos causa problemas não é o que não sabemos. É o que sabemos com certeza que, no final, não é verdade.*

---

* A grande aposta (2015), filme dirigido por Adam McKay e baseado no livro de Michael Lewis, relata a explosão da bolha das hipotecas *subprime* nos Estados Unidos em 2007/2008 e como um grupo de investidores lucrou ao "ver" o que ninguém via ou não queria acreditar que fosse verdade. No Brasil, o livro foi publicado com o título *A jogada do século* (Rio de Janeiro: Best Business, 2011).

A controvérsia surgida na internet em torno dessa frase colocada na abertura do filme *A grande aposta*, atribuída ao escritor norte-americano Mark Twain, acabou se tornando uma fina ironia: o filme, que aborda um dos momentos de maior cegueira coletiva no mercado financeiro dos Estados Unidos, já teria como ponto de partida uma citação equivocada? O roteirista e o diretor tropeçaram em algum viés cognitivo? Ou foi só um truque para ver quem estava realmente com a atenção focada? Quem deixou o "gorila" passar? O fato é que os vieses são muitos e parecem estar sempre à espreita, prontos para interferir na racionalidade humana.

Quando demonstraram a existência e a influência dos vieses cognitivos nos processos decisórios, **Kahneman** e **Tversky** fizeram uma classificação genérica, formando três grandes grupos: 1) disponibilidade; 2) representatividade; e 3) ancoragem e adequação. E, a partir desse novo pensamento, vários pesquisadores começaram a navegar no mundo dos vieses, classificando-os de uma infinidade de maneiras. Este livro usa a descrição construída por **David Arnott**,[10] um especialista em sistemas de suporte à decisão. Ele estudou os vários pesquisadores que se lançaram no campo dos vieses cognitivos e identificou os 37 mais importantes, que organizou em seis categorias:

1. Memória
2. Estatístico
3. Confiança
4. Adequação
5. Apresentação
6. Situação

Esse agrupamento, que facilita a compreensão de variedade e categorias de vieses, está descrito na Tabela 6.1 apenas como ilustração. Nem sempre fáceis de discernir, é possível ainda que ocorra a sobreposição de vários vieses, tornando o processo decisório ainda mais complexo. Para simplificar, deste ponto em diante, este livro focará nas seis categorias de vieses, que serão aplicadas a situações práticas para ajudar a identificá-las:

Classificação dos vieses cognitivos

Categoria	Tipo de Viés	Descrição
Memória	Retrospectiva	Em uma avaliação retrospectiva, muitas vezes o grau de previsibilidade de um evento é superestimado.
	Imaginação	Um evento pode ser considerado mais provável se for facilmente imaginável.
	Recordação	Um evento ou categoria pode parecer maior ou mais frequente se for mais facilmente lembrado do que outros igualmente prováveis.
	Busca	Um evento pode parecer mais frequente devido à eficácia da estratégia de busca.
	Similaridade	A probabilidade de um evento ocorrer pode ser avaliada pelo grau de similaridade com a categoria a que parece pertencer.
	Testemunho	A incapacidade de recordar detalhes de um evento pode levar a reconstituições mentais aparentemente lógicas que podem ser imprecisas.
Estatístico	Taxa de referência	Os dados da taxa de referência tendem a ser ignorados quando há outros dados disponíveis.
	Acaso	Uma sequência de eventos aleatórios pode ser confundida com uma característica essencial de um processo.
	Conjunção	A probabilidade é frequentemente superestimada em problemas conjuntivos compostos de vários elementos.
	Correlação	A probabilidade de dois eventos ocorrerem juntos pode ser superestimada se já ocorreram simultaneamente no passado.
	Disjunção	A probabilidade é frequentemente subestimada em problemas disjuntivos compostos de vários elementos.
	Amostra	O tamanho da amostra é frequentemente ignorado na avaliação de seu poder preditivo.
	Subconjunto	Uma conjunção ou subconjunto é frequentemente considerado como mais provável do que seu conjunto.

Categoria	Tipo de Viés	Descrição
Confiança	Completude	A percepção de que uma apresentação de dados é aparentemente lógica e completa pode deter a busca por falhas.
	Controle	Uma decisão ruim pode levar a um resultado positivo, induzindo o falso sentimento de controle sobre a situação avaliada.
	Confirmação	Os responsáveis por decisões geralmente buscam evidências confirmatórias e não procuram informações em desconformidade.
	Desejo	A probabilidade de obtenção de resultados deseja-dos pode ser incorretamente avaliada como sendo maior do que é.
	Excesso de confiança	A capacidade de resolver problemas novos ou difíceis é frequentemente superestimada.
	Redundância	Quanto maior a redundância e o volume dos dados, maior será a confiança expressa em sua precisão e relevância.
	Seletividade	A expectativa sobre a natureza de um evento pode influenciar quais informações são consideradas relevantes.
	Sucesso	O fracasso é geralmente associado à falta de sorte, e o sucesso, às habilidades dos responsáveis pelas decisões.
	Teste	Alguns aspectos e resultados da escolha não podem ser testados, causando uma confiança ilusória na avaliação.
Adequação	Ancoragem e adequação	Ajustes feitos a uma posição inicial geralmente não são suficientes.
	Conservadorismo	Frequentemente as estimativas não são revistas apropriadamente quando novos dados importantes são recebidos.
	Referência	A definição de um ponto ou âncora de referência pode ser aleatória ou distorcida.
	Regressão	A tendência de regressão dos eventos em direção à média em experiências posteriores não é normal-mente considerada nas avaliações.

Categoria	Tipo de Viés	Descrição
Apresentação	Enquadramento (*framing*)	Eventos enquadrados como perdas ou como ganhos podem ser avaliados de formas diferentes.
	Linearidade	Os responsáveis pelas decisões frequentemente não conseguem inferir um processo de crescimento não linear.
	Modo	O modo e a composição da apresentação podem influenciar o valor percebido dos dados.
	Ordem	O primeiro ou o último item apresentado pode ser superestimado na avaliação.
	Escala	A variabilidade percebida dos dados pode ser afetada pela escala em que são apresentados.
Situação	Atenuação	Uma situação de decisão pode ser simplificada ignorando ou minimizando significativamente o seu grau de incerteza.
	Complexidade	Restrições de tempo, excesso de informação e outros fatores ambientais podem aumentar a complexidade percebida da tarefa.
	Intensificação	Frequentemente os responsáveis pelas decisões se comprometem a seguir ou a intensificar uma linha de ação que foi insatisfatória anteriormente.
	Hábito	Uma alternativa pode ser escolhida somente por já ter sido utilizada antes.
	Inconsistência	Uma estratégia consistente de avaliação muitas vezes não é aplicada a um conjunto de situações idênticas e repetitivas.
	Regra	A regra errada de decisão pode ser usada.

Tabela 6.1: Vieses cognitivos individuais agrupados em seis categorias.
Fonte: David Arnott, *Cognitive bases and decision support systems development* (2006).

Memória:

Uma das principais descobertas de **Hermann Ebbinghaus** (1850-1909), psicólogo alemão pioneiro no estudo empírico da memória humana, foi justamente em relação ao processo de esquecimento. Segundo ele, após a primeira recordação de um evento, ocorre um declínio inicial abrupto da memória, seguido de um esquecimento gradual e contínuo. Mais recentemente, outros estudos mostraram que a memória é constituída por flashes vívidos, formando uma reconstrução nem sempre precisa de cada evento vivenciado.

Com base na curva do esquecimento de **Ebbinghaus**, cientistas cognitivos estruturaram um experimento para verificar o grau de memória de um grupo de pessoas diante de três eventos trágicos ocorridos nos Estados Unidos: o assassinato de John Kennedy (1963), a explosão do ônibus espacial *Challenger* (1986) e o atentado às Torres Gêmeas (2001). Primeiro, a memória dos participantes foi testada em intervalos regulares mais curtos e depois, passado um período de três anos. O resultado revelou que apenas 7% das pessoas tinham recordações de acordo com o que de fato ocorrera; 50% estavam erradas em 2/3 de suas afirmativas a respeito dos eventos; e 25% se equivocaram em cada detalhe evocado.

As falhas no processo de recordação não são diferentes com as memórias cotidianas, tampouco com o conhecimento acumulado, como no episódio vivenciado pelo general Matthew Broderick durante o socorro às vítimas do furacão Katrina:

> Na segunda-feira, 29 de agosto de 2005, o furacão Katrina atingiu a costa sul dos Estados Unidos, na região de Nova Orleans — uma cidade densamente povoada com grande área abaixo do nível do mar. O general Matthew Broderick, diretor da equipe de trezentas pessoas do Centro de Operações de Segurança dos Desabrigados, em Washington, DC (o centro de operações de salvamento em grandes desastres antes de escalar as decisões para a Casa Branca), era um homem experiente

e liderava a ação na época do Katrina. Ele tinha trinta anos de experiência dirigindo o Centro de Operações da Marinha, incluindo a evacuação de Saigon e Phnom Penh. Se havia alguém qualificado para separar a boa informação da má, era Broderick. No entanto, sua experiência lhe dizia que os primeiros relatos de um desastre são geralmente imprecisos e exagerados. Assim, ele passou aquela segunda-feira tentando obter relatos confiáveis e a confirmação sobre a situação dos diques de Nova Orleans. As informações chegavam rapidamente e em grande volume e, no final do dia, ele tinha em mãos muitos relatórios, alguns com informações conflitantes. Era ele quem tinha que decidir quais eram confiáveis. Naquela noite, ele voltou para casa depois de reafirmar para a Casa Branca que não havia rompimento substancial nos diques de Nova Orleans. Foi só na manhã do dia 30 de agosto que ele informou à Casa Branca que os diques haviam rompido e que grande parte da cidade estava debaixo d'água. Esse atraso de quase 24 horas na operação causou a morte de 1.800 pessoas e centenas de milhares perderam suas casas e seus meios de subsistência. O Katrina foi um desastre que custou US$ 86 bilhões ao governo dos Estados Unidos. Naquele período crítico de 24 horas, depois de o furacão ter atingido a costa, Broderick ouviu cuidadosamente os relatórios, selecionando aqueles que lhe pareciam menos exagerados, aplicando seu conhecimento sobre como os primeiros relatos dos eventos com os quais ele já lidara tinham sido ultradimensionados. Ele falhou ao identificar os relatórios que continham a verdade sobre o que estava acontecendo: "Era minha responsabilidade (...) informar ao pessoal-chave", disse Broderick em um painel no Senado sobre a resposta federal ao Katrina. "Se eles não receberam (...) informação foi minha responsabilidade e meu erro." Em seguida, ele renunciou ao cargo, alegando razões familiares.[11]

Thuraisingham e **Lehmacher** indicam a ocorrência de um viés cogniti-vo da categoria **Memória**, que é o de similaridade. O general Broderick avaliou as informações que recebia de imediato sobre os danos causados pelo Katrina, buscando semelhanças com experiência anteriores, que lhe haviam demonstrado que os dados iniciais de um evento "costumavam ser" exagerados. Todavia, ainda analisando sob o prisma dos vieses cognitivos, é provável que, simultaneamente, o general também tenha sido vítima do viés de seletividade, da categoria **Confiança**, que ocorre quando a expectativa sobre a natureza de um evento pode influenciar quais informações são consideradas relevantes, o que leva a pessoa a selecionar apenas os elementos que confirmam seu raciocínio ou sua avaliação.

Considerando que grande parte das avaliações e decisões tomadas na gestão dos negócios é baseada no conhecimento acumulado e na ex-pertise dos conselheiros e executivos, é sempre recomendável, portanto, abrir espaço para a dúvida e o contraditório. Assim, da próxima vez que seu par no conselho advogar ferozmente por um caminho a seguir, dando detalhes vívidos de sua memória sobre situações anteriores em que uma iniciativa similar foi bem-sucedida, melhor dar um desconto: todos estão sujeitos aos **vieses da memória** — e, eventualmente, ainda agravados por outros, como o de seletividade.

Estatístico:

Os números têm o poder de dar a aparência de objetividade às aná-lises mais improváveis. **Kahneman**[12] afirma que o ser humano tem a tendência de processar informações seguindo um raciocínio contrário aos princípios da teoria das probabilidades. Na pesquisa de **Guerra** e **Santos**,[13] os conselheiros alegam que entre os três principais fatores para suas decisões equivocadas estão os riscos e custos minimizados pelos proponentes de um projeto (Gráfico 6.1). Esses conselheiros podem ter desconsiderado as chances de os executivos também estarem atuando sob a influência de **vieses cognitivos estatísticos** apresentados diante do conselho. Um deles é justamente ignorar dados estatísticos e projeções relevantes e disponíveis e embasar o raciocínio numa heurística simplificadora, como associações por semelhança criadas intuitivamente.

Para exemplificar esse viés, **Kahneman** descreve um rapaz chamado Steve que é "muito tímido e retraído, invariavelmente prestativo, mas com pouco interesse nas pessoas ou no mundo real. De índole dócil e organizada, tem necessidade de ordem e estrutura e uma paixão pelo detalhe". E, a seguir, pergunta qual é, em sua opinião, a maior probabilidade: Steve é um bibliotecário ou um fazendeiro? Negligenciando solenemente o dado estatístico relevante de que nos Estados Unidos há mais de vinte fazendeiros do sexo masculino para cada homem empregado como bibliotecário, a maioria das pessoas responde com base na personalidade estereotipada da profissão — e previsivelmente erra: Steve é fazendeiro, não bibliotecário. Para sintetizar por que a intuição prevalece sobre os dados relevantes, **Kahneman** criou o acrônimo WYSIATI:

> Tirar conclusões precipitadas com base em evidência limitada é tão importante para a compreensão do pensamento intuitivo (...) que vou usar uma abreviatura desajeitada para isso: WYSIATI, as iniciais de *what you see is all there is* ou "o que você vê é tudo o que há". O Sistema 1 é radicalmente insensível tanto à qualidade como à quantidade da informação que origina as impressões e intuições.[14]

Outros estudos realizados por pesquisadores da Universidade do Colorado[15] demonstram mais uma forma de viés: até mesmo a composição da amostra pode influenciar os decisores. Em três experimentos foram simulados processos de seleção profissional, fazendo diferentes combinações de gênero e minorias étnicas no grupo de quatro candidatos finalistas. Em relação à contratação de homens e mulheres, os resultados foram os seguintes: 1) quando, entre os quatro candidatos finalistas, há apenas uma mulher, a probabilidade de ela ser contratada é de 0%; 2) quando, entre os quatro finalistas, há dois homens e duas mulheres, as chances femininas sobem para 50% (além do aumento probabilístico esperado por agora haver duas mulheres finalistas); e 3) quando o grupo de finalistas é formado por três mulheres e um homem, as chances femininas sobem para 67%. Os resultados em relação à etnia seguiram a mesma tendência. Segundo os pesquisadores, isso sugere que o viés em favor da manutenção do *status quo* pode ser alterado por uma mudança *real* no *status quo*:

> (...) quando criamos um novo *status quo* entre os candidatos finalistas, acrescentando apenas mais uma mulher ou candidato de alguma minoria, o tomador de decisão passa realmente a considerar a possibilidade de contratar uma mulher ou alguém de uma minoria. (...) Os gestores precisam saber que lutar para que uma mulher ou alguém de uma minoria seja considerado para ocupar uma posição na empresa pode ser inútil porque as probabilidades são pequenas se forem os únicos no processo seletivo. Mas os gestores podem mudar o *status quo* da lista final de candidatos [a amostra], incluindo duas mulheres, e aí elas terão chances de lutar.[16]

Confiança:

Nos **Capítulos 3 e 5**, os efeitos negativos do excesso de otimismo na tomada de decisões já foram abordados e voltam à cena quando se trata dos **vieses de confiança**. Costumam ocorrer, por exemplo, quando o grau de confiança na própria capacidade de decidir é tão grande a ponto de impedir a busca por novas informações para a melhor avaliação dos riscos. Ou quando são buscadas justamente mais informações que finalmente comprovem as premissas de uma proposição, sem dar atenção àquelas que demonstram um possível erro. Além disso, segundo **Kahneman**, existe a tendência de superestimar o que já se sabe e de subestimar o acaso:

> (...) uma limitação desconcertante de nossa mente: nossa confiança excessiva no que acreditamos saber e nossa aparente incapacidade de admitir a verdadeira extensão da nossa ignorância e a incerteza do mundo em que vivemos. Somos inclina-

dos a superestimar quanto compreendemos sobre o mundo e subestimar o papel do acaso nos eventos. A superconfiança é alimentada pela certeza ilusória da percepção tardia.[17]

Para voltar às situações reais, basta uma primeira pergunta: na sua vivência, como conselheiro ou executivo, quantas vezes um orçamento, que parecia plausível ao ser aprovado, acabou por se tornar uma peça de ficção? É bem provável que o excesso de confiança tenha mostrado ventos mais favoráveis do que aqueles que, de fato, ocorreram. Na pesquisa de **Guerra** e **Santos**,[18] entre os 102 conselheiros da amostra, o excesso de confiança foi o principal motivo para a tomada de decisões equivocadas:

Quais erros os conselheiros admitem ter cometido

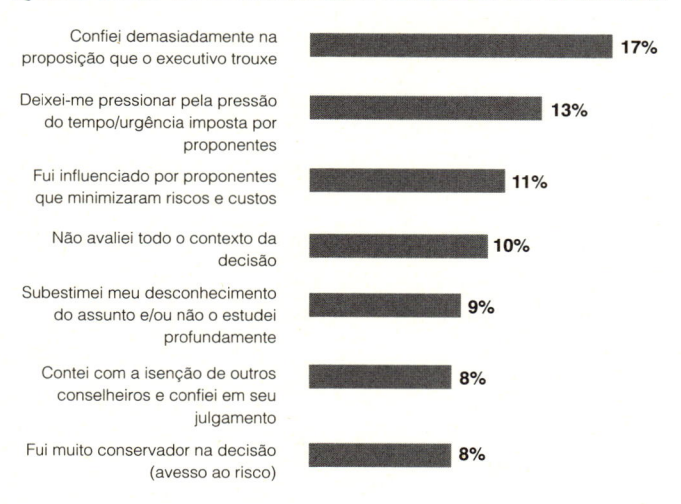

Gráfico 6.1: Principais causas de equívocos no processo decisório: sete principais respostas representam 76% do total das respostas. Total de 11 alternativas possíveis. Fonte: Guerra e Santos (2017).

O excesso de confiança reinante nas salas de conselhos também foi confirmado em um estudo mais recente de **Guerra, Barros** e **Santos**,[19] do qual participaram 340 conselheiros atuando em conselhos de quarenta países. De acordo com 57% deles, há um alto nível de confiança entre o

CA e os executivos, enquanto 25% se mantiveram neutros e 18% discordaram de que haja essa confiança excessiva.

Adequação:

Outro equívoco, que pode ser induzido também por informações numéricas, são os **vieses de adequação**, cujo exemplo clássico é a **ancoragem**. Esse viés é causado por dois mecanismos diferentes: um está relacionado ao **Sistema 2** e ocorre por um processo de **ajuste** deliberado, e outro, relacionado à rapidez e ao automatismo do **Sistema 1**, resulta de um efeito de **priming** (impressão residual), quando a simples exposição a uma ou outra palavra pode causar mudanças imediatas e mensuráveis na associação com outros significados.[20]

Um exemplo de **ancoragem de ajuste** dado por **Kahneman** é a resposta individual para perguntas do tipo: "Gandhi tinha mais ou menos 144 anos quando morreu? Qual a idade de Gandhi quando morreu?" O ponto de partida da resposta já é sugerido pela própria proposição ou formulação da questão. Em diferentes circunstâncias, esse **viés de ancoragem** faz com que a pessoa faça uma estimativa inicial que é **ajustada** para se aproximar da resposta final, mas sempre influenciada pela proposição inicial.[21]

Já a ancoragem resultante do **priming** é uma sugestão que evoca seletivamente evidências compatíveis. De acordo com o próprio **Kahneman**, foram os psicólogos alemães **Thomas Mussweiller** e **Fritz Strack** que demonstraram de forma mais convincente o papel da coerência associativa na **ancoragem**:

> Em um experimento, eles fizeram uma pergunta de ancoragem sobre temperatura: "A temperatura média anual na Alemanha é maior ou menor do que 20°C?" ou "A temperatura média anual na Alemanha é maior ou menor do que 5°C?". Foram mostradas palavras a todos os participantes e pediram-lhes que as identificassem. Os pesquisadores descobriram que 20°C tornavam mais fácil reconhecer palavras de verão (como sol

e praia) e 5°C facilitavam palavras de inverno (como geada e esqui). A ativação seletiva de memórias compatíveis explica a ancoragem: os números altos e baixos ativam diferentes conjuntos de ideias na memória. As estimativas de temperatura anual bebem dessas amostras tendenciosas de ideias e desse modo também apresentam tendenciosidade.[22]

Apresentação:

Entre os vieses cognitivos, estão ainda aqueles relacionados ao modo com que as informações são apresentadas. É considerado até natural, por exemplo, quando alguém escolhe um alimento que é 90% livre de gorduras em vez daquele que se apresenta como tendo somente 10% de gordura. As duas afirmações são absolutamente equivalentes quanto ao conteúdo, mas a maneira de apresentá-lo é decisiva para que o consumidor faça sua escolha. Em outras circunstâncias, a apresentação de um dado envolve mais diretamente as emoções. O paciente que vai ser submetido a uma cirurgia provavelmente prefere ouvir que, depois de um mês, suas chances de sobrevida são de 90% em vez de ser comunicado pelo médico que a taxa de mortalidade, passados até trinta dias do pós-cirurgia, é de 10%.

Entre os **vieses de apresentação**, o de **enquadramento (framing)** pode ser identificado por aqueles que testemunham cotidianamente os processos de decisão nos conselhos. O **viés de enquadramento** resulta da forma ou até mesmo da ordem com que cada informação é percebida e processada. O primeiro a se manifestar sobre uma questão, por exemplo, tem mais chances de definir a visão dos demais, ou seja, enquadrar a perspectiva dos outros. É por essa razão que, no **Capítulo 4**, vários dos conselheiros entrevistados, entre eles, **Pedro Parente***, recomendam que

---

* Pedro Parente, atual presidente do conselho de administração da BRF, já foi PCA da B3 e CEO da Petrobras entre maio de 2016 e junho de 2018. Além de já ter exercido cargos executivos e atuado como conselheiro e presidente de conselho em diversas empresas, foi ministro do Planejamento (1999), da Casa Civil (1999-2002) e das Minas e Energia (2002). Em entrevista à autora em 03/09/2015 na cidade de São Paulo.

o presidente do CA seja sempre o último a expressar sua opinião sobre uma proposição. Outro entrevistado relatou o seguinte caso típico do efeito negativo de um **viés de enquadramento**:

> Pela primeira vez, nós tínhamos conseguido contratar um consultor externo para realizar uma avaliação do conselho. Durante três meses, houve investimento de tempo e dinheiro para fazer um trabalho em profundidade. Foram ouvidos conselheiros, executivos e até alguns acionistas na identificação dos pontos de melhoria do CA. Acompanhei de perto e estava bastante otimista com a oportunidade de aprimoramento. Foi marcada uma reunião para apresentar o resultado da avaliação e, na sequência, definir o plano de ação. Mas, assim que o consultor apresentou os resultados, o primeiro conselheiro a se manifestar, depois de dizer que a avaliação havia sido bem-feita, jogou um balde de água gelada — pelo menos naqueles que estavam ansiosos pelos desdobramentos da avaliação. Ele advogava que, em vez de perder tempo com formalidades, como o plano de ação resultante da avaliação anual do CA, o conselho devia se dedicar mais à análise das questões estratégicas do negócio. Imediatamente, os demais aderiram a essa perspectiva, que, além do mais, parecia muito mais interessante do que programar a própria lição de casa para aperfeiçoar o CA e os próprios conselheiros. O plano de ação da avaliação do CA passou a ser visto como uma formalidade desnecessária. Não houve jeito de redirecionar a discussão, ou seja, reenquadrar o entendimento de todos — nem mesmo quando eu próprio advoguei que um dos pontos identificados de melhoria era especificamente o aprofundamento do CA nas questões estratégicas. Infelizmente, a avalição do CA acabou sendo em grande parte desperdiçada, já que suas conclusões não tiveram consequência e, como não tínhamos um plano de ação sistematizado de aprimoramento, também não conseguimos mesmo focar os debates no conselho na estratégia da empresa, que era o argumento tão convincente do conselheiro.

Ele queria atingir o mesmo fim, mas atacou os meios, dando uma demonstração de desconhecimento e de certa arrogância. Já vi várias vezes a primeira opinião "contaminar" a percepção dos demais. Não é impossível reenquadrar a discussão, mas pode ser difícil, dependendo do contexto.

O exemplo dado no início deste capítulo é claramente uma demonstração do **viés de enquadramento (framing)** com a sobreposição do **efeito halo**, isto é, a tendência a gostar (ou desgostar) de tudo que diz respeito a uma pessoa, inclusive daquilo que nem foi ainda verificado empiricamente.

No caso inicialmente relatado, Lucas, o conselheiro expert em fusões e aquisições, estava sob a influência do efeito halo ao defender o CEO frente a Oscar, o novo conselheiro expert em finanças, sem nem sequer conseguir analisar objetivamente suas ponderações e demandas em relação à nova proposta de fusão.

Outro conselheiro entrevistado relata um episódio em que a identificação do **enquadramento** possibilitou a tomada de consciência e a aceitação de novas perspectivas pelos integrantes de um conselho, que contaram com o apoio de um consultor externo:

> Quem acha que os vieses não existem não está sendo realista em relação à vida. Quando você se apega emocionalmente a uma decisão e persegue apaixonadamente um objetivo, fica sujeito aos pontos cegos. Com certeza isso acontece para mim e para todo mundo. Mas considero que existem os vieses sinistros e os positivos. Certa vez, tive que fazer um plano de sucessão em nosso conselho. Todos nós já tínhamos nossas crenças sobre quem deveria ser o próximo CEO. Trabalhamos durante quase nove meses, porém, com um consultor, um profissional que sistematizou o processo de sucessão sem burocratizá-lo. Foi interessante observar a reação das pessoas. Por fim, o executivo, que nós inicialmente considerávamos em terceiro ou quarto lugar para a sucessão acabou sendo definido como o novo CEO. E isso

só aconteceu por causa das provocações e da metodologia usada pelo consultor. Então, para identificar o viés, é importante contar com a pessoa certa com a coragem de trazer a questão à tona, não só para escolher o CEO, mas em todo tipo de decisão tomada na sala de conselho. Pode ser bom para a organização contar com alguém nadando contra a corrente.

Situação:

Excesso de informações pode adicionar ainda mais tensão e pressão ao processo decisório e desviar o foco do que é relevante — ou irrelevante — na avaliação de uma proposição levada ao conselho. Esse é o caso, por exemplo, do conselheiro com tendência ao microgerenciamento, algo já discutido no **Capítulo 3**: mergulhado em minúcias, ele aumenta seu risco de deixar escapar o "gorila".

Entre os outros vieses de situação mais prejudiciais à qualidade das decisões, na pesquisa de **Guerra** e **Santos**[23] (Gráfico 6.1), os conselheiros identificaram a **pressão de tempo** entre as três principais causas para seus equívocos nas salas de conselho.

Rotineiramente, executivos falam em uma breve janela de oportunidade, que demanda uma reação rápida devido à pressão da concorrência ou trazem a oferta para aquisição de um negócio, cujo prazo de exclusividade está se esgotando. Assim, deixam como única alternativa para o conselho analisar as informações disponíveis e tomar uma decisão rapidamente.

Essas situações parecem ser frequentes em várias partes do mundo. Na nova pesquisa de **Guerra**, **Barros** e **Santos**,[24] apenas 12% dos conselheiros indicaram que as reuniões de conselho nunca ocorrem sob pressão de tempo ou pressão de um *deadline* para o processo de decisão. Na mesma linha, somente 15% dos conselheiros avaliaram que nunca o prazo disponível para o CA decidir é menor do que o tempo necessário, como indicam os resultados nos Gráficos 6.2 e 6.3.

Tempo escasso nas salas de CA

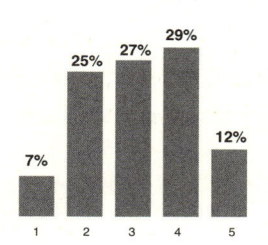

Gráfico 6.2: Pressão de tempo. Questão da pesquisa: As reuniões do conselho ocorrem sob pressão de tempo ou sob pressão de prazos para tomada de decisão? (1) Sempre (5) Nunca

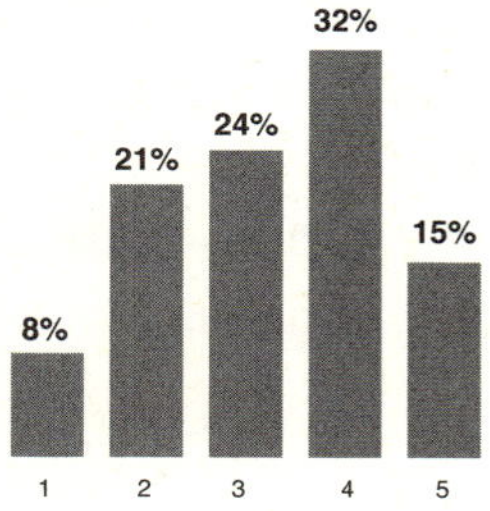

Gráfico 6.3: Disponibilidade de tempo. Questão da pesquisa: Você sente que o tempo disponível para que o conselho produza decisões é menor do que o tempo necessário? (1) Sempre (5) Nunca

Fonte: Guerra, Barros e Santos (2020).

A **pressão de tempo**, entretanto, pode ter impactos, que vão além daqueles observados no próprio processo da decisão, influenciando o comportamento de uma maneira inesperada, como demonstra o clássico experimento feito por pesquisadores de Princeton em 1973.[25] Separados em pequenos grupos, estudantes foram convidados a fazer uma apresentação sobre a parábola bíblica do Bom Samaritano, o homem que ajuda uma vítima de ladrões ferida e abandonada no caminho entre Jerusalém e Jericó. No experimento, como os alunos deveriam ir de um prédio para outro para fazer sua apresentação, os pesquisadores plantaram no trajeto uma "vítima" de assalto em andrajos.

Os pesquisadores observaram que a influência da pressão de tempo sobre o comportamento era inequívoca: no grupo que recebeu a orientação de ir o mais rápido possível para o outro edifício, pois já estavam atrasados, apenas 10% dos alunos ajudaram a "vítima", enquanto 90% simplesmente a ignoraram. Mais do que isso, houve até quem praticamente pisasse na "vítima" por causa da pressa. Já entre os estudantes do grupo que recebeu o menor grau de pressa, 63% pararam para ajudar.

A conclusão desse experimento certamente pode fazer um conselheiro refletir duas vezes antes de aceitar a **pressão de tempo** imposta a decisões complexas e arriscadas, "porque uma excelente oportunidade será perdida para sempre". A recusa em se submeter à **pressão do tempo** nem sempre é bem compreendida pelos pares do conselho, como conta um dos entrevistados:

> Na cadeira de presidente do conselho de uma organização sem fins lucrativos, eu vivo o estresse de tempo com um enfoque diferente do que nas empresas. Na entidade beneficente, por exemplo, surgiu uma questão muito delicada e eu queria resolver por consenso. Então, pautei outra reunião com o comitê executivo, que era menor, e começamos a reunião às cinco para terminar às sete. Lá pelas seis e meia, um dos vices interveio, dizendo: "Acho que a gente já discutiu bastante esse assunto. A maioria está com você e a questão está resolvida, temos outros itens na pauta. Vamos avançar, se não, a reunião não acaba às sete horas." Silêncio. Eu, como PCA, respondi: "Não, não. Vamos continuar, o assunto é delicado e não está esgotado." O vice ficou chocado e inquieto. Lá pelas tantas, outro conselheiro mudou de opinião, outro ainda passou a aceitar... e devagar chegamos a um consenso às oito e meia. O clima ficou meio tenso entre nós dois até que o vice me convidou para um café, queria esclarecer a situação comigo. Eu aproveitei a chance e coloquei minha posição como presidente do conselho: "Eu vou trazer dois pontos e depois você vai acabar concordando comigo. O primeiro: naquela entidade, quem está ali não ganha dinheiro, está doando seu tempo. São todos presidentes de grandes empresas e eu não me sinto no direito de impor a minha vontade ou a vontade da maioria pela garganta de uma minoria sem que o assunto seja discutido até a exaustão. Por isso, busquei o consenso e vou continuar a buscar o consenso, a não ser em último caso. A outra questão é a seguinte: como presidente de conselho, meu voto é igual ao de todo mundo, mas quem muda o assunto da pauta é

o presidente do conselho. Quem comanda a pauta é o presidente do conselho." Aí ele acabou rindo e reconheceu que fazer pressão de tempo sobre o PCA não é contribuir.

Seja pela busca da construção de consenso ou por alguma **disfuncionalidade** no conselho, as reuniões dos CAs podem realmente parecer intermináveis, levando à fadiga dos conselheiros. Isso acaba por adicionar ao processo decisório ainda mais **complexidade**, que é um dos **vieses de situação**. Para 68% dos conselheiros participantes da enquete realizada em 2020 em quarenta países,[26] a fadiga contribui para decisões precipitadas, como mostra o Gráfico 6.4.

Fadiga levando a decisões precipitadas

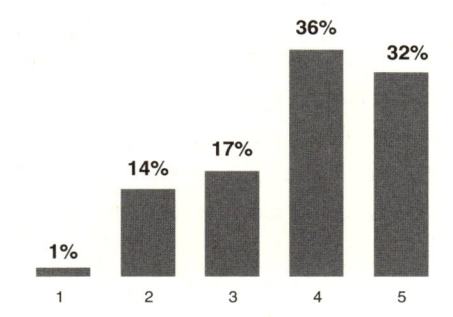

Gráfico 6.4: Fadiga.
Questão da pesquisa: A fadiga/o cansaço por parte dos membros do conselho durante reuniões contribui para que o órgão tome decisões precipitadas?
(1) Sempre (5) Nunca
Fonte: Guerra, Barros e Santos (2020).

Outro significativo viés de situação é a **atenuação**, quando o contexto da tomada de decisão é simplificado, ignorando ou minimizando as incertezas. Para **Arnott**,[27] a "maneira mais tosca para lidar com um ambiente de incertezas é simplesmente considerá-las como certezas". Embora possa trazer consequências dramáticas, atenuar ou subestimar impactos ou inovações surgidas no cenário não chega a ser um comportamento corporativo raro. No início do século XXI, quem diria, por exemplo, que as maiores redes de táxis do mundo não possuiriam um único carro próprio? Ou que o setor de hospedagem seria revolucionado por plataformas digitais que não dispõem de nenhum ativo imobiliário? E, ainda, que depois de terem alcançado um sucesso estrondoso, esses mesmos inovadores modelos de negócio, que se tornaram símbolos, fossem também ameaçados por um fator disruptivo totalmente inesperado, a pandemia da **Covid-19**?

Para muitos players desses setores, o surgimento desses modelos de negócios é uma demonstração clara de que a **atenuação** em relação às inovações — especialmente aquelas que, em um primeiro olhar, parecem fora da caixa demais — pode ter consequências danosas para as empresas mais tradicionais.

Se esses exemplos ainda não bastaram, é só lembrar os relógios suíços negando a tecnologia digital ou a Kodak, que inventou a câmera digital, mas não bancou seu desenvolvimento para não rivalizar com seu principal produto: o filme. A história tecida na esteira da pandemia tende a demonstrar mais do que nunca que o estado de alerta para não ser capturado pelo **viés de atenuação** deve ser permanente: tudo pode ser diferente quando o impossível entra porta adentro sem aviso prévio.

ALÉM DOS VIESES, HÁ COMPORTAMENTOS DISFUNCIONAIS

Ocorrendo separadamente ou em sobreposição, esse conjunto de vieses cognitivos identificado e descrito pelos pesquisadores ajuda a explicar o grau de dificuldade para que os tomadores de decisão ajam exclusivamente dentro dos limites da racionalidade: a propensão humana à irracionalidade é hoje um conceito solidamente estudado.[28]

Não são somente os vieses cognitivos, porém, que desviam os conselheiros individualmente de suas decisões mais objetivas e racionais.

Os **comportamentos disfuncionais*** expressos em salas de conselho podem ser tão corriqueiros a ponto de contaminar o desempenho do colegiado como um todo. Por isso, a partir de um estudo sobre conselhos de administração realizado no Canadá, **Leblanc** e **Gillies**[29] traçaram uma tipologia básica do perfil de comportamento dos conselheiros disfuncionais:

Tipos de conselheiros disfuncionais:
- **Presidentes do conselho "zelador"** — São incapazes de liderar eficazmente as reuniões do conselho, não lidam com os conflitos interpessoais e as divergências e não se relacionam bem com os demais conselheiros, com o CEO e a equipe de executivos. Devem ser substituídos se não se aprimorarem.
- **"Controladores"** — Dominam o funcionamento do conselho por meio de competência, diplomacia, humor ou raiva. São bastante perigosos, particularmente quando o CA inclui conselheiros disfuncionais que não conseguem neutralizá-lo.
- **"Conformistas"** — São conselheiros que não colaboram e não desempenham, que apoiam o *status quo* e raramente estão preparados para qualquer discussão séria. Costumam ser queridos devido a sucessos passados ou relacionamentos e podem ter sido CEOs, autoridades regulatórias ou políticos que agora desfrutam de credibilidade limitada.
- **"Líderes de torcida"** — São amadores entusiasmados, que elogiam constantemente os conselheiros, o CEO e a equipe de executivos, mas são despreparados para as reuniões, desatentos às questões estratégicas enfrentadas pela empresa e, geralmente, fazem perguntas tolas. Na pior hipótese, são vistos com desprezo; na melhor, são chamados de "dorminhocos", "inúteis" ou "ineficazes".
- **"Críticos"** — Estão constantemente fazendo críticas e reclamando em um tom de voz agressivo e com palavras ácidas. Os outros

---

* Veja também a seção "comportamentos deletérios" no Capítulo 2.

conselheiros se referem a ele como "manipulador" ou "sorrateiro". Além disso, carecem da habilidade de divergir construtivamente, uma característica dos desafiadores ou dos agentes de mudança.

Os autores dessa tipologia destacam que, particularmente para pessoas desempenhando funções em circunstâncias muitas vezes complexas, nenhuma categorização deve ser escrita em pedra. Eles afirmam que, em situações específicas, é possível que os indivíduos ajam diferente do que fariam em circunstâncias "normais". Assim, em uma situação de maior estresse, um conselheiro habitualmente disfuncional pode trazer ideias excepcionais, enquanto outro é capaz de surpreender por sua falta de efetividade. Ou seja, um conselheiro disfuncional pode passar a se comportar de modo funcional e vice-versa. **Leblanc** e **Gillies**, porém, concluem que essas características comportamentais do indivíduo costumam servir como um bom indicador do desempenho futuro de um conselheiro.

Até aqui este capítulo abordou a influência dos **vieses cognitivos** e a limitação da **racionalidade humana** sob o ponto de vista do indivíduo. Mas, quando as pessoas se reúnem em um grupo, como é o caso dos conselhos de administração, a **complexidade da dinâmica interpessoal se amplifica e pode chegar a disfuncionalidades** ainda mais complexas. Por isso, gradativamente, os aspectos comportamentais para a qualidade do processo decisório nas organizações vêm conquistando a devida visibilidade e relevância. Tanto é que, em sua quinta edição, pela primeira vez, o Código de Melhores Práticas do **IBGC**[30] fez referência a essas ameaças ao melhor desempenho dos CAs.

Aspectos comportamentais — melhores práticas:

a) É comum em um grupo a ocorrência de comportamentos que reduzem a efetividade do colegiado. Portanto, cada conselheiro deve avaliar, objetivamente, seu comportamento individual e a dinâmica entre os participantes durante as reuniões de conselho, no sentido de contribuir para um ambiente maduro e construtivo, que favoreça a tomada de decisões. Incluem-se, entre tais comportamentos, o "pensamento de grupo", predominância exagerada de um membro, omissões, despreparo, pressões indevidas, manipulação, preconceitos, desconfianças entre participantes e a disseminação de visões muito otimistas ou pessimistas.

b) Além de possuir experiência e conhecimento técnico adequados, o conselheiro deve conhecer a si próprio, ou seja, suas motivações, seus sentimentos, pontos fortes e fracos e crenças. Deve reavaliar constantemente sua conduta e sua contribuição durante os encontros com demais conselheiros e com diretores.

De acordo com pesquisadores,[31] uma das principais fontes de problemas nas relações interpessoais dentro dos grupos é a **pressão social**, isto é, o receio de receber uma desaprovação em público (que pode chegar ao *bullying*)* ou ainda de comprometer as boas relações com alguém considerado mais importante ou poderoso. Na pesquisa de **Guerra** e **Santos**[32] com 102 conselheiros, a ampla maioria afirmou que a preocupação em não prejudicar laços sociais com os controladores (72%) ou com os acionistas mais relevantes (57%) é um motivo frequente ou muito frequente que os desvia das decisões tomadas no melhor interesse da empresa.

Pedro Parente**, experiente presidente de conselho e com consistente carreira como CEO, destaca que observou, ao longo de sua trajetória, essa pressão social se transformar em omissão e frustração em reuniões de conselho, especialmente quando o CA é do tipo coadjuvante, como descrito no **Capítulo 4**:

> O maior impedimento a um comportamento mais assertivo dos conselheiros — até mesmo dos independentes — é, sem dúvida nenhuma, a posição do presidente do conselho e dos donos, se presentes nas reuniões. É o principal elemento de constrangimento. Já vi o simples exercício do contraditório se transformar em into-

---

* Veja também a seção "comportamentos deletérios" no Capítulo 2.
** Em entrevista à autora em 03/09/2015 na cidade de São Paulo.

lerância e depois em afastamento de conselheiros. Vejo com muita frequência pessoas frustradas, especialmente quando o conselho é pró-forma, para cumprir tabela. Infelizmente, é mais comum do que deveria. Eu não tenho nenhuma estatística sobre isso, é a minha observação, mas não é incomum que haja conselheiros que realmente sejam omissos. A independência do conselheiro é um pressuposto, que precisa ser confirmado na prática do conselho. E se, apesar de ser tecnicamente independente, de acordo com os requisitos e definições legais, aquele conselheiro não se manifesta, não se comporta como tal, a empresa deixa de se beneficiar com a sua contribuição.

Somados dentro do grupo, os **vieses individuais** geram uma série de obstáculos e desvios no processo decisório, fazendo com que o conselho como um todo fique mais vulnerável à supressão da discordância, à má percepção de riscos ou ao desperdício de tempo, enquanto atividades relevantes aguardam uma decisão. Isso só para mencionar alguns dos fatores que — potencialmente — são capazes de levar o CA a conceber decisões que nenhum dos conselheiros assumiria individualmente (apesar dos próprios vieses!).

Sendo em grande parte inconscientes, os vieses transitam como almas penadas nas salas de conselho, aterrorizando os que conseguem vê-las e destruindo a pretensa racionalidade das decisões. Na tentativa de, pelo menos, mitigar essa má influência sobre o grupo, diversos autores buscaram identificá-los e criaram classificações, que podem ser sintetizadas como veremos a seguir.

VIESES COGNITIVOS ATUANTES NA DINÂMICA DE GRUPOS

Efeito manada — Alguns conselheiros (usualmente sem informações suficientes) tendem a se deixar levar pelas opiniões de seus pares, resultando numa decisão pouco refletida/discutida.

Pensamento de grupo — Formação de grupos homogêneos, com estilo de pensamento similar, que tendem a evitar o conflito e buscar o consenso a qualquer custo, ignorando informações externas.

Falso consenso — Propensão de alguns indivíduos a achar que suas opiniões e premissas estão sempre corretas, superestimando a probabilidade de os demais conselheiros concordarem com seu ponto de vista.

Favoritismo — Tendência a apoiar as opiniões de conselheiros e executivos da empresa e refutar sugestões de pessoas de fora, desconsiderando visões externas à organização que poderiam ser relevantes.

Causa própria — Tendência de atribuir o sucesso a características internas, e o fracasso, a influências externas ou exógenas (atribuição da culpa a terceiros).

Sobre a frequência com que viam esses vieses de grupo ocorrerem dentro das salas dos conselhos de administração, os conselheiros participantes da pesquisa de **Guerra** e **Santos**[33] apontaram os fantasmas que grassam soltos na "caixa-preta":

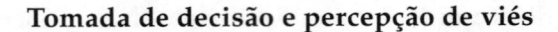

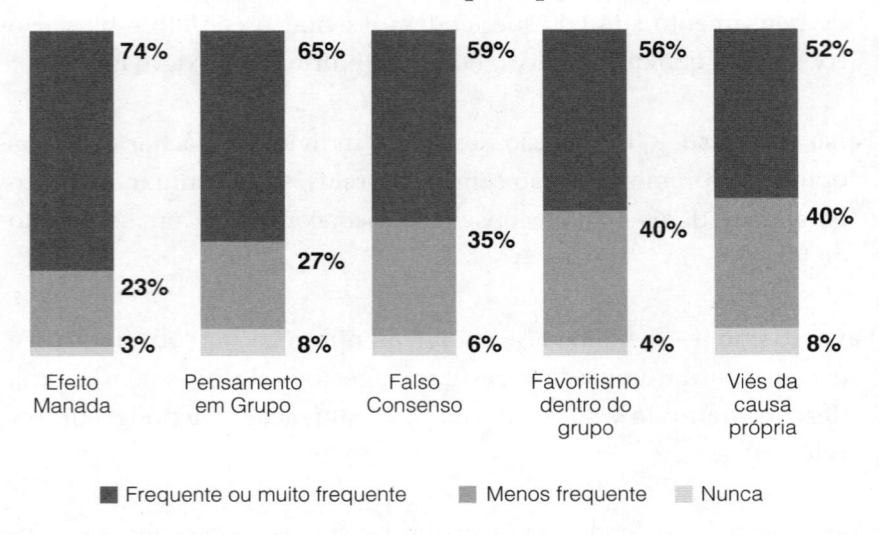

Gráfico 6.5: Vieses cognitivos de grupos mais presentes nas salas de conselho. Fonte: Guerra e Santos (2017).

PATOLOGIAS: EM GRUPO, OS VIESES
SE SOMAM E SE AMPLIAM

É imprescindível observar, porém, que esses vieses inerentes à dinâmica do grupo ocorrem simultaneamente — muitas vezes de forma inconsciente — àquela série de **tensões intraconselho e extraconselho** já detalhadas no **Capítulo 3**. Nas reuniões e no processo decisório, essa combinação pode levar a **disfuncionalidades** tão graves que **Pick e Merchant**[34] preferiram, de fato, classificá-las como **patologias**, descrevendo-as da seguinte forma:

Conformidade excessiva:

Geralmente caracterizado pela pouca **diversidade**,* o ambiente dos CAs é terreno fértil para o **excesso de conformidade**, o que tem a capacidade de moldar e uniformizar pouco a pouco o comportamento e as opiniões dos conselheiros. O sentimento de coesão do grupo é bem-vindo, pois aumenta a percepção de satisfação com as atividades realizadas em conjunto, reduz a propensão ao afastamento e aumenta o engajamento e também o comprometimento com as metas e os resultados do negócio, mas o cuidado aqui é com a dose de coesão.[35] **Pick e Merchant**[36] destacam que pesquisas já comprovaram que, nos conselhos em que há abertura para que a opinião contrária da minoria seja ouvida, o processo decisório é mais robusto e o grupo consegue chegar a soluções mais criativas e inovadoras.

Todos esses fatores relacionados à coesão, portanto, são bastante positivos até o ponto em que deixam de enriquecer o debate no CA e se tornam patológicos, causando **três comportamentos típicos do excesso de conformidade**, que resultam do pensamento de grupo:

1. a sensação de invulnerabilidade baseada em iniciativas bem-sucedidas no passado;
2. o questionamento e/ou a autodefesa diante de informações contrárias à perspectiva do grupo; e
3. a lealdade ao grupo e à sua sobrevivência cria forte pressão social para que prevaleça sempre o ponto de vista da maioria.

De acordo com a pesquisa de **Guerra, Barros** e **Santos** (2020), o excesso de conformidade, de fato, ainda parece ser dominante nas salas de conselhos, havendo espaço para ampliar o grau de conforto para discordâncias e o nível de dissensão entre os conselheiros, como indicam os Gráficos 6.6 e 6.7:

---

* O perfil típico dos conselheiros já foi abordado no Capítulo 2: homem entre 50 e 60 anos, geralmente ex-CEO com valores e crenças semelhantes, sendo pequena nos conselhos a participação feminina e de diversas etnias.

Conforto para discordar e nível de dissensão: ainda pode ser melhor

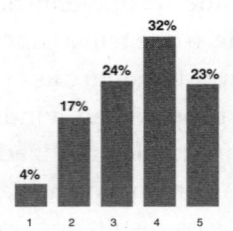
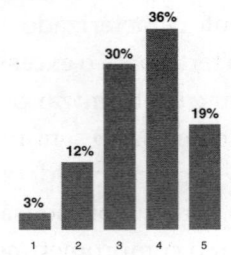

Gráfico 6.6: Conforto para discordar. Questão da pesquisa: O nível de conforto para os conselheiros discordarem da visão daqueles que detêm mais poder na organização é: (1) Inexistente (5) Muito grande

Gráfico 6.7: Nível de dissensão. Questão da pesquisa: O nível de contraditório — livre debate com expressão de visões contrastantes — nas reuniões de conselho é: (1) Inexistente (5) Muito grande

Fonte: Guerra, Barros e Santos (2020).

Por fim, a questão, que dá origem a todos os problemas referentes ao excesso de conformidade, está bem sintetizada em uma frase do escritor norte-americano Mark Twain: "Quando você se pega ao lado da maioria, está na hora de parar e reavaliar."[37]

Conflito negativo:

Trazendo para a sala de reunião do conselho diferentes *backgrounds* profissionais, é natural — e até desejável — que haja divergências de opinião entre os conselheiros na avaliação das proposições. É o que os pesquisadores chamam de conflito cognitivo:[38] a capacidade de divergir respeitosamente, contribuindo para que o debate conduza à melhor solução conjunta. Em capítulos anteriores, especialistas e conselheiros entrevistados, como **Luiz Carlos Cabrera** e **César Souza**, já fizeram a diferenciação entre os conflitos producentes e os contraproducentes. A questão aqui, no entanto, é como conseguir manter o nível de coesão adequado: nem tão confortável a ponto de os conselheiros hesitarem em trazer o contraditório com receio de prejudicar laços sociais; nem tão desconfortável a ponto de suscitar a omissão por temor de desaprovações públicas. É preciso que o pêndulo da discórdia encontre o equilíbrio, pois os **conflitos negativos** podem canibalizar profundamente a ação do conselho, trazendo consequências nefastas não só para a atuação do próprio CA, mas para a empresa e seus *stakeholders*.

Avaliando o grau e a qualidade do conflito nas salas de conselho, na pesquisa de **Guerra, Barros** e **Santos**,[39] mais da metade dos conselheiros entende que o nível é adequado e apenas 21% indicam que excede o ponto, deixando de ser producente e benéfico, como apresentado no Gráfico 6.8.

Conflito: maioria entende que está no ponto certo

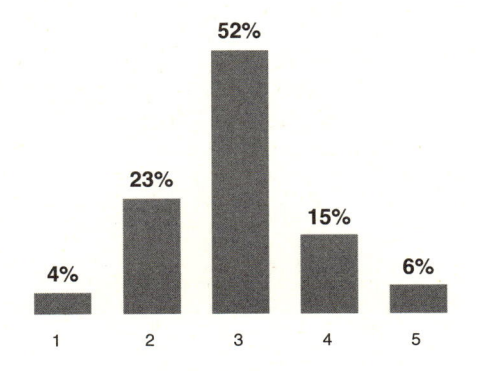

Gráfico 6.8: Nível de conflito nos conselhos.
Questão da pesquisa: Como você classificaria o nível de conflito em seu conselho?
(1) Nunca há conflito
(3) Na medida certa para permitir o livre debate de ideias
(5) Muito conflituoso, o conflito chega a ser negativo
Fonte: Guerra, Barros e Santos (2020).

Outro trabalho realizado pelo **International Finance Corporation (IFC)** e pelo **Center for Effective Dispute Resolution (CEDR)**, com 191 conselheiros e executivos de companhias de diversos portes, investigou quais eram, na opinião deles, as causas mais frequentes dos conflitos contraproducentes nas salas de conselho, como mostra a Tabela 6.2:

As causas mais frequentes de conflitos contraproducentes nos CAs

Atividades financeiras, estruturais ou processuais da organização	**40,3%***
Comportamentos e atitudes pessoais dos conselheiros	**38,4%**
Desenvolvimento de estratégia, incluindo fusões e aquisições	**37,2%**
Apetite a risco e gestão de risco	**31,3%**
Gestão de crise e de mudança	**30,6%**
Descobertas da auditoria	**29,9%**
Questões processuais do conselho, como estrutura e agenda de reuniões	**29,4%**
Equívocos dos executivos	**28,4%**
Composição do conselho e executivos seniores	**24,7%**
Envolvimento dos acionistas ou donos da família controladora nos negócios	**21,7%**

*O percentual indica se o tópico da disputa é frequente ou muito frequente.

Tabela 6.2: Aspectos comportamentais estão entre as principais causas de conflito nos conselhos.
Fonte: IFC-CEDR.[40]

É interessante observar o destaque dos aspectos comportamentais diretamente envolvidos entre os principais motivos dos conflitos contraproducentes vivenciados dentro dos conselhos de administração, como as atitudes pessoais dos conselheiros (38,4%) e o envolvimento de acionistas ou familiares nos negócios (21,7%). No contexto acionário mais comum na América Latina e no Brasil — o controle por famílias empresárias ou controle compartilhado entre grupos empresariais e fundos —, alguns desses conflitos negativos são recorrentes, especialmente quando se trata das organizações familiares, como explica **Luiz Carlos Cabrera***:

> Pela minha observação, o conflito negativo costuma ser mais grave quando um membro da família é o principal executivo — mesmo que ele não seja acionista. Porque aí não tem pudor. Quando é só uma família, já tem conflito, e piora muito nas empresas controladas por duas ou três. Os conflitos, às vezes, chegam a ser mesquinhos. Os piores momentos são para discutir a remuneração de um CEO familiar com o resto da família. Houve um que me dizia: "O que eu ganho é mesada, não é o salário de um CEO de um negócio de alta performance!" Não pode deixar haver ruptura, então hoje o que se faz é arbitrar. Você chama uma consultoria especializada para que apresente quais são as remunerações de outros CEOs equivalentes. É preciso embasar a proposta para discutir na família. Outra missão, das mais difíceis, é a contratação do primeiro CEO não acionista. Isso acontece por não haver talentos na família para a posição ou porque o conflito familiar ou entre os controladores já está tão grande que é preferível trazer alguém de fora. Mesmo assim, é difícil superar o conflito já instalado.

---

* Luiz Carlos Cabrera, sócio-fundador e CEO da LCabrera Consultores. Ex-conselheiro da AESC – Association of Executive Search and Leadership International Board e ex-presidente do conselho do capítulo brasileiro da AESC. Foi agraciado com o prêmio Gardner W. Heidrick, oferecido anualmente pela AESC, a quem fez contribuição notável para a atividade de consultoria em executive search. Em entrevista à autora em 23/02/2016 na cidade de São Paulo.

E nas empresas com controle compartilhado, o que você observa em relação aos conflitos contraproducentes?

O controle compartilhado também é um prato cheio para o conflito ruim. Mais uma vez, enfatizo o papel do conselheiro independente. Ele precisa ter muita maturidade para saber exercer o seu papel. Por quê? No controle compartilhado, muitas vezes, se tenta evitar o conflito fazendo uma reunião prévia e depois chegam à reunião do CA com as decisões já tomadas.* Aí perguntam para o independente: "E você, o que acha?" Não adianta ele dizer o que acha, porque, se não estiver de acordo, já é tarde. A decisão já foi tomada... Muitas vezes, na prévia, nem todos os controladores deram as suas opiniões e, quando o assunto vai para o conselho, a discussão pode ficar bem ácida. Esse controlador vai tentar reverter a decisão prévia do outro, buscando uma aliança com o independente, que antes não participou de nada, nem tem todas as informações. Na hora ali, há uma tentativa muito rápida de cooptação e o conflito só aumenta, porque agora o independente também tem que se posicionar. Então, um dos momentos mais tensos é a rediscussão de um tema com a participação dos independentes que ficaram de fora dos conchavos prévios. Com um papel mais ativo da governança corporativa, as empresas estão aprendendo aos poucos a contar mais com a contribuição dos independentes. No Brasil, quase todos os conselhos têm um representante ligado aos acionistas, então o conflito é inerente, mas pode haver um esforço de mitigação.

Mesmo quando não chegam ao ponto de provocar a ruptura ou a desestruturação da empresa, os conflitos contraproducentes têm a força

---

* Esse é o comportamento oposto àquele que, no Capítulo 4, foi chamado de "costura prévia", quando o presidente do CA conversa antecipadamente com os conselheiros para incentivar que todos estejam em condições de dar sua melhor contribuição e não hesitem em trazer o contraditório para o debate.

de causar prejuízos palpáveis para os negócios, como revelou a mesma pesquisa realizada por IFC-CEDR.[41] De acordo com os 191 conselheiros e executivos participantes, os principais impactos negativos das disputas são os apresentados na Tabela 6.3:

O impacto dos conflitos contraproducentes nos negócios

Desperdício de tempo dos gestores	**49,3%**
Distração das prioridades centrais do negócio	**44,9%**
Redução da confiança entre os conselheiros	**42,8%**
Prejuízo ao desempenho do conselho	**42,1%**
Prejuízo à eficiência da organização	**38,3%**
Efeito negativo sobre as relações internas na organização	**32,4%**
Custo financeiro para a empresa	**29,5%**
Prejuízo do desempenho e lucratividade de longo prazo do negócio	**26,8%**
Prejuízo à reputação da organização	**23,7%**

Tabela 6.3: Principais prejuízos causados ao negócio pelos conflitos contraproducentes.
O percentual indica se o tópico tem impacto "significativo" ou "muito significativo".
Fonte: IFC-CEDR, 2014.[42]

Coalizão disfuncional:

Se por um lado o excesso de coesão social pode levar à conformidade e ao pensamento de grupo, por outro, quando a coesão é muito fraca, é capaz de favorecer a formação de **coalizões disfuncionais**, que defendem apenas os interesses próprios. Não é raro que isso ocorra especialmente se a composição do conselho de administração incluir grupos diversos, cada um representando diferentes famílias ou acionistas. Nesse caso, alianças podem ser formadas e, mesmo quando o subgrupo busca objetivos específicos e temporários, a polarização e a ruptura tornam-se definitivas.

Outro fator propiciador desse tipo de coalizão interna é o estilo de liderança exercido pelo presidente do conselho (PCA). Se ele for muito forte e assertivo, pode acabar por se outorgar o direito de liderar utilizando táticas de manipulação e/ou ocultação. O vácuo de liderança do PCA, em contrapartida, certamente contribuirá para que os outros conselheiros exerçam o poder de forma mais subversiva no intuito — às vezes, até bem-intencionado — de fazer com que o conselho desempenhe seus papéis.[43] Isoladamente ou em conjunto, essas circunstâncias propiciam o surgimento de verdadeiras facções em luta dentro do conselho, trazendo consequências daninhas inevitáveis:[44]

- o desencorajamento do contraditório dentro da coalizão, aliança ou facção (como se prefira denominar);
- a coalizão racionaliza para desconsiderar fatos e dados que não estejam em conformidade com o pensamento daquele subgrupo interno ao CA;
- a coalizão compete com outros conselheiros como se fossem rivais, desconhecendo o objetivo comum do CA, que é a gestão estratégica do negócio;
- dentro da coalizão existe uma forte pressão para que se chegue e se mantenha o consenso;
- outros conselheiros podem se autocensurar para evitar conflitos com a coalizão;
- essas disputas ocorrem não só entre conselheiros, mas também contra outros subgrupos específicos, como acionistas, executivos e outras partes interessadas.

Ao investigar a frequência das coalizações ocorrida nas salas de reunião dos CAs, com a participação de 340 conselheiros de quarenta países, uma das descobertas da pesquisa de **Guerra**, **Barros** e **Santos**[45] foi que 63% da amostra apresentam ao menos uma coalizão, como demonstram os dados do Gráfico 6.9:

Coalizões são frequentes nos conselhos

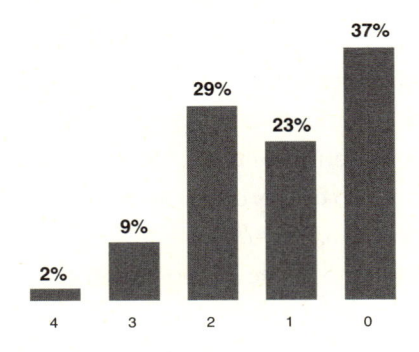

Gráfico 6.9: Nível de coalizões.
Questão da pesquisa: Há em seu conselho a formação de coalizões (grupos que buscam exercer influência política no conselho)? Quantas coalizões você identifica?
(4 = 4 coalizões ou mais);
(3 = 3 coalizões);
(2 = 2 coalizões);
(1 = 1 coalizão) ou
(0 = Não há coalizões)
Fonte: Guerra, Barros e Santos (2020).

Além de uma demonstração do **viés de enquadramento** e do **efeito halo**, o caso exposto no início deste capítulo é também um exemplo da formação de coalizão. Ainda que inconscientemente, um subgrupo de conselheiros se alinhou a Lucas — o coordenador do comitê de investimentos e expert em fusões e aquisições que defendia o CEO —, deixando de considerar objetivamente as observações e demandas daquele que apontava as falácias da transação proposta. Isso mostra como, enquanto crescem a tensão e a polarização entre os subgrupos, o conselho de administração vai se tornando gradativamente mais ineficaz, deixando de exercer suas funções, entre elas, como nesse caso, a de monitorar com objetividade a atuação do CEO e os resultados que ele entrega.

Rotinas habituais:[*46]

Todos almejam um conselho que funcione bem, mas é o PCA quem tem a responsabilidade de fazer cumprir as normas e zelar pela eficiência dos processos de funcionamento do CA. No exercício desse papel, entretanto, existe o risco de que as reuniões do CA se tornem excessivamente rotineiras e burocratizadas, o que predispõe os conselheiros a não oferecer a sua melhor contribuição. Enquanto as **rotinas habituais** seguem seu ritmo inflexível, eles estão lá, de corpo presente, mas dominados pelo **Sistema 1**, que faz com que a mente deixe escapar os temas que poderiam ser mais relevantes. O Gráfico 6.10 demonstra com que frequência as reuniões dos conselhos ficam presas a rotinas excessivas, capazes de roubar a efetividade do processo decisório:

Rotinas demais reduzem a efetividade

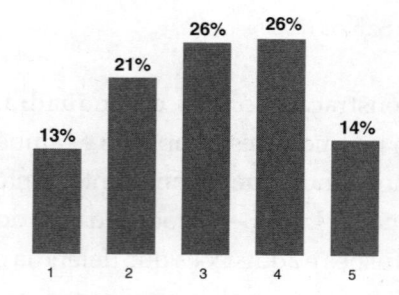

Gráfico 6.10: Rotinas habituais.
Questão da pesquisa: O conselho é preso por rotinas habituais que moldam seu funcionamento (não há uma dinâmica flexível), reduzindo sua eficácia. (1) Concordo totalmente (5) Discordo totalmente
Fonte: Guerra, Barros e Santos (2020).[47]

---

* Segundo Gersick e Hackman, as chamadas rotinas habituais ocorrem quando "um grupo exibe repetidamente um padrão funcional similar de comportamento diante de uma dada situação de estímulo sem explicitamente selecioná-lo entre outros comportamentos alternativos".

Uma situação exemplar na qual os conselhos costumam ficar reféns da rotina é o hábito muito frequente de começar as reuniões analisando os resultados do período anterior à última reunião do CA. A alegação para que se cumpra essa rotina parece convincente: afinal, o conselho precisa ancorar suas discussões no que está — ou não está e deveria estar — acontecendo. Isso nada mais é do que cumprir o papel do CA de monitorar o desempenho e os resultados da empresa. Por outro lado, há nessa prática rotineira um aspecto ineficiente: os conselheiros usam o tempo mais nobre da reunião, quando todos estão descansados e cheios de energia, para olhar para o passado — não para o que ainda precisa ser feito e urge. Outro ponto negativo é que a discussão dos resultados passados pode acabar roubando tempo de temas estratégicos ou centrais para a empresa, como relatou um conselheiro entrevistado:

> Temos uma reunião mensal de cerca de 4 horas e nosso PCA insiste em começar analisando os resultados do mês anterior. Normalmente, são reservados 45 minutos para esse item da pauta, mas é bem comum que a gente passe metade da reunião — e às vezes até mais — nessa conversa. O que acontece é que todos os conselheiros acabam querendo fazer comentários individuais sobre um fato ou outro. Frequentemente, tratamos de detalhes da operação que não deveríamos estar olhando. Quando um de nós chama atenção para o fato de que estamos roubando tempo de temas muito importantes, há sempre a argumentação de que o que estamos discutindo é importantíssimo e que não adianta seguir adiante sem resolver o tema em questão. Tenho notado que essa também é uma maneira — consciente ou não — de evitar discutir em profundidade outras questões. É como se houvesse um bloqueio mental. Fala-se demais para analisar o resultado do período e não se fala, por exemplo, sobre a inexistência de um modelo holístico para a gestão de riscos ou ainda sobre a necessidade de trocar o CEO. Ele está há treze anos na empresa e caindo de maduro. Não atende mais às necessidades do negócio nem no

presente e menos ainda para o futuro. Essa rotina aprisiona a dinâmica do conselho. Eu me pergunto se a análise dos resultados do período anterior não poderia fazer parte essencialmente do material prévio da reunião e se e quando houvesse algum desvio do planejado — que mereça discussão — o tema ganharia mais tempo na pauta. Mas, mesmo assim, o começo da reunião seria reservado para os grandes temas planejados para aquele dia e não para o acompanhamento de desempenho.

Informação compartilhada:

Além de as rotinas inflexíveis roubarem o tempo precioso dos conselheiros, existe o **viés da informação compartilhada**, que pode colaborar para que o grupo deixe de considerar dados relevantes para o processo decisório. Esse equívoco cognitivo envolve vários aspectos da dinâmica em grupo — entre eles, o que **Sunstein** e **Hastie** chamam de indicador informacional. Segundo eles, a pessoa "enxerga" um sinalizador em seu interlocutor e deixa de compartilhar informações ou opiniões que seriam relevantes para a tomada de decisão. Por exemplo:

> No governo federal, (...) a pessoa pode se calar, porque pensa que uma autoridade, que não tem o mesmo ponto de vista que o seu, pode dispor de suas próprias informações e está correta. Se o secretário de Defesa tem uma forte convicção de que uma intervenção militar é uma boa ideia, as pessoas que trabalham com ele podem se calar, não porque concordem, mas porque acham que o secretário, provavelmente, sabe o que está fazendo.[48]

De acordo com estudo de **IFC-CEDR**,[49] o conselho de administração pode se desgastar, discutindo por muito tempo informações já conhecidas por todos em vez de se dedicar a compartilhar os dados disponíveis apenas por um ou dois integrantes do CA. A dinâmica dos grupos está sujeita a uma série de fatores fomentadores desse viés de compartilhamento inadequado de informações, como:

- O desejo de chegar rapidamente a uma decisão em vez de priorizar a construção da melhor decisão possível, reunindo novas informações.
- Em análises mais ambíguas, o grupo valoriza mais a busca do consenso do que a solução mais correta.
- Ao analisar previamente só as informações já disponíveis pela maioria, os conselheiros chegam à reunião, ou seja, para a discussão em grupo, mais dispostos a trazer à tona apenas os dados que confirmam seu prejulgamento.
- Para formar ou manter a reputação, preservar laços de amizade ou vencer a competição com outros conselheiros, a pessoa busca o apoio do grupo para suas opiniões pessoais.
- O grupo costuma considerar como mais capaz a pessoa que repete informações já compartilhadas pela maioria em vez de valorizar quem traz novos dados para a discussão.

Nível de compartilhamento de informação

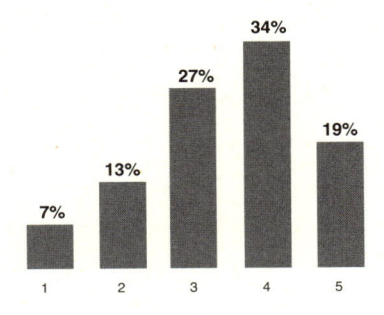

Gráfico 6.11: Compartilhamento de informações.
Questão da pesquisa: Ao tomar decisões relevantes, os conselheiros partilharam informações que só eles tinham, mesmo que elas parecessem evidentes e já conhecidas por todos?
(1) O compartilhamento individual de informações era seletivo e muito limitado;
(5) O compartilhamento individual de informações era muito grande.
Fonte: Guerra, Barros e Santos (2020).[50]

Ignorância pluralista:

Especialmente quando a liderança do conselho é fraca, alguns conselheiros podem ter opiniões diferentes, mas não as expressam por acreditar que não coincidem com as dos colegas. Isso deixa pouco espaço para o conflito producente. **Pick** e **Merchant** afirmam que esses conselhos sofrem do **viés da ignorância pluralista**. Esse viés se soma em consequências danosas aos equívocos do compartilhamento de informações já descritos. Temendo a pressão social do grupo e sem se sentir psicologicamente seguro, um — ou mais — conselheiro pode evitar vocalizar opiniões, que acredita estar em desacordo com a maioria. Mesmo em CAs em que há mais abertura ao dissenso e mais segurança psicológica, é preciso muita espinha dorsal para trazer à mesa um problema grande que, possivelmente, não se quer ver. A situação só se agrava se houver implicações públicas, o que, no caso de uma companhia com ações listadas em bolsa de valores, não é nada trivial.

Além de coragem, para entrar em uma empreitada dessa natureza, o conselheiro terá que investir tempo para se certificar do que pretende expor ao conselho. Esse foi o caso, por exemplo, desse membro de um comitê de auditoria, um profissional bastante experiente, mas que não integrava o conselho de administração da empresa:

> Esse foi o momento mais tenso, mais desgastante, que eu já vivi em um comitê de auditoria. Fui chamado com mais três profissionais para fazer parte de uma comissão preparatória do futuro comitê de auditoria de uma empresa que ia fazer IPO. Quando eu entro, sou que nem São Tomé. Vou até a ponta para ver o que está acontecendo, quero ter certeza de que a foto que me mostram é fiel ao objeto fotografado. Essa empresa, dada a natureza do negócio, é absolutamente dependente da qualidade da tecnologia da informação (TI) para duas funções básicas: gestão de risco e

gerenciamento de segurança de informação. Dois meses antes de o primeiro relatório do comitê de auditoria ser publicado, numa reunião de planejamento estratégico, um dos conselheiros me questionou abertamente sobre o que eu achava da estrutura de TI da companhia. Estava todo mundo na sala, inclusive o diretor de TI, e eu respondi: "Em termos de controles internos e processos, é como uma Ferrari sem freios. Tem um motor potentíssimo, uma capacidade de execução fantástica, tem gente competente, mas os sistemas de TI são abaixo do lamentável. Se não consertar, tudo que vocês estão planejando para o futuro da empresa vai ser construído sobre pés de barro." E detalhei as razões, inclusive, com o resultado — muito ruim — de uns testes que eu já havia feito. Ali já deu um zum-zum, mas ficou por isso.

Passou um tempo e, na hora de discutir a minuta do relatório do comitê de auditoria, eu sigo outro ritual: faço uma reunião com os integrantes do comitê e vamos revendo item por item, palavra por palavra. E lá nas conclusões nós decidimos colocar uma ressalva sobre a qualidade dos controles internos em TI. E assim o documento seguiu para a reunião do CA, na qual eu não estava presente porque não fui convidado e não era conselheiro.* Foi aí que um deles levantou o ponto: "Vocês leram isso aqui? O comitê de auditoria está dizendo que nosso sistema de TI está uma lástima!" Não era essa, evidentemente, a palavra, mas foi assim que o CA interpretou. Outro conselheiro me telefonou e colocou no viva voz: "Olha, esse parágrafo aqui, nós queríamos ver a possibilidade de você retirá-lo." Minha resposta foi imediata: "Senhores conselheiros, eu não posso fazer isso, porque a decisão de incluí-lo não foi minha, foi dos integrantes do comitê. Eu não

---

* Em alguns países é possível — e, às vezes, até comum — incluir especialistas independentes nos comitês, que não integram o CA como conselheiros. É a situação do entrevistado que narrou esse caso.

tenho a alçada para tirar uma frase que eu não coloquei sozinho. Então, se vocês querem ter justificativa para pedir a retirada, eu vou pedir meia hora, vou procurar os outros membros do comitê e vamos retomar a *call* com todos."

Depois de uns quarenta minutos, estávamos de volta em ligação, mas o posicionamento foi conjunto: "Não estamos a fim de amenizar a contundência de algo que precisa ser levado ao mercado de uma maneira explícita. Não é tirando a informação ou amenizando as palavras que vamos encontrar a solução do problema." O CEO, então, teve um *insight* genial e propôs uma conversa só entre ele e os integrantes do comitê de auditoria. Dali a cinco minutos ele nos conectou a todos, porque tinha percebido que naquela discussão colegiada alguém ia acabar radicalizando. Um dos membros do comitê acabou por fazer uma proposta conciliatória: "Em vez de deixar a ressalva na conclusão, vamos colocar a mesma frase logo na introdução do relatório? Assim não chama tanto a atenção, não fica como um holofote na cara do jacaré." Todos os integrantes concordaram e o comitê de auditoria, com sua posição firme de não excluir a informação importante e que se tornaria pública, acabou conquistando uma respeitabilidade que não tinha antes. Para concluir, logo depois, o diretor de TI saiu e eu faço parte do comitê até hoje, quase dez anos depois.

Infelizmente, ao circular pelas salas de conselho de administração, a sensação é que existem mais exemplos opostos ao que acaba de ser descrito: nem mesmo os assuntos meramente desagradáveis são trazidos à tona. A barreira invisível do silêncio — tão espessa quanto o muro de uma fortaleza — não é rompida, a inércia não é vencida para não quebrar o clima de harmonia, não contrariar quem está no poder ou, simplesmente, para não criar situações embaraçosas. Quantas vezes os conselheiros de empresas envolvidas nos diversos casos investigados pela Operação

Lava Jato silenciaram mesmo em assuntos de tal relevância ética, sem mencionar o aspecto legal? Nesses casos, esta síntese dos versos de Dante Alighieri cai como uma luva: "O lugar mais escuro do inferno é reservado àqueles que mantêm a neutralidade em tempos de crise moral."*

Oportunismo social:

A atuação em colegiado pode ainda esconder outra **patologia**: o fenômeno do **oportunismo social** (*social loafing*).[51] Um estudo feito há mais de 130 anos pelo engenheiro agrônomo francês **Max Ringelmann**[52] acabou levando a uma conclusão então inesperada. Ele pediu a um grupo de pessoas que puxasse uma corda com o máximo de força possível; primeiro, individualmente; depois, em conjunto. **Ringelmann** mediu a força feita por pessoa e, em seguida, mediu a força realizada pelo grupo. Curiosamente, dessa vez, a força empregada individualmente era maior do que aquela usada pelo mesmo indivíduo quando atuando no conjunto das demais pessoas do grupo, o que só poderia ter um significado: a tendência humana para se esforçar menos quando seu empenho não é claramente identificável no grupo. O fenômeno foi chamado nos anos 1970 de **oportunismo social**.[53]

Quando se trata de conselhos de administração, essa constatação chega a ser assustadora. Afinal, os conselheiros não trabalham apenas lado a lado; a maior parte de suas atividades é colegiada e interdependente. Portanto, se a soma dos backgrounds profissionais, vivências e formação de conselheiros for menor em sua atuação no CA do que seria individu-

---

* De fato, essa frase atribuída a Dante e que foi uma das preferidas do presidente norte-americano John F. Kennedy resume uma longa série de versos do Canto III do Inferno em A divina comédia. Disponível em: <https://www.jfklibrary.org/Research/Research-Aids/Ready-Reference/JFK-Fast-Facts/Dante.aspx>. Acesso em: 12 fev. 2021.

almente, então as empresas estão realmente perdendo uma contribuição valiosa por tê-los reunido em grupo.[54] Foi exatamente o que verificou, em 2020, a pesquisa de **Guerra, Barros** e **Santos** como demonstram os dados apresentados no Gráfico 6.12.

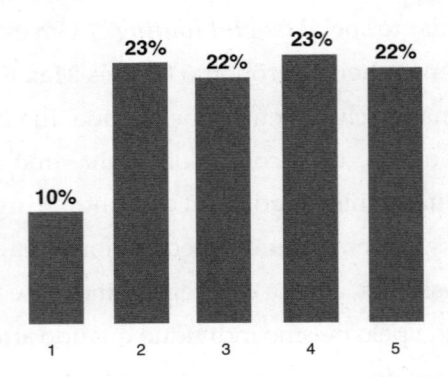

Oportunismo social nas salas de conselho

Gráfico 6.12: Oportunismo social.
Questão da pesquisa: Alguns conselheiros em seu conselho colaboraram menos do que poderiam porque o trabalho é em colegiado e os esforços individuais nem sempre são identificados.
1 (Concordo totalmente);
5 (Discordo totalmente).
Fonte: Guerra, Barros e Santos (2020).[55]

Polarização:

Finalmente, outro viés que pode surgir em grupos é a **polarização**. Nesse caso, não no debate entre os conselheiros, mas como uma tendência de o colegiado assumir posicionamentos e tomar decisões mais extremas. Individualmente, a pessoa analisa uma questão e leva sua opinião ao grupo, onde ouvirá novos argumentos, ficando sujeita a ceder ao seu desejo de aceitação pelo grupo ou às propostas mais persuasivas de seus pares.

Sendo assim, ao final do debate, a tendência é que a decisão seja na direção inicial definida individualmente, mas um pouco mais extremada. Ou seja, grupos formados por indivíduos mais dispostos a correr riscos acabarão por assumir posições mais arriscadas, enquanto aqueles que reúnem pessoas mais avessas a riscos tenderão a tomar decisões mais precavidas. Esse viés costuma se manifestar com mais frequência nos conselhos mais fechados ao contraditório, com baixa segurança psico-lógica, pouca **diversidade** e liderança fraca.[56]

A polarização é um fenômeno que também ficou evidenciado na pesquisa de **Guerra, Barros** e **Santos**. Na amostra de 340 conselheiros, 44% consideraram que os CAs em que atuam tendem a tomar decisões mais conservadoras do que aquelas que seriam adotadas individual-mente. No extremo oposto, 16% afirmaram que os conselhos acabam por decidir colegiadamente assumindo maior grau de risco, como está apresentado no Gráfico 6.13:

**Polarização: a percepção de conselheiros
sobre decisões extremadas**

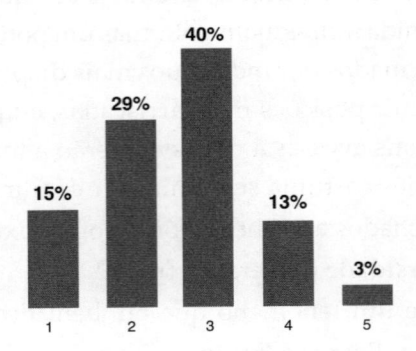

Gráfico 6.13: Polarização.
Questão da pesquisa: Na sua percepção, o seu conselho toma decisões mais extremas (mais arriscadas ou mais conservadoras) do que os conselheiros tomariam individualmente?
(1) Tendem a ser mais conservadoras;
(3) São iguais às que seriam tomadas individualmente;
(5) Tendem a ser mais arriscadas.
Fonte: Guerra, Barros e Santos (2020). [57]

MESMO FALHOS, CAS DÃO CONTRIBUIÇÃO VALIOSA

Apesar de estarem continuamente submetidos a tantas incertezas, paradoxos, tensões internas e externas, além de todos esses vieses cognitivos individuais e de grupo, é imperativo admitir que a simples existência dos conselhos de administração, como órgão máximo de governança, está fortemente enraizada, como diriam **Forbes** e **Milliken**,[58] na "sábia convicção de que o monitoramento eficaz da organização é muito mais amplo do que a capacidade individual e que o conhecimento e a deliberação coletiva são mais adequados para cumprir essa missão." Por outro lado, não é possível deixar de constatar que os CAs foram criados na vã expectativa de que o grupo — por si só — agisse para corrigir ou, pelo menos, mitigar os erros individuais. A má notícia, como demonstrou este capítulo, é que a interação em grupo potencializa e amplifica a ocorrência e as consequências dos vieses individuais. A boa notícia é que, tomando consciência da existência dos vieses no processo de cognição humana, os indivíduos se tornaram capazes de desenvolver instrumentos para mitigar os efeitos negativos da atuação em grupo. Lamentavelmente, não foi o que ocorreu no caso relatado nesse capítulo. Começou a surgir a suspeita de que Lucas talvez estivesse deixando de ser objetivo e que aquelas conversas de corredor pudessem ter efeitos realmente prejudiciais:

> *Tudo ficou muito mais claro quando o CEO apresentou aos conselheiros uma nova proposta de fusão. Lembro que foi a partir daquele momento que eu passei a identificar a disputa interna que estava deixando o conselho disfuncional. Nas várias rodadas de discussão, o debate ficou polarizado entre Lucas, com toda a sua qualificação em M&A, e Oscar, com sua inquestionável vivência em finanças e com sua postura assertiva e crítica. Os demais membros do conselho — entre eles, eu — mantinham o silêncio. Primeiro porque nenhum de nós tinha o nível de expertise deles e, depois, porque Lucas era influente demais para ser questionado. Mais do que respeitado, ele chegava a ser incensado pelo mercado; tinha excelentes relações e uma indicação dele tinha o poder de abrir ou fechar muitas portas. Então, ninguém queria tomar partido no que poderia parecer a observadores ser uma luta de egos. Mas, sentado em um privilegiado ponto de observação, eu me questionava sobre a motivação da defesa de Lucas dessa fusão: era mesmo um negócio que não podia ser perdido ou ele estava tendencioso, mas, inconscientemente, tratando de proteger o CEO de forma paternalista?*
>
> *Até que em uma das discussões sobre o novo investimento, Oscar trouxe dois argumentos que me pareceram bastante pertinentes e*

objetivos. Antes da votação, queria que fossem feitas duas avaliações que, segundo ele, não estavam sendo consideradas no processo de due diligence regular, adotado no modelo da empresa: 1) como havia mudanças e maior complexidade no ambiente regulatório, ele gostaria de contar com o parecer de um especialista em tributos para avaliar riscos jurídicos daquela transação específica; e 2) como as duas empresas tinham culturas inteiramente díspares, ele gostaria que um consultor independente fizesse um assessment dessa dimensão para avaliar os riscos no processo de fusão, o que também seria útil para direcionar o posterior processo de fusão, caso ele fosse confirmado. No final, Oscar enfatizou que não estava a priori contra a fusão, queria apenas dispor de mais ferramentas objetivas para a análise. Nessa reunião, ele não foi contestado — nem mesmo por Lucas, com toda a sua expertise em operações de fusão.

Durante dois meses, o assunto ficou intocado no CA. Não se sabia se as due diligence pedidas estavam sendo realizadas ou não. Tudo quieto até que recebemos o material final sobre a aquisição sem os dois pareceres solicitados por Oscar. Dali a uma semana, seria a reunião para a decisão final dentro do prazo de exclusividade das negociações. Absolutamente calmo, Oscar apontou que estava percebendo uma dinâmica pouco eficaz no conselho: "Ninguém se posiciona claramente e depois minha solicitação dos pareceres é simplesmente ignorada." Ele votou contra. Dessa vez, fui o único a me manifestar em favor dos pareceres solicitados por Oscar como fundamentais para a tomada de decisão e, por isso, também votei contra. Mas fomos vencidos pela maioria favorável à transação. No final da reunião, quando conversamos, Oscar comentou: "Meu desapontamento não é a aprovação dessa fusão. É que estamos deixando sistematicamente de utilizar ferramentas para a análise mais objetiva dos negócios. Se continuarmos na linha do portfólio atual, ninguém vai obter valor com isso." Ninguém também conseguiu tangibilizar que ele tivesse uma segunda agenda para se posicionar criticamente em relação ao CEO e à qualidade da administração do portfólio de investimentos. Todavia, seguiu no ar a condescendência de Lucas com o CEO, sem nunca ter sido verbalizada.

Vou precisar esperar ainda alguns anos para saber se o que Oscar vaticinava sobre o futuro daquelas transações irá de fato ocorrer. Minha suspeita, porém, é que aqueles negócios vão agregar muito pouco valor ao longo do tempo, sem contar a exposição a riscos minimizados na origem. E isso tudo por quê? Visões diferentes de dois experts? Predominância de egos? Ou a cegueira resultante da atitude protetora e paternalista de um expert em relação ao CEO, quando é dele que mais se espera a opinião isenta, técnica e racional? O que é certo é que, parafraseando Hamlet, aprendi que há muito mais entre o céu e a terra no processo decisório dos conselhos do que pode supor a nossa vã e pretensa racionalidade empresarial.

Para oferecer ferramentas e caminhos para todos os que dependem das decisões de conselhos e para os próprios conselheiros, como o que narra esse caso, o próximo capítulo apresentará um guia para navegar no mundo da racionalidade limitada e fértil para os vieses. E, dessa forma, ficar com o melhor da existência de um órgão colegiado.

7. A bússola comportamental

CA: UMA "MENTE COLETIVA"

O conselho de administração é uma mente coletiva. Quando um CA toma uma decisão, é um grupo de doze pessoas, mas como uma mente única — mesmo quando algo dá errado, e, pelas probabilidades, algo sempre dá errado. O conselho tem o dever de assumir riscos pelo bem da empresa e, por isso, está todo o tempo lidando com os eventos incertos do futuro, como fazer avaliações de negócios com base em fatos, sem ter todos os efeitos disponíveis na ocasião, e eles não vão acertar seu prognóstico 100%. Isso não é possível. (...) A mente do conselho deve ser consolidada. Pragmaticamente, como conseguir isso? Hoje, a maioria dos conselhos tem uma mente coletiva fragmentada: não há unanimidade sobre os valores que direcionam o negócio, não há unanimidade sobre quais são as partes interessadas, nem sobre quais são as necessidades, os interesses e as expectativas dos acionistas.

Assim, acho que um exercício importante para todos os conselhos é que cada conselheiro escreva uma frase para definir o propósito do negócio da empresa. Então, é preciso assegurar que todos tenham concordado em torno de um propósito. A pergunta seguinte é sobre o caráter, uma palavra melhor do que cultura organizacional. O caráter se refere aos atributos, é específico, enquanto cultura é um conceito muito vago. Todos devem escrever qual é o caráter da companhia, mas deve haver unanimidade, porque o conselho tomará decisões coletivas que terão que estar adequadas a esse caráter. Caso contrário, a empresa vai se deteriorar ou terá que ser feita a alteração do caráter. A próxima pergunta envolve os três principais valores que direcionam o negócio. Os valores devem ser escritos e discutidos até que haja acordo em torno deles. E esses valores acordados devem ser levados em conta pelos acionistas da empresa.

Talvez você perceba que as perspectivas são surpreendentemente diferentes, mas busque o alinhamento em torno dessas questões. Escreva a seguir uma ou duas frases sobre os legítimos interesses e expectativas das partes interessadas. É preciso tornar tudo isso transparente para todos e chegar a um acordo a respeito de todos os interesses elencados. Esse é um exercício crítico para que um conselho consiga consolidar sua mente coletiva. É um dos pontos mais importantes para os conselhos atualmente; os conselheiros têm que perceber que devem funcionar como uma mente coletiva unificada. Atualmente, os conselhos pensam de forma fragmentada. Quando está sendo tomada uma decisão sobre determinado assunto, eu me baseio em um valor e você pensa em outro; eu penso na expectativa de uma parte interessada e você pensa em outra; nós precisamos desse pensamento unificado.

Mervyn King*
Presidente emérito do conselho do
International Integrated Reporting Council (IIRC)

---

* Professor Mervyn King, presidente emérito do conselho do International Integrated Reporting Council (IIRC), também é presidente emérito do GRI (Global Reporting Initiative). King, com sólida carreira na Suprema Corte da África do Sul, presidiu o King Committee on Corporate Governance, que produziu o código de governança que recebeu seu nome. O King Report on Corporate Governance é uma referência internacional e já está em sua 4ª edição. Em entrevista à autora em 01/04/2014 na cidade de Nova York, EUA.

O exercício proposto por esse reconhecido guru e precursor no conceito de Environmental, Social and Governance (**ESG**) não poderia ser mais prático e de simples execução. Nenhuma pirotecnia ou sofisticação, mas uma atividade descomplicada de alinhamento do que é primordial para tudo mais que um conselho tem que fazer. A mente coletiva do CA é que vai governar uma organização. Mas como atingir esse pensamento consolidado quando há ainda tantos aspectos comportamentais não reconhecidos e diretamente tratados nos conselhos?

O primeiro passo para navegar nesse ainda pouco explorado mundo comportamental dos conselhos parece simplório, mas é, na verdade, apenas simples: reconhecer que os aspectos comportamentais inerentes aos indivíduos e aos grupos têm um papel relevante nas salas de conselho. Embora possa parecer que esse reconhecimento é amplo e já disseminado, o fato é que, apesar de ser admitido genericamente, ainda é pouco considerado nas situações concretas e cotidianas dos conselhos. Além disso, quando se registra um fator comportamental se manifestando em uma atitude ou um posicionamento, normalmente se observa no outro e não em si próprio.

Nada anormal. Como já mencionado no **Capítulo 6**, além de os indivíduos não perceberem os próprios vieses, existe a tendência de observar mais as limitações dos outros do que as próprias — o que só faz amplificar o problema. E esses vieses distanciam a decisão da racionalidade, prejudicando a qualidade do processo de decisão que, por si só, já é impreciso. Como se subestima o nível de irracionalidade que pode tomar conta do raciocínio humano — mesmo que pareça baseado em premissas sólidas como uma rocha —, está aberto o flanco para interferências indesejadas e inconscientes na decisão. Quando se trata da atuação de executivos e conselheiros, especialmente aqueles profissionais que pouco navegaram além de suas próprias áreas de especialidade, é provável que fiquem mais visíveis justamente os vieses resultantes dessa especialização:

(...) ao tomar decisões, individualmente ou mesmo em grupo, estamos mais propensos a ver o mundo através de nosso próprio filtro funcional ou de nossa expertise — um resultado daquilo a que estivemos expostos e que aprendemos. Isso pode fazer com que os executivos falhem, vendo tudo pela perspectiva passada de suas respectivas disciplinas, enviesando sua avaliação e, em última instância, impactando o nível de colaboração entre os silos, o que limita a criatividade e a agilidade organizacional.[1]

A partir dessa dinâmica humana resulta a constatação de que os grupos, como conselhos ou diretorias executivas,* são um campo fértil para a interferência de fatores comportamentais. Mas isso não significa que tomar decisões em grupo seja ruim. Como já constataram não só pesquisadores, como também especialistas e experientes conselheiros, não há melhor solução do que um conselho para mitigar o risco da decisão individual, nem um processo tão rico resultante das diversas perspectivas envolvidas.

Perfeito? Não. É certo que sempre falha. Mas ainda não há opção melhor, como exemplifica **sir Adrian Cadbury**, citando uma frase do dramaturgo romano Plauto:

O conselho de administração, como corpo diretivo, deve sua existência à experiência ao longo dos séculos, não às leis. Seu maior benefício foi resumido por um autor clássico por volta de 200 a.C., que escreveu: *"Nemo solis satus sapit."* (...) a tradução fica menos polida do que em latim, mas significa que sozinho ninguém é sábio o bastante. As vantagens da sabedoria coletiva podem ser adicionadas ainda à necessidade de evitar a exagerada concentração de poder e o compartilhamento do peso das responsabilidades do líder de uma empresa. (...)

---

* A expressão diretoria executiva é usada aqui em referência aos profissionais da C-Suite, que tomam decisões e operam de forma colegiada.

Os conselhos são um meio para contar com uma gama de mentes e pontos de vista, suportados por uma variedade de experiências, para se lidar com as questões enfrentadas pelas companhias. Os CAs são corpos diretivos e em suas reuniões, durante os debates, as ideias são formadas e se transformam em políticas e planos de ação. São um recurso ao qual aqueles que administram um negócio podem recorrer e também a fonte de autoridade dos executivos. Nas companhias listadas, a autoridade deles é legitimada porque o conselho, que os indica para ocupar suas posições executivas, é eleito (com todas as suas limitações) pelos acionistas, de onde também deriva sua autoridade.[2]

Dessa forma, para diminuir o risco de que o processo decisório nos conselhos seja prejudicado por **vieses cognitivos** ou **patologias** resultantes da condição humana, o segredo é adotar métodos e táticas que operem para enfrentar esses fatores. Para isso, a primeira providência é, justamente, a tomada de consciência de que os comportamentos individuais e de grupo podem ter efeitos nocivos. A maior dificuldade, no entanto, como já foi argumentado, é que as pessoas não conseguem identificar seus próprios vieses, embora possam reconhecê-los nos outros. É onde tudo se torna ainda mais complexo. **Soll**, **Milkman** e **Payne**, que desenvolveram um guia de "desenviesamento", afirmam que, "quando um viés é atribuído a alguém, está se assumindo implicitamente que a situação é mais ou menos recorrente e, dessa forma, a melhor abordagem é oferecer à pessoa uma combinação de treinamento, conhecimento e ferramentas para ajudá-la a superar suas limitações e disposições. [Os pesquisadores] chamam essa abordagem de 'modificar o tomador de decisão'".[3] A outra proposta deles é "modificar o ambiente", buscando alterar o entorno para favorecer o pensamento ou até mesmo encorajar uma forma melhor de pensar. Isso significa adaptar o ambiente para lidar com os vieses ou, em outras palavras, desenviesá-lo.

Os mesmos autores acrescentam que as condições sob as quais as decisões são tomadas exigem ainda mais atenção. Eles adotam o conceito de "prontidão para a decisão" para indicar quando o **Sistema 2** — apresentado no **Capítulo 6** — está desempenhando adequadamente seu papel de monitorar, deter as decisões e corrigir avaliações precipitadas. Segundo **Soll**, **Milkman** e **Payne** existem três fatores que determinam se a pessoa está pronta para decidir ou não:

Fadiga e distração: O processo de decisão requer esforço e atenção; portanto, quando alguém está fatigado ou distraído, ou fica nesse estado durante a reunião, isso enfraquece sua prontidão para a decisão.

Influências viscerais: Embora as reações viscerais sejam essenciais para a sobrevivência humana, as emoções fortes podem afetar negativamente as decisões.

Diferenças individuais: Somos diferentes de inúmeras formas, incluindo a inteligência e a maneira de pensar. Alguns vieses estão relacionados a habilidades cognitivas — excesso de confiança ou visão retrospectiva — enquanto outros não — ancoragem, por exemplo.

O argumento de que nem sempre é eficaz modificar a pessoa para evitar os vieses tem se fortalecido com a literatura relacionada ao conceito de *nudge* (empurrão). O termo é parte do título de um livro dos professores **Thaler** e **Sustein**,[4] que teve grande impacto ao analisar aquilo a que eles se referem como a "arquitetura de escolhas". Essa tentativa de influenciar as escolhas foi estruturada para prevenir que as pessoas tomem más decisões por causa da falta de atenção, falta de informação ou habilidades cognitivas limitadas:

> Esse *nudge* (...) é um estímulo, um empurrãozinho, um cutucão; é qualquer aspecto da arquitetura de escolhas capaz de mudar o comportamento das pessoas de forma previsível sem vetar qualquer opção e sem nenhuma mudança significativa em seus incentivos econômicos. Para ser considerada um *nudge*, a intervenção deve ser barata e fácil de evitar.[5]

A arquitetura de escolhas foi amplamente aplicada em políticas públicas e privadas em uma tentativa de tornar melhor a vida das pessoas. Um bom exemplo é a colocação de frutas na altura dos olhos em cantinas escolares — o que é bem diferente de simplesmente banir a comida pouco nutritiva. Alimentos cheios de substâncias nocivas podem seguir sendo oferecidos, mas os estudantes serão gentilmente "empurrados" e encorajados — devido à conveniência e proximidade — a escolher a comida que faz bem a eles. A arquitetura da escolha também pode ser aplicada a grupos — por exemplo, em processos que levem à tomada de decisões melhores.

Antes de abordar os efeitos nocivos dos comportamentos de grupo, este capítulo começa pelos individuais, apresentando mecanismos que ajudam a prevenir que as decisões sejam contaminadas por vieses que, embora individuais, estão entrelaçados àqueles do grupo.

PARA MITIGAR OS VIESES INDIVIDUAIS

Assim como os vieses podem se apresentar um de cada vez ou em diferentes combinações, também os recursos mais adequados para enfrentá-los devem ser vistos como ferramentas das quais é possível lançar mão, caso a caso, de maneira isolada ou em conjunto para alcançar os melhores efeitos mitigadores.

Memória:

> **As memórias são falhas e as recordações vão se esvaindo com o tempo, apesar da convicção de que lembramos com detalhes das situações vividas. O risco é ser vítima da certeza de que a memória é infalível ou minimamente muito acurada.**

Antes de mais nada, como qualquer outro, os vieses da categoria **memória** precisam ser explicitados. Se o indivíduo ou o grupo reconhece que as limitações da memória podem estar misturadas à equação da decisão, já é um começo. Algumas abordagens são particularmente úteis para evitar cair nessa armadilha:

- Assegure-se de que, previamente à discussão ou ao debate, o material de *briefing* dos conselheiros sobre uma proposição específica oferece **indicadores objetivos a serem considerados em contraste com experiências anteriores**. Dessa forma, eles também levarão esses dados para a sala de reuniões. Como já observado, a memória é falha e as experiências passadas de conselheiros devem servir, no máximo, como uma parte da base para uma análise completa da decisão que está sobre a mesa.

- **Lovallo** e **Sibony**[6] indicam como combater o risco de interpretar erroneamente as relações conceituais com base em vieses de reconhecimento de padrões, o que pode dar maior peso a eventos mais importantes ou mais memoráveis. Afirmam que o melhor a fazer é **mudar o ângulo de visão** e testar hipóteses alternativas para os fatos: **visitas a campo ou a clientes** são exemplos apresentados pelos autores. Eles também recomendam técnicas como **reenquadramento ou inversão de papéis** com o objetivo de encorajar os tomadores de decisão a apresentar uma explicação alternativa para os fatos que lhes são apresentados.

- Se a memória de uma pessoa pode ser falha, a troca de ideias com outros, ao menos, serve para questionar sua acurácia. Assim, partilhar informações é um bom exercício, mas, já sabendo que os grupos trocam primeiro as informações que todos conhecem, uma alternativa é usar um **processo de questionamento para tirar de cada conselheiro aquilo que só ele sabe**. O questionamento aberto, pedindo para que cada um dos conselheiros reflita se há algo que eles conheçam e não partilharam ainda por achar que é de conhecimento de todos, ou mesmo por qualquer outro motivo, pode ajudar a que nova informação surja. Essa questão voltará a ser abordada neste capítulo, na seção sobre **patologias**, no viés da **informação compartilhada**.

- As **perguntas**, aliás, são sempre ferramentas muito importantes para orientar a decisão para um caminho mais saudável:

a. Estamos analisando essa situação isoladamente ou trazendo experiências passadas que podem não ser comparáveis com esse contexto? Essas experiências são mesmo comparáveis?

b. Será que nos lembramos (ou me lembro) de todas as dificuldades e consequências negativas de uma situação do passado ou estamos apenas retendo na memória o lado positivo daquela decisão?

Estatístico:

As impressões podem nos enganar e, com isso, fazer com que a probabilidade de que algo venha a acontecer, ou não, seja superestimada ou subestimada. E esses são apenas dois entre os possíveis vieses estatísticos. Importante: apesar de seu conhecimento e aparente isenção científica, mesmo os estatísticos — e até cientistas — não são imunes a essa categoria de vieses e estão sujeitos a tirar conclusões precipitadas a partir da evidência limitada.

O império dos modelos quantitativos, que serve de base às propostas com alto impacto econômico e financeiro levadas aos conselhos, pode embutir uma ameaça ainda maior do que aquela dos vieses da categoria **memória**. Vestidas de aparente objetividade e racionalidade, as planilhas podem esconder erros graves de premissas e mesmo vieses ocorridos na origem da análise, que ficam mais difíceis de ser observados no conjunto da proposição (veja a categoria de **vieses de apresentação** que indicam como a forma e ordem de apresentação influenciam as conclusões).

Como um ilusionista, os vieses reunidos na categoria **estatísticos** são capazes de tirar nossa atenção de onde pode estar o elemento falso ou falho da proposição. Ficamos tão concentrados na complexidade dos números e do modelo que não vemos que o erro está em um elemento tão simplório que seria visto a olho nu — por qualquer um, apenas com o senso comum —, não fosse a atenção total para a complexidade. Lidar com esse tipo de viés requer:

- Uma atitude recomendável é o **ceticismo**. Diante de algo suportado por um modelo econômico financeiro sofisticado, duvidar ainda mais do que o normal, já que pode esconder premissas falhas.
- Aliás, antes de degustar o potencial de resultados, é salutar **questionar as premissas do modelo**. Quais as amostras usadas? Qual o intervalo de tempo analisado? Quais as variáveis contidas em cada um dos cenários trazidos? Quem disse que essa taxa de crescimento é realmente materializável?
- **Alerta vermelho**. Aperte o **botão de alarme** para si próprio e para o grupo, toda vez que a análise se revestir de uma **complexidade excessiva**. Parece óbvio, mas não é. Essa ferramenta pode ser poderosíssima para conselheiros navegarem no enganador mundo dos vieses. E, no caso de profissionais da estatística, é bastante adequada. Naturalmente, o conselho dedica mais tempo para entender a complexidade, mas não é a isso que a proposição se refere. Como fica entretido em entender a complexidade, é **possível que isso distraia o conselheiro do óbvio** — algo muito simples, que nem sempre está correto.
- O debate deve partir de **um raciocínio simples, capaz de ser entendido por um jovem profissional ainda inexperiente**. O conselho — e o presidente do CA exerce papel relevante nesse tipo de dinâmica — pode pedir àqueles que apresentam uma proposta que, antes de discorrer sobre a sofisticação e a complexidade que a envolvem, a descrevam de forma tão simplificada a ponto de que qualquer ouvinte não qualificado possa entendê-la. O discurso sofisticado, tão comum nas salas de conselho, pode esconder fatores que, ao contrário, deveriam ser evidenciados. Mais do que isso: se o CA deve ser diverso e trazer especialidades e vivências diversas, um bom conselho — necessariamente — é formado por pessoas que conhecem muito de um tema, mas muito menos de outros. Assim, o jargão sofisticado, seja de finanças, contabilidade, pessoas, tecnologia ou de qualquer natureza, por princípio, deveria ser limitado nas salas de CA. A quem interessa a demonstração de erudição em

dado tema? Por outro lado, **os conselheiros, que não dominam tão profundamente um assunto em discussão, precisam apresentar com desenvoltura e sem o menor constrangimento suas dúvidas**. Mas essa atitude ainda é uma exceção em um mundo em que não se gosta de admitir a ignorância, mesmo que ela seja totalmente justificada.

Em uma empresa especialista em soluções de TI, quando o conceito de *business process outsourcing* (BPO) ainda era realmente uma inovação, o CEO deu um flagrante de mau uso dos jargões técnicos. Depois de quase meia hora de discussão sobre soluções de BPO diante de toda a diretoria, que incluía diretores de marketing, finanças, recursos humanos e de outras áreas não especialistas em tecnologia, ele perguntou: "Espera um pouco... o que quer dizer BPO?" E, realmente, naquela época, só os especialistas nessa área de serviços de TI sabiam do que se tratava a novidade. Como profissional experiente justamente na área de TI e sendo o cargo mais alto sentado à mesa daquele colegiado, foi ele quem candidamente fez o questionamento — que, por certo, deveria ter sido feito antes por qualquer profissional colocado em uma discussão recheada de jargões técnicos tão sofisticados quanto misteriosos.

- A prática do alerta vermelho deve preceder a **discussão do que é realmente a substância da proposta**, seus elementos de risco, pontos favoráveis, antes mesmo de as apresentações pirotécnicas serem projetadas e hipnotizarem o conselho.
- Separar indicadores objetivos e mensuráveis do que é pura estimativa ou mesmo expressão de desejo: a análise criteriosa das premissas usadas e **a consciência de como o desejo do proponente é capaz de deixá-lo míope** são bons exemplos de atitudes de cautela e atenção dos conselheiros ou dos gestores em uma reunião do colegiado executivo.

Confiança:

A confiança excessiva pode inflar a chance de êxito, obscurecendo a capacidade de julgamento e até mesmo fazer com que seja buscado apenas por aquilo que confirma o raciocínio ou a intenção inicial. E cuidado: o desejo modela a realidade.

A denominação dessa categoria de viés — **confiança** — pode dar uma impressão equivocada. Claro que confiança é bom. O problema é quando a confiança é excessiva a ponto de levar à miopia e, por que não, à cegueira completa. Essa ideia remete ao conceito que **José Ernesto Beni Bologna*** apresentou no XVII Congresso do **IBGC**:

> É possível, no contrato da razão, onde a retórica ganha uma dimensão racional clara, nós esgotarmos o problema dos desejos e das intenções? É claro que não. (...) O que governa o mundo não é a razão. O que governa o mundo são os desejos, que variam muito e podem causar distorções até mesmo na razão expressa nos contratos (...). Nos anos 1980, quando os humanistas foram chamados a contribuir com a governança corporativa no panorama dos Estados Unidos foi porque se percebeu de maneira profunda que a ocultação dos desejos e as políticas que agem no subterrâneo do discurso da razão têm indiscutivelmente um papel fundamental nos escândalos corporativos (...) quando o desejo suplanta a natureza moral do contrato.**[7]

---

* José Ernesto Beni Bologna, presidente fundador da Ethos Desenvolvimento Humano e Organizacional, é psicólogo e administrador e foi um dos palestrantes convidados do XVII Congresso do IBGC, que tinha por tema central a expressão "Essência e Aparência".

** Nessa sua fala, Bologna destacou também que o Prêmio Nobel de Economia foi concedido a Oliver Hart e Bengt Holmström, em 2016, justamente pela contribuição dada por eles à teoria dos contratos, reconhecendo que "nem mil páginas de um contrato expresso pela razão seriam capazes de englobar todos os fatores relacionados às interações humanas".

Sendo assim, motivado fortemente por seus desejos, o ser humano vê a realidade pelas lentes que o conduzem à realização deles, o que pode fazer com que não se percebam importantes omissões ou ainda levar a um sentimento de controle da situação avaliada. É que, quando o desejo domina a mente, só conseguimos ter olhos para as evidências que o confirmam, descartando todo o resto. Para enfrentar esse tipo de viés, estão disponíveis algumas boas ferramentas:

- Tomar consciência do desejo é o ponto de partida. Essa consciência pode ser trazida à tona por uma rápida sessão de **conversa no CA, capaz de explicitar os desejos e as intenções dos gestores, dos acionistas e dos próprios conselheiros**.

- Quando os desejos e as intenções dessas várias instâncias são absolutamente coincidentes, o que é positivo, dado o alinhamento que previne os conflitos, um questionamento adicional é requerido: será que, ao estarmos todos alinhados, nosso desejo comum não está turvando nossa visão? O passo seguinte é considerar como esse desejo interfere na objetividade e racionalidade da decisão. **Trazer o desejo à consciência é uma medida preventiva e estabelece um ambiente mais protegido para a discussão**.

- Como a ordem dos fatores apresentados influencia o entendimento e o raciocínio, como se verá a seguir no **viés de apresentação**, começar pela visão contrária ou minoritária pode dar uma chance para que a excessiva **confiança** seja questionada.

- Comparar a proposição desejada com outras possiblidades. Se for uma proposição de alocação de capital, por exemplo, será salutar sempre comparar a proposta com outras alternativas de emprego desse mesmo capital em outros empreendimentos. Que não se pense que isso acontece sempre nos conselhos, pois não acontece. É surpreendente como ainda não é claro para parte dos administradores que qualquer proposta de investimento deveria responder à pergunta: esse é mesmo o melhor caminho para eu investir o dinheiro dos sócios e está em linha com a visão do que é criação de valor ao longo do tempo para eles? E, para responder a essa pergunta, **comparar o investimento proposto com outras alternativas pode prevenir equívocos** ao evitar o excesso de entusiasmo de quem propõe o projeto. A adoção sistemática desse tipo de processo acaba por criar uma contínua atenção para a possível existência de vieses, fazendo assim frente a eles e criando uma cultura mais fortalecida para enfrentá-los.

- **Opiniões de terceiros verdadeiramente independentes e que chacoalhem a proposição** poderão tirar do sério os mais convictos sobre o caminho a seguir, mas, certamente, tornarão a decisão final mais robusta. O cuidado é observar que também o terceiro independente — muitas vezes um consultor, um advogado ou um auditor — pode modelar os assuntos a partir do **enquadramento** de sua visão profissional (veja os vieses de **apresentação**).

- O conselheiro pode fazer uma **reflexão individual: onde eu me situo em relação a esse tema**? O que eu quero que seja o resultado final dessa decisão? Quais os meus motivos? Como isso me faz perder a isenção sobre essa decisão? A partir dessa cândida conversa consigo mesmo, o conselheiro poderá fazer o exercício de se abrir mais para as versões contrárias às suas e mesmo fazer força para que o processo decisório inclua essas visões.

- É aconselhável colocar um **sinal de alerta redobrado em todas as proposições em que se identifique um nível excessivo de confiança**, recalibrando a avaliação com a busca de todos os pontos de vista contrários que, potencialmente, podem vir a estar certos. A recomendação dos pesquisadores **Thuraisingham** e **Lehmacher**[8] é para que toda questão que esteja com 90% de confiança na resposta seja tratada como se tivesse com apenas de 70% a 75% de certeza.

Adequação:

O raciocínio é influenciado por algum elemento, que faz parte da proposição e que situa a mente em dado patamar, funcionando como uma espécie de âncora. Quando se trata de uma quantida-

de, por exemplo, os valores apresentados inicialmente dominam o julgamento. Outro exemplo é quando somos dominados por uma primeira impressão sobre alguém e depois falhamos em ajustar essa opinião ao dispor de mais elementos sobre a pessoa, que podem, inclusive, ir na direção oposta de nossa primeira impressão. Ou seja, nossa mente faz uma adequação ao que recebe como informação inicial, adotando aquilo como verdadeiro.

Um dos vieses de **adequação**, o de **ancoragem**, também foi tema da pesquisa de **Guerra** e **Santos**,[9] em que os 102 conselheiros identificaram os principais obstáculos ao melhor processo decisório nos conselhos de administração. O resultado dessa questão apontou que 64% dos conselheiros consideram que o **viés de ancoragem** ocorre nas salas dos CAs com alta ou média frequência (Gráfico 7.1), embora a própria dificuldade em identificá-lo possa estar minimizando esse número:

Percepções sobre processos decisórios baseados em crenças ou visões preconcebidas

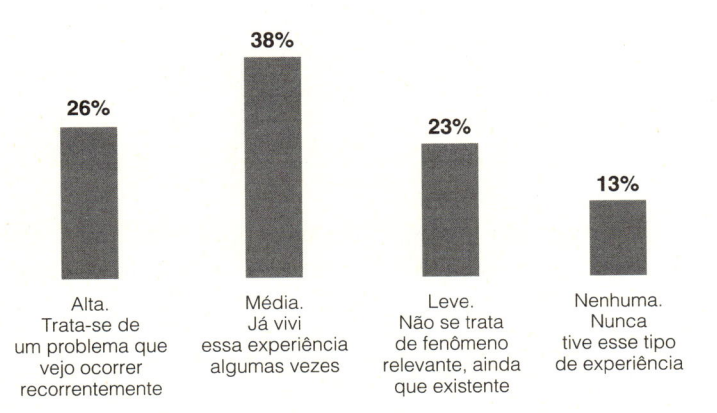

Gráfico 7.1: A frequência do viés de ancoragem nas salas de conselho fica entre média e alta.
Fonte: Guerra e Santos (2017).

Um dos desafios em relação aos **vieses de adequação** é, justamente, identificar que a nossa visão foi capturada por uma âncora e o raciocínio só consegue olhar para aquela situação ou pessoa através dela. No enfrentamento dos efeitos negativos desses vieses, pode-se lançar mão das seguintes táticas:

- Realizar uma **discussão a partir de um pensamento "fora da caixa" em que não haja limites e se busque deixar de lado as visões preconcebidas.** Esse seria um aquecimento para o processo de decisão propriamente dito, que, em lugar de partir das âncoras embutidas na proposição, já lançariam um olhar amplo e aberto.
- Solicitar que os **propositores da iniciativa contraponham cenários distintos e variados e em quantidade e diversidade a ponto de limitar o poder da âncora.** Se a decisão for, por exemplo, sobre a escolha de um CEO, assegurar que a lista de finalistas não só traga variedade de alternativas, mas analise cada candidato sobre diferentes pontos de vista. Além disso, o processo para chegar a essa lista final deve ter incorporado as visões de pessoas diversas que analisaram os candidatos — e atenção: as diferentes opiniões devem chegar necessariamente até o conselho.
- **Exercitar cenários**. E, se a situação fosse diferente ou contrária àquela apresentada, quais seriam as implicações? Uma **discussão hipotética sobre um quadro diverso pode desvendar âncoras, que estão conduzindo para uma visão enviesada**.
  a. Que fatores desconhecemos e que poderiam nos dar mais subsídios e que fatores conhecemos contrários à direção que a âncora parece indicar?
  b. Estar especialmente atento às proposições que falam de ganhos extraordinários ou perdas irreparáveis: elas podem nos situar oscilando entre os extremos da ganância e do medo.

Apresentação:

A forma ou a ordem da apresentação dos fatos ou ideias tem o poder de enviesar o processamento da informação e a conclusão resultante. A forma "enquadra" o raciocínio.

Embora a denominação **"vieses de apresentação"** seja apenas uma coincidência irônica, o processo decisório nos conselhos pode realmente se tornar refém das intermináveis e engenhosas apresentações feitas pelos executivos em Power Point ou em Keynote. Além do gasto do tempo apenas para receber a informação em vez de usá-la para um debate profundo de cada proposição, esse é mais um motivo de preocupação para os conselheiros: é possível que a forma com que os executivos estruturam suas apresentações **enquadre** a visão. É o efeito **framing**. Se o CA recebe uma informação antes de outra, essa ordem também influencia o raciocínio e o julgamento. Os vieses da categoria **apresentação** podem ser combatidos, dando especial atenção a elementos como forma, ordem, escala, entre outros:

- Os materiais que dão suporte às decisões do conselho devem passar a ser vistos por outro prisma. O presidente do conselho de administração (PCA), apoiado pelo secretário de governança (SG), pode minimizar o efeito **enquadramento** ao buscar orientar os **gestores a aperfeiçoar esses materiais, estando alertas para que não induzam ao enquadramento do raciocínio**. Ao contrário, esses materiais devem situar a proposição em um quadro aberto e amplo, que ofereça suporte para mitigar os limites da racionalidade.

- A dinâmica da discussão no conselho e as etapas seguidas são relevantes. A sua sequência deve assegurar que **as visões contrastantes e as diferentes correntes de pensamento tenham sido intercaladas desde o início** do processo e que não haja uma influência excessiva de uma ou de outra.

- Aqui, também, o **PCA tem papel-chave**: se houver facções ou visões distintas entre os conselheiros, ele deve garantir que a ordem da fala de cada um mantenha essa **diversidade**. Idealmente, uma posição favorável deve ser sempre seguida de outra, contrária, e, assim por diante, até o final. Se há apenas uma minoria com visão diferente, ela deve ser explicitada na fase inicial e não ser deixada para o fim da fila, quando todos já começam a solidificar seu julgamento. Se um único conselheiro tiver posição contrária e, em especial, se ela parecer descabida aos demais, o PCA pode considerar encarregar outro conselheiro de apresentar argumentos que justificariam a posição contrária, com o propósito de buscar desenquadrar ou mesmo verificar se o grupo está preso a um **enquadramento**.

* Quando uma decisão de alto impacto é tomada, deve-se **dissecá-la de forma a averiguar se foi passível de enquadramento** em uma de suas etapas. Até mesmo o enquadramento visual de uma figura é capaz de alterar a percepção da realidade e prejudicar a escolha da melhor decisão. Por exemplo: em qual dos quadrados centrais da Figura 7.1 o cinza é mais escuro?

Figura 7.1: Embora iguais, o enquadramento sugere que há diferença entre os dois tons de cinza.

Situação:

A situação e o contexto podem comprometer a decisão. A pressão de tempo ou a minimização do grau de risco ou de impacto, por exemplo, são capazes de obscurecer a visão e alterar o resultado de uma decisão.

No **Capítulo 6**, foi descrito o experimento em que os estudantes foram convidados a fazer um seminário sobre a parábola do Bom Samaritano.* O comportamento do grupo sob a pressão de tempo, ignorando a pessoa, e alguns até chegando a passar por cima da suposta "vítima", não poderia ser mais elucidativo sobre o poderoso efeito desse tipo de viés. Entre outros vieses de **situação**, a **pressão de tempo** é um dos mais atuantes, especialmente no processo decisório das organizações. Outro viés bastante presente nos conselhos é a **atenuação**. Por isso, as formas para mitigar esses dois vieses são priorizadas neste capítulo.

Pressão de tempo:

"A janela de oportunidade para uma emissão de ações vai fechar na virada do trimestre", ou "A concorrência se encerra logo mais" ou ainda "Temos um período curto até que o vendedor retire a exclusividade de compra". Conselheiros experimentados são frequentemente submetidos a esse tipo de contexto — às vezes, até a mais de um ao mesmo tempo. A pressão de tempo, porém, não é boa companhia nas salas de conselho e é preciso utilizar todos os meios possíveis para evitá-la:

- Quando um conselheiro recebe a informação de que tal decisão é urgentíssima, ele deve imediatamente apertar o **botão de alerta vermelho** (já apresentado neste capítulo). Mas, ao contrário da sirene da ambulância, que abre caminho para que todos saiam da frente ou se apressem ainda mais, esse **alerta vermelho deve despertar a atenção redobrada do conselheiro**: como chegar ao hospital sem mortos e feridos, nem dentro, nem fora da ambulância, nem agora, nem no futuro?

- Em primeiro lugar, é preciso **entender a pressa e sua motivação para fazer uma avaliação cautelosa: quais são os riscos associados**, além da perda daquela oportunidade? Com essa pressa toda, o que pode confundir o julgamento individual e do colegiado? Vale mesmo tomar essa decisão com tanto em risco numa situação dessa? Sob a alegação da pressão de tempo, a análise cautelosa dos

---

* O relato sobre esse experimento está na página 265 do Capítulo 6.

riscos foi exatamente o que não foi feito no seguinte caso, relatado por um dos conselheiros entrevistados:

> Em uma empresa de serviços de infraestrutura, antes de ocupar essa posição, o presidente do conselho de administração (PCA) tinha atuado no papel de executivo que buscava e negociava novos projetos de serviço ao longo de toda a sua carreira e ainda se identificava mais com o papel de gestor do que de conselheiro. Era, portanto, o que se pode chamar de raposa cuidando do galinheiro no que se refere à supervisão dos executivos. Todos estavam muito entusiasmados para fechar rapidamente um projeto no exterior, que parecia estar em sintonia com as metas de crescimento e de diversificação geográfica do negócio. O projeto previa a compra de um pacote fechado de contratos — na verdade, uma cesta completa onde podia haver algumas boas oportunidades perdidas lá no meio e também potencialmente muitos contratos podres. Além disso, implicava em atuar com um parceiro local do qual sabíamos algo próximo de nada. Havia um natural entusiasmo com um primeiro projeto internacional, e começou um forte *bullying* em relação aos conselheiros independentes que não tinham vivência específica no tipo de serviços e projetos da empresa. Quando um de nós questionava os riscos, perguntando "Vamos assumir um compromisso de vinte anos, num cenário cheio de dúvidas, sem ao menos conhecer bem o parceiro e, portanto, mergulhando de cara? Sem nem checar se a garrafa de oxigênio dá para o mergulho?", as respostas, em vez de buscar a objetividade, ficavam só na pressão do tempo: "Você não está entendendo... Os projetos nesse setor são sempre assim... Não tem outro jeito ou vamos perder a oportunidade!" Pode parecer incrível, mas foi assim. Não houve por onde conseguir mais tempo para análise, e o projeto internacional foi fechado. Nem preciso dizer que hoje essa empresa está em situação bastante difícil, com um nível de endividamento alto e crescente e, além disso, com dificuldade para vender seus ativos.

Agora, ninguém quer comprar "o pacote" de contratos; só quer escolher os melhores.

- Há companhias em que a própria cultura assume que as decisões devem sempre ser tomadas em cima da hora. Existe um permanente sentimento de urgência, em muitos casos associado à falta de planejamento endêmica ou à liderança ineficaz. Tudo se decide no último minuto. Nesse caso, **o papel do CA é, ao longo do tempo, fazer prevalecer o "poder da caneta" e educativamente limitar a abordagem de afogadilho das decisões**. Quando a gestão entender que o conselho não vai examinar mais decisões com pressa — a não ser quando inequivocamente necessárias —, a cultura começa a mudar. Muitas vezes, o CA todo entra na febre da pressa, e um único conselheiro insiste que há algo que pode não estar sendo visto. Embora seja voto vencido, se a decisão realmente tiver impacto relevante, o único recurso é o conselheiro optar por usar o **poder da caneta individual**. É preciso enfrentar o desconforto e insistir para registrar o voto contrário ou mesmo registrar que o processo a toque de caixa não permite um voto mais abalizado. Mas é importante acrescentar a justificativa para sua visão e todas as alternativas que ofereceu para o resultado da decisão ser outro ou ao menos ser o mesmo, mas mais profundamente debatido.
- E, se a urgência for mesmo necessária, **como o CA pode lidar com a pressão de um prazo tão curto e buscar manter a racionalidade e profundidade necessárias** para o exame da questão? Utilizando-se de outras dinâmicas diferentes das usuais. Situações excepcionais exigem medidas excepcionais, acionadas pelo PCA, entre elas:
  a. Encarregar um **grupo de trabalho do conselho ou mesmo um comitê já existente para realizar análises adicionais**, dando suporte ao processo.
  b. **Conselheiros podem ser acionados individualmente** para fazer uma análise ou chegar a um entendimento mais aprofundado para depois compartilhá-lo com o grupo.

c. **Orientar a gestão sobre os elementos adicionais de análise** e outras informações que o conselho requer para uma decisão em ritmo de urgência.

d. **Reuniões extras** são sempre uma dificuldade, dada a agenda sobrecarregada dos conselheiros, mas não devem ser descartadas. Se o processo de decisão com urgência já é mais perigoso, permitir que a conclusão de tema complexo e de alto impacto seja dada por e-mail é temerário. É preocupante a trivialidade com que se adota esse procedimento, encerrando o processo decisório via e-mail quando o assunto não está efetivamente maduro. Como comumente se argumenta nessas ocasiões, só falta confirmar a taxa X ou a condição contratual Y, que o resto todo já foi coberto e explorado com a devida profundidade. Será mesmo? Ou isso faz parte da tática dos apressados ou pouco interessados no transtorno de uma reunião extra? **Sim, o processo decisório de um conselho pode ser concluído por e-mail, mas isso se aplica a apenas algumas situações — depois de uma ampla discussão em que todos os elementos tenham sido exaustivamente debatidos**.

Atenuação:

Frases como "Isso nunca vai acontecer no nosso setor" ou "Há décadas que o mercado só compra produtos ou serviços com essa característica", ou ainda "Isso não vai mudar nem nos próximos cinquenta anos" devem fazer soar o alarme, e o conselheiro precisa acionar imediatamente o **botão de alerta vermelho**.

Ao abordar o processo de tomada de decisões em um mundo disruptivo no **Capítulo 5**,* já foi destacado o relatório 2020 do **World Economic Forum** em que 350 especialistas mundiais em análise de risco alertam

---

* A seção Decisões em um mundo disruptivo está na página 228 do Capítulo 5.

que, além das duradouras consequências trazidas pela pandemia da **Covid-19**, as empresas não podem ficar cegas à variedade de outros riscos emergentes, como o de fraudes cibernéticas ou o de colapso da infraestrutura da TI.

A seguir, no **Capítulo 6**, ao apresentar o viés de atenuação,* foram dados exemplos de setores e organizações que sucumbiram à própria cegueira, assumindo certezas e deixando de cogitar possibilidades futuras — prováveis e improváveis. Frequentes e reiterados, os efeitos nocivos do **viés de atenuação** não são nenhuma novidade surgida no mundo pós-pandemia e da **disrupção** tecnológica. Em 1960, **Theodore Levitt**, em seu clássico artigo "Miopia em marketing", já exemplificava como o **viés de atenuação** quase quebrou a indústria cinematográfica após o surgimento da televisão:

> Hollywood por pouco não foi totalmente arrasada pela televisão. Todas as antigas empresas cinematográficas tiveram que passar por drástica reorganização. Algumas simplesmente desapareceram. Todas ficaram em dificuldades não por causa da invasão da TV, mas devido à sua própria miopia. (...) Hollywood não soube definir corretamente seu ramo de negócio. Julgava estar no setor cinematográfico, quando na realidade seu setor era o de entretenimento. "Cinema" implicava um produto específico, limitado. Isso produzia uma satisfação ilusória, que desde o início levou os produtores de filmes a encarar a televisão como uma ameaça. Hollywood desdenhou da televisão e rejeitou-a quando deveria tê-la acolhido com agrado, como uma nova oportunidade — uma oportunidade de expandir o setor do entretenimento."[10]

A atenuação de uma oportunidade ou de um perigo, porém, pode ser contraposta com **o poderoso exercício do "E se...?"**. Quando o conselho

---

* O viés de atenuação é apresentado na página 253 e explicado na página 320 do Capítulo 6.

se permite uma dinâmica em que as próprias ideias aparentemente descabidas passam por análise, considerando o que aconteceria se as premissas do negócio, serviços ou do mercado fossem profundamente alteradas, o espaço para inovação e o nível de preparo para transformações disruptivas sobem de patamar significativamente.

O **"E se...?"** tem o objetivo de sacudir o pensamento vigente e abrir espaço para o novo. "Não, o risco não é tão grande e nossas equipes estão totalmente treinadas para identificar, prevenir e agir, caso o risco aconteça." A frase parece familiar? O conselheiro já pode tê-la ouvido e, tempos depois, ter se deparado com uma demonstração cabal de que nem tudo estava sob controle. Além disso, muitas vezes esse posicionamento não ocorre só entre os executivos, mas domina também o conselho. Por isso, é necessário fazer frente **às atenuações e certezas assassinas**, recorrendo às seguintes soluções:

- O presidente do conselho de administração (PCA) designa um ou mais conselheiros para papéis específicos — e, na falta de ação dele, a iniciativa pode nascer de um conselheiro. Um deles, por exemplo, assume a **abordagem de jornalista investigativo, sempre curioso e buscando alternativas ainda não consideradas**, enquanto outro pode fazer o **papel de "advogado do diabo",*** **prática já consagrada em processos de decisão robustos de alto impacto**. Muito além de mera simulação, esses papéis são um desafio intelectual e não deveriam ser encarados como uma prática abaixo do nível de senioridade de profissionais tão categorizados. Usada regularmente, essa iniciativa é nobre e tem a força de começar a mudar a cultura do conselho, deixando-o mais alerta e menos vulnerável. No entanto, há que se tomar cuidado para que o **advogado do diabo** não "represente" de forma falsa o papel, o que, provavelmente, faria o grupo dar um desconto para sua argumentação. É preciso que o **advogado do diabo** seja assumido por uma figura forte e reconhecida pelo grupo por essa característica. **A solução talvez seja**

---

* Essa prática já foi abordada no Capítulo 5, na página 210.

escolher alguém que já tenha demonstrado certo ceticismo em relação à atenuação ou, então, trazer um terceiro com convicções contrárias para desempenhar esse papel:

> O conceito de "advogado do diabo" origina-se no processo de canonização da Igreja católica romana, no qual um promotor é indicado para argumentar contra o candidato à canonização — até mesmo contra aqueles aparentemente mais santos. Da mesma forma, na Justiça, cada lado oferece a sua própria visão; a defesa não responde simplesmente de improviso o argumento do querelante. Nos negócios, porém, o defensor de determinada opção geralmente faz uma apresentação, que pode conter alguma discussão sobre riscos, mas se mantém o tempo todo como alguém que comprou aquela ideia. Dos membros da equipe executiva, espera-se que concordem ou ataquem a proposição de negócio, embora possam tê-la conhecido somente alguns dias antes daquela reunião, o que não lhes possibilita produzir uma contra-argumentação igualmente detalhada, tampouco oferecer alternativas.[11]

- Com o passar do tempo, essa atitude vai se disseminar entre a própria gestão, que começa a desafiar as propostas e premissas já no âmbito da diretoria, sendo modeladas pelo que veem o CA fazer. Dessa forma, o processo decisório se reaproxima da racionalidade e há a redução do poder dos vieses e outras limitações.
- Ainda para fazer frente ao viés de **atenuação**, também é aplicável o uso da técnica para extrair informações detidas por parte dos tomadores de decisão, que não são normalmente partilhadas, como já mencionado na seção sobre os vieses de **memória**. O essencial é o questionamento. O que alguém sabe e não está sendo mencionado, mas que poderia fazer com que a situação fosse vista diferentemente do que é agora?

EM GRUPO, VIESES POTENCIALIZADOS

Dentro das salas de reunião, os vieses individuais raramente ocorrem de modo isolado. Em vez disso, como já discutido anteriormente, combinam-se aos de grupos e também às tensas interações intra e extraconselho. Dessa forma, é possível que a dinâmica do grupo se torne mais complexa ou, eventualmente, até mesmo esdrúxula.

Após pesquisar 1.048 decisões, **Lovallo** e **Sibony**[12] descobriram que 53% de sua eficácia (considerando receita, lucratividade, participação de mercado e produtividade) é explicada pela qualidade do processo, explorando a análise e chegando à decisão. A inclusão de perspectivas que contradizem o ponto de vista do líder sênior e permitem a participação na discussão por competência e experiência — em vez da posição individual — foi citada como um elemento de qualidade do processo. Ainda mais interessante: os autores afirmam que o processo importa mais do que a análise. Não estavam dizendo que a análise não é importante, muito ao contrário. Mas eles argumentam que mesmo uma análise excelente é inútil, a não ser que o processo decisório esteja aberto à justa consideração de todas as perspectivas expostas.

Como para reduzir os efeitos danosos dessa combinação podem ser empregadas muitas das táticas já apresentadas para combater os vieses individuais, serão apresentadas aqui as soluções específicas para os de grupo.

Efeito manada:

> **Em geral, por considerar que dispõe de menos informações do que os demais, a pessoa se deixa levar pela opinião da maioria e expressa uma decisão igual à dos pares sem refletir o suficiente.**

Há muito tempo os economistas registram e estudam o comportamento dos agentes econômicos que, em vez de tomarem decisões baseadas na racionalidade, imitam a escolha da maioria por acharem que dispõem de pouca informação e/ou porque consideram que os outros são mais bem-informados. Já se cansou de ver isso em bolhas especulativas e, por causa desse **efeito manada**, muito dinheiro já foi perdido no mercado de ações, de câmbio, de futuros e até mesmo no setor imobiliário? Nos conselhos de administração não é diferente: sentindo falta de condições adequadas para tomar uma decisão, os conselheiros seguem aqueles aparentemente mais bem-informados ou, simplesmente, a maioria.

Mas o **efeito manada** é capcioso. Qual é o fator que faz, por fim, a "bicharada" sair em retirada, correndo desembestada para qualquer lugar? Pode até mesmo ser uma voz sensata, respeitada ou muito poderosa, que, logo no início da conversa, conduz o pensamento de todos na mesma direção.

Depois, quando se faz a necropsia da má escolha ou do mau negócio, ninguém mais lembra que foi aquele posicionamento tão "sensato" que impossibilitou que a discussão tomasse outro rumo — talvez, mais questionador. Na pesquisa de **Guerra** e **Santos**,[13] por exemplo, o **efeito manada** foi o viés mais citado pelos conselheiros como prejudicial ao processo decisório (74%).

Mas afinal, por que humanos são tão influenciáveis pelos outros? **Thaler** e **Sustein** argumentam que uma das razões é que as pessoas gostam de estar em conformidade e citam um experimento:

> Na década de 1950, Solomon Asch (1995), um brilhante psicólogo social, conduziu uma série de experimentos exatamente nessa linha. Quando solicitadas a decidir por conta própria, sem ver os julgamentos dos outros, as pessoas quase nunca erraram, pois o teste era fácil. Mas, quando todos os outros deram uma resposta incorreta, as pessoas erraram mais de um terço das vezes. De fato, em uma série de doze perguntas, quase três quartos das pessoas acompanharam o grupo pelo menos uma vez, desafiando a evidência de seus próprios sentidos.[14]

O perigo é claro e por esse motivo é necessário redobrar a atenção, especialmente nas empresas de controle definido — que são maioria no Brasil — onde pode haver uma frequência mais alta do **efeito manada** no processo de decisão, já que os donos são identificados por todos como a principal fonte de poder e, além disso, geralmente têm um assento no conselho de administração.

Nesse caso, é possível que esses donos acabem por fazer o papel do "leão" se aproximando das "ovelhas", assustando o grupo e fazendo-as correr em disparada na mesma direção — sem nem saber bem por que ou para onde.

Para tentar evitar que esse viés conduza o CA a decisões equivocadas, é recomendável a aplicação dos seguintes recursos:

- O primeiro passo é justamente **tomar consciência de que o efeito manada é um problema**. De acordo com o resultado da pesquisa de **Guerra** e **Santos**,[15] é o viés mais presente nos conselhos.
- Considerando que o efeito manada ocorre quando os agentes envolvidos não têm informações suficientes para a tomada de decisão, sua prevenção chega a ser óbvia:
  a. Assegurar um material prévio para o CA, que não só descreva a proposta, mas que também considere seus contornos, riscos e oportunidades. Mais do que isso, **ao fazer o material, é indicado que os executivos se coloquem na cadeira do conselheiro: o que eu sei que o conselheiro também precisa saber para tomar essa decisão?** O que ele não sabe? Além disso, tudo deve ter o volume certo de informações, nada de excessos.
  b. Com esse material, o objetivo é nivelar as informações sobre o tema entre os conselheiros. É difícil aplicar essa prática a todas as decisões, mas pode ser utilizada, pelo menos, naquelas de alto impacto: fazer uma consulta prévia — uma simples conversa ao telefone, por exemplo — para **entender o que cada conselheiro conhece, entende sobre a proposição**. As próprias perguntas que farão vão ser um bom indicador

do que é preciso ser incluído ou destacado no material. (Cuidado: como já mencionado no **Capítulo 4**, o propósito dessa "costura prévia" não é vender o peixe ou fazer a cabeça do conselheiro. Se perceber que existe uma segunda agenda nessa conversa antecipada, ele pode ficar excessivamente em guarda.)

c. **Essa visão prévia sobre o entendimento individual do assunto de cada conselheiro também vai facilitar muito a atuação do presidente do conselho de administração (PCA).**

- Durante a reunião do CA propriamente dita, é preciso ter especial atenção a três tipos de comportamentos, capazes de disparar o **efeito manada** entre os demais participantes, nem sempre apenas conselheiros. Trata-se da manifestação antecipada ou enfática:

  a. **Daqueles que detêm mais poder** ou são percebidos pelos outros como mais poderosos. Esse comportamento pode ser nocivo até mesmo se partir dos que não têm o poder de deliberar, mas serão responsáveis por implementar.

  b. Daqueles que são **especialistas** no assunto e/ou reconhecidos como os mais conhecedores do tema pelo grupo.

  c. Daqueles que, embora não sejam experts no tema, têm reconhecimento e **respeitabilidade** no grupo devido à sua posição, história ou mesmo sua popularidade.

- Individualmente, **os conselheiros devem fazer uma reflexão para saber se se encaixam nessas categorias. Em caso afirmativo, é preciso que resistam à tentação de falar em primeiro lugar.** O peso de sua opinião é tão grande que as outras vozes poderão se calar — seja por respeito, seja por prudência.

Lovallo e **Sibony**[16] confirmam a tendência que temos de nos conformar à visão dominante no grupo e de seus líderes. Embora haja diversas técnicas que podem ser usadas para estimular o debate, os autores argumentam que apenas a aplicação desses instrumentos não resolve o problema, já que se trata de uma questão comportamental.

A **diversidade de experiências e personalidades** entre os tomadores de decisões, um **clima de confiança** e uma **cultura na qual as discussões são despersonalizadas** são fatores apresentados como fundamentais pelos autores. Acima disso: **líderes que realmente acreditam na inteligência coletiva são indispensáveis**. Essas são as mesmas recomendações aplicáveis ao **viés de pensamento de grupo**, que será discutido a seguir.

- Quando os conselheiros descritos nas três categorias abordadas anteriormente não forem capazes de resistir à tentação de falar primeiro, o presidente do conselho de administração (PCA) **precisa liderar o processo e assegurar uma dinâmica em que todos se sintam confortáveis para expor suas visões, falando antes dos experts e daqueles com mais poder ou influência na sala**. É dele a responsabilidade de destacar que o conhecimento profundo e a especialidade são a fonte primária para instruir um processo decisório, mas é justamente aí que podem estar também os vieses de **memória** ou de **confiança**. No **Capítulo 4**, diversos entrevistados deram exemplos de situações semelhantes e recomendaram por isso que o PCA seja sempre o último a se manifestar, justamente para evitar o **efeito manada** no processo decisório. A pesquisa de **Guerra, Barros e Santos**,[17] realizada com amostra de 340 conselheiros atuantes em quarenta países, demonstra, no entanto, que essa prática continua a ser pouco utilizada. Entre os respondentes, 60% afirmaram que, nos CAs em que atuam, os **experts** são sempre ou quase sempre os primeiros a opinar quando o tema de sua especialidade entra em debate (Gráfico 7.2):

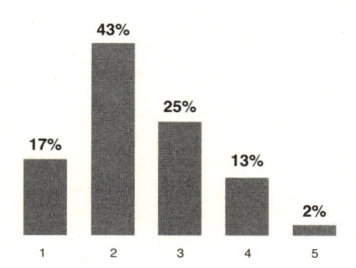

Gráfico 7.2: Especialista: primeiro a opinar.
Questão da pesquisa: O expert no assunto é um dos primeiros a manifestar sua opinião quando um assunto é proposto para discussão ou decisão?
(1) Sempre (5) Nunca
Fonte: Guerra, Barros e Santos (2020).

Groupthink:

Para evitar conflitos, grupos muito homogêneos e coesos tendem a buscar excessivamente consenso, blindando-se do contraditório e de informações externas.

Analisando profundamente uma série de fiascos militares da história dos Estados Unidos, **Irving L. Janis**[18] criou o conceito de *groupthink* (pensamento de grupo), que ficou em segundo lugar na pesquisa de **Guerra** e **Santos**[19] como a causa mais frequente de decisões equivocadas tomadas pelos conselhos de administração (65%). **Quanto mais uniforme e menos diverso for o CA, maior será a necessidade de táticas preventivas do viés de groupthink, que pode levar à conformidade excessiva.**

Considerando que o perfil majoritário de um conselheiro* ainda é o de um homem branco, com grande vivência como ex-executivo, na faixa etária entre 50 e 65 anos, torna-se quase impossível pensar diferente em um grupo tão homogêneo. Tal fato foi confirmado pela pesquisa de

---

* Pesquisas internacionais sobre o perfil típico do conselheiro e a baixa diversidade na composição dos CAs foram apresentadas no Capítulo 2.

Guerra, Barros e **Santos:**[20] somente 8% dos 340 conselheiros participantes afirmaram que o debate de ideias e os posicionamentos se caracterizam por ser muito heterogêneos em seus CAs, e 42% deles consideraram que a diferença entre as perspectivas é média, como mostra o Gráfico 7.3:

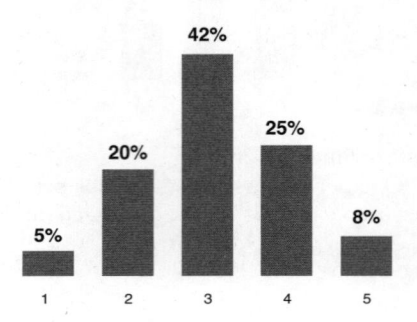

Gráfico 7.3: Nível de debate.
Questão da pesquisa: Com relação ao debate de ideias e posições, como você classificaria o seu conselho?
(1) Muito homogêneo — todos pensam parecido
(5) Muito heterogêneo — a grande maioria tem perspectivas muito diferentes
Fonte: Guerra, Barros e Santos (2020).

As táticas para prevenir o **viés de groupthink** são inúmeras e não se pretende esgotá-las aqui. Além disso, sendo instrumentos eficientes, podem ser aplicados para enfrentar diversas outras **disfuncionalidades** e **patologias** que afligem os conselhos de administração:

- **Diversidade no conselho.** Em seu sentido mais amplo, a **diversidade** é um grande profilático para esse viés, já que faz o CA ser composto de conselheiros com diferentes formações, posições profissionais, conhecimentos, vivências, origem geográfica, gênero, idade, etnia e estilo. Sim, estilo comportamental. Muito ainda vai se desenvolver nesse campo até que o estilo para tomada de decisão passe a ser elemento relevante para a composição do CA.

    Enquanto ainda estamos pelejando para, ao menos, aumentar a **diversidade** profissional e de gênero, a sofisticação em considerar os estilos comportamentais e de personalidade fica ainda muito limitada, embora já existam inúmeros estudos comprovando que quanto mais profunda for a **diversidade** na composição do CA maior será a criatividade e a agilidade na solução de problemas. Foi o que apontaram estudos internacionais:

    a. Grupos que incluem diferentes pontos de vista e estilos de pensamento (diversidade cognitiva) solucionam problemas mais depressa.[21]

    b. "Em um estudo sobre comportamentos de conselheiros de administração no processo decisório, a "diversidade profunda" (isto é, diferenças de background, personalidade e valores) contribuiu para que houvesse um nível mais alto de criatividade."[22]

A **diversidade** aparente e profunda voltará a ser abordada nesse mesmo capítulo na seção **Panaceias**.

- **Dar tempo para a incerteza.** É comum os conselheiros ficarem desconfortáveis com a incerteza, pois, naquele patamar de senioridade, é como se as dúvidas já não tivessem mais espaço. **Lovallo** e **Sibony**[23] concordam com esse perigo, afirmando que a cultura de muitas organizações suprime o reconhecimento das incertezas e recompensa os comportamentos que as ignoram.

  Como exemplo, citam empresas em que um executivo que parece ter grande confiança em um plano tende a ter mais chances de vê-lo aprovado do que outro que destaca os riscos e incertezas de sua proposta. E aqui está o perigo: é justamente da **incerteza que virão soluções mais consistentes e mesmo as mais inovadoras**. O conselho tem que se permitir navegar por incertezas e questionamentos momentâneos para que o escrutínio do tema seja profundo e todas as opiniões sejam manifestadas, mesmo as dos menos assertivos ou falantes.

  Lovallo e **Sibony** apontam que um processo decisório mais consistente combate os vieses resultantes de uma situação em que é urgente entrar em ação. Isso é possível estimulando o reconhecimento das incertezas. Para exemplificar, os autores dizem que líderes devem **acolher as incertezas enquanto encorajam a dissensão** e sugerem ferramentas, como: **planejamento de cenários com árvores de decisão** e **pré-mortem** (essa segunda será apresentada nesse mesmo capítulo na seção sobre as ferramentas para enfrentar o viés de **causa própria**).

- O presidente do conselho de administração (PCA) ou coordenador de um comitê pode indicar formalmente alguns conselheiros **para adotarem os papéis de "advogado do diabo" e "jornalista investigativo",* com o objetivo de provocar um efeito disruptivo no pensamento predominante**. Tendo o papel atribuído legitimamente, o conselheiro ficará mais à vontade para exercê-lo.
- Quando não é especialista ou quando sua opinião vai na direção contrária do pensamento dominante, nem todos os conselheiros têm segurança para vocalizar suas ideias. Isso pode fazer com que o processo de decisão do CA fique contaminado pelas vozes com maior experiência e que vêm daqueles com conhecimento e poder.
- O uso de tecnologia para sondar o posicionamento dos conselheiros pode ser considerado uma instrução do processo de decisão. As **ferramentas de enquete digital, por exemplo, podem trazer à superfície a diversidade de visões** individuais, que serão enriquecedoras nessa etapa. Parte-se da constatação de que há visões diversas que muitas vezes não são manifestadas. Por exemplo, ao ouvir os demais, o conselheiro vai alterando seu posicionamento e deixa de manifestar suas restrições, o que poderia levar todos a olhar outras perspectivas não consideradas. Esse processo não precisa ser necessariamente digital. Uma aplicação desse recurso está na pesquisa[24] realizada com estudantes de administração de empresas que foram colocados diante de uma lista com metas a

---

* Ver neste capítulo a seção sobre viés de atenuação na qual essas técnicas já foram abordadas.

atingir em um estágio de verão, uma decisão importante nessa etapa da vida deles. Em média, os estudantes listaram quinze metas das quais somente cerca da metade havia sido criada por eles próprios. Eles reconheceram o valor das metas mencionadas por seus colegas — sem essa diretriz, teriam tomado decisões importantes em suas vidas sem levar em consideração essas opções.

- Outra justificativa para a adoção dessas técnicas é que o processo de decisão tem duas etapas iniciais muito importantes: a identificação e, em seguida, a seleção de alternativas, seja de investimento, de táticas de mercado ou de escolha de pessoas. Os processos usados para a identificação e a seleção dessas possiblidades reduzem os vieses, já que essa "distinção pode ajudar as pessoas a melhorar os processos de grupo ao dividir as decisões ou tarefas para solucionar um problema em um **estágio de pensamento divergente e outro, crítico, o estágio de integração da solução**".[25] Essa proposição está alinhada com o conceito de que as preferências devem ser ventiladas na fase inicial do processo de decisão e, a partir disso, o grupo consegue focalizar melhor na discussão.[26] Para o PCA, pode ser de enorme valia ter uma visão prévia de onde cada conselheiro se posiciona em relação a determinado assunto. Naturalmente, é imperativo que fique claro que são manifestações iniciais e prematuras de visão e não votos. Ninguém deverá se amarrar a essas visões iniciais. Com esse quadro geral antecipado, o PCA poderá reconhecer o nível de concordância em dada direção, o nível de desconhecimento ou mesmo reconhecer um impasse ou **polarização*** em relação ao tema. Considerando que, na quase totalidade, o processo de decisão corporativa começa na gestão, **a equipe executiva pode, inclusive, se assegurar que certas propostas relevantes e arriscadas também sejam submetidas a esse tipo de mecanismos** antes de enviá-las ao CA. O caso apresentado por **Bob Frisch** em uma coletânea da

---

* O fenômeno de polarização foi abordado em Patologias, no Capítulo 6, página 292, e as formas de mitigá-lo serão tratadas mais à frente, neste mesmo capítulo.

Harvard Business Review é um bom exemplo de como o mecanismo, além de oferecer alternativas, propicia que se invista mais tempo nas opções, que vão se mostrando melhores ao longo do processo:

> Uma companhia global de setor de cartões de crédito estava decidindo onde investir para crescer. A equipe de executivos fez uma enquete sobre os países que poderiam ser considerados e rapidamente conseguiu eliminar aqueles que não receberam votos. A seguir, focaram a discussão nas duas regiões sobre as quais havia maior interesse. (...) Normalmente, a equipe de executivos teria aberto um amplo debate sobre os inúmeros países considerados; essa tática poderia ter levado à formação de múltiplas possibilidades majoritárias. Em vez disso, realizaram a enquete, eliminando rapidamente os países que não atraíram votos para dar foco, e, em seguida, as duas áreas sobre as quais havia maior concordância.[27]

Embora, nesse caso, a técnica tenha sido aplicada para equipes executivas, os conselhos também podem se beneficiar de mecanismos assemelhados, que considerem um universo maior de alternativas antes de afunilar o pensamento, aplicando o escasso tempo dos conselheiros nas opções mais bem-posicionadas. Entretanto, além dos meios digitais, existem outros recursos para assegurar que a visão individual dos conselheiros instrua as primeiras etapas do processo de decisão.

- Outra possibilidade muito simples, além do uso de enquetes virtuais, é que **cada um escreva um ou dois parágrafos sobre sua visão sobre o tema ou, ainda, responda a uma ou duas perguntas por escrito e leve para a reunião, lendo o resultado de sua reflexão individual**. Assim, será possível contar com as diversas visões individuais sem o "contágio" das demais, o que passará a acontecer de forma desejável nas rodadas de discussão no CA. Dessa forma, **não se perde uma visão silenciada pela potência das demais vozes**.

- **Ambiente seguro para o contraditório** não é apenas aquele em que se permite o questionamento. É aquele que **oferece a segurança psicológica para discordar mesmo do mais poderoso na sala**. Aliás, o mais poderoso tem o papel de se comportar de modo a moldar a cultura do CA para ser aberto ao contraditório, mas protegido de **conflitos negativos** (descritos no **Capítulo 6**). É comum, porém, que o próprio PCA iniba a expressão de ideias dissonantes — até sem perceber, como descreveu um dos entrevistados:

> Nessa empresa em que fui conselheiro independente por três anos, o presidente do CA chegava a se gabar publicamente de que, no "conselho da empresa dele", todos podiam expressar livremente suas opiniões, e havia uma postura aberta ao contraditório. Na prática, entretanto, não era bem assim: em toda reunião do CA ele fazia a abertura, contando o que havia acontecido no período, mas já dava a sua própria interpretação de tudo. Quando fazia a introdução de uma proposição para deliberação, agia do mesmo modo. Entre os independentes, havia até quem se impusesse, dando a própria opinião, mesmo que fosse diferente daquela do PCA. Eu tenho a percepção de que ele nem chegava a se dar conta de como o seu poder induzia o pensamento do grupo em determinada direção — ou seja, na direção da opinião dele. Apesar de o PCA acreditar no contrário, o ambiente daquele CA não propiciava o contraditório e, com certeza, muitos questionamentos, restrições e críticas acabavam por ficar de fora.

- **Alerta vermelho para o líder forte**. No caso descrito anteriormente, fica evidente como o líder excessivamente forte pode favorecer o **groupthink**.
- **Como um cavalo de Troia, o groupthink entra disfarçado no CA, já que as proposições levadas pelo CEO geralmente resultam de escolhas e perspectivas conjuntas da diretoria executiva**. Assim, antes mesmo de envolver o conselho, o processo decisório pode

estar altamente contaminado pelo **groupthinking** entre os executivos. Portanto, é aconselhável adotar duas iniciativas preventivas:

a. **A regra de ouro é perguntar se, desde o início, os executivos compartilham a mesma visão sobre o assunto em discussão.** O proponente do projeto — muito frequentemente, o CEO — **deve ser provocado a discorrer sobre os pontos de controvérsia ou restrições durante o processo decisório na diretoria**. Caso não tenha havido nenhum questionamento entre os executivos, fica no ar outra questão: será que o processo no âmbito executivo foi suficientemente aberto ao contraditório?

b. **Procurar entender e averiguar se a diretoria executiva age, de fato, como órgão colegiado**. Ao longo das RCAs, dá para fazer uma sondagem entre os vários diretores que por lá passam. Muito mais produtivas, porém, são as conversas individuais que os conselheiros podem ter ao longo do tempo com os executivos. Claro, tomando todo cuidado para que esses diálogos não sejam considerados como intervenção ou mesmo como um *bypass* no CEO e, além disso, com certeza, precisam contar com o conhecimento prévio dele e do PCA. Um caminho mais formal e que, por isso mesmo, pode não estar disponível em organizações menores ou, ainda, com um modelo de governança menos maduro, é o de **adotar o regimento interno da diretoria executiva e a ata para as reuniões da diretoria**. Há empresas que já fazem isso. No entanto, nem sempre os conselheiros leem esses documentos — mesmo que seja para observar se há ou não opiniões dissonantes ou contrárias entre os executivos.

• **Especialmente em temas mais críticos e de alto impacto**, o CA precisa estar atento para **não ter o CEO como única fonte de informação**, ou apenas daqueles consultores que podem ser leais a ele ou mesmo não pretendem confrontar sua proposição. É essencial que, em casos críticos, os conselheiros não se sintam isolados, ficando expostos a uma perspectiva única. O exemplo a seguir, narrado por um experiente conselheiro, indica como uma visão técnica, especializada e totalmente independente tem valor:

> Embora engenheiro, minha especialidade não é a área civil; assim, não sei avaliar projetos complexos de obras de infraestrutura. Mas, quando o conselho foi, a meu pedido, visitar um importante projeto que utilizava sofisticadas técnicas e arrojadas soluções de engenharia, fiquei desconfortável. Não sabia bem o motivo, mas aquela obra cheia de inovações me deixou com um pé atrás, especialmente nos aspectos de segurança. Algo ali não parecia direito. Não falei nada na hora, mas, quando voltamos da visita, marquei uma conversa com o CEO, depois de avisar ao presidente do conselho, e disse que eu queria a opinião de um terceiro independente. Eu, inclusive, já tinha em mente qual seria essa consultoria — tratava-se de empresa com alta expertise e qualidade técnica e de minha confiança. O CEO acabou aceitando e a consultoria indicada foi contratada, identificando uma série de riscos no projeto relacionados a algumas das arrojadas soluções empregadas. O CEO se convenceu e foram adotadas as recomendações da consultoria. Tempos depois, ocorreu um acidente na obra, quando pudemos constatar que, se não fossem as mudanças identificadas pelos experts externos, o desastre teria consequências avassaladoras, não só do ponto de vista econômico, mas, possivelmente, com vítimas fatais.

Falso consenso:

Alguns indivíduos, especialmente os líderes fortes, têm a tendência de se considerar sempre com a razão, superestimando a probabilidade de os demais do grupo estarem de acordo com ele.

Uma das consequências prejudiciais do falso consenso é o isolamento no conselho daqueles indivíduos que têm — ou poderiam ter — uma contribuição diferenciada a oferecer ao processo decisório. Entre os conselheiros que responderam à pesquisa de **Guerra** e **Santos**,[28] 59% consideram que o **falso consenso** ocorre nas salas dos CAs com frequência ou muita frequência. Para prevenir e mitigar seus efeitos mais nocivos, especialmente o isolamento dos conselheiros mais aptos a trazer o contraditório, podem ser aplicadas muitas das práticas já mencionadas em vieses de **confiança**, **efeito manada** e **groupthink** e também essas soluções mais específicas:

- **Alerta vermelho acionado para as decisões alcançadas muito rapidamente**. Ninguém quer — nem deve — perder tempo, mas é melhor olhar o impacto, a complexidade e os riscos envolvidos naquela decisão e se perguntar antes, candidamente: o que está faltando aqui? Analisamos alternativas em quantidade suficiente? Demos espaço para o contraditório?
- Aqui, novamente, **o papel do "advogado do diabo" tem potencial para trazer à superfície receios encobertos**. É preciso destacar que o dissenso trazido pelo exercício desse papel deve ser genuíno para ser crível. O que pode dar errado? Quais as consequências não previstas, mas que podem acontecer?

Favoritismo:

> **Os grupos mais coesos e homogêneos podem se deixar influenciar favoravelmente pelas visões internas à empresa, rejeitando opiniões diferentes e/ou francamente contrárias.**

Esse comportamento de aberto favorecimento de ideias trazidas por seus pares ou das proposições apresentadas pelos executivos da companhia é tão corriqueiro que chega a ser encarado como natural. Entre os conselheiros que responderam à pesquisa de **Guerra** e **Santos**,[29] esse favoritismo é o quarto viés mais frequente nas salas dos conselhos (56%).

Além de alguns já citados, entre os mecanismos aplicáveis contra esse viés estão:

- **Adotar uma postura em que a expressão de convicções e certezas internas dogmáticas e arraigadas seja questionada**. Frases como "No nosso setor não funciona assim..." devem passar a ser desafiadas com uma atitude construtiva, que, com o tempo, seja incorporada ao processo decisório para aumentar a proteção contra a influência nociva dos vieses.

- **Sair da sala de conselho ou levar para dentro dela as visões de fora**. Para isso, o CA pode, por exemplo, **receber convidados**, chamando um cliente para um almoço antes da RCA, quando parte do cardápio serão as expectativas e preocupações desse *stakeholder* específico. O mesmo formato serve para outras partes interessadas. Outra possiblidade é **convidar especialistas ou consultores no momento em que começa o debate sobre algum tema mais crítico**. Ainda para escapar das visões internas, que podem estar enviesadas, e desconsiderando aspectos relevantes, outra possibilidade é, ocasionalmente, os conselheiros **saírem da rotina das reuniões de CA para acompanhar uma visita a um cliente**, conhecer uma planta ou operação, visitar pontos de venda, assistir a uma reunião com algum *stakeholder* relevante, ou, ainda, participar de uma reunião com analistas de investidores, quando se tratar de uma empresa listada, que divulga resultados trimestralmente. Esse tipo de medida contra o viés de favoritismo foi fortemente recomendado por um dos conselheiros entrevistados:

> Eu acho que sair da sala do conselho é muito importante. O contato com a realidade, a experiência real, ir lá, ver, sentir, isso faz muita diferença. O conselheiro passa a ter uma percepção melhor do contexto em que a empresa opera. Não é simplesmente uma visita de 2 horas, é ir a campo para ter uma vivência do que está acontecendo realmente. Acho que isso também tem o efeito de aproximar os conselheiros, e todos passam a interagir dentro de uma

dimensão mais humana. Como eu admito a limitação da racionalidade humana, acho difícil passar a tomar a decisão sempre certa, mas, saindo da sala do conselho e indo a campo, pelo menos temos uma decisão um pouco mais informada, um pouco mais elaborada do que simplesmente ficando na teoria do que é levado ao CA pelas apresentações em Power Point.

- Quando há suspeita de desalinhamento entre os diversos tipos de acionistas ou entre o CA e a gestão, podem ser **exploradas mais criteriosamente as razões para que haja essas diferentes perspectivas**. Em vez de se posicionar diretamente na defensiva ou criar caminhos para contornar a visão contrária, o ganho seria entender por que existe a visão contrastante. Ao contrário de considerar puro excesso de detalhe, por exemplo, a demanda de um sócio minoritário para ter maior visibilidade sobre o modelo de gestão de risco, o CA ganharia procurando entender melhor o que está efetivamente por trás daquele pedido. Por que esses minoritários estão incomodados ou com suspeitas sobre o modelo de riscos adotado? Eles estão vendo algo que não vemos ou apenas não estamos comunicando bem que nosso modelo de risco é robusto? **A demanda vinda de fora pode estar trazendo algo que o conselho ainda não consegue identificar**.

Causa própria:

É a propensão de atribuir o sucesso aos atores internos e o eventual fracasso a fatores externos ou como responsabilidade de terceiros.

Em outras palavras, esse viés de grupo pode ser traduzido como "jogar a culpa nos outros". Na pesquisa de **Guerra** e **Santos**,[30] o viés de causa própria foi um dos fatores apontados como aqueles que mais desviam os CAs das melhores decisões (52%). A primeira providência para prevenir esse viés é a **conscientização**. Além disso, como costuma apresentar associações relevantes com o **viés de confiança**, algumas das soluções apresentadas ali também são válidas nesse caso. Existem ainda outras providências mitigadoras mais específicas, como:

- O CA deve adotar como prática **a escolha a partir de uma ampla gama de alternativas**. O principal benefício aqui é que o cotejamento de várias alternativas geralmente ajuda a explicitar as falhas e limitações da visão interna.

- Para enfrentar o viés de causa própria, o CA pode aplicar — separada ou juntamente com o CEO e/ou a diretoria executiva — a técnica que **Gary Klein**, colaborador de **Daniel Kahneman**, chama de **pré-mortem**. Antes de formalizar uma decisão, o grupo deve fazer uma reunião rápida em que cada um dos participantes reserva no máximo dez minutos para descrever **por escrito** qual pode vir a ser o **pior** resultado daquela escolha dali a um ano. Preferencialmente, esse exercício deve ser realizado de forma anônima. Assim, todas as visões serão manifestadas sem o potencial de haver censura derivada de algum tipo de pressão. As vantagens dessa prática são: 1) ajudar a superar uma combinação poderosa de vieses, como **o pensamento de grupo, o de causa própria e a confiança e a coesão excessivas**, quando qualquer opinião divergente costuma ser vista como falta de lealdade; e 2) trazer à tona dúvidas e riscos, que permaneciam encobertos por esses vieses. De acordo com o próprio **Kahneman**, a proposta de aplicar o *pré-mortem* tem gerado reações entusiasmadas:

> A ideia de Gary Klein para o *pré-mortem* normalmente evoca entusiasmo imediato. Depois que a descrevi casualmente em uma reunião em Davos, alguém atrás de mim murmurou: "Só por isso já valeu a pena vir até Davos!" Mais tarde, notei que a pessoa era o CEO de uma grande corporação internacional. (...) A principal virtude do *pré-mortem* é que ele legitima as dúvidas. Além do mais, encoraja até mesmo partidários da

decisão a procurar possíveis ameaças que não haviam considerado anteriormente. O *pré-mortem* não é uma panaceia e
não fornece proteção completa contra surpresas desagradáveis, mas ajuda bastante a reduzir o prejuízo de planos que
são vítimas dos vieses de WYSIATI [*What you see is all that is*
—"o que você vê é tudo o que há", em tradução livre] e do
otimismo acrítico.[31]

De fato, o debate franco, bem-informado, sem polarização de ideias ou
predominância da visão de alguns dos integrantes do grupo tem se
comprovado ao longo do tempo como o caminho mais seguro — e eficaz
— para enfrentar as distorções causadas pelos vieses comportamentais
no processo decisório organizacional.

Em uma pesquisa realizada pela **McKinsey**,[32] 2.200 executivos dos
mais diversos setores, regiões e especialidades técnicas consideraram
que os melhores resultados são obtidos dos processos decisórios que
contam com os seguintes fatores: revisão meticulosa e objetiva do plano
de negócios, mesmo quando os executivos seniores estavam fortemente
favoráveis à proposição (65%); decisão baseada em cenário factual consistente (60%); ampla oportunidade de expressão às vozes divergentes
(58%); e busca proativa de evidências contrárias ao plano inicial e sua
consideração no processo decisório (43%). Esse grau de consciência, no
entanto, parece não se refletir na prática dos processos decisórios na
mais alta esfera deliberativa das empresas.

Na pesquisa internacional de **Guerra**, **Barros** e **Santos**,[33] da qual
participaram 340 conselheiros de administração, somente 4% deles indicaram que o CA em que atuam sempre emprega mecanismos explícitos
para ampliar as alternativas na tomada de decisões, e apenas outros 5%
consideraram que o PCA sempre aplica processos para evitar o excesso
de otimismo, como o *pré-mortem* e o "advogado do diabo", como apresentado, respectivamente, nos Gráficos 7.4 e 7.5:

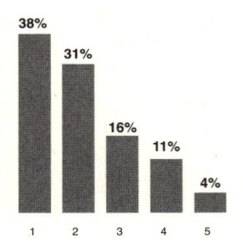

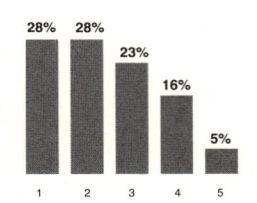

Gráfico 7.4: Diversidade das alternativas de decisão.
Questão da pesquisa: O conselho emprega, antes ou durante a reunião, mecanismos ou regras explícitas para aumentar a diversidade das alternativas de decisão (como checklists, árvores ou produção de cenários)?
(1) Nunca (5) Sempre

Gráfico 7.5: Gerando alternativas.
Questão da pesquisa: Durante as reuniões do conselho, o presidente utiliza processos específicos para evitar o excesso de otimismo, a exemplo de pré-mortem ou advogado do diabo, entre outras alternativas de decisão e técnicas de brainstorming?
(1) Nunca (5) Sempre

Fonte: Guerra, Barros e Santos (2020).

PATOLOGIAS

Como já abordado no capítulo anterior, na dinâmica de grupos, a interferência dos vieses cognitivos pode ocorrer de modo combinado, gerando **disfuncionalidades** tão graves a ponto de os pesquisadores **Pick** e **Merchant**[34] preferirem qualificá-las de **patologias**. É preciso, portanto, adotar medidas preventivas e se manter em alerta constante para evitar que essa influência nociva tome conta do CA ou de algum processo decisório mais específico.

Conformidade excessiva:

Essa **patologia** se manifesta, principalmente, quando falta **diversidade** na composição do CA e/ou o ambiente não é propício ao contraditório, resultante do excesso de coesão. O tratamento profilático para esses males são os já descritos para combater os vieses, em particular aqueles individuais de **situação (confiança e atenuação)** e os de grupo, como o **groupthink** e, ainda, o **efeito manada**.

Conflito negativo:

Já no outro extremo do excesso de coesão está a possibilidade da ocorrência de conflitos bem além do limite do saudável. Em alguns países, especialmente nos de origem latina ou asiática, por exemplo, onde prevalece a cultura de evitar desentendimentos ou de nem sequer tocar em assuntos delicados, lidar com a dissensão torna-se ainda mais complexo, pois vigora a tática dos "panos quentes" — até mesmo quando a divergência é construtiva. Muitos estudos indicam, porém, que a solução ou mitigação de conflitos contraproducentes passa por dois pré-requisitos: identificar o estilo com que as questões mais sensíveis são habitualmente tratadas pelo grupo e o tipo de origem desses conflitos, que pode ser pessoal, estrutural ou relacionado aos negócios, como indica a Figura 7.2:[35]

Categorias de conflito no contexto de disputas no CA

• Estratégias, interesses incompatíveis
• Fraude ou má administração percebida
• Dano para a marca, valor compartilhado

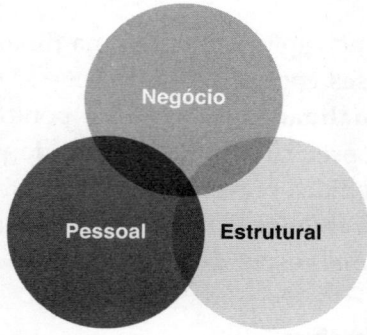

Negócio

Pessoal   Estrutural

• Desrespeito, preconceito, falta de confiança
• Liderança fraca, comunicação pobre
• Evitar o conflito ou agressão

• Papéis, políticas e procedimentos ineficientes
• Falta de supervisão, *accountability*
• Riscos de *compliance* e legais

Figura 7.2: Identificação da possível origem dos conflitos patológicos entre os conselheiros.
Fonte: IFC-CEDR.[36]

Quando surgem disputas realmente contraproducentes entre os membros do CA, entre as possíveis práticas saneadoras, **Pick** e **Merchant**[37] enumeram as seguintes:

- O presidente do conselho de administração (PCA) deve incentivar a confiança interna ao grupo, criando **normas vigorosas para assegurar espaço para as divergências** e até solicitar a expressão do contraditório em determinadas ocasiões.
- O PCA deve promover um **ambiente que ofereça segurança psicológica** aos conselheiros.
- Durante a realização de atividades conjuntas, possibilitar que o **conflito producente se torne parte da rotina de trabalho.**
- **Estimular deliberadamente o conflito producente com o uso do papel de "advogado do diabo".**
- Antecipar e/ou **identificar o mais rapidamente possível o potencial conflito para enquadrá-lo construtivamente.** Dessa forma, um desentendimento relacionado à realização de uma atividade ou a um processo não irá causar um conflito de relacionamento.
- Ao longo do tempo, **ao não ignorar as discordâncias, desenvolve-se a percepção de que o grupo é capaz de resolver com eficiência seus próprios conflitos.**

Masters e **Rudnick,**[38] especialistas em governança, recomendam a aplicação **de técnicas alternativas de resolução de disputas (alternative dispute resolution —ADR) para conselhos.** Eles recomendam também que algumas das práticas de mediação e arbitragem sejam adaptadas à dinâmica dos CAs, como veremos a seguir.

- Identificar os interesses contrários em vez de as posições conflitantes.
- Trazer à tona as questões — emocionais ou factuais — envolvidas nas disputas ou nas disputas potenciais.
- Apoiar as partes para que o foco seja mantido nos objetivos e interesses de longo prazo.
- Utilizar procedimentos que encorajem a colaboração e enfatizem a flexibilidade;

- Promover a discussão e estimular o livre fluxo de ideias.
- Destacar informações significativas sobre o problema e, portanto, sobre sua solução.
- Facilitar o desenvolvimento das soluções das partes de modo colaborativo em vez de impor soluções.
- Quando apropriado, utilizar uma terceira parte para facilitar e intermediar o processo de comunicação.

Coalizão disfuncional:

> Eu era conselheiro independente, mas estava impossível avaliar objetivamente qualquer proposição apresentada ao CA. O ambiente estava deteriorado. Os dois grupos empresariais, que se uniram em um negócio inovador, compuseram o conselho com três conselheiros representando um lado, dois de outro e mais dois independentes. Só que, em vez de tratarem dos objetivos comuns, o foco dos dois grupos de acionistas ficou preso aos próprios interesses. Era até meio inacreditável: em cada debate, os dois lados chegavam a apresentar até argumentos semelhantes favoráveis ou contrários a uma decisão, mas ninguém queria concordar com ninguém. O que dominava era o clima de disputa. As discussões eram bem mais que acaloradas, tudo degringolava e terminava em briga. Quando um dos conselheiros acionistas tentava contemporizar, alguém logo cobrava lealdade. Não sei como conseguiram chegar a esse ponto, o que sei é que o negócio que parecia muito promissor no início não chegou nem a se estruturar completamente. Todo o investimento inicial foi perdido.

Se não chega a ser comum, o relato desse entrevistado também não representa uma situação estranha ou raríssima nos conselhos de administração. Diversos estudos sobre a dinâmica de grupos indicam a possibilidade da formação de subgrupos hostis, denominados de **coalizões** ou facções, que têm o poder de originar a atuação patológica do

CA, sendo contrárias a todas as partes e não somente aos interesses dos donos.

Além de inviabilizar a objetividade no processo decisório do conselho, essas disputas nocivas podem ocorrer também contra outros subgrupos específicos, como acionistas, executivos e outras partes interessadas. E, por isso mesmo, é imprescindível a adoção imediata de soluções para reconduzir o conflito contraproducente ao patamar das divergências saudáveis e construtivas. Para enfrentar esse grave problema, são muito úteis as diferentes técnicas e ferramentas já exploradas neste capítulo, como: **exercício do contraditório; abertura ao questionamento; ampliação das alternativas examinadas**; na fase de debate, **intercalar as posições contrárias e favoráveis**; ou a proposição para que cada coalizão faça o **exercício do pré-mortem**. Existem, além disso, outros recursos disponíveis para amenizar essa **disfuncionalidade**:

- **Colocar as pessoas integrantes das coalizões em subgrupos diferentes para desempenhar novos papéis, separadamente de seus "aliados" tradicionais.** Um recurso pouco usado em conselhos — mas que pode atender a esse e outros desafios comportamentais — é a formação, por exemplo, de dois grupos (a quantidade de subgrupos depende do tamanho do CA e do número de coalizões existentes). Antes da reunião formal para debater determinado assunto, o objetivo desses novos subgrupos é passar meia hora trocando ideias sobre aquele tema específico. É que, separados, os integrantes de uma coalizão vão ver suas ideias e pressupostos ser desafiados por outras formas de raciocínio e, melhor ainda, não estarão sob a contínua influência dos demais integrantes de sua facção. Outra possibilidade dessa mesma técnica é **mesclar subgrupos antagônicos em relação a uma determinada questão**: por exemplo, os integrantes de dois comitês do conselho, que se desentenderam na análise de uma proposição, podem se beneficiar dessa técnica, arejando o debate e, consequentemente, minimizando os efeitos da coalizão.

- Na ocorrência de coalizões, **o papel do PCA é de importância vital**, dando a sua maior contribuição se conseguir manter sua neutralidade e isenção. **Quando seu apego a uma das facções for evidente, poderá ser considerada a opção de o presidente transferir para alguém mais neutro a condução daquele debate** específico. O conselheiro, na posição de *lead independent director* (LID), já apresentado no **Capítulo 4**, seria uma opção; ou então um conselheiro independente, que ainda não tenha se aproximado ou se identificado com alguma das coalizões, pode representar esse papel.
- **Estimular entre os conselheiros o sentimento de pertencer ao grupo**, vendo o CA como um colegiado que tem uma tarefa em comum para ser realizada. É o PCA quem deve construir ao longo do tempo o ambiente de segurança psicológica que promove a percepção de pertencimento nos conselheiros. Para auxiliar o grupo a se concentrar nos pontos que tem em comum, é recomendável realizar exercícios similares àquele proposto pelo professor **Mervyn King*** no início deste capítulo.

Um dos precursores da visão comportamental aplicada aos conselhos de administração, **Morten Huse**[39] afirma que uma das origens dos conflitos de **coalizão** no CA pode ser a definição das metas estratégicas do negócio. Nesse caso, ele destaca que o conflito costuma ser mais bem solucionado com a barganha política do que com o alinhamento objetivo em torno de incentivos econômicos. Para ele, o conflito em torno da definição das metas impulsiona a busca por informações adicionais e novos conhecimentos. E isso deve ser encarado como uma oportunidade de aprendizado, não como um obstáculo ao desenvolvimento organizacional.

---

* Em entrevista à autora em 1/4/2014 na cidade de Nova York, EUA.

Rotinas habituais:**

Como já abordado no **Capítulo 6**, a rotina é reconfortante, pois, de acordo com **Kahneman**,[40] só quando os contextos dão evidência de sair do habitual é que o indivíduo coloca também em ação o **Sistema 2**. Enquanto as rotinas se mantêm intactas, o comportamento humano é guiado automaticamente apenas pelo **Sistema 1**,*** aquele que é rápido e irrefletido. Por isso, as rotinas podem também nos deixar míopes. Os apetrechos para evitar cair na **patologia** das **rotinas habituais** são praticamente intuitivos:

- Embora devam ser mantidas **normas e dinâmicas regulares do CA, elas precisam ser ocasionalmente quebradas** para suscitar um contexto novo em que a atenção deixe de estar viciada e direcionada pela monotonia dos rituais.
- **Esse tipo de mudança pode ser aplicado a quase tudo**: desde a ordem com que os comitês religiosamente fazem seu relato ao conselho até a repetida apresentação pelo CEO dos resultados do período a cada reunião, e até mesmo o arranjo de quem-senta-onde-na-sala-do-conselho. Apenas uma mudança de lugar — por exemplo, em vez de se sentar ao lado passar a se sentar de frente para alguém — pode revelar as reações da pessoa que o outro desconhecia. O mesmo para aqueles que interagem com você. Essa é uma daquelas pequenas mudanças difíceis de implementar, dado o elevado nível de arraigamento à territorialidade de vários animais, inclusive o *Homo sapiens*.
- Outras formas para quebrar rotinas são sugeridas por **Thuraisingham** e **Lehmacher**, entre elas:
  a. buscar **identificar e revelar as rotinas despercebidas**;

---

* Segundo Gersick e Hackman, as chamadas rotinas habituais ocorrem quando "um grupo exibe repetidamente um padrão funcional similar de comportamento diante de uma dada situação de estímulo sem explicitamente selecioná-lo entre outros comportamentos alternativos".

** Os Sistemas 1 e 2 de Kahneman estão descritos no Capítulo 6.

b. **designar as pessoas para atividades que não estejam vinculadas a suas tradicionais lealdades;**

c. solicitar a uma pessoa **menos graduada que defenda o ponto de vista do CEO** ou do proprietário do negócio; e

d. rever o processo de cada atividade realizada para romper o raciocínio rotineiro.[41]

Informação compartilhada:

Além de confundir coleta de informações com análise de dados, os grupos têm a tendência de investir mais tempo para debater aquilo que a maioria já sabe em vez de se dedicar a trazer à tona o conhecimento sob domínio da minoria, impedindo que detalhes valiosos sejam considerados no processo decisório. A seguir, veremos algumas das recomendações mais eficientes para prevenir esse viés.

- Evitar o viés da pressão do tempo no processo decisório também ajuda a prevenir que o debate fique restrito às informações já compartilhadas pela maioria. Esse é mais um motivo para **ampliar o tempo dedicado ao debate**, estimulando que emerja o conhecimento dominado somente por um ou mais conselheiros.
- Para evitar que a coleta de dados seja confundida com avaliação, o presidente do conselho (PCA), como facilitador, deve levar o grupo **primeiramente a reunir todas as informações e só depois dar início ao debate** de determinada proposição, em especial aquelas mais críticas e de maior impacto sobre o negócio.
- Uma solução já apresentada para outros vieses é **ampliar o número de opiniões disponíveis** no grupo, **inclusive convidando terceiros a participar no debate.** A iniciativa ajuda os conselheiros a evitar o apego a discussões genéricas.
- Pela mesma razão, o **PCA pode estimular que profissionais menos graduados tragam seus pontos de vista para o conselho,** já que aqueles com status mais alto têm a tendência de dominar a discussão.

- Recomenda-se também **usar as tecnologias de informação para estruturar o processo decisório**, catalogando e organizando os dados disponíveis para a decisão, uma providência que facilita, inclusive, a comunicação entre os conselheiros.[42]

Ignorância pluralista:

A **patologia** da **ignorância pluralista** costuma ocorrer quando um — ou até mais de um — conselheiro se submete à pressão social do grupo e não consegue expressar opiniões que sejam contrárias à da maioria. Por mais contraditório que possa parecer, esse problema é mais frequente em conselhos com maior **diversidade** e alta coesão social. A **diversidade**, especialmente quando se refere à experiência funcional e de gênero, pode levar o conselheiro a não conseguir compreender a posição dos demais e, por isso, preferir se manter em silêncio ou concordar com os outros. Alguns dos possíveis paliativos já foram mencionados antes, mas existem também técnicas mais específicas.

- O presidente do conselho deve propiciar a **criação de uma cultura em que nenhum assunto seja considerado indiscutível**.
- **A divergência deve ser encarada por todos os conselheiros de administração como uma obrigação, sempre de forma construtiva**.
- Promover a **renovação no conselho, considerando mandatos mais curtos**, já que o viés de ignorância é menos presente em conselhos em que o mandato tem menor duração. Isso porque o mandato menor evita que os conselheiros se apeguem a um conjunto de regras e ao sistema de crenças organizacional. Além disso, os novos conselheiros trazem novas ideias e fazem novos questionamentos, o que subverte o *status quo*.[43]

Oportunismo social (*social loafing*):

A pesquisa desenvolvida há mais de 130 anos pelo engenheiro agrônomo francês **Max Ringelmann** — já abordada no **Capítulo 6** — inspirou os estudos sobre oportunismo social (*social loafing*):[44] a propensão de os indivíduos se empenharem menos na execução de tarefas em grupo em comparação à realização da mesma atividade sozinhos.[45] Ou seja, em grupo, os indivíduos empregam menos esforço do que quando realizam uma tarefa sozinhos. Esse fenômeno permite questionar quanto se perde da contribuição de conselheiros que, "camuflados" no grupo, não oferecem o melhor de si. Como a ocorrência desse fenômeno não costuma ser insignificante, algumas ferramentas podem ser usadas para mitigar o problema, como será descrito a seguir.

- Individualmente, **conselheiros devem acreditar que suas contribuições são únicas** e serão consideradas no processo decisório. O presidente do conselho (PCA) instaura essa cultura, solicitando periodicamente que cada conselheiro manifeste sua opinião em determinado debate, e até mesmo deixando claro, desde as entrevistas de seleção dos conselheiros, como a contribuição individual é relevante para a melhor decisão.

- **Aumentar as atividades realizadas em comitês**, pois, quanto menor for o grupo, mais difícil fica para o conselheiro se manter anônimo no resultado alcançado pelo time. Além dos comitês acessórios do CA, é possível criar outros grupos para tratar de questões específicas — mais críticas ou estratégicas, em regime temporário.

- O PCA deve instituir um **processo sistemático de avaliação em que os papéis e expectativas em relação ao desempenho individual do conselheiro sejam explicitados e rigorosamente apreciados**, de preferência por seus pares e também pelo PCA. De acordo com **Pick e Merchant,**[46] muitos psicólogos acreditam que a simples criação da possibilidade de avaliação das contribuições individuais oferecidas ao grupo já é capaz de eliminar grande parte do *social loafing*.

Polarização:

Quando reunidos em grupo, existe a tendência de integrantes do CA tomarem decisões mais extremadas do que seria a inclinação individual de cada conselheiro. Seja por desejo de aceitação, seja porque realmente tenha sido exposto a argumentos persuasivos, o conselheiro tende a ir mais longe em suas posições quando está no grupo — assumindo mais risco ou mantendo uma visão ainda mais conservadora. Como evitar cair na armadilha da polarização de grupo?

- **A sondagem prévia das opiniões individuais e a busca por ampliar a diversidade na composição do CA**, já citadas como mecanismos aplicáveis contra outros vieses, também podem reduzir efeitos negativos da **polarização** de grupo. Além disso, **Kahneman** sugere **que cada conselheiro escreva sua opinião antes da conclusão do debate**, e explica a razão:

> Uma regra simples pode ajudar: antes que uma questão seja discutida, deve-se cobrar de todos os participantes que escrevam um breve resumo de sua posição. Esse procedimento faz bom uso do valor da diversidade de conhecimento e opinião no grupo. A prática padronizada de discussão aberta dá muito peso às opiniões dos que falam primeiro e de modo assertivo, levando os demais a ir atrás do que disseram.[47]

- **Alexandre Gonçalves Silva*** indica que o **presidente de CA pode orientar os coordenadores dos comitês a trazerem a diversidade de visões discutidas** para as RCAs. Ele relatou sua experiência positiva, quando o trabalho dos comitês ajudou a evitar a polarização no conselho:

> A diferença de opinião é normal e um bom conselho deve ter um ambiente propício à diversidade de visões, os assuntos são discutidos abertamente e os conselheiros devem ter tempo suficiente para

---

* Alexandre Gonçalves Silva é conselheiro independente e presidente do conselho de administração da Embraer, foi CEO da General Electric do Brasil entre 2001 e 2007 e, desde então, tem participado de conselhos de administração em empresas de diversos setores da economia do país. Em entrevista à autora em 19/02/2016 na cidade de São Paulo.

esgotar o assunto, procurar um consenso. O presidente do conselho tem um papel importante nesse ponto, procurando fazer com que o grupo seja produtivo, trabalhe bem em equipe, saiba discutir os assuntos, saiba lidar com diferenças de opiniões... Uma boa prática, por exemplo, é fazer o comitê relacionado ao tema levar diferentes perspectivas ao conselho: "Olha, nós somos seis aqui no comitê e sobre esse assunto tivemos três opiniões fortes X e outras três, diferentes: Y, Z e H." Já vi isso acontecer e é muito positivo. E também já vi o seguinte: foram levadas duas opiniões para o CA, que discutiu o assunto e depois decidiu por consenso, considerando mais informações apresentadas por outros conselheiros. Foi com medidas tão simples quanto essas que a polarização foi evitada.

PANACEIAS:* KIT BÁSICO PARA TODAS AS ROTAS

Embora possam ser empregadas técnicas para prevenir ou até mesmo resolver cada um dos vieses cognitivos — individuais ou de grupo — e as **disfuncionalidades** causadas por eles no desempenho dos conselhos, existem práticas capazes de mitigar vários dos problemas comportamentais ao mesmo tempo. São panaceias para todos os males comportamentais, que se tornam, portanto, ótimas companheiras de viagem, seja por terra, mar ou ar, quando se trata de navegar no ainda inexplorado mundo dos conselhos de administração.

---

* A palavra panaceia deriva da mitologia grega e se refere a um remédio para todos os males. Fora do contexto médico, o termo é frequentemente usado para se referir a algo que resolverá todos os problemas. Neste livro, a palavra panaceia não é usada como se as práticas e técnicas aqui discutidas pudessem solucionar todos os desafios comportamentais enfrentados pelos conselhos, mas como soluções multipropósito que podem ser aplicadas de modo geral nos diversos vieses apresentados anteriormente.

Diversidade e independência:

A **diversidade** e a renovação sistemática da composição do conselho de administração são fatores cruciais, pois minimizam a probabilidade de que o grupo de conselheiros se torne presa de vieses, miopias e **patologias**. Para que tenha qualidade, por si só, o processo decisório requer que haja diferentes visões e que elas sejam expressas com independência de consciência. Isso estimula o debate vigoroso em que os agentes, com experiências e competências variadas, têm a oportunidade de desafiar as proposições apresentadas ao conselho por perspectivas divergentes, afastando-se de um possível consenso inicial — mais sujeito aos vieses cognitivos.

Em relação à **diversidade**, vários especialistas[48, 49] destacam que, além dos atributos mais visíveis, como gênero, etnia e idade (a chamada **diversidade superficial**), é relevante que a composição do conselho abra espaço também para o que denominam de **diversidade profunda**, que se refere à heterogeneidade em relação à personalidade, backgrounds, atitudes, crenças e valores. Utilizando uma amostra de 385 empresas norueguesas, **Torchia**, **Calobrò** e **Morner** descobriram que "a **diversidade** profunda (...) impacta positiva e significativamente os conflitos cognitivos e a criatividade".[50] Em termos mais pragmáticos, como a composição dos conselhos, ainda é bastante homogênea.* Então, buscar a **diversidade** é ainda mais premente, nem que seja nos atributos mais visíveis, como afirma um entrevistado, defendendo a participação de conselheiros mais jovens na composição dos CAs. Na entrevista, ele se refere a uma situação em que conselheiros empreendedores partilham as decisões com jovens conselheiros indicados por fundos que investiram no empreendimento:

> Agora você trouxe outro ponto — o papel do jovem. Eu acho que um pouco do que a gente estava conversando aí é a importância no conselho de ter essa diversidade de visão mais holística, de

---

* O perfil típico dos conselheiros foi traçado no Capítulo 2.

você conseguir ter uma dimensão que não é a trivial, que não é a esperada de um conselheiro. Então, qual é o book que o analista leu? Ele leu o book do *compliance*, o book da análise de risco, o book de finanças. É aí que ele navega. O empreendedor é, de certa maneira, quase cego para aquilo que está fora do mundo dele. Ele acredita tanto no negócio que não dá para dizer que tem uma visão isenta. Mas esse é o papel dele; se analisar muito, talvez nem consiga empreender.

Então, o CA tem que ampliar a perspectiva da análise, mas como enriquecer os conselhos, como trazer integrantes que tenham o desprendimento tanto do *framework* financeiro e da análise de risco quanto do sonho do empreendedor? Aí, claro, o papel dos jovens pode ser muito forte. Quando digo isso, alguém sempre contra-argumenta que o jovem ainda não está maduro para ser conselheiro. Mas é justamente isto: não precisamos de mais maturidade, chega de maturidade, já tem muita nos conselhos. Seja a maturidade formal ou seja a maturidade do "jovem velho". É preciso que o jovem conselheiro seja conectado com o mundo, conectado com esses novos movimentos e possa levar essa visão rejuvenescida para o âmbito do conselho. Quer dizer que a imaturidade dele vai prevalecer? Não. Quer dizer que o jovem vai ampliar a visão do conselho, por exemplo, em relação à sustentabilidade, e também vai se posicionar com mais desprendimento da perspectiva tradicional e da visão dos fundadores do negócio.

Em relação à participação feminina, como já detalhado no **Capítulo 2**, é inegável que, desde 2003, quando a Noruega foi o país pioneiro na adoção de cotas para conselheiras, tem havido algum avanço quantitativo, mas, em termos qualitativos, o grupo majoritário — homens brancos, ex-CEOs e com idade entre 50 e 65 anos — continua a exercer pressão social para manter o status, como exemplificou uma conselheira norte--americana. Depois de uma longa e bem-sucedida carreira, chegou ao posto de CEO de uma empresa no setor de alta tecnologia e depois se tornou conselheira de administração. De início, por ser a única mulher naquele CA, o presidente do conselho (PCA) ignorava sistematicamente suas opiniões: "Era como se eu tivesse voltado à década de 1970, quando era a única engenheira eletrônica a trabalhar na companhia." Ou o PCA era avisado por alguém que havia "pulado" a vez dela, ou ela mesma tinha que se impor para expressar suas opiniões. Graças, no entanto, à pressão mais recente de alguns grandes investidores, a composição do conselho tornou-se mais diversificada, abrindo espaço para mais duas mulheres. É a própria entrevistada quem relata os benefícios obtidos:

> O conselho hoje é extraordinariamente diverso em gênero, etnia e idade, e vejo que ninguém mais impõe nada para nós. Pela primeira vez, eu vejo os benefícios de contar com diferentes pontos de vista ao redor da mesa. Agora somos três mulheres e, embora o PCA continue a ser o mesmo, ele não consegue mais nos ignorar. Observo que as mulheres tornam o processo decisório mais estruturado, nós tendemos a ser mais equilibradas em relação a riscos. Não somos capturadas pelo espírito do momento e, por isso, não nos deixamos levar por proposições temerárias. Não só em relação às mulheres, mas a diversidade realmente gera um processo decisório melhor; eu testemunhei isso na mudança da dinâmica na sala do conselho.

Ainda sobre a **diversidade** na composição dos conselhos de administração, um conselheiro norte-americano destaca que, mesmo nos Estados Unidos, onde os requisitos de governança para empresas, particularmente as listadas, são mais estritos, a tendência é ainda haver muita homogeneidade entre os conselheiros. Segundo **Herman Bulls**,* é dada preferência à formação generalista, quando, de fato, é a **diversidade** de

---

* Herman E. Bulls é vice-presidente do conselho da Jones Lang LaSalle (JLL) Americas, conselheiro da Cruz Vermelha nos Estados Unidos e atua em outros CAs norte-americanos. É engenheiro pela West Point e mestre em finanças por Harvard. Em entrevista à autora em 16/4/2015 na cidade de Washington, D. C., Estados Unidos.

expertises entre os conselheiros que possibilita soluções mais criativas e inovadoras, inclusive, de problemas nunca enfrentados antes pela organização, como o risco cibernético:

> Nos Estados Unidos, a regra ainda é o conselheiro generalista. Você não vê nos CAs muitos profissionais de RH, seguros ou TI ao lado dos especialistas em finanças, marketing e operações. Mas é a diversidade que pode ajudar a solucionar até mesmo um problema nunca enfrentado antes pela empresa. Em relação ao risco cibernético, por exemplo, um conselheiro da área de TI, mesmo que não seja expert na questão, é capaz de dar direcionamento na identificação de riscos potenciais e nas soluções. Não é obrigatório que se tenha um conselheiro oriundo de TI, o fundamental é que haja entre conselheiros um grau de diversidade amplo e profundo. Pode chegar o momento em que seja mais importante ter alguém de TI no CA; por enquanto, o crucial é ter diversidade.

Uma das maneiras mais eficientes para assegurar a ampliação da **diversidade** na composição dos conselhos de administração é renovar os quadros com mandatos mais curtos. **Fernando Carneiro*** considera que, além de trazer novas perspectivas para dentro da sala do conselho, a renovação lança um olhar sem vícios sobre os riscos e oportunidades e injeta novo vigor de governança: "Os mandatos mais curtos facilitam a presença cada vez mais forte de acionistas minoritários, que querem poder opinar de forma mais contundente sobre os destinos da empresa."

Para outro entrevistado, os mandatos mais curtos têm o poder até de evitar comportamentos nocivos, como o uso indevido de informações sigilosas em benefício próprio:

---

* Fernando Carneiro está à frente de práticas focadas em CEOs na América Latina e no Brasil e foi membro do conselho da Spencer Stuart Global. Reconhecido expert em governança corporativa, já conduziu diversas pesquisas e projetos de avaliação de conselhos para empresas brasileiras e multinacionais. Em entrevista à autora em 15/3/2016, na cidade de São Paulo.

Outra alegação que costuma ser dada contra o conselheiro mais jovem é que, por falta de maturidade, ele poderia quebrar o sigilo de informações estratégicas confidenciais da empresa. Eu vejo diferente e acho que é o caso de ousar um pouco mais na composição dos conselhos. Me vem à cabeça a figura do conselheiro "raposão". Normalmente, é um profissional com bastante tempo no conselho e que passa a usar a questão da confidencialidade em favor dele, na defesa de interesses oportunistas. Então, prefiro renovar com mais frequência o conselho e ter lá um jovem cometendo uma indiscrição inadvertida do que um "raposão" que sabe bem que está defendendo apenas os próprios interesses.

Independência:

Muito mais do que mera formalidade e uma entre as melhores práticas recomendadas pelos manuais de governança corporativa, a independência de conselheiros deve ser parte integrante do conjunto de valores exercido cotidianamente nos CAs. Um dos entrevistados enfatiza que, além da própria consciência em relação a isso, é fundamental também que essa independência do conselheiro seja percebida pelo grupo. Segundo seu relato, há casos — felizmente, mais raros — em que é o exercício imperativo da independência que assegura que o grupo de conselheiros se mantenha "fazendo a coisa certa":

> Eu sempre acreditei nesse conjunto de atitudes e valores, é inerente à minha vivência profissional desde quando entrei na faculdade aos 19 anos. Acho que o conselheiro deve ter, pelo menos, duas características. A primeira é encontrar canais em que consiga não ser o lutador solitário. Ele tem que contar com boas parcerias profissionais. Eu, por exemplo, quando vou me posicionar assertivamente contra ou a favor de uma proposição, procuro nunca surpreender ninguém no conselho. Meus pares são os primeiros a ser informados, mesmo que desagrade. E a segunda é a inde-

pendência acima de tudo. O profissional não pode depender da sua posição de conselheiro; se tiver que sair, isso não pode fazer diferença na vida dele. Então, talvez pareça meio arrogante, mas considero que é assim que deve ser: "Se eu tiver que sair antes do fim do meu mandato terminar, quando me perguntarem por que eu saí, vou ter toda a liberdade de explicar publicamente as razões." Aí o preço pode ser muito alto... e isso dá ao conselheiro uma margem para que possa se portar, não vou dizer de modo destemido; o fato é que o grupo fica mais motivado a continuar fazendo a coisa certa.

Avaliação do conselho:

Quando se trata de aprimorar o funcionamento do conselho de administração, a sistematização do processo de avaliação já comprovou ser uma excelente ferramenta. Mesmo assim, segue sendo subutilizada. Como apresentado no **Capítulo 4**, um dos resultados da pesquisa de **Guerra**, **Barros** e **Santos** revelou que 44% dos 340 conselheiros atuantes em 40 países afirmaram que seus CAs nunca realizam avaliações periódicas ou o fazem somente em intervalos de tempo superiores a três anos. A avaliação sistemática do CA é, no entanto, o recurso que mais bem captura as deficiências do grupo e individuais, tanto em relação aos vieses cognitivos quanto às próprias interações do grupo. Certamente é por isso que especialistas em governança do mundo todo consideram a avaliação do conselho uma das panaceias para todos os males — pelo menos como o passo inicial e primordial de um processo de melhoria. É a avaliação do CA feita de forma robusta que vai propiciar um ambiente mais saudável, em que haja respeito às diferenças e aos relacionamentos de confiança. Só assim é que são criadas as condições para que as informações sejam trocadas abertamente, possibilitando que o contraditório seja utilizado de forma madura e construtiva a fim de assegurar processos de decisão de qualidade. Essa é uma visão compartilhada pela maioria dos gurus da governança, como afirmou **Ira Millstein*** em entrevista:

---

* Ira Millstein, advogado corporativo e sócio sênior do escritório Weil, Gotshal &

Os conselhos devem ser encorajados a se autoavaliar para verificar se são compostos de pessoas com valores em sintonia com os da organização. Portanto, um ponto dessa avaliação deve ser se o conselheiro expressa claramente seus posicionamentos, quando algo lhe parece errado. Participa efetivamente das reuniões? Não quero conselheiros interessados em adicionar brilho aos seus currículos, não quero gente com propósitos decorativos. Quero quem realmente se preocupa com a empresa.

Por sua vez, sir **Adrian Cadbury*** assegura que, se tivesse que escolher uma única recomendação para dar em governança, seria justamente a de abrir espaço nos conselhos para o processo de avaliação, ocasionalmente contando com o suporte de um consultor externo:

Não é fácil dar uma única recomendação, mas, se tivesse que escolher apenas uma, eu diria que os conselhos têm que reservar tempo para se autoavaliar, estender essa avaliação ao trabalho coletivo do grupo. Uma maneira de fazer isso é propor a análise das últimas decisões em retrospectiva. Por exemplo: "Vocês tomaram a melhor decisão? Como foi o processo dessa decisão? Como chegaram a essa decisão? Há como melhorar esse processo decisório? E, nesse caso, como aprimorá-lo?" Minha recomendação é para que haja essa avaliação e, como ex-presidente de conselho, sugiro que, pelo menos em algumas ocasiões, esse processo de avaliação seja assistido por um consultor externo.

Manges, é um dos mais reconhecidos especialistas em governança corporativa dos Estados Unidos e liderou o comitê que redigiu os Princípios da OCDE — Organização para Cooperação e Desenvolvimento Econômico. Em entrevista à autora em 31/3/2014 na cidade de Nova York, EUA.

* Sir Adrian Cadbury (1929-2015) foi autor do Relatório Cadbury, que, em 1992, definiu os padrões de governança corporativa para o Reino Unido, além de presidente do conselho da Cadbury Schweppes. Em entrevista à autora em 4/12/2013 em sua residência na cidade de Dorridge, Reino Unido.

Os PCAs, que lideram o processo de avaliação de conselho, podem considerar as prioridades identificadas pelos 102 conselheiros que participaram da pesquisa de **Guerra** e **Santos**:[51]

Desempenho do CA: iniciativas críticas

	Muito importante	Importante	Pouco importante
Mudança dos que não desempenham	71%	28%	1%
Conjunto de conhecimento, experiência	63%	36%	1%
Avaliação CA	61%	37%	2%
Mais tempo para discussões	46%	48%	6%
Avaliação por terceiros	42%	41%	17%
Mais diversidade	42%	50%	8%
Mais interação com execs	42%	54%	4%
Avaliação de pares	36%	52%	12%
Renovação do CA	21%	56%	23%
Limite de anos no CA	15%	38%	47%
Limite de outras posições	14%	50%	36%
Limite de idade	3%	20%	77%

Gráfico 7.6: A importância das iniciativas para melhorar o desempenho do conselho. Fonte: Guerra e Santos (2017).

GURUS DE GOVERNANÇA RECOMENDAM:

1. Antes de se tornar conselheiro

Tomar a iniciativa de abrir o diálogo antes mesmo de aceitar se tornar conselheiro de uma empresa é uma valiosa medida preventiva para o profissional convidado a fazer parte de um CA, especialmente se for a primeira vez que atua nessa posição. Sendo assim, conversar antes com o presidente do conselho (PCA), com outros conselheiros, com o CEO e com o auditor pode ser muito revelador e instruir a decisão de aceitar ou não aquela cadeira. Nesse ponto, a conversa prévia com o PCA talvez seja a mais esclarecedora, pois é ele quem indicará como define o próprio papel e que tipo de desempenho é esperado do conselho — **protagonista** ou **coadjuvante**.* A adoção ou não de um processo sistemático de avaliação também é indicativo da disposição do CA de enfrentar continuamente suas deficiências e limitações e, claro, do grau de dificuldade de se tornar conselheiro naquela empresa. Na verdade, mais do que diálogos prévios, **Mervyn King**** recomenda que o futuro conselheiro realize uma *due diligence* de mão dupla:

> Se você me convidar para ser conselheiro, antes de aceitar, preciso contar com uma base intelectualmente honesta. Então, devo fazer uma *due diligence* na sua empresa. E se você tiver no CA um conselheiro com má reputação? O conselho é um colegiado, e a minha [reputação] também poderá ser atingida. Da mesma forma, o conselho deve fazer uma *due diligence* sobre mim, não apenas se tenho competências, boa reputação, experiência ou se já atuei em muitos outros conselhos. É uma *due diligence* de mão dupla. Se for ser um conselheiro independente, não se deve estar ligado a nenhum acionista majoritário, um grande fornecedor ou a uma grande consultoria. Esses testes prévios devem ser feitos, pois são muito úteis.

Por sua vez, **Robert Monks***** sugere que o futuro conselheiro converse previamente até que ele e a empresa cheguem a um acordo muito claro e bem-definido sobre o seu escopo de traba-

---

* Os conceitos de CA protagonista e CA coadjuvante foram abordados no Capítulo 4.

** Em entrevista à autora em 1/4/2014 na cidade de Nova York, EUA.

*** Robert Monks é cofundador do Institutional Shareholders Services e autor de livros, como Corpocracy e Watching The Watchers. Em entrevista à autora em 13/9/2013 em Pelican Hill, Newport Coast , Califórnia, EUA.

lho, autoridade e responsabilidades. Segundo ele, para que possa sempre agir com independência e de acordo com seus valores, o conselheiro deve se sentir antes estável na posição:

> Considero que o profissional deve contar com um acordo jurídico explicitando suas atribuições de conselheiro para que ele possa atuar com qualidade. Não é possível fazer parte do processo decisório enfrentando uma situação de dúvidas ou esclarecimentos insuficientes. Essa posição estável ele precisa conquistar antes de se sentar à mesa do conselho; depois, será tarde demais. O conselheiro tem que saber o que vai fazer, quanto tempo terá que investir na atividade e seu grau de autoridade e responsabilidades. A partir desse acordo, ele poderá atuar como um bom conselheiro.

Mas, além dessa avaliação prévia de aspectos do negócio e da governança da empresa, **Ira Millstein*** recomenda que o profissional, aspirante a conselheiro, se autoquestione sobre quais são seus mais verdadeiros interesses:

> Quando alguém me pergunta se deveria ou não fazer parte de um conselho, pergunto se a pessoa realmente gosta do negócio. Até mesmo no meu trabalho beneficente busco colocar pessoas nos conselhos que realmente gostem do que fazem. Por exemplo, se você vai fazer parte do conselho de uma faculdade de medicina ou de um hospital, é preciso que esteja interessado em saúde; se vai para o conselho de um parque ou de uma reserva, tem que ter interesse em preservação ambiental. Você não quer conselheiros que fiquem lá sentados em silêncio e façam tudo que é sugerido pelos executivos. Você quer que eles façam perguntas inteligentes, descubram como entender melhor o negócio, a comunidade e a missão da organização.

---

* Em entrevista à autora em 31/3/2014 na cidade de Nova York, EUA.

2. Já atuando como conselheiro

Além de manter sempre a abertura ao diálogo, ao se sentar à mesa do CA, o recurso mais valioso é a avaliação contínua — tanto individual quanto do conselho como grupo. É que o melhor desempenho do conselho e do conselheiro depende do estado de alerta para a identificação de qualquer fator que possa estar desviando o processo decisório "da coisa certa a fazer". Portanto, é essencial que o conselheiro se dedique a exercícios constantes de autocrítica e análise, em especial durante o período de avaliação do CA. Mesmo, porém, que a avaliação sistemática não seja uma ferramenta aplicada pela organização ao seu conselho, o conselheiro não deve se furtar à oportunidade de se autoavaliar. Alguns exercícios podem — e devem — ser realizados não só em relação às competências técnicas para o negócio, mas também quanto ao perfil comportamental. No que se refere, por exemplo, ao estilo individual de tomada de decisão, os pesquisadores **Thuraisingham** e **Lehmacher** recomendam o seguinte questionamento individual:

Ao longo do tempo, todos nós desenvolvemos um estilo para tomar decisões — um conjunto de hábitos que direciona como decidimos. Nós raramente recuamos para refletir sobre esse estilo. A melhor maneira é revisar periodicamente o próprio processo de tomada de decisões. Procure padrões, a lógica aplicada, a experiência usada como base, as consultas feitas e o encorajamento ao escrutínio dos outros. O que seu comportamento conta a respeito do seu estilo? Para isso, responda ao seguinte checklist:
- Com que frequência você exercita o pensamento de segunda ordem?*

---

* Thuraisingham e Lehmacher referem-se a pensamento de segunda ordem (antes da tomada de decisão) como "pensar a respeito do pensamento" em oposição a pensamento de primeira ordem, que se baseia naquilo que é apresentado. Exercitar o pensamento de segunda ordem é reconhecer que o processo decisório é impreciso e considerar importante o exame da forma de pensar. Thuraisingham e Lehmacher

- Suas soluções são bastante criativas?
- Você gasta muito tempo em questões menos relevantes?
- Tem a tendência de gravitar entre escolhas que, por fim, são conservadoras?
- Tem a tendência de avaliar mal os riscos?
- Tem a tendência de sacrificar o rigor em favor da velocidade?
- Você se sente no controle do processo decisório?
- Existe certo perfil de pessoa a quem você pede opinião e confia?[52]

Em grande parte, a qualidade do desempenho do conselho resulta de sua composição, modelo definido de funcionamento (**protagonista ou coadjuvante**) e do próprio perfil de atuação do presidente do CA. Por isso mesmo, é necessário abrir espaço para que os conselheiros avaliem periodicamente sua atuação, identificando pontos de melhoria e planejando as iniciativas que podem ser adotadas.

Ainda é bastante comum, no entanto, que alguns conselheiros argumentem que esse talvez não seja o melhor investimento do precioso tempo das reuniões do CAs. Os pesquisadores **Pick** e **Merchant** asseguram que "os benefícios das avaliações sistemáticas — e os perigos de não fazê-las — são enormes"[53] e sugerem alternativas para que, individualmente, o conselheiro consiga enfrentar até mesmo o conselho mais refratário às suas ideias:

- Além de representar voluntariamente o papel de **advogado do diabo**, é recomendável que o conselheiro, eventualmente, faça colocações de forma a nunca colocar em xeque a posição do PCA. **Pick** e **Merchant** recomendam até que as questões tenham a aparência de ingenuidade e demonstrem o "desejo de aprender mais", porque as respostas serão bastante informativas. Por exemplo: "Eu queria

---

afirmam que a adoção do pensamento de segunda ordem reflete a escolha consciente de questionar a forma de pensar mais profundamente, o que aprimora a qualidade da tomada de decisão.

que você me ajudasse a compreender por que a empresa X é nosso melhor alvo."

- Caso o conselho seja muito resistente às ideias inovadoras ou ao contraditório, os dois especialistas dão como sugestão as conversas prévias — fora da reunião do conselho — com o PCA ou com o CEO para que expliquem os pressupostos por trás de uma proposição específica.
- Uma opção é o conselheiro fazer questões com resposta aberta do tipo "Alguém entre nós já trabalhou antes com um cliente desse tipo?" ou "Para mim, essa situação é inusitada, e para vocês?". Segundo os dois especialistas, essa divergência "segura" é uma ferramenta crítica para a atuação individual dos conselheiros.
- Outra recomendação, por fim, é resistir à tentação de se isolar no CA, especialmente quando já existem alianças ou coalizões formadas. "Criar e cultivar vínculos com cada integrante do conselho é uma forma de estimular a necessária coesão social e de desestimular a coesão social inadequada."

Cultura ou caráter:

Como conjunto de valores, atitudes e comportamentos expressos nas operações e na relação com todos os seus *stakeholders*, a cultura organizacional — que **Mervyn King*** prefere chamar de caráter corporativo — é o que dá contexto para a atuação da empresa. Entre os papéis dos conselheiros está o de fomentar a cultura organizacional mais adequada para o desenvolvimento da estratégia adotada, mas sempre dentro dos valores e princípios que orientam a companhia.

Como argumentou **King** no início deste capítulo, é fundamental que o CA chegue a um consenso sobre o caráter da empresa. Ele esclarece que isso se deve ao fato de o CA tomar decisões coletivas, que terão de estar adequadas a esse caráter. Caso contrário, ele alerta, o negócio vai se deteriorar ou terá que ser feita a alteração de seu caráter.

---

* Em entrevista à autora em 1/4/2014 na cidade de Nova York, EUA.

Já para aqueles que vêm na palavra *compliance* a panaceia para os desvios de toda natureza — éticos ou de risco excessivo, ou até mesmo de práticas ineficientes —, outro alerta. Os mais eficazes processos de *compliance* e os mais capazes executivos colocados à frente dessa função — cada vez mais comum — têm sua atuação muito limitada quando a cultura ou o caráter corporativo não lhes oferece o necessário suporte. Sem dúvida, os mecanismos de *compliance*, liderados por uma função ou um órgão criado na empresa com esse objetivo, podem servir como elemento galvanizador do esforço de aderência às práticas alinhadas ao comportamento íntegro, além de, por exemplo, prevenir riscos excessivos. Mas não espere que isso baste. A expressão em inglês *tone at the top* (o tom da liderança) é o que faz toda a diferença, pois constrói a cultura desejada, modelando o comportamento sem que haja necessidade de vigilância excessiva. É dos líderes que emanam os comportamentos e as atitudes que serão replicados por todos. Afinal, qual é a área de *compliance* que será capaz de inibir comportamentos fraudulentos quando os líderes usam a propina como parte do seu modelo de negócio?

Além de ser alicerce para a administração diária dos desafios corporativos, é no enfrentamento das situações críticas que cresce a relevância de contar com uma cultura organizacional saudável, como advertiu sir **Winfried Bischoff**, chairman do **Financial Reporting Council**, do Reino Unido, em um relatório inteiramente dedicado ao papel dos conselhos em relação à cultura corporativa:

> Uma cultura saudável tanto protege quanto gera valor. Portanto, é importante manter foco contínuo na cultura em vez de esperar uma crise. Os comportamentos desviantes podem ser exacerbados quando a companhia fica sob pressão. Uma cultura forte resiste em momentos de estresse e mitiga o impacto. Isso é essencial para lidar eficazmente com os riscos e manter uma performance resiliente.[54]

Nesse mesmo documento,[55] as recomendações imprescindíveis são as seguintes:

- **Reconhecimento do valor da cultura** — Uma cultura corporativa saudável é um ativo valioso.
- **Modelagem pela liderança** — Em todos os aspectos e em todos os níveis do negócio, os líderes devem incorporar a cultura desejada.
- **Abertura e responsabilidade** — A boa governança envolve o respeito aos interesses de todos os *stakeholders*.
- **Integração e incorporação à prática** — Os valores da empresa devem ser praticados por todos os funcionários e fornecedores.
- **Avaliação, mensuração e engajamento** — O conselho deve dedicar recursos para avaliar a cultura organizacional e os pontos de melhoria.
- **Incentivos alinhados aos valores** — O sistema de recompensas deve apoiar e encorajar comportamentos coerentes com os valores.
- **Engajamento dos investidores** — Majoritários ou minoritários, os acionistas devem questionar os comportamentos que encorajam nos negócios.

CONSELHOS E CONSELHEIROS:
UM OLHAR PARA O FUTURO

Ao problematizar o contexto de administração das organizações e apresentar a abordagem comportamental como uma eficiente solução mitigadora das eventuais **disfuncionalidades** e **patologias** dos conselhos, este livro se propõe a dar suporte para que os CAs estejam mais bem equipados para os novos desafios que se delineiam no futuro. E tudo indica que, após a "imprevista" pandemia da **Covid-19**, os desafios futuros não serão pequenos. Dispor de uma cultura organizacional saudável é um dos meios mais eficazes para que as empresas consigam enfrentar — e superar — as incertezas vindouras.

Betania Tanure,* favorável a uma cultura fundamentada em abertura, confiança e disciplina, argumenta que a cultura organizacional e a liderança são dois lados da mesma moeda e que outra responsabilidade dos CAs é direcionar e promover continuamente a prática do conjunto de princípios e valores da empresa:

> Os líderes têm a responsabilidade de direcionar o fluxo natural da organização e isso vale para os conselheiros de administração. O CA deve fomentar e cultivar a saúde e a vitalidade da empresa, e a cultura tem um papel absolutamente essencial nisso. Se o fluxo está correto, a função do conselho é acelerar; se o fluxo não está adequado, sua reponsabilidade é mudar, transformar. Ao conselho, porém, cabe direcionar a cultura e não, operá-la. Ao CA cabe, sim, mobilizar o CEO e os executivos *C-level*, quando não atenderem a essa necessidade. É o corpo executivo que deve operar o processo de transformação, sempre que for necessário, mas assegurando que esteja alinhada às diretrizes do conselho de administração. Em tempos de incerteza, a cultura é também um importante redutor de ansiedade. Mas, para que isso se concretize, a liderança deve criar um ambiente de confiança, disciplina e abertura. Para mim, a cultura é a maior (des)vantagem competitiva sustentável da companhia, pois não pode ser copiada.

O que é essencial para o líder dar esse direcionamento à cultura organizacional?

---

* Betania Tanure, que foi diretora da Fundação Dom Cabral por quinze anos, é psicóloga, doutora em administração e especialista em cultura organizacional. Além de atuar hoje como consultora, tem também experiência como conselheira de administração. Em entrevista virtual à autora em 14/8/2020.

Se o conselheiro identifica que não tem determinados requisitos necessários, deve ter em mente que sempre é tempo de aprender, sempre é tempo de incluir competências. Uma das premissas que utilizo em meu trabalho é "ninguém é perfeito, mas uma equipe pode ser". Recomendo que o líder invista cada vez mais em autoconhecimento. Cada um deve reconhecer seus pontos "sol" e seus pontos "sombra" e buscar desenvolvê-los. É o autoconhecimento que vai permitir que os profissionais lidem melhor com os desafios empresariais e de gestão em um mundo recheado de incertezas, sejam eles membros do conselho, executivos ou ocupantes de qualquer outra posição na organização.

Como indicativo de que talvez o autoconhecimento seja realmente uma das mais amplas vias de aprimoramento organizacional, **José Ernesto Beni Bologna** avançou mais um passo. Como já mencionado neste capítulo, além de destacar o poder dos desejos — às vezes, desviantes das melhores decisões empresariais —, ele enumerou as três principais contribuições que a psicologia pode oferecer para que os líderes aprimorem a gestão de riscos nos negócios.

De acordo com **Bologna**, além de ter consciência da distância existente entre a razão e o desejo humanos, o líder precisa de sensibilidade moral e coragem política para denunciar desvios:

> As contribuições da psicologia para a gestão de risco em governança são três. A primeira é: observe que há um delta entre o que a pessoa fala e o que ela faz. Nós criamos um discurso racional, uma retórica que justifique nossos desejos. A segunda é denunciar a percepção desse delta e suas inferências. É papel do líder trazer para cima da mesa aquilo que está oculto. E a terceira contribuição se refere à forma de fazer essa denúncia. **Apesar de a questão ser brutal, o líder tem que tirá-la de baixo do tapete de uma maneira delicada, "política" na melhor acepção da palavra, para não gerar reações de defesa e proteção contra a brutalidade das palavras.**[56]

É esse líder, pronto para o diálogo franco e maduro, além de sensível ao valor da disseminação dessa cultura nas organizações, que será capaz de criar o ambiente de confiança imprescindível para o enfrentamento dos grandes desafios, que se apresentam aos conselhos de administração. Especialmente nesses tempos pós-pandemia da **Covid-19**, mais do que nunca, o futuro está sempre bem próximo e requer preparação imediata, porque boa parte dessas novas questões já estão delineadas e postas no horizonte, como as descritas a seguir.

Negócios em um novo mundo:

Identificar as mudanças trazidas por esse novo mundo, que chega até a ser incompreensível em um primeiro momento, é mais do que estar aberto à inovação, é liderá-la. O conhecimento e as vivências acumulados pelos conselheiros têm peso fundamental — até o presente momento — para que sejam capazes de exercer a difícil tarefa de decidir sempre em ambiente de incerteza. Mas, por ser baseado em premissas passadas, até quando esse conhecimento ainda será válido para enxergar esse novo mundo, onde o impensado tornou-se praticamente o normal? Mais do que nunca, encontrar os meios para viabilizar que as empresas contem com um colegiado diverso, aberto ao contraditório e amadurecido a pon-to de atuar como um time, parece ser um modelo muito mais propício para lidar com o desconhecido. Esse caminho, no entanto, requer tam-bém uma nova atitude dos conselheiros do futuro: é fundamental que eles se abram para vislumbrar que soluções e insights mais brilhantes poderão vir de quem jamais se suspeitaria.

Produtos e serviços para um novo ser humano:

A distância entre as gerações se alarga de forma assustadora e as trans-formações, que antes demoravam décadas, agora ocorrem em um par de anos. Já hoje, os conselheiros tomam decisões sobre produtos e serviços para clientes, que poderiam ser chamados de "mutantes", tão rápido é seu ciclo de mudança de hábitos de consumo. Além disso, esses mesmos produtos e serviços são desenvolvidos por funcionários com aspirações e motivações profissionais que pouco se assemelham às dos conselheiros, quando estavam na mesma faixa etária. As transformações políticas e sociais têm sido tão grandes e tão rápidas que deixam todos atônitos, parecendo indicar que os meios disponíveis para entender os desejos humanos já não os capturam mais. Entender esse novo ser humano para atender suas sempre novas necessidades será um dos crescentes desafios dos conselheiros.

A nova sociedade de *stakeholders* e a ênfase nas questões ESG

Inserido nesse novo mundo constituído por novos seres humanos, além de se dedicar ao desenvolvimento de uma cultura organizacional alicerçada na confiança, os conselheiros e executivos já não podem mais manter foco exclusivo nos sócios e nos acionistas, pois isso já não será suficiente para produzir valor — nem mesmo para essas partes interessadas financeiras. De agora em diante, é necessário buscar abertura para compreender as expectativas de todos os que estão em torno da empresa e obter, de fato e de direito, a licença social para operar: todos os *stakeholders* são parte constituinte do próprio tecido de que as organizações são formadas e nenhum deles deve ser desconsiderado. Para construir o futuro, ou se abarca a expectativa da sociedade e de todas as partes interessadas, ou nem as outras melhores práticas de governança serão capazes de se converter em um instrumento efetivo para o aprimoramento da qualidade da gestão, a longevidade da empresa e o bem comum.

A agenda **ESG** veio para ficar. Apesar da controvérsia narrada no **Capítulo 3** a respeito do real compromisso dos autores dos manifestos empresariais, parece improvável que haja retrocesso depois de declarações tão fortes. A mensagem foi clara: o modelo focado exclusivamente nos interesses dos acionistas não é mais apropriado à realidade do século XXI. Cada parte interessada (*stakeholder*) é essencial e foi assumido o compromisso de entregar valor a todas elas. As experiências já vividas no mundo pós-**Covid-19** destacam a necessidade urgente da atenção devida aos fatores **ESG**.

Assim, para a sustentabilidade dos negócios, é mais adequado avançar e estabelecer um amplo diálogo com esses públicos, antes que suas demandas apareçam nas salas da diretoria como mais uma crise a ser administrada. Os conselheiros precisam buscar uma visão direta das preocupações e expectativas dos *stakeholders* e, para conseguir isso, têm que sair da sala de reuniões para visitar operações, clientes e comunidades com os quais a companhia opera. E devem fazer isso cuidadosamente para não interferir na gestão, buscando uma linha direta com as partes interessadas.

Paula Rosput Reynolds* afirma que as questões de "**ESG** são muito reais e os investidores querem que os conselhos lidem melhor com elas". Para o desenvolvimento dessa agenda de ESG, ela destaca a importância da qualidade do diálogo entre o CA e os executivos e entre o CA e os investidores, uma atividade que ela, como SID, realiza regularmente com os investidores.

Com base em sua tripla experiência, como conselheira de empresas listadas, como investidora institucional durante décadas e como ex-PCA do conselho do Global Reporting Initiative (GRI), **Christianna Wood**** relata que os conselhos estão investindo cada vez mais tempo para debater questão não financeira, como riscos cibernéticos; *compliance*; gestão de riscos; códigos de ética e segurança no trabalho; entre outros. É nesse contexto que os padrões globais do GRI são um mecanismo facilitador

---

* Paula Rosput Reynolds é conselheira independente da BP e conselheira não executiva da BAE Systems plc e da General Electric. Foi PCA, presidente e CEO da Safeco Corporation, uma empresa integrante do ranking da Fortune 500. Em entrevista concedida à autora em 11/8/2020 em uma sala de reuniões virtual na internet.

** Christianna Wood foi também presidente do conselho do International Corporate Governance Network (ICGN), organização internacional liderada por investidores institucionais, que geram US$ 59 trilhões de ativos. Ela tem mais de 25 anos de experiência na área de gestão de investimentos.

do desempenho dos conselheiros, pois ampliam seu escopo de visão para além dos resultados financeiros.

Ao utilizar padrões como GRI, **Sustainability Accounting Standards Board** (SASB) e **Task Force on Climate-related Financial Disclosures** (TCFD), como parte dos relatórios sobre os impactos causados nas frentes ambiental e social para oferecer uma visão estruturada de todos os demais aspectos do negócio, as organizações ampliam a transparência de suas iniciativas. É assim que são capazes de antecipar e gerenciar riscos em todas as dimensões que, gradualmente, estão conquistando o interesse de seus diversos *stakeholders* e, dessa forma, gerar valor. O problema é que os conselhos nem sempre têm repertório para compreender e debater em profundidade o impacto das atividades da companhia na sociedade e no ambiente, particularmente em relação à **mudança climática.**

Por causa disso, o **World Economic Forum** (WEF) divulgou um conjunto de oito princípios para apoiar os conselhos no direcionamento de suas empresas para uma estratégia efetiva de transição ambiental. O **Climate Governance Initiative Principles**[57] define um abrangente e ambicioso padrão para que os conselheiros enderecem os principais riscos enfrentados pela sociedade. O objetivo da iniciativa é apoiar os conselheiros no aprofundamento da conscientização em relação às implicações da mudança climática nos negócios e capacitá-los com as competências necessárias para navegar diante desse complexo desafio.

A era da transparência radical e as novas tecnologias:

A tarefa de manter esse diálogo com os *stakeholders* pode ter sido muito facilitada pela revolução vivida nas últimas décadas na tecnologia de informação e nas comunicações. Por outro lado, essa mesma facilidade tem trazido uma nova dimensão para um dos princípios fundamentais da boa governança: a transparência. Como afirmou **Christianna Wood**, conselheira e ex-presidente do conselho de administração do GRI, a transparência é hoje radical.

> Nós vivemos em um mundo de transparência radical. Com as midias sociais, as organizações não têm como escolher se vão ser transparentes. É apenas uma questão de quando e quem vai trazer à tona as más práticas.[58]

Esse novo grau de exposição midiática impõe um grande desafio aos conselheiros, já que as empresas estão em tempo real e durante 24 horas sob escrutínio público. Tudo isso, amplificado pelas "curtidas" dos navegadores das mídias sociais, tem o poder de transformar um deslize menor em "viral" na internet, como são chamados os fatos que ganham enorme notoriedade, gerando milhares — ou até milhões — de visualizações.

Diante desse tipo de fenômeno, o julgamento popular costuma ser emocionado e desprovido de qualquer parâmetro técnico ou até mesmo de qualquer ponderação sobre a relevância do fato naquele contexto em particular. Essa nova realidade exige dos conselhos a reconscientização sobre sua responsabilidade (**accountability**) — em relação a vários fatores, que antes não recebiam muita atenção dos CAs.

Pensamento integrado e criação de valor continuada:

É a partir desse contexto de transparência e de sociedade de *stakeholders* que surgiu a proposta da organização internacional do Relato Integrado (RI),[59] o **International Integrated Reporting Council** (IIRC): uma evolução dos relatórios corporativos tradicionais, já que sua própria estrutura propicia que a companhia comunique a todos os seus *stakeholders* sua estratégia, sua governança, seu desempenho e suas perspectivas para criar valor em curto, médio e longo prazos de forma mais eficiente, interconectada, concisa e inteligível.

Entre as organizações que já adotaram o RI, os benefícios são tangíveis e vão bem além da comunicação objetiva e transparente ante a sociedade, pois o processo de execução por si só permite um melhor entendimento dos fatores que afetam materialmente a capacidade de geração de valor ao longo do tempo. É isso o que promove ganhos de desempenho como um todo e até mudanças comportamentais. Em sua entrevista, **sir Adrian Cadbury*** destacou que o RI tem sido um estímulo para que as empresas recuperem seu senso de propósito:

> O que é preciso ser feito — e é aqui que entram os governos e os conselhos — é trazer as empresas de volta a um senso de propósito, onde elas estão na sociedade e o que é esperado delas. Considero que o trabalho que você está fazendo com o Relato Integrado** é muito útil nesse sentido, porque leva em conta as relações humanas de um modo fundamental para os CAs — não para todos, porque alguns realizam um ótimo trabalho —, mas, de qualquer forma, todos os conselhos precisam ter um foco mais amplo, e isso é proposto pelo RI com sua visão integrada sobre como o negócio opera, e também sobre seus impactos nas pessoas, na comunidade e no ambiente.

Mervyn King,*** presidente emérito do conselho do IIRC, lembra que, desde a Grande Depressão, na década de 1930, os relatórios corporativos mantinham tradicionalmente seu foco apenas nas questões contábil-financeiras, incluindo outras dimensões do negócio somente quando há obrigações regulatórias a cumprir. Segundo ele, a execução desses documentos é exaustiva e burocrática, gerando muitas vezes um grande volume de informações incompreensíveis e, eventualmente, até inúteis.

Além disso, conforme as organizações foram se tornando multinacionais, o grau de complexidade se multiplicou, já que cada país ou bloco econômico tem seus próprios padrões e exigências — alguns bastante

---

* Sir Adrian Cadbury (1929-2015) em entrevista à autora em 4/12/2013 em sua residência na cidade de Dorridge, Reino Unido.

** Na ocasião dessa entrevista, a autora era membro do Council do IIRC e estava no Reino Unido justamente para a reunião, que aprovou a Estrutura Conceitual do Relato Integrado.

*** Em entrevista à autora em 1/4/2014 na cidade de Nova York, EUA.

específicos. **King** destaca que um dos benefícios do RI é informar e prestar contas também às pessoas comuns, já que os principais mercados de ações em todo o mundo não são mais formados por famílias bilionárias, mas por investidores institucionais, cujos ativos derivam da poupança ou da previdência de indivíduos. Para ele, isso significa que, "em última instância, o dinheiro investido em ações é das pessoas que andam nas ruas de São Paulo, Nova York, Tóquio, Londres".

Para explicar os benefícios do RI gerado para as próprias empresas, o chairman emérito do IIRC retoma aqui sua visão do CA como uma mente coletiva:

> O Relato Integrado conta a história da empresa de forma compreensível e interconectada, possibilitando que os conselheiros extraiam de lá informações concretas. Pelo RI, o CA identifica os recursos utilizados, os capitais, as implementações da gestão e a relação mantida com os diferentes *stakeholders*, compreendendo necessidades, interesses e expectativas mais legítimas. Mais informados e mais alinhados com a gestão, logicamente, aprimoram a contribuição para o desenvolvimento da estratégia de curto e longo prazos, gerando valor continuado e sustentável. O Relato Integrado propicia que os conselheiros consolidem sua mente coletiva e mantenham uma agenda de relacionamento com todos os *stakeholders* da empresa.

Para **Paul Druckman**,* que foi o primeiro CEO do IIRC e liderou o desenvolvimento do *framework* do Relato Integrado, é justamente esse pensamento integrado que permite identificar a interconexão entre as diversas unidades operacionais e funcionais do negócio, o uso de capitais de diferentes origens, bem como todos os demais fatores que afetam a capacidade de gerar valor ao longo do tempo. É essa visão ampla e es-

---

* Paul Druckman foi CEO do IIRC desde sua fundação até outubro de 2016. O *framework* do Relato Integrado foi lançado em 2013.

truturada que tem o potencial para conduzir o processo decisório a um horizonte de mais longo prazo — em vez de manter o foco da estratégia do negócio nos resultados financeiros de curto prazo.

De acordo com Druckman, um número crescente de organizações em todo o mundo está adotando um modelo de governança mais inclusivo e integrado, priorizando a comunicação com os *stakeholders*. O objetivo é atrair investidores mais diversificados e de longo prazo, aprimorar a gestão de riscos e cortar custos. Ele considera o RI algo fundamental para a governança das organizações e da economia no século XXI:

> Debater como o nosso sistema cria e distribui riqueza e recursos é uma questão crítica que deve ser endereçada com urgência. Nossa contribuição para esse debate é a estrutura do RI, que incorpora a filosofia dos seis capitais: financeiro, produtivo, humano, social, intelectual e natural. Se as economias, os negócios e os investidores ampliarem a sua base de capital, investindo nas pessoas, nas ideias e na proteção da sociedade, o ambiente também será priorizado e, havendo consistência nisso, a performance financeira será sustentável. (...) Em resumo, o RI contribui para a estabilidade financeira e para o desenvolvimento sustentável. Essa agenda também é buscada por organizações globais como a **Coalition for Inclusive Capitalism** e a **Focusing Capital on the Long Term**, além de órgãos regulatórios do Reino Unido como o **UK's Financial Reporting Council**, que tem chamado a atenção dos conselhos de administração para que incorporem a cultura do sucesso dos negócios com visão de longo prazo.[60]

O imperativo de gerar valor sustentável em longo prazo

Esse "admirável mundo novo", que já se descortina, vai requerer um repertório totalmente novo do conselheiro. O jeito de fazer de ontem já não se aplica mais ao presente e ao futuro, pois a visão do que é sucesso para as empresas nesse novo mundo está em profunda transformação. Gradativamente, mas cada vez mais depressa, vão deixar de ter relevância e impacto os conselhos que procuram se enfeitar com "medalhões", aqueles velhos conselheiros com ar superior, superconfiantes em seu conhecimento e experiência, centrados nas suas próprias ideias e pouco afeitos a ouvir. Esses têm sobrevida curta.

O novo perfil do conselheiro é aquele que faz parte do time, pois sabe que não joga sozinho. Ele é capaz de construir um vasto repertório de habilidades e competências centradas nos relacionamentos, tendo como objetivo a criação de valor em grupo. Seu profundo conhecimento e sua vivência só passam a fazer sentido como parte desse conjunto de "ativos comportamentais", ajudando a moldar um ambiente de confiança e cooperação. É com esses ativos que o conselheiro estará permeável aos novos conhecimentos e alerta à **disrupção** que passa a ser o novo normal.

Navegar com habilidade na dimensão comportamental passará a ser assim uma competência essencial, não só desse novo conselheiro, mas também de todos aqueles que interagem com os conselhos de administração — sejam gestores, consultores ou até mesmo *stakeholders* relevantes. Todos os atores do processo decisório corporativo precisam incorporar esse novo conhecimento e renovar as competências que vinham consolidando.

A expectativa é que este livro tenha sido um primeiro passo, apresentando os roteiros, mapas e equipamentos para você empreender a jornada por esse admirável mundo novo. E que, com esses novos recursos, sua atuação — dentro ou fora dos conselhos — conduza à verdadeira diferença na boa governança.

Se são os desejos que realmente governam o mundo, como já afirmado neste capítulo final, o meu é que, com esta bússola comportamental, você descubra esse novo mundo e inaugure uma nova fase na qual a criação de valor é para todas as pessoas e o destino, de todos nós.

A autora

Uma das precursoras de governança corporativa no Brasil, Sandra Guerra tem atuado como conselheira e presidente de conselhos de administração desde 1995. Sua experiência reúne atuação em conselhos de empresas listadas, fechadas, de controle familiar, de controle estatal, além de organizações sem fins lucrativos no Brasil e no exterior. Com mais de 25 anos de vivência em governança corporativa, ela integrou o grupo de fundadores do **Instituto Brasileiro de Governança Corporativa (IBGC)**, onde foi a presidente do conselho da entidade de 2012 a 2016. Foi também conselheira da **International Corporate Governance Network (ICGN)** por duas vezes e, além disso, integrou o conselho do **Global Reporting Initiative** (GRI), de 2017 a 2019. Desde o mestrado em Administração de Empresas pela **FEA-USP** (2009), seu foco de pesquisa tem sido o conselho de administração. Certificada como **Conselheira de Administração pelo IBGC** e como **Mediadora pelo CEDR — Centre for Effective Dispute Resolution** (Reino Unido), Sandra é sócia-diretora da **Better Governance**, consultoria em governança corporativa com foco em conselhos. Em 2017, publicou o livro *A caixa-preta da governança: conselhos de administração revelados por quem vive dentro deles*, que, em 2021, chegou à quarta edição brasileira (revista, atualizada e ampliada) e teve sua primeira edição em inglês, *The Black Box of Governance*, publicada em 2021 pela Routledge.

Bibliografia e sites de referência

ALIGHIERI, Dante. **A divina comédia**. Canto III do Inferno. Disponível em: <https://www.jfklibrary.org/Research/Research-Aids/Ready--Reference/JFK-Fast-Facts/Dante.aspx>. Acesso em: 12 fev. 2021.

ARNOTT, David. **A taxonomy of decision biases**. Monash University, School of Information Management and Systems, Caulfield, 1998. Disponível em: <https://www.semanticscholar.org/paper/A--Taxonomy-of-Decision-Biases-Arnott/c58cca5c8e8774eb5b17a-c3159914d1f1357a014>. Acesso em: 12 fev. 2021.

_____. Cognitive biases and decision support systems development: a design science approach. **Information Systems Journal**, v. 16, n. 1, p. 55-78, 2006. Disponível em: <https://www.researchgate.net/publication/220356732_Cognitive_biases_and_decision_sup-port_systems_development_A_design_science_approach>. Acesso em: 12 fev. 2021.

ARNOTT, David; PERVAN, Graham. A Critical Analysis of Decision Support Systems Research Revisited: the Rise of Design Science. 4. ed. **Journal of Information Technology**, London: Palgrave Macmillan, v. 29, p. 269-293, 2014.

ASCH, Solomon E. **Effects of group pressure upon the modification and distortion of judgments**. Pittsburgh: Carnegie Press, 1951.

BALESTRIN, Alsones. Uma análise da contribuição de Herbert Simon para as teorias organizacionais. **Revista Eletrônica de Administração** (REAd), Escola de Administração: Universidade Federal do Rio Grande do Sul, UFRGS, v. 8, 2002. Disponível em: <http://seer.ufrgs.br/index.php/read/article/view/44111>. Acesso em: 12 fev. 2021.

BARROS, Lucas A. Vieses Gerenciais e o Conselho de Administração. **IV Curso Avançado de Conselheiro de Administração**. IBGC, jun. 2010.

BARROS, Lucas A.; SILVEIRA, Alexandre Di Miceli da. Excesso de Confiança, Otimismo Gerencial e os Determinantes da Estrutura de Capital. **Revista Brasileira de Finanças**, v. 6, n. 3, 2008.

BAYSINGER, Barry; HOSKISSON, Robert E. The Composition of Boards of Directors and Strategic Control: Effects on Corporate Strategy. **The Academy of Management Review**, v. 15, n.1, p. 72-87, 1990.

BEBCHUK, Lucian A.; TALLARITA, Roberto. The Illusory Promise of Stakeholder Governance. **Cornell Law Review**, v. 106, p. 91-178, 2020. Disponível em: <https://papers.ssrn.com/sol3/papers.cfm?abstract_id=3544978>. Acesso em: 22 fev. 2021.

BECHT, Marco; BOLTON, Patrick; RÖELL, Ailsa. Corporate Governance and Control. **ECGI — Finance Working Paper**, n. 2, p. 1-128, 2002. Disponível em: <https://papers.ssrn.com/sol3/papers.cfm?abstract_id=343461>. Acesso em: 22 fev. 2021.

BETTER GOVERNANCE. **Conselheiros**: dedicação de tempo dentro e fora das salas de conselho. Pesquisa sobre conselhos de administração e consultivos, publicada em jun. 2020. Disponível em: <https://bettergovernance.com.br/2020-06-01-Conselheiros_Pesquisa_Dedicacao_de_Tempo.pdf>. Acesso em: 22 fev. 2021.

BLACK, Bernard; CARVALHO, Antônio Gledson de; KHANNA, Vikramaditya; KIM, Woochan; YURTOGLU, Burcin. Which Aspects of Corporate Governance Matter in Emerging Markets: Evidence from Brazil, India, Korea, and Turkey. **ECGI — Finance Working Paper n. 566/2018, University of Michigan Law & Econ Research Paper**, p. 1-50, Abr. 2015. Disponível em: <http://ssrn.com/abstract=2601107>. Acesso em: 2 fev. 2021.

BOND, Samuel D.; CARLSON, Kurt A.; KEENEY, Ralph L. Generating objectives: Can decision makers articulate what they want? **Management Science**, v. 54, n. 1, p. 56-70, 2008.

BRANCATO, Carolyn K. **Institutional investors and corporate governance**: best practices for increasing corporate value. Chicago: Irwin Professional Pub, p. xi—xxii, 1996.

BRULL, Thomas. The Caspian Sea Housing Company: the role of board member in a two family business. 1. ed. *In:* BRISSET, Leslie; SHER, Mannie; SMITH, Tanzi (ed.). **Dynamics at boardroom level**. London: Routledge, p. 171-176, 2020.

BUSINESS ROUNDTABLE. **Statement on Corporate Governance** em set. 1997 *apud* BEBCHUK, Lucian A.; TALLARITA, Roberto. **The Illusory Promise of Stakeholder Governance**, 26 Fev. 2020 em Cornell Law Review, Dez. 2020. Disponível em: SSRN: <https://papers.ssrn.com/sol3/papers.cfm?abstract_id=3544978>. Acesso em: 22 fev. 2021.

_____. **Statement on the Purpose of a Corporation**. Publicada em Ago. 2019. Disponível em: <https://opportunity.businessroundtable.org/ourcommitment/>. Acesso em: 22 fev. 2021.

CADBURY, Adrian. **Corporate Governance and Chairmanship**. A Personal View. 1. ed. Oxford: Oxford University Press, 2002.

CADBURY, Adrian; MILLSTEIN, Ira. The new agenda for ICGN. **International Corporate Governance Network**, Discussion Paper n. 1 for the ICGN 10th Anniversary Conference. Londres: jul. 2005. Disponível em: <http://www.icgn.org/conferences/2005/documents/cadbury_millstein.pdf>. Acesso em: 22 fev. 2021.

CAPITAL ABERTO. **Anuário de Governança Corporativa das Companhias Abertas 2019-2020**: As práticas adotadas pelas empresas com ações mais negociadas na B3. Capital Aberto, 11. ed. São Paulo: Capital Aberto, 2020. Disponível em: <https://capitalaberto.com.br/edicoes/especial/anuario-2019-2020/>. Acesso em: 22 fev. 2021.

CARTER, Colin B.; LORSCH, Jay W. **Back to the drawing board**. Designing Corporate Boards for a Complex World. Boston: Harvard Businnes School Press, 2004.

CATALYST. **Why Diversity and Inclusion Matter**: Quick Take, publicado em 24 Jun. 2020. Disponível em: <https://www.catalyst.org/research/why-diversity-and-inclusion-matter/>. Acesso em: 22 fev. 2021.

_____. **Women on Corporate Boards**: Quick Take, publicado em 13 Mar. 2020. Disponível em: <https://www.catalyst.org/research/women-on-corporate-boards/>. Acesso em: 22 fev. 2021.

CEDR — EFFECTIVE DISPUTE RESOLUTION; IFC — INTERNA-
TIONAL FINANCE CORPORATION. **Managing Conflicts and
Difficult Conversations on the Board**. Interactive Training.
Background Reading Material, 2015. Disponível em: <https://
www.ifc.org/wps/wcm/connect/4d816348-7c63-48ba-95a2-
849574020d0a/Boardroom_Disputes_Practical_Guide_for_Directors.
pdf?MOD=AJPERES&CVID=kHGE9QV>. Acesso em: 17 de fev. 2021.

CHABRIS, Christopher; SIMONS, Daniel. **The invisible gorilla: And
other ways our intuitions deceive us**. 1. ed. Nova York: Broadway
Books, 2011. Vídeo disponível em: <http://www.theinvisiblegorilla.
com/videos.html>. Acesso em: 22 fev. 2021.

CHARAN, Ram. Introduction: Advancing the practice of corporate governance. In: **Boards that deliver: Advancing corporate governance
from compliance to competitive advantage**. 1. ed. São Francisco:
Jossey-Bass, a John Willey & Sons Imprint, p. ix-xiii, 2005.

_____. **Owning up:** The 14 questions every board member needs to
ask. John Wiley & Sons, 2009. Localização: 2507, 2514, 2522 de 3040,
2009. Disponível em: <https://www.wiley.com/en-us/Owning+U
p%3A+The+14+Questions+Every+Board+Member+Needs+to+Ask-
-p-9780470397671>. Acesso em: 22 fev. 2021. Edição digital.

CLARKE, Thomas. **Internacional corporate governance**: A corporative
approach. 2. ed. Nova York: Routledge, 2017.

COLLAMER, Nancy; AVENUE, Next. How to get on a board of directors.
Forbes, publicado em 11 Set. 2017. Disponível em: <https://www.
forbes.com/sites/nextavenue/2017/09/11/how-to-get-on-a-board-of-
-directors/#31bd99a51d56>. Acesso em: 22 fev. 2021.

COUTU, Diane. Why teams don't work. An interview with J Richard
Hackman. *In:* **HBR's 10 Must Reads on Teams**. Boston: Harvard
Business School Publishing Corporation, p. 21-34, 2013.

DA SILVEIRA, Alexandre Di Miceli. Corporate Scandals of the 21st Century: Limitations of Mainstream Corporate Governance Literature
and the Need for a New Behavioral Approach. **Science Research
Network**, Nov. 2015. Disponível em: <https://papers.ssrn.com/sol3/
papers.cfm?abstract_id=2181705>. Acesso em: 22 fev. 2021.

DABROWSKI, Wojtek. How companies can keep CEO behavior in check. **Havard Business Review**, 11 Mar. 2020. Disponível em: <https://hbr.org/2020/03/how-companies-can-keep-ceo-behavior-in-check>. Acesso em: 22 fev. 2021.

DARLEY, John M.; BATSON, C. Daniel. From Jerusalem to Jericho: A study of situational and dispositional variables in helping behavior. **Journal of Personality and Social Psychology**, v. 27, n. 1, 1973. Disponível em: <https://psycnet.apa.org/record/1973-31215-001>. Acesso em: 12 fev. 2021.

DEHAAS, Deb; AKUTAGAWA, Linda; SPRIGGS, Skip. Missing pieces report: The 2018 board diversity census of women and minorities on fortune 500 boards. **Harvard Law School Forum for Corporate Governance**. Publicado em 5 Fev. 2019. Disponível em: <https://corpgov.law.harvard.edu/2019/02/05/missing-pieces-report--the-2018-board-diversity-census-of-women-and-minorities-on--fortune-500-boards/#:~:text=In%20the%202018%20census%2C%20representation,%20held%20by%20women%20and%20minorities>. Acesso em: 22 fev. 2021.

DELOITTE. **Covid-19 and the board**: A chair's point of view. Disponível em: <https://www2.deloitte.com/global/en/pages/about-deloitte/articles/covid-19/covid-19-and-the-board-a-chairs-point-of-view.html>. Acesso em: 22 fev. 2021.

_____. **Data-driven change**. Women in the boardroom. A global perspective. 6. ed., 2019. Disponível em: <https://www2.deloitte.com/global/en/pages/risk/articles/women-in-the-boardroom-global--perspective.html>. Acesso em: 22 fev. 2021.

_____. **EMEA 360 boardroom survey: Agenda priorities across the region** — study carried out with 271 directors from 20 countries in Europe, the Middle East and Africa, Jun. 2016. Disponível em: <https://www2.deloitte.com/content/dam/Deloitte/ch/Documents/audit/ch-en-emea-360-boardroom-survey-agenda-intercative.pdf>. Acesso em: 5 fev. 2021.

_____ . **In the throes of a dual-front crisis**. Establishing the road to a global consumer recovery. Disponível em: <https://www2.deloitte.com/us/en/insights/industry/retail-distribution/consumer-behavior-trends-state-of-the-consumer-tracker/covid-19-recovery/04-29-2020.html>. Acesso em: 22 fev. 2021.

_____ . **The state of the deal**: M&A trends 2020. Disponível em: <https://www2.deloitte.com/us/en/pages/mergers-and-acquisitions/articles/m-a-trends-report.html>. Acesso em: 22 fev. 2021.

DRUCKMAN, Paul. We have made history together — thank you! **Integrated Reporting**. 27 Out, 2016. Disponível em: <https://integratedreporting.org/news/we-have-made-history-together-thank-you/>. Acesso em: 17 fev. 2021.

FRC — FINANCIAL REPORTING COUNCIL. **Corporate Culture and The Role of Boards Report Of Observations**, Jul. de 2016. Disponível em: <https://www.frc.org.uk/Our-Work/Publications/Corporate-Governance/Corporate-Culture-and-the-Role-of-Boards-Report-o.pdf>. Acesso em: 17 fev. 2021.

FINK, Larry. A Fundamental Reshaping of Finance. **BlackRock**. Disponível em: <https://www.blackrock.com/corporate/investor-relations/larry-fink-ceo-letter>. Acesso em: 22 fev. 2021.

FORBES, Daniel P.; MILLIKEN, Frances J. Cognition and corporate governance: Understanding boards of directors as strategic decision-making groups. **Academy of management review**, v. 24, n. 3, p. 489-505, 1999.

FRENTROP, Paul. **A history of corporate governance**: 1602-2002. Amsterdam: Deminor, 2003, 480p.

FRISCH, Bob. When Teams Can't Decide. **Harvard Business School Publishing Corporation**, Nov. 2008. Disponível em: <https://hbr.org/2008/11/when-teams-cant-decide>. Acesso em: 17 fev. 2021.

FULLER, Joseph B.; MICHAEL, C. Jensen. What's a director to do? *In:* HELLER, Robert; BROWN, Tom (ed.). **Best Practice**: Ideas and Insights from the World's Foremost Business Thinkers. Nova York: Basic Books, 2003. p. 243-250.

GERSICK, Connie J. G.; HACKMAN, J. Richard. Habitual routines in task-performing groups. **Organizational behavior and human decision processes**, v. 47, n. 1, p. 65 - 97, 1990.

GUERRA, Sandra. Governança Corporativa e Criação de Valor. **Criação de Valor da Associação Brasileira de Companhias Abertas (ABRASCA)**, out. 2013.

_____. Melhor não descuidar. As conquistas alcançadas em governança não eliminam os riscos de retrocesso. **Capital Aberto**, nov. 2007.

_____. **Os papéis do CA em empresas listadas no Brasil**. Dissertação (Mestrado em Administração) — Faculdade de Economia, Administração e Contabilidade FEA/USP, São Paulo. Disponível em: <https://teses.usp.br/teses/disponiveis/12/12139/tde-11092009-141955/pt-br.php>. Acesso em: 22 fev. 2021.

GUERRA, Sandra; BARROS, Lucas A.; Santos, Rafael L. **Decision-making in boards of directors**: The roles of meeting dynamics and choice architecture. Projeto de Pesquisa. 2020.

GUERRA, Sandra; SANTOS, Rafael Liza. Headaches, Concerns and Regrets: What does the experience of 102 Brazilian directors tell us? **Private Sector Opinion**. Washington, DC: IFC. 2017. Disponível em: <https://www.ifc.org/wps/wcm/connect/topics_ext_content/ifc_external_corporate_site/ifc+cg/resources/private+sector+opinion/headaches%2C+concerns%2C+and+regrets+-+what+does+the+experience+of+102+brazilian+directors+tell+us>. Acesso em: 17 fev. 2021.

HARPER, John. **Chairing the Board**: A Practical Guide to Activities and Responsibilities by Institute of Directors. Londres: Kogan Page, 2010.

HARRISON, David A.; PRICE, Kenneth H.; BELL, Myrtle P. Beyond relational demography: Time and the effects of surface-and deep-level diversity on work group cohesion. **Academy of management journal**, v. 41, n. 1, p. 96-107, 1998.

HENLEY BUSINESS SCHOOL; ALVAREZ & MARSAL. Boards in Challenging Times: Extraordinary disruptions leading through complex and discontinuous challenges. **Joint Research Programme on Board Leadership**. Reino Unido, 2015. Disponível em: <http://www.alvare-

zandmarsal.com/sites/default/files/am_boards_in_challenging_times_research.pdf>. Acesso em: 6 fev. 2021.

HUSE, Morten. **Boards, governance and value creation**: The human side of corporate governance. Cambridge: Cambridge University Press, 2007.

IBGE — INSTITUTO BRASILEIRO DE GEOGRAFIA E ESTATÍSTICA. Síntese de indicadores sociais. Uma análise das condições de vida da população brasileira, 2017. **Estudos & pesquisas. Informação demográfica e socioeconômica n. 35**. Disponível em: <https://biblioteca.ibge.gov.br/visualizacao/livros/liv101459.pdf>. Acesso em: 22 fev. 2021.

IBGC — INSTITUTO BRASILEIRO DE GOVERNANÇA CORPORATIVA. **Anais do XVII Congresso do IBGC**. São Paulo, out. 2016.

_____. **Boas Práticas para Secretaria de Governança**. São Paulo: IBGC, 2015. Disponível em: <https://conhecimento.ibgc.org.br/Paginas/Publicacao.aspx?PubId=20996>. Acesso em: 22 fev. 2021.

_____. **Código das Melhores Práticas de Governança Corporativa.** 5. ed. São Paulo: IBGC, 2015. Disponível em <https://conhecimento.ibgc.org.br/Paginas/Publicacao.aspx?PubId=21138>. Acesso em: 21 mai. 2020.

_____. **Fundamentos para Discussão Sobre Cotas para Mulheres nos Conselhos no Brasil**. São Paulo: IBGC, 2013. Disponível em <http://www.ibgc.org.br/download/manifestacao/IBGC_Pesquisa_Cotas-Mulheres.pdf>. Acesso em: 22 fev. 2021.

_____. **Perfil dos Conselhos de Administração**. 1. ed. IBGC: São Paulo, 2016. Disponível em: <https://conhecimento.ibgc.org.br/Paginas/Publicacao.aspx?PubId=23491>. Acesso em: 22 fev. 2021.

INTEGRATED REPORTING. **International integrated reporting framework**. Jan. 2021. Disponível em: <https://integratedreporting.org/resource/international-ir-framework/>. Acesso em: 17 fev. 2021.

IFC — INTERNATIONAL FINANCE CORPORATION; CEDR — CENTRE FOR EFFECTIVE DISPUTE RESOLUTION. **Conflicts in the boardroom survey — results and analysis.** World Bank. Washington, DC: IFC and CEDR, 2014. Disponível em: <https://www.ifc.org/wps/wcm/connect/topics_ext_content/ifc_external_corporate_site/ifc+cg/resources/guidelines_reviews+and+case+studies/conflicts+in+the+boardroom+-+survey+2013>. Acesso em: 12 fev. 2021.

_____ . **Managing Conflicts and Difficult Conversations on the Board**. Interactive Training. Background Reading Material, 2016.

IFC — INTERNATIONAL FINANCE CORPORATION; OCDE — ORGANISATION FOR ECONOMIC CO-OPERATION AND DEVELOPMENT; GLOBAL CORPORATE GOVERNANCE FORUM. **Guia Prático de Governança Corporativa**. Experiências do Círculo de Companhias da América Latina, Washington, DC: IFC, p. 1-276, 2009.

J. P. MORGAN. **2020 Global M&A Outlook**: Navigating a period of uncertainty. Publicado por J. P. Morgan M&A, Jan. 2020. Disponível em: <https://www.jpmorgan.com/solutions/cib/investment--banking/2020-global-ma-outlook>. Acesso em: 22 fev. 2021.

JANIS, Irving Lester. **Groupthink**: Psychological studies of policy decisions and fiascoes. 2. ed. Boston: Houghton Mifflin, 1982.

JENSEN, Michael C.; MECKLING, William H. Theory of the firm: managerial behavior, agency costs and ownership structure. **Journal of Financial Economics**. Amsterdam: North Holland, v. 3, n. 4, p. 305-360, 1976.

JOHNSON, Stefanie K.; HEKMAN, David R.; CHAN Elsa T. If There's Only One Woman in Your Candidate Pool, There's Statistically No Chance She'll Be Hired. **Harvard Business Review**, 26 Abr. 2016. Disponível em: <https://hbr.org/2016/04/if-theres-only-one-woman-in--your-candidate-pool-theres-statistically-no-chance-shell-be-hired>. Acesso em: 12 fev. 2021.

KAHNEMAN, Daniel. **Thinking, fast and slow**. Nova York: Farrar, Straus and Giroux, 2011. Edição digital. Localização 217, 331, 1388, 1422, 1607, 2001, 4450 e 4457 de 9418 e Localização 462 de 10934.

KAHNEMAN, Daniel; TVERSKY, Amos. Intuitive prediction: Biases and corrective procedures. **ResearchGate**. Cambridge University

Press, 1977. Disponível em: <https://www.researchgate.net/publication/235103436>. Acesso em: 12 fev. 2021.

KAKABADSE, Andrew; KAKABADSE, Nada. **Leading the Board**. The Six Disciplines of World-class Chairmen. Nova York: Palgrave MacMillan, 2008.

KATZENBACH, Jon; SMITH, R.; Douglas, K. The Discipline of Teams. *In:* **HBR's 10 Must Reads On Teams**. Boston: Harvard Business School Publishing Corporation, p. 35-53, 2013.

KLEMASH, Steve W.; RANI, Doyle. Evolving Board Evaluations and Disclosures. **Harvard Law School Forum for Corporate Governance**, publicado em 2 out. 2019. Disponível em: <https://corpgov.law.harvard.edu/2019/10/02/evolving-board-evaluations-and-disclosures/>. Acesso em: 22 fev. 2021.

KPMG. **Impactos e respostas aos efeitos do Covid-19**, abril de 2020. Disponível em: <https://home.kpmg/br/pt/home/events/2020/05/impactos-covid-tmt.html>. Acesso em: 22 fev. 2021.

KRAVITZ, David A.; MARTIN, Barbara. Ringelmann rediscovered: The original article. **Journal of Personality and Social Psychology**, v. 50, n. 5, p. 936-941, 1986.

LARCKER, David; TAYAN, Brian. We Studied 38 Incidents of CEO Bad Behavior and Measured their Consequences. **Harvard Business Review**, 9 Jun. 2016. Disponível em: <https://hbr.org/2016/06/we-studied-38-incidents-of-ceo-bad-behavior-and-measured-their-consequences>. Acesso em: 22 fev. 2021.

LATANÉ, Bibb; WILLIAMS, Kipling; HARKINS, Stephen. Many hands make light the work: The causes and consequences of social loafing. **Journal of personality and social psychology**, v. 37, n. 6, p. 822, 1979.

LEBLANC, Richard; GILLIES, James. **Inside the boardroom**: How boards really work and the coming revolution in corporate governance. Mississauga: John Wiley & Sons, 2005.

LEBLANC, Richard; PICK, Katharina. Separation of Chair and CEO Roles. Importance of Industry Knowledge, Leadership Skills, and Attention to Board Process. **Director Notes**, ago. 2011. Disponível em: <http://www.yorku.ca/rleblanc/publish/Aug2011_Leblanc_TCB. pdf>. Acesso em: 5 fev. 2021.

LECHEM, Brian. **Chairman of the Board**: A Practical Guide. Hoboken: John Wiley & Sons, 2002.

LEIGHTON, David S. R.; THAIN, Donald H. How to Pay Directors. **Business Quarterly**, v. 58, n. 2, p. 30-44, 1993 *apud* LEBLANC, Michel; SCHWARTZ, Mark S. **The black box of board process**: gaining access to a difficult subject. The Authors, v. 5, n. 5, p. 843-851, 2007.

LEVITT, Theodore. Marketing Myopia. **Harvard Business Review**, Best of HBR 1960, p. 1-14, 2004. Disponível em: <https://hbr.org/2004/07/ marketing-myopia>. Acesso em: 17 fev. 2021.

LORSCH, Jay W. **The future of boards:** Meeting the governance challenges of the twenty-first century. Harvard Business Review. Edição Digital. Localização 382 e 405 de 2780. Boston: Harvard Business Press, 2012. Disponível em: <https://store.hbr.org/product/the-future-of-boards-meeting-the-governance-challenges-of-the-twenty--first-century/10913>. Acesso em: 22 fev. 2021.

LOVALLO, Dan; SIBONY, Olivier. The case for behavioral strategy. **McKinsey Quarterly**, v. 2, n. 1, p. 30-43, 2010.

MALMENDIER, Ulrike; TATE, Geoffrey. Who Makes Acquisitions? CEO Overconfidence and the Market's Reaction, **Journal of Financial Economics**, v. 89, Jul. 2008. Disponível em: <http://www.sciencedirect. com/science/article/pii/S0304405X08000251>. Acesso em: 6 fev. 2021.

MASTERS, Jon J.; RUDNICK, Alan A. **Improving Board Effectiveness**: Bringing the Best of ADR into the Boardroom. Washington, DC: American Bar Association Section of Dispute Resolution. 2005.

MCGREGOR, Jena. These business titans are teaming up for better corporate Governance. **The Washington Post**. Washington, DC. Publicada em 21 jul. 2016. Disponível em: <https://www.washingtonpost.com/news/on-leadership/wp/2016/07/21/these-business--titans-are-teaming-up-for-better-corporate-governance/>. Acesso em: 22 fev. 2021.

MCKINSEY. **Delivering through diversity**. Jan. 2018. Disponível em: <https://www.mckinsey.com/~/media/McKinsey/Business%20 Functions/Organization/Our%20Insights/Delivering%20throu-gh%20diversity/Delivering-through-diversity_full-report.ashx>. Acesso em: 22 fev. 2021.

_____. **Flaws in Strategic Decision Making**. Global Survey Results. Jan. 2009. Disponível em: <http://www.mckinsey.com/business--functions/strategy-and-corporate-finance/our-insights/flaws-in--strategic-decision-making-mckinsey-global-survey-results>. Acesso em: 17 fev. 2021.

MCKINSEY & COMPANY. **Investor Opinion Survey on Corporate Go-vernance**. Jun. 2000. Disponível em: <https://www.oecd.org/daf/ca/corporategovernanceprinciples/1922101.pdf>. Acesso em: 22 fev. 2021.

MERCHANT, Kenneth A.; PICK, Katharina. **Blind Spots, biases and other pathologies in the boardroom**. Nova York: Business Expert Press, 2010.

MILLSTEIN, Ira M. A perspective on corporate governance: rules, princi-ples or both. *In:* **ICGN yearbook**. Washington, DC, 2006. Disponível em: <http://www.icgn.org/conferences/2006/documents/millstein.pdf>. Acesso em: 17 fev. 2021

NACD — NATIONAL ASSOCIATION OF CORPORATE DIRECTORS. **Governance Challenges 2016**: M&A Oversight. 28 abr. 2016. Dis-ponível em: <https://www.nacdonline.org/Resources/Article.cfm?ItemNumber=27364>. Acesso em: 6 fev. 2021.

NADLER, David A.; BEHAN, Beverly A.; NADLER, Mark B. **Building Better Boards**: A Blueprint for Effective Governance. São Francisco: Jossey-Bass, 2006.

NOLAND, Marcus; HAN, Soyoung. Women scaling the corporate ladder: Progress steady but slow globally. **Peterson Institute for Interna-tional Economics**. Mai. 2020. Disponível em: <https://www.piie.com/publications/policy-briefs/women-scaling-corporate-ladder--progress-steady-slow-globally>. Acesso em: 22 fev. 2021.

OECD — ORGANISATION FOR ECONOMIC CO-OPERATION AND DEVELOPMENT. **OECD Corporate Governance Factbook 2019**. Japan: OCDE, p. 1-184, Jun. 2019. Disponível em: <www.oecd.org/corporate/corporate-governance-factbook.htm>. Acesso em: 22 fev. 2021.

_____ . **G20/OECD principles of corporate governance**. Paris: OECD, p. 51, 2015. Disponível em: <https://www.oecd-ilibrary.org/governance/g20-oecd-principles-of-corporate-governance-2015_9789264236882-en>. Acesso em: 22 fev. 2021.

PHILLIPS, Katherine W.; LILJENQUIST, Katie A.; NEALE, Margaret A. Is the pain worth the gain? The advantages and liabilities of agreeing with socially distinct newcomers. **Personality and Social Psychology Bulletin** v. 35, n.3, p. 336-350, 2009.

PICK, Katharina. **Around the Boardroom Table-Interactional Aspects of Governance**. Tese de doutorado em Organizational Behavior, Harvard University, 2007.

PICK, Katharina; MERCHANT, Kenneth A. Recognizing Negative Boardroom Group Dynamics. *In:* LORSCH, Jay William (ed.). **The future of boards**: Meeting the governance challenges of the twenty-first century. Boston: Harvard Business Press, p. 113-132, 2012. Edição Digital. Localização 2054 de 2780.

POUND, John. The promise of the governed corporation. **Harvard Business Review**, v. 73, n. 2, p. 89-98, 2000.

PRUITT, Dean G.; RUBIN, Jeffrey Z. **Social conflict:** Escalation, stalemate, settlement. Nova York: Random House. p. 4, 1986.

PwC. **Boards confront an evolving landscape**. PwC's Annual Corporate Directors Survey 2013. PwC, 2013. Disponível em: <https://corpgov.law.harvard.edu/2013/10/11/directors-survey-boards-confront-an-evolving-landscape/>. Acesso em: 5 fev. 2021.

_____ . **Governing for the long term:** Looking down the road with an eye on the rear-view mirror. Annual Corporate Directors Survey. PwC, 2015. Disponível em: <https://www.pwc.ie/publications/2015/annual-corporate-directors-survey.pdf>. Acesso em: 22 fev. 2021.

_____ . **The collegiality conundrum: finding balance in the boardroom**. 2019 Annual Corporate Directors Survey. PwC, 2019. Disponível em: <https://www.pwc.com/us/en/services/governance-insights-center/assets/pwc-2019-annual-corporate-directors-survey-full-report-v2.pdf.pdf>. Acesso em: 14 jun. 2020.

_____ . **The 'missing middle'**: Bridging the strategy gap in family firms. PwC, 2016. Disponível em: <https://www.pwc.com/gx/en/family-business-services/global-family-business-survey-2016/pwc-global-family-business-survey-2016-the-missing-middle.pdf>. Acesso em: 5 fev. 2021.

REYNOLDS, Alison; LEWIS, David. Teams solve problems faster when they're more cognitively diverse. **Harvard Business Review**, v. 30, p. 1-8, 2017.

ROSE, Jacob. Corporate Directors and Social Responsibility: Ethics versus Shareholder Value. **Journal of Business Ethics**, v. 73, n. 3, p. 319-331, 2007.

RUSSEL REYNOLDS ASSOCIATES; IESE BUSINESS SCHOOL. **Survey of Corporate Governance Practices in European Family Businesses**, verão de 2014. Disponível em: <http://www.russellreynolds.com/sites/default/files/europeanfamilybusinesspaper.pdf>. Acesso em: 22 fev. 2021.

SHERIF, Muzafer. **The psychology of social norms**. Nova York: Harper, 1936. Também em ASCH, Solomon E. Effects of group pressure upon the modification and distortion of judgments. *In*: GUETZKOW, H. (ed.). **Groups, leadership and men**. Pittsburg: Carnegie Press, p. 177-190, 1951.

SIMON, Herbert A. **Administrative Behavior:** a study of decision-making processes in administrative organization. Nova York: Free Press, 1976.

SOLL, Jack B.; MILKMAN, Katherine L.; PAYNE, John W. A user's guide to debiasing. **The Wiley Blackwell handbook of judgment and decision making**, v. 2, p. 924 - 951, 2015.

SPENCER STUART. **2019 Brasil Spencer Stuart Board Index**. Abr. 2020. Disponível em: <https://www.spencerstuart.com/research-and--insight/brasil-board-index>. Acesso em: 22 fev. 2021.

_____ . **Boards Around the World**, 2020. Disponível em: https://www.spencerstuart.com/research-and-insight/boards-around--the-world?category=all-board-composition&topic=independent--directors. Acesso em: 14 jul. 2021.

_____ . **Boards Around the World**. Research and Insight, 2019. Disponível em: <https://www.spencerstuart.com/research--and-insight/boards-around-the-world?category=all-board--composition&topic=director-age>. Acesso em: 22 fev. 2021.

_____ . **CEO Transitions 2019**. Annual Review of CEO Transitions. Disponível em: <https://www.spencerstuart.com/research-and--insight/ceo-transitions-2019>. Acesso em: 22 fev. 2021.

SUNSTEIN, Cass R.; HASTIE, Reid. **Wiser: Getting beyond groupthink to make groups smarter**. Harvard Business Press, 2015. Disponível em: <https://store.hbr.org/product/wiser-getting-beyond-group-think-to-make-groups-smarter/2299>. Acesso em: 22 fev. 2021.

SUROWIECKI, James. BoardStiffs. **The Financial Page, The New Yorker**. publicada em 8 mar. 2004. Disponível em: <http://www.newyorker.com/magazine/2004/03/08/board-stiffs>. Acesso em: 22 fev. 2021.

THALER, Richard H.; SUNSTEIN, Cass R. **Nudge: Improving decisions about health, wealth, and happiness**. 1ª ed. Nova York: Penguin Books, 2009. Edição Digital. Localização 171, 173 e 958 de 5708.

THOMPSON, Leigh. Desenvolvendo a criatividade dos grupos de trabalho organizacionais. **GVexecutivo: Revista de Estratégia e Gestão**. Fundação Getúlio Vargas, v. 2, n. 3, p. 63-81, 2003.

THURAISINGHAM, Meen; LEHMACHER, Wolfgang. **The Secret Life of Decisions: How Unconscious Bias Subverts Your Judgement**. Aldershot: Gower Publishing, 2013. Edição Digital. Localização 186, 3009 e 3097 de 3405.

TORCHIA, Mariateresa; CALABRÒ, Andrea; MORNER, Michèle. Board of Directors' Diversity, Creativity, and Cognitive Conflict: The Role of

Board Members' Interaction. **International Studies of Management & Organization**, v. 45, n. 1, p. 6 - 24, 2015.

TVERSKY, Amos; KAHNEMAN, Daniel. Judgment under uncertainty: Heuristics and biases. Oregon Research Institute. **ONR Technical Report**. 1973. Disponível em: <https://www.socsci.uci. edu/~bskyrms/bio/readings/tversky_k_heuristics_biases.pdf>. Acesso em: 22 fev. 2021.

TWAIN, M. **Majority**. Notebook, 1904. Disponível em: <http://www. twainquotes.com/Majority.html>. Acesso em: 12 fev. 2021.

VALENTI, Graziella. Acesso de Conselheiro a Dados Gera Debate. **Valor Econômico**, São Paulo, p. B2, 20 jul. 2016.

WONG, Simon. Boards: When best practice isn't enough. **McKinsey Quarterly**, Jun. 2011. Disponível em: <https://www.mckinsey. com/featured-insights/leadership/boards-when-best-practice-isnt- -enough#:~:text=When%20it%20comes%20to%20well,able%20to%20 fulfill%20their%20potential>. Acesso em: 22 fev. 2021.

WORLD ECONOMIC FORUM — WEF. **Climate Governance Initiative Principles**. Disponível em: <https://www.weforum.org/projects/ climate-governance-initiative>. Acesso em: 22 fev. 2021.

_____. **Covid-19 Risks Outlook: A Preliminary Mapping and its Implications**. Disponível em: <https://www.weforum.org/reports/co- vid-19-risks-outlook-a-preliminary-mapping-and-its-implications>. Acesso em: 22 fev. 2021.

_____. World Economic Forum's Global Risks Report 2015. **Governing the Global Company. Oversight of Complexity**. Robyn Bew, da National Association of Corporate Directors (NACD) e Lucy Nottingham, da Marsh & McLennan Companies. Disponível em: <http:// www3.weforum.org/docs/WEF_Global_Risks_2015_Report15.pdf>. Acesso em: 22 fev. 2021.

ZAHRA, Shaker; PEARCE, John A. Boards of directors and corporate financial performance: a review and integrative model. **Journal of Management**, v. 15, n. 2, p. 291-334, junho de 1989.

Notas

Introdução

1. GUERRA, Sandra. Melhor não descuidar. As conquistas alcançadas em governança não eliminam os riscos de retrocesso. **Capital
   Aberto**, nov. 2007.
2. GUERRA, Sandra. Governança corporativa e criação de valor. **Criação de Valor da Associação Brasileira de Companhias Abertas
   (ABRASCA)**, out. 2013.
3. DA SILVEIRA, Alexandre Di Miceli. Corporate Scandals of the 21st
   Century: Limitations of Mainstream Corporate Governance Literature and the Need for a New Behavioral Approach. **Science Research
   Network**, nov. 2015. Disponível em: <https://papers.ssrn.com/sol3/
   papers.cfm?abstract_id=2181705>. Acesso em: 22 fev. 2021.
4. THALER, Richard H.; SUNSTEIN, Cass R. **Nudge: Improving decisions about health, wealth, and happiness**. Nova York: Penguin,
   2009. Localização 171 de 5708.

1. A máquina de tomar decisões

1. WONG, Simon C. Y. Boards: When best practice isn't enough.
   McKinsey Quarterly, 1-7, jun. 2011. Disponível em: <http://ssrn.
   com/abstract=1872324>. Acesso em: 22 fev. 2021.
2. FRENTROP, Paul. **A history of corporate governance**, 1602-2002.
   Amsterdam: Deminor, 2003, 480p.

3. BRANCATO, Carolyn K. **Institutional investors and corporate governance: best practices for increasing corporate value**. Chicago: Irwin Professional Pub, 1996, p. xi-xxii.

4. BECHT, Marco; BOLTON, Patrick; RÖELL, Ailsa. Corporate Governance and Control. **ECGI — Finance Working Paper**, n. 2, p. 1-128, 2002. Disponível em: <https://papers.ssrn.com/sol3/papers.cfm?abstract_id=343461>. Acesso em: 22 fev. 2021.

5. MCKINSEY & COMPANY. **Investor Opinion Survey on Corporate Governance**, p. 1-18, jun. 2000. Disponível em: <https://www.oecd.org/daf/ca/corporategovernanceprinciples/1922101.pdf>. Acesso em: 22 fev. 2021.

6. BLACK, Bernard S.; DE CARVALHO, Antônio Gledson; KHANNA, Vikramaditya; KIM, Woochan e YURTOGLU, Burcin. Which Aspects of Corporate Governance Matter in Emerging Markets: Evidence from Brazil, India, Korea, and Turkey. **ECGI — Finance Working Paper**, nº. 566/2018, University of Michigan Law & Econ Research Paper, p. 1-50, abr. 2015. Disponível em: <http://ssrn.com/abstract=2601107>. Acesso em: 2 fev. 2021.

7. IFC; OCDE; GLOBAL CORPORATE GOVERNANCE FORUM. **Guia Prático de Governança Corporativa**. Experiências do Círculo de Companhias da América Latina, Washington: IFC, p. 1-276, 2009.

8. OECD — ORGANISATION FOR ECONOMIC CO-OPERATION AND DEVELOPMENT. **OECD Corporate Governance Factbook 2019**. Japan: OCDE, p. 1-184, Jun. 2019. Disponível em: <www.oecd.org/corporate/corporate-governance-factbook.htm>. Acesso em: 22 fev. 2021.

9. CLARKE, Thomas. **International corporate governance:** A corporative approach. 1. ed. Nova York: Routledge, 2017.

10. FULLER, Joseph B.; MICHAEL, C. Jensen. What's a director to do? In **Best Practice: Ideas and Insights from the World's Foremost Business Thinkers**, editado por Tom Brown and Robert Heller. Nova York: Basic Books, 2003, p. 243–250.

11. CHARAN, Ram. Introduction: Advancing the practice of corporate governance. In: **Boards that deliver: Advancing corporate governance from compliance to competitive advantage**. 1. ed. São Francisco: Jossey-Bass, 2005, p. ix-xiii.

12. BAYSINGER, Barry; HOSKISSON, Robert E. The Composition of Boards of Directors and Strategic Control: Effects on Corporate Strategy. **The Academy of Management Review**, v. 15, n. 1, p. 72-87, 1990.

13. MILLSTEIN, Ira M. A perspective on corporate governance: rules, principles or both. In: **ICGN yearbook**. Washington, 2006. Disponível em: <https://www.icgn.org/conferences/2006/documents/mill%20stein.pdf>. Acesso em: 10 out. 2006.

14. CADBURY, Adrian; MILLSTEIN, Ira. The new agenda for ICGN. **International Corporate Governance Network**, Discussion Paper n. 1 for the ICGN 10th Anniversary Conference. Londres: jul. 2005. Disponível em: <https://www.icgn.org/conferences/2005/documents/cad%20bury_millstein.pdf>. Acesso em: 10 out. 2006.

15. ZAHRA, Shaker; PEARCE, John A. Boards of directors and corporate financial performance: a review and integrative model. **Journal of Management**, v. 15, n. 2, p. 291-334, 1989.

16. LEIGHTON, David S. R.; THAIN, Donald H. How to Pay Directors. **Business Quarterly**, v. 58, n. 2, p. 30-44, 1993 apud LEBLANC, Michel; SCHWARTZ, Mark S. The black box of board process: gaining access to a difficult subject. **The Authors**, v. 15, n. 5, p. 843-851, 2007.

17. SHERIF, Muzafer. **The psychology of social norms**. Nova York: Harper, 1936. Também em ASCH, Solomon E., no livro **Effects of group pressure upon the modification and distortion of judgments**. In: H. Guetzkow (editor), **Groups, leadership and men**. Pittsburg: Carnegie Press, p. 177-190, 1951.

18. MERCHANT, Kenneth A.; PICK, Katharina. **Blind Spots, biases and other pathologies in the boardroom**. Nova York: Business Expert Press, 2010.

19. PHILLIPS, Katherine W.; LILJENQUIST, Katie A.; NEALE, Margaret A. Is the pain worth the gain? The advantages and liabilities of

agreeing with socially distinct newcomers. **Personality and Social Psychology Bulletin** v. 35, n. 3, p. 336-350, 2009.

20. POUND, John. The promise of the governed corporation. **Harvard Business Review**, v. 73, n. 2, p. 89-98, 1995.

21. MERCHANT, Kenneth A.; PICK, Katharina. **Blind Spots, biases and other pathologies in the boardroom**. Nova York: Business Expert Press, 2010.

2. Sozinho, mas sempre acompanhado

1. SPENCER STUART. **2019 Boards Around the World**. Research and Insight. Disponível em: <https://www.spencerstuart.com/research-and-insight/boards-around-the-world?category=all-board--composition&topic=director-age>. Acesso em: 22 fev. 2021.

2. SPENCER STUART. **2019 Brasil Spencer Stuart Board Index**. Disponível em: <https://www.spencerstuart.com/research-and-insight/brasil-board-index>. Acesso em: 22 fev. 2021.

3. COLLAMER, Nancy; AVENUE, Next. How To Get On A Board Of Directors. **Forbes**, publicado em 11 set. 2017. Disponível em: <https://www.forbes.com/sites/nextavenue/2017/09/11/how-to-get-on-a--board-of-directors/#31bd99a51d56>. Acesso em: 22 fev. 2021.

4. SPENCER STUART. **2020 Boards Around the World**. Disponível em: <https://www.spencerstuart.com/research-and-insight/boards--around-the-world?category=all-board-composition&topic=all--topics&sort=independent-directors&order=desc>. Acesso em: 14 jul. 2021.

5. MCKINSEY. **Delivering through diversity**, jan. 2018. Disponível em: <https://www.mckinsey.com/~/media/McKinsey/Business%20Functions/Organization/Our%20Insights/Delivering%20through%20diversity/Delivering-through-diversity_full-report.ashx>. Acesso em: 22 fev. 2021.

6. DEHAAS, Deb; AKUTAGAWA, Linda; SPRIGGS, Skip. Missing Pieces Report: The 2018 Board Diversity Census of Women and

Minorities on Fortune 500 Boards. **Harvard Law School Forum for Corporate Governance**. Publicado em 5 fev. 2019. Disponível em: <https://corpgov.law.harvard.edu/2019/02/05/missing-pieces-re-port-the-2018-board-diversity-census-of-women-and-minorities-on--fortune-500-boards/#:~:text=In%20the%202018%20census%2C%20 representation,held%20by%20women%20and%20minorities>. Acesso em: 22 fev. 2021.

7.   INSTITUTO BRASILEIRO DE GEOGRAFIA E ESTATÍSTICA (IBGE). Síntese de indicadores sociais. Uma análise das condições de vida da população brasileira, 2017. **Estudos & pesquisas. Informação demográfica e socioeconômica**, n. 35. Disponível em: <https:// biblioteca.ibge.gov.br/visualizacao/livros/liv101459.pdf>. Acesso em: 22 fev. 2021.

8.   NOLAND, Marcus; HAN, Soyoung. Women scaling the corporate ladder: Progress steady but slow globally. **Peterson Institute for International Economics**, mai 2020. Disponível em: <https://www.piie. com/publications/policy-briefs/women-scaling-corporate-ladder--progress-steady-slow-globally>. Acesso em: 22 fev. 2021.

9.   CAPITAL ABERTO. Anuário de Governança Corporativa das Companhias Abertas 2019-2020. As práticas adotadas pelas empresas com ações mais negociadas na B3. **Capital Aberto**. 11. ed. São Paulo: Editora Capital Aberto, 2020. Disponível em: <https://capitalaberto.com. br/edicoes/especial/anuario-2019-2020/>. Acesso em: 22 fev. 2021.

10. DELOITTE. **Data-driven change. Women in the boardroom. A global perspective**. 6. ed. 2019. Disponível em: <://www2.deloitte. com/global/en/pages/risk/articles/women-in-the-boardroom--global-perspective.html>. Acesso em: 22 fev. 2021.

11. IBGC — INSTITUTO BRASILEIRO DE GOVERNANÇA CORPORATIVA. **Fundamentos para Discussão Sobre Cotas para Mulheres nos Conselhos no Brasil**. São Paulo: IBGC, 2013. Disponível em http://www.ibgc.org.br/download/manifestacao/IBGC_Pesquisa_CotasMulheres.pdf. Acesso em 22 fev. 2021.

12. CATALYST. **Women on Corporate Boards: Quick Take**, 13 mar. 2020. Disponível em: <https://www.catalyst.org/research/women--on-corporate-boards/>. Acesso em: 22 fev. 2021.

13. PwC. **2019 Annual Corporate Directors Survey. The collegiality conundrum: finding balance in the boardroom**. 2019. Disponível em: <https://www.pwc.com/us/en/services/governance-insights--center/assets/pwc-2019-annual-corporate-directors-survey-full--report-v2.pdf.pdf>. Acesso em: 22 fev. 2021.

14. MCKINSEY. **Delivering through diversity**, jan. 2018. Disponível em: <https://www.mckinsey.com/~/media/McKinsey/Business%20 Functions/Organization/Our%20Insights/Delivering%20throu-gh%20diversity/Delivering-through-diversity_full-report.ashx>. Acesso em: 22 fev. 2021.

15. CATALYST. **Why Diversity and Inclusion Matter: Quick Take**, 1 ago. 2018. Disponível em: <https://www.catalyst.org/research/why--diversity-and-inclusion-matter/>. Acesso em: 22 fev. 2021.

16. JENSEN, Michael C.; MECKLING, William H. Theory of the firm: managerial behavior, agency costs and ownership structure. **Journal of Financial Economics**. Amsterdam: North Holland, v. 3, n. 4, p. 305-360, 1976.

17. ROSE, Jacob. Corporate Directors and Social Responsibility: Ethics versus Shareholder Value. **Journal of Business Ethics**, v. 73, n. 3, p. 319-331, 2007.

18. GUERRA, Sandra. **Os papéis do CA em empresas listadas no Brasil**. Dissertação (Mestrado em Administração). Faculdade de Economia, Administração e Contabilidade FEA/USP, São Paulo. Disponível em: <https://teses.usp.br/teses/disponiveis/12/12139/tde-11092009-141955/pt-br.php>. Acesso em: 22 fev. 2021.

19. BRULL, Thomas. The Caspian Sea Housing Company: the role of board member in a two family business. 1. ed. In: Brisset, Leslie; Sher, Mannie; Smith, Tanzi (editores). **Dynamics at boardroom level**. Londres: Routledge, p. 171-176, 2020.

20. GUERRA, Sandra; BARROS, Lucas A.; SANTOS, Rafael L. **Decision-
-making in boards of directors: The roles of meeting dynamics
and choice architecture**. Projeto de pesquisa, 2020.

21. GUERRA, Sandra; SANTOS, Rafael L. Headaches, Concerns and
Regrets: What does the experience of 102 Brazilian directors tell us?
Private Sector Opinion. Washington, DC: IFC. 2017. Disponível em:
<https://www.ifc.org/wps/wcm/connect/topics_ext_content/ifc_
external_corporate_site/ifc+cg/resources/private+sector+opinion/
headaches%2C+concerns%2C+and+regrets+-+what+does+the+expe
rience+of+102+brazilian+directors+tell+us>. Acesso em: 22 jan. 2021.

22. GUERRA, Sandra; BARROS, Lucas A.; SANTOS, Rafael L. **Decision-
-making in boards of directors: The roles of meeting dynamics
and choice architecture**. Projeto de pesquisa, 2020.

23. CHABRIS, Christopher; SIMONS, Daniel. **The invisible gorilla: And
other ways our intuitions deceive us**. 1. ed. Nova York: Broadway
Books, 2011. Vídeo disponível em: <http://www.theinvisiblegorilla.
com/videos.html>. Acesso em: 22 fev. 2021.

24. MERCHANT, Kenneth A.; PICK, Katharina. **Blind Spots, biases and
other pathologies in the boardroom**. Nova York: Business Expert
Press, 2010.

3. Sob o estresse das tensões

1. GUERRA, Sandra; BARROS, Lucas A.; SANTOS, Rafael L. **Decision-
-making in boards of directors: The roles of meeting dynamics
and choice architecture**. Projeto de pesquisa, 2020.

2. SUNSTEIN, Cass R.; HASTIE, Reid. Wiser: **Getting beyond groupthink to make groups smarter. Harvard Business Press**, 2015.
Disponível em: <https://hbr.org/product/wiser-getting-beyond-
-groupthink-to-make-groups-smarter/2299-HBK-ENG>. Acesso em:
7 jun. 2020. Localização 448 de 3122.

3. JANIS, Irving Lester. **Groupthink: Psychological studies of policy
decisions and fiascoes**. 2. ed. Boston: Houghton Mifflin, 1982. p. 9.

4. PICK, Katharina; MERCHANT, Kenneth. Recognizing Negative Boardroom Group Dynamics. In: LORSCH, Jay William (editors). **The future of boards: Meeting the governance challenges of the twenty-first century**. Boston: Harvard Business Press, 2012 p. 113-132,.

5. PRUITT, Dean G.; RUBIN, Jeffrey Z. **Social conflict: Escalation, stalemate, settlement**. Nova York: Random House, 1986. p. 4.

6. SUROWIECKI, James. **Board Stiffs**, 8 mar. 2004. Disponível em: <http://www.newyorker.com/magazine/2004/03/08/board-stiffs>. Acesso em: 22 jan. 2021.

7. McGREGOR, Jena. **These business titans are teaming up for better corporate governance**, 21 jul. 2016. Disponível em: <https://www.washingtonpost.com/news/on-leadership/wp/2016/07/21/these--business-titans-are-teaming-up-for-better-corporate-governance/>. Acesso em: 22 fev. 2021.

8. VALENTI, Graziella. Acesso de Conselheiro a Dados Gera Debate. **Valor Econômico**, São Paulo, 20 jul. 2016, p. B2.

9. Ibid.

10. BUSINESS ROUNDTABLE. **Statement on the Purpose of a Corporation**, 19 ago. 2019. Disponível em: <https://opportunity.businessroundtable.org/ourcommitment/>. Acesso em: 22 fev. 2021.

11. FINK, Larry. **A Fundamental Reshaping of Finance**. Disponível em: <https://www.blackrock.com/corporate/investor-relations/larry-fink-ceo-letter>. Acesso em: 22 fev. 2021.

12. BEBCHUK, Lucian A.; TALLARITA, Roberto. The Illusory Promise of Stakeholder Governance. In **Cornell Law Review**, v. 106, p. 91-178, dez. 2020. Disponível em: <https://papers.ssrn.com/sol3/papers.cfm?abstract_id=3544978>. Acesso em: 22 fev. 2021.

13. BUSINESS ROUNDTABLE. **Statement on Corporate Governance**, set. 1997, apud BEBCHUK, Lucian A.; TALLARITA, Roberto, The Illusory Promise of Stakeholder Governance, 26 fev. 2020. In **Cornell Law Review**, dez. 2020. Disponível em: SSRN: <https://papers.ssrn.com/sol3/papers.cfm?abstract_id=3544978>. Acesso em: 22 fev. 2021.

14. CARTER, Colin B.; LORSCH, Jay W. **Back to the drawing board. Designing Corporate Boards for a Complex World**. Boston: Harvard Businnes School Press, 2004.

15. LORSCH, Jay W. **The future of boards: Meeting the governance challenges of the twenty-first century**. Boston: Harvard Business Press, 2012. Disponível em: <https://store.hbr.org/product/the-future-of-boards-meeting-the-governance-challenges-of-the-twenty--first-century/10913>. Acesso em: 7 jun. 2020. Localização 382 de 2780.

16. GUERRA, Sandra; SANTOS, Rafael L. Headaches, Concerns and Regrets: What does the experience of 102 Brazilian directors tell us? **Private Sector Opinion**. Washington, DC: IFC. 2017. Disponível em: <https://www.ifc.org/wps/wcm/connect/topics_ext_content/ifc_external_corporate_site/ifc+cg/resources/private+sector+opinion/headaches%2C+concerns%2C+and+regrets+-+what+does+the+experience+of+102+brazilian+directors+tell+us>. Acesso em: 22 fev. 2021.

17. LORSCH, Jay W. **The future of boards: Meeting the governance challenges of the twenty-first century**. Boston: Harvard Business Press, 2012. Disponível em: <https://store.hbr.org/product/the-future-of-boards-meeting-the-governance-challenges-of-the-twenty--first-century/10913>. Acesso em: 7 jun. 2020. Localização 382 de 2780.

18. THURAISINGHAM, Meena; LEHMACHER, Wolfgang. **The Secret Life of Decisions: How Unconscious Bias Subverts Your Judgement**. Aldershot: Gower Publishing, 2013.

19. A amostra é composta por 153 empresas com ações negociadas na B3 e dados disponíveis entre 1998 e 2003. BARROS, Lucas A. B. de C. e DA SILVEIRA, Alexandre Di Miceli. Excesso de Confiança, Otimismo Gerencial e os Determinantes da Estrutura de Capital. **Revista Brasileira de Finanças**, v. 6, n. 3, 2008.

20. LARCKER, David; TAYAN, Brian. We Studied 38 Incidents of CEO Bad Behavior and Measured their Consequences. **Harvard Business Review**, 9 jun. 2016. Disponível em: <https://hbr.org/2016/06/we-studied-38-incidents-of-ceo-bad-behavior-and-measured-their--consequences>. Acesso em: 22 fev. 2021.

21. DABROWSKI, Wojtek. How companies can keep CEO behavior in check. **Harvard Business Review,** 11 mar. 2020. Disponível em: <https://hbr.org/2020/03/how-companies-can-keep-ceo-behavior--in-check>. Acesso em: 22 fev. 2021.

22. GUERRA, Sandra; SANTOS, Rafael L. Headaches, Concerns and Regrets: What does the experience of 102 Brazilian directors tell us? **Private Sector Opinion**. Washington, DC: IFC, 2017. Disponível em: <https://www.ifc.org/wps/wcm/connect/topics_ext_content/ifc_external_corporate_site/ifc+cg/resources/private+sector+opinion/headaches%2C+concerns%2C+and+regrets+-+what+does+the+experience+of+102+brazilian+directors+tell+us>. Acesso em: 22 fev. 2021.

23. GUERRA, Sandra; BARROS, Lucas A.; SANTOS, Rafael L. **Decision--making in boards of directors: The roles of meeting dynamics and choice architecture.** Projeto de pesquisa, 2020.

24. BETTER GOVERNANCE. **Conselheiros: dedicação de tempo dentro e fora das salas de conselho. Pesquisa sobre conselhos de administração e consultivos,** jun. 2020. Disponível em: <https://bettergovernance.com.br/2020-06-01-Conselheiros_Pesquisa_Dedicacao_de_Tempo.pdf>. Acesso em: 22 fev. 2021.

25. CHARAN, Ram. **Owning up: The 14 questions every board member needs to ask**. San Francisco: Jossey-Bass, 2009. Disponível em: <https://www.wiley.com/en-us/Owning+Up%3A+The+14+Questions+Every+Board+Member+Needs+to+Ask-p-9780470397671>. Acesso em: 8 jun. 2020. Edição digital. Localização: 2507, 2514, 2522 de 3040.

4. Presidente do CA, esse incompreendido

1. KAKABADSE, Andrew; KAKABADSE, Nada. **Leading the Board. The Six Disciplines of World-class Chairmen**. Nova York: Palgrave MacMillan, 2008.

2. GUERRA, Sandra; SANTOS, Rafael L. Headaches, Concerns and Regrets: What does the experience of 102 Brazilian directors tell us? **Private Sector Opinion**. Washington, DC, IFC, 2017. Disponível em:

<https://www.ifc.org/wps/wcm/connect/topics_ext_content/ifc_
external_corporate_site/ifc+cg/resources/private+sector+opinion/
headaches%2C+concerns%2C+and+regrets+-+what+does+the+expe
rience+of+102+brazilian+directors+tell+us>. Acesso em: 22 fev. 2021.

3. NADLER, David A.; BEHAN, Beverly A.; NADLER, Mark B. Buil-
    ding **Better Boards: A Blueprint for Effective Governance**. São
    Francisco: Jossey-Bass, 2006 apud GUERRA, Sandra. **Os papéis do
    CA em empresas listadas no Brasil**. Dissertação (Mestrado em Ad-
    ministração) FEA/USP. 2009. Disponível em: <https://teses.usp.br/
    teses/disponiveis/12/12139/tde-11092009-141955/pt-br.php>. Acesso
    em: 5 fev. 2021.

4. PwC. **The 'missing middle': Bridging the strategy gap in family
    firms**, 2016. Disponível em: <https://www.pwc.com/gx/en/family-
    -business-services/global-family-business-survey-2016/pwc-global-
    -family-business-survey-2016-the-missing-middle.pdf>. Acesso em:
    5 fev. 2021.

5. Russel Reynolds and Associates; IESE Business School. **Survey of
    Corporate Governance Practices in European Family Businesses**,
    verão de 2014. Disponível em: <http://www.russellreynolds.com/
    sites/default/files/europeanfamilybusinesspaper.pdf>. Acesso em:
    4 fev. 2021.

6. LECHEM, Brian. **Chairman of the Board. A Practical Guide. Ho-
    boken**: John Wiley & Sons, 2002.

7. GUERRA, Sandra; BARROS, Lucas A.; SANTOS, Rafael L. **Decision-
    -making in boards of directors: The roles of meeting dynamics
    and choice architecture**. Projeto de pesquisa, 2020.

8. CADBURY, Adrian. **Corporate Governance and Chairmanship. A
    Personal View**. Oxford: Oxford University Press, 2002.

9. GUERRA, Sandra; BARROS, Lucas A.; SANTOS, Rafael L. **Decision-
    -making in boards of directors: The roles of meeting dynamics
    and choice architecture**. Projeto de pesquisa, 2020.

10. PICK, Katharina. **Around the Boardroom Table-Interactional
    Aspects of Governance**. Tese de doutorado em Organizational
    Behavior, Harvard University, 2007.

11. KAKABADSE, Andrew; KAKABADSE, Nada. **Leading the Board. The Six Disciplines of World-class Chairmen**. Nova York: Palgrave MacMillan, 2008. p.15.

12. OCDE — **Princípios de Governança Corporativa do G20**. Disponível em: <://www.oecd-ilibrary.org/governance/g20-oecd-principles--of-corporate-governance-2015_9789264236882-en>. Acesso em: 10 jun. 2020.

13. IBGC — Instituto Brasileiro de Governança Corporativa. **Código das Melhores Práticas de Governança Corporativa**. São Paulo: IBGC, 5ª ed., 2015. Disponível em: <https://conhecimento.ibgc.org.br/Paginas/Publicacao.aspx?PubId=21138>. Acesso em: 22 fev. 2021.

14. IBGC — Instituto Brasileiro de Governança Corporativa. **Perfil dos Conselhos de Administração**. 1. ed., 2016. São Paulo: IBGC. Estudo considerou empresas dos segmentos Tradicional, Novo Mercado, Nível 1 e Nível 2. Disponível em: <https://conhecimento.ibgc.org.br/Paginas/Publicacao.aspx?PubId=23491>. Acesso em: 22 fev. 2021.

15. LEBLANC, Richard; PICK, Katharina. Separation of Chair and CEO Roles. Importance of Industry Knowledge, Leadership Skills, and Attention to Board Process. **Director Notes**, ago. 2011. Disponível em: <http://www.yorku.ca/rleblanc/publish/Aug2011_Leblanc_TCB.pdf>. Acesso em: 5 fev. 2021.

16. CADBURY, Adrian. **Corporate Governance and Chairmanship. A Personal View**. Nova York: Oxford University Press, 2002.

17. KAKABADSE, Andrew; KAKABADSE, Nada. **Leading the Board. The Six Disciplines of World-class Chairmen**. Nova York: Palgrave MacMillan, 2008.

18. LECHEM, Brian. **Chairman of the Board. A Practical Guide**. Hoboken: John Wiley & Sons, 2002.

19. OCDE — **Princípios de Governança Corporativa do G20**. Disponível em: <https://www.oecd-ilibrary.org/governance/g20-oecd--principles-of-corporate-governance-2015_9789264236882-en>. Acesso em: 22 fev. 2021.

20. HARPER, John. **Chairing the Board. A Practical Guide to Activities and Responsibilities**. Institute of Directors. Londres: Kogan Page, 2010.

21. IBGC — Instituto Brasileiro de Governança Corporativa. **Boas Práticas para Secretaria de Governança**. São Paulo, 2015. Disponível em: <https://conhecimento.ibgc.org.br/Paginas/Publicacao.aspx?PubId=20996>. Acesso em: 22 fev. 2021.

22. Ibid.

23. GUERRA, Sandra; BARROS, Lucas A.; SANTOS, Rafael L. **Decision-making in boards of directors: The roles of meeting dynamics and choice architecture**. Projeto de pesquisa, 2020.

24. KLEMASH, Steve W. e RANI, Doyle. **Evolving Board Evaluations and Disclosures**, 2 out. 2019. Disponível em: <https://corpgov.law.harvard.edu/2019/10/02/evolving-board-evaluations-and-disclosures/>. Acesso em: 22 fev. 2021.

25. Ibid.

26. EMEA-DELOITTE. 360 Boardroom Survey. **Agenda priorities across the region**. Estudo realizado com 271 conselheiros de 20 países da Europa, Oriente Médio e África, jun. de 2016. Disponível em: <https://www2.deloitte.com/content/dam/Deloitte/ch/Documents/audit/ch-en-emea-360-boardroom-survey-agenda-intercative.pdf>. Acesso em: 5 fev 2021.

27. Boards confront an evolving landscape. **PwC's Annual Corporate Directors Survey 2013**. Disponível em: <https://corpgov.law.harvard.edu/2013/10/11/directors-survey-boards-confront-an-evolving-landscape/>. Acesso em: 5 fev. 2021.

28. GUERRA, Sandra; BARROS, Lucas A.; SANTOS, Rafael L. **Decision-making in boards of directors: The roles of meeting dynamics and choice architecture**. Projeto de pesquisa, 2020.

29. GUERRA, Sandra; BARROS, Lucas A.; SANTOS, Rafael L. **Decision-making in boards of directors: The roles of meeting dynamics and choice architecture**. Projeto de pesquisa, 2020.

30. KAKABADSE, Andrew; KAKABADSE, Nada. **Leading the Board. The Six Disciplines of World-class Chairmen**. Nova York: Palgrave MacMillan, 2008. Esse estudo envolveu os conselheiros e altos executivos de mais de 12 mil empresas situadas em 17 países.

31. CADBURY, Adrian. **Corporate Governance and Chairmanship. A Personal View**. Oxford: Oxford University Press, 2002.

32. COUTU, Diane. Why teams don't work. An interview with J Richard Hackman. In: **HBR's 10 Must Reads on Teams**. Boston: Harvard Business School Publishing Corporation, 2013, p. 21-34.

33. HENLEY BUSINESS SCHOOL; ALVAREZ & MARSAL. **Boards in Challenging Times: Extraordinary disruptions leading through complex and discontinuous challenges**. Reino Unido, 2015. Disponível em: <http://www.alvarezandmarsal.com/sites/default/files/am_boards_in_challenging_times_research.pdf>. Acesso em: 4 fev. 2021.

5. O que tira o sono dos conselheiros?

1. THURAISINGHAM, Meena e LEHMACHER, Wolfgang. **The Secret Life of Decisions: How Unconscious Bias Subverts Your Judgement**. Aldershot: Gower Publishing, 2013.

2. GUERRA, Sandra; SANTOS, Rafael L. **Headaches, Concerns and Regrets: What does the experience of 102 Brazilian directors tell us? Private Sector Opinion**. Washington, DC: IFC 2017. Disponível em: <https://www.ifc.org/wps/wcm/connect/topics_ext_content/ifc_external_corporate_site/ifc+cg/resources/private+sector+opinion/headaches%2C+concerns%2C+and+regrets+-+what+does+the+experience+of+102+brazilian+directors+tell+us>. Acesso em: 22 fev. 2021.

3. GUERRA, Sandra; BARROS, Lucas A.; SANTOS, Rafael L. **Decision--making in boards of directors: The roles of meeting dynamics and choice architecture**. Projeto de pesquisa, 2020.

4. BETTER GOVERNANCE. **Conselheiros: dedicação de tempo dentro e fora das salas de conselho. Pesquisa sobre conselhos de**

administração e consultivos, jun. 2020. Disponível em: <https://bettergovernance.com.br/2020-06-01-Conselheiros_Pesquisa_Dedicacao_de_Tempo.pdf>. Acesso em: 22 fev. 2021.

5. J.P. MORGAN. **2020 Global M&A Outlook**. Disponível em: <https://www.jpmorgan.com/solutions/cib/investment-banking/2020--global-ma-outlook>. Acesso em: 22 fev. 2021.

6. MALMENDIER, Ulrike; TATE, Geoffrey. Who Makes Acquisitions? CEO Overconfidence and the Market's Reaction, **Journal of Financial Economics**, v. 89, jul. 2008. Disponível em: <http://www.sciencedirect.com/science/article/pii/S0304405X08000251>. Acesso em: 6 fev. 2021.

7. THURAISINGHAM, Meena; LEHMACHER, Wolfgang. **The Secret Life of Decisions: How Unconscious Bias Subverts Your Judgement**. Aldershot: Gower Publishing, 2013.

8. DELOITTE. **The state of the deal: M&A trends 2020**. Dados disponíveis em: <https://www2.deloitte.com/us/en/pages/mergers--and-acquisitions/articles/m-a-trends-report.html>. Acesso em: 22 fev. 2021.

9. Ibid.

10. KAHNEMAN, Daniel. **Thinking, fast and slow**. Nova York: Farrar, Straus and Giroux, 2011.

11. MALMENDIER, Ulrike; TATE, Geoffrey. Who Makes Acquisitions? CEO Overconfidence and the Market's Reaction. **Journal of Financial Economics**, v. 89, jul. 2008. Disponível em: <http://www.sciencedirect.com/science/article/pii/S0304405X08000251>. Acesso em: 6. fev. 2021.

12. Ibid.

13. BARROS, Lucas Ayres; DA SILVEIRA, Alexandre Di Miceli. Excesso de Confiança, Otimismo Gerencial e os Determinantes da Estrutura de Capital. **Revista Brasileira de Finanças**, v. 6, n. 3, 2008.

14. THURAISINGHAM, Meen; LEHMACHER, Wolfgang. **The Secret Life of Decisions: How Unconscious Bias Subverts Your Judgement**. Aldershot: Gower Publishing, 2013.

15. NACD — National Association of Corporate Directors. **Governance Challenges 2016: M&A Oversight**. Disponível em: <https://www.nacdonline.org/Resources/Article.cfm?ItemNumber=27364>. Acesso em: 6 fev. 2021.

16. BARROS, Lucas A. **Vieses Gerenciais e o Conselho de Administração**. 4º Curso Avançado de Conselheiro de Administração. IBGC, jun. 2010.

17. Ibid.

18. GUERRA, Sandra; SANTOS, Rafael L. Headaches, Concerns and Regrets: What does the experience of 102 Brazilian directors tell us? **Private Sector Opinion**. Washington, DC: IFC. 2017. Disponível em: <https://www.ifc.org/wps/wcm/connect/topics_ext_content/ifc_external_corporate_site/ifc+cg/resources/private+sector+opinion/headaches%2C+concerns%2C+and+regrets+-+what+does+the+experience+of+102+brazilian+directors+tell+us>. Acesso em: 22 fev. 2021.

19. PwC. **Governing for the long term: Looking down the road with an eye on the rear-view mirror. Annual Corporate Directors Survey**, PwC, 2015. Disponível em: <https://www.pwc.ie/publications/2015/annual-corporate-directors-survey.pdf>. Acesso em: 22 jan. 2021.

20. SPENCER STUART. **CEO Transitions 2019**. Disponível em: <https://www.spencerstuart.com/research-and-insight/ceo-transitions-2019>. Acesso em: 22 fev. 2021.

21. Ibid.

22. GUERRA, Sandra; BARROS, Lucas A.; SANTOS, Rafael L. **Decision-making in boards of directors: The roles of meeting dynamics and choice architecture**. Projeto de pesquisa, 2020.

23. GUERRA, Sandra; SANTOS, Rafael L. Headaches, Concerns and Regrets: What does the experience of 102 Brazilian directors tell us? **Private Sector Opinion**. Washington, DC: IFC. 2017. Disponível em: <https://www.ifc.org/wps/wcm/connect/topics_ext_content/ifc_external_corporate_site/ifc+cg/resources/private+sector+opinion/headaches%2C+concerns%2C+and+regrets+-+what+does+the+experience+of+102+brazilian+directors+tell+us>. Acesso em: 22 fev. 2021.

24. GUERRA, Sandra; BARROS, Lucas A.; SANTOS, Rafael L. **Decision--making in boards of directors: The roles of meeting dynamics and choice architecture**. Projeto de pesquisa, 2020.

25. WORLD ECONOMIC FORUM. **World Economic Forum's Global Risks Report 2015. Governing the Global Company. Oversight of Complexity**. Robyn Bew, da National Association of Corporate Directors (NACD) e Lucy Nottingham, da Marsh & McLennan Companies. Disponível em: <http://www3.weforum.org/docs/WEF_Global_Risks_2015_Report15.pdf>. Acesso em: 17 jul. 2020.

26. DELOITTE. **In the throes of a dual-front crisis. Establishing the road to a global consumer recovery**. Disponível em: <https://www2.deloitte.com/us/en/insights/industry/retail-distribution/consumer-behavior-trends-state-of-the-consumer-tracker/covid-19--recovery/04-29-2020.html>. Acesso em: 22 fev. 2021.

27. KPMG. **Impactos e respostas aos efeitos do Covid-19**, abril de 2020. Disponível em: <https://home.kpmg/br/pt/home/events/2020/05/impactos-covid-tmt.html>. Acesso em: 22 fev. 2021.

28. DELOITTE. **Covid-19 and the board A chair's point of view**. Disponível em: <https://www2.deloitte.com/global/en/pages/about--deloitte/articles/covid-19/covid-19-and-the-board-a-chairs-point--of-view.html>. Acesso em: 22 fev. 2021.

29. WORLD ECONOMIC FORUM. **Covid-19 Risks Outlook: A Preliminary Mapping and its Implications**. Disponível em: <https://www.weforum.org/reports/covid-19-risks-outlook-a-preliminary--mapping-and-its-implications>. Acesso em: 22 fev. 2021.

30. HENLEY BUSINESS SCHOOL; ALVAREZ & MARSAL. **Boards in Challenging Times: Extraordinary disruptions leading through complex and discontinuous challenges**. Reino Unido, 2015. Disponível em: <http://www.alvarezandmarsal.com/sites/default/files/am_boards_in_challenging_times_research.pdf>. Acesso em: 6 fev. 2021.

6. O mito da racionalidade corporativa

1. SIMON, Herbert Alexander. **Administrative Behavior; a study of decision-making processes in administrative organization**. Nova York: Free Press, 1976.

2. BALESTRIN, Alsones. Uma análise da contribuição de Herbert Simon para as teorias organizacionais. **Revista Eletrônica de Administração** (REAd), v. 8, 2002, Escola de Administração — Universidade Federal do Rio Grande do Sul — UFRGS. Disponível em: <http://seer.ufrgs.br/index.php/read/article/view/44111>. Acesso em: 12 fev. 2021.

3. ARNOTT, David; PERVAN, Graham. A Critical Analysis of Decision Support Systems Research Revisited: the Rise of Design Science. 4. ed. **Journal of Information Technology**, v. 29, p. 269-293, 2014.

4. KAHNEMAN, Daniel. **Thinking, fast and slow**. Nova York: Farrar, Straus and Giroux, 2011. Localização 462 de 10934.

5. Esse experimento, já mencionado no Capítulo 2, foi desenvolvido por Daniel J. Simons e Christopher Chabris em 1999 e o vídeo está disponível em: <http://www.theinvisiblegorilla.com/videos.html>. Acesso em: 12 fev. 2021.

6. GUERRA, Sandra; SANTOS, Rafael L. Headaches, Concerns and Regrets: What does the experience of 102 Brazilian directors tell us? **Private Sector Opinion**. Washington, DC: IFC, 2017. Disponível em: <https://www.ifc.org/wps/wcm/connect/topics_ext_content/ifc_external_corporate_site/ifc+cg/resources/private+sector+opinion/headaches%2C+concerns%2C+and+regrets+-+what+does+the+experience+of+102+brazilian+directors+tell+us>. Acesso em: 12 fev. 2021.

7. KAHNEMAN, Daniel. **Thinking, fast and slow**. Nova York: Farrar, Straus and Giroux, 2011. Localização 1607 de 9418.

8. KAHNEMAN, Daniel. **Thinking, fast and slow**. Nova York: Farrar, Straus and Giroux, 2011. Localização 331 de 9418.

9. KAHNEMAN, Daniel; TVERSKY, Amos. Intuitive prediction: Biases and corrective procedures. **ResearchGate**. Cambridge University

Press. 1977. Disponível em: <https://www.researchgate.net/publication/235103436>. Acesso em: 12 fev. 2021.

10. ARNOTT, David. Cognitive biases and decision support systems development: a design science approach. **Information Systems Journal**, v. 16, n. 1, p. 55-78, 2006. Disponível em: <https://www.researchgate.net/publication/220356732_Cognitive_biases_and_decision_support_systems_development_A_design_science_approach>. Acesso em: 12 fev. 2021.

11. THURAISINGHAM, Meena; LEHMACHER, Wolfgang. **The Secret Life of Decisions: How Unconscious Bias Subverts Your Judgement**. Aldershot: Gower Publishing, 2013. Localização 186 de 3405.

12. KAHNEMAN, Daniel. **Thinking, fast and slow**. Nova York: Farrar, Straus and Giroux, 2011. Localização 1422 de 9418.

13. GUERRA, Sandra; SANTOS, Rafael L. Headaches, Concerns and Regrets: What does the experience of 102 Brazilian directors tell us? **Private Sector Opinion**. Washington, DC: IFC, 2017. Disponível em: <https://www.ifc.org/wps/wcm/connect/topics_ext_content/ifc_external_corporate_site/ifc+cg/resources/private+sector+opinion/headaches%2C+concerns%2C+and+regrets+-+what+does+the+experience+of+102+brazilian+directors+tell+us>. Acesso em: 12 fev. 2021.

14. KAHNEMAN, Daniel. **Thinking, fast and slow**. Nova York: Farrar, Straus and Giroux, 2011. Localização 217 de 9418.

15. JOHNSON, Stefanie K.; HEKMAN, David R. e CHAN Elsa T. If There's Only One Woman in Your Candidate Pool, There's Statistically No Chance She'll Be Hired. **Harvard Business Review**, 26 abr. 2016. Disponível em: <https://hbr.org/2016/04/if-theres-only-one-woman-in-your-candidate-pool-theres-statistically-no-chance-shell-be-hired>. Acesso em: 12 fev. 2021.

16. Ibid.

17. KAHNEMAN, Daniel. **Thinking, fast and slow**. Nova York: Farrar, Straus and Giroux, 2011.

18. GUERRA, Sandra; SANTOS, Rafael L. Headaches, Concerns and Regrets: What does the experience of 102 Brazilian directors tell us?

Private Sector Opinion. Washington, DC: IFC, 2017. Disponível em: <https://www.ifc.org/wps/wcm/connect/topics_ext_content/ifc_external_corporate_site/ifc+cg/resources/private+sector+opinion/headaches%2C+concerns%2C+and+regrets+-+what+does+the+experience+of+102+brazilian+directors+tell+us>. Acesso em: 12 fev. 2021.

19. GUERRA, Sandra; BARROS, Lucas A.; SANTOS, Rafael L. **Decision-making in boards of directors: The roles of meeting dynamics and choice architecture**. Projeto de pesquisa, 2020.

20. KAHNEMAN, Daniel. **Thinking, fast and slow**. Nova York: Farrar, Straus and Giroux, 2011. Localização 2001 de 9418.

21. TVERSKY, Amos; KAHNEMAN, Daniel. **Judgment under uncertainty: Heuristics and biases**. Oregon Research Institute. **Technical Report**. 1973. Disponível em: <https://www.socsci.uci.edu/~bskyrms/bio/readings/tversky_k_heuristics_biases.pdf>. Acesso em: 12 fev. 2021.

22. KAHNEMAN, Daniel. **Thinking, fast and slow**. Nova York: Farrar, Straus and Giroux, 2011. Localização 2001 de 9418.

23. GUERRA, Sandra; SANTOS, Rafael L. Headaches, Concerns and Regrets: What does the experience of 102 Brazilian directors tell us? **Private Sector Opinion**. Washington, DC: IFC. 2017. Disponível em: <https://www.ifc.org/wps/wcm/connect/topics_ext_content/ifc_external_corporate_site/ifc+cg/resources/private+sector+opinion/headaches%2C+concerns%2C+and+regrets+-+what+does+the+experience+of+102+brazilian+directors+tell+us>. Acesso em: 12 fev. 2021.

24. GUERRA, Sandra; BARROS, Lucas A.; SANTOS, Rafael L. **Decision-making in boards of directors: The roles of meeting dynamics and choice architecture**. Projeto de pesquisa, 2020.

25. DARLEY, John M.; BATSON, C. Daniel. From Jerusalem to Jericho: A study of situational and dispositional variables in helping behavior. **Journal of Personality and Social Psychology**, v. 27, n. 1, 1973. Disponível em: <https://psycnet.apa.org/record/1973-31215-001>. Acesso em: 12 fev. 2021.

26. GUERRA, Sandra; BARROS, Lucas A.; SANTOS, Rafael L. **Decision--making in boards of directors: The roles of meeting dynamics and choice architecture**. Projeto de pesquisa, 2020.

27. ARNOTT, David. **A taxonomy of decision biases**. Monash University, School of Information Management and Systems, Caulfield, 1998. Disponível em: <https://www.semanticscholar.org/paper/A--Taxonomy-of-Decision-Biases-Arnott/c58cca5c8e8774eb5b17a-c3159914d1f1357a014>. Acesso em: 12 fev. 2021.

28. ARNOTT, David. Cognitive biases and decision support systems development: a design science approach. **Information Systems Journal**, v. 16, n. 1, p. 55-78, 2006. Disponível em: <https://www.researchgate.net/publication/220356732_Cognitive_biases_and_decision_support_systems_development_A_design_science_approach>. Acesso em: 12 fev. 2021.

29. LEBLANC, Richard; GILLIES, James. **Inside the boardroom: How boards really work and the coming revolution in corporate governance**. Mississauga: John Wiley & Sons: 2005.

30. IBGC — Instituto Brasileiro de Governança Corporativa. **Código de Melhores Práticas de Governança Corporativa**. São Paulo: IBGC, 5. ed. 2015.

31. SUNSTEIN, Cass R.; HASTIE, Reid. Wiser: Getting beyond groupthink to make groups smarter. **Harvard Business Press**, 2015. Disponível em: <https://hbr.org/product/wiser-getting-beyond--groupthink-to-make-groups-smarter/2299-HBK-ENG>. Localização 260 de 3122. Acesso em: 12 fev. 2021.

32. GUERRA, Sandra; SANTOS, Rafael L. Headaches, Concerns and Regrets: What does the experience of 102 Brazilian directors tell us? **Private Sector Opinion**. Washington, DC: IFC, 2017. Disponível em: <https://www.ifc.org/wps/wcm/connect/topics_ext_content/ifc_external_corporate_site/ifc+cg/resources/private+sector+opinion/headaches%2C+concerns%2C+and+regrets+-+what+does+the+experience+of+102+brazilian+directors+tell+us>. Acesso em: 12 fev. 2021.

33. Ibid.

34. PICK, Katharina; MERCHANT, Kenneth. **Recognizing Negative Boardroom Group Dynamics**. In: LORSCH, Jay William. **The future of boards: Meeting the governance challenges of the twenty-first century**. Boston: Harvard Business Press, p. 113-132, 2012.

35. KATZENBACH, Jon; SMITH, R., Douglas K. **The Discipline of Teams**. In: **HBR's 10 Must Reads On Teams**. Boston: Harvard Business School Publishing Corporation, 2013, p. 35-53.

36. MERCHANT, Kenneth A.; PICK, Katharina. **Blind Spots, biases and other pathologies in the boardroom**. Nova York: Business Expert Press, 2010.

37. Fonte: <http://www.twainquotes.com/Majority.html>. Acesso em: 12 fev. 2021.

38. TORCHIA, Mariateresa; CALABRÒ, Andrea; MORNER, Michèle. Board of Directors' Diversity, Creativity, and Cognitive Conflict: The Role of Board Members' Interaction. **International Studies of Management & Organization**. London: Routledge, v. 45, n. 1, p. 6-24, 2015.

39. GUERRA, Sandra; BARROS, Lucas A.; SANTOS, Rafael L. **Decision-making in boards of directors: The roles of meeting dynamics and choice architecture**. Projeto de pesquisa, 2020.

40. IFC — International Finance Corporation; CEDR — Centre for Effective Dispute Resolution. **Conflicts in the boardroom survey — results and analysis 2014**. p. 7 Disponível em: <https://www.ifc.org/wps/wcm/connect/topics_ext_content/ifc_external_corporate_site/ifc+cg/resources/guidelines_reviews+and+case+studies/conflicts+in+the+boardroom+-+survey+2013>. Acesso em: 12 fev. 2021.

41. Ibid.

42. Ibid.

43. PICK, Katharina; MERCHANT, Kenneth. **Recognizing Negative Boardroom Group Dynamics**. In: LORSCH, Jay William. **The future of boards: Meeting the governance challenges of the twenty-first century**. Boston: Harvard Business Press, 2012, p. 113-132.

44. IFC — International Finance Corporation; CEDR — Centre for Effective Dispute Resolution. **Managing Conflicts and Difficult Conversations on the Board**. Interactive Training. Background Reading Material, 2016.

45. GUERRA, Sandra; BARROS, Lucas A.; SANTOS, Rafael L. **Decision--making in boards of directors: The roles of meeting dynamics and choice architecture**. Projeto de pesquisa, 2020.

46. GERSICK, Connie J. G.; HACKMAN, J. Richard. Habitual routines in task-performing groups. **Organizational behavior and human decision processes**, v. 47, n. 1, p. 65-97, 1990. p. 69.

47. GUERRA, Sandra; BARROS, Lucas A.; SANTOS, Rafael L. **Decision--making in boards of directors: The roles of meeting dynamics and choice architecture**. Projeto de pesquisa, 2020.

48. SUNSTEIN, Cass R.; HASTIE, Reid. Wiser: **Getting beyond group-think to make groups smarter**. Boston: Harvard Business Press, 2015. Disponível em: <https://hbr.org/product/wiser-getting--beyond-groupthink-to-make-groups-smarter/2299-HBK-ENG>. Acesso em: 12 fev. 2021.

49. IFC — International Finance Corporation; CEDR — Centre for Effective Dispute Resolution. **Managing Conflicts and Difficult Conversations on the Board**. Interactive Training. Background Reading Material, 2016.

50. GUERRA, Sandra; BARROS, Lucas A.; SANTOS, Rafael L. **Decision--making in boards of directors: The roles of meeting dynamics and choice architecture**. Projeto de pesquisa, 2020.

51. Tradução do termo *social loafing* proposta em: THOMPSON, Leigh. Desenvolvendo a criatividade dos grupos de trabalho organiza-cionais. **GVexecutivo: Revista de Estratégia e Gestão**. Fundação Getúlio Vargas, Nova York: **Academy of Management**, v. 2, n. 3, p. 63-81, 2003.

52. KRAVITZ, David A.; MARTIN, Barbara. **Ringelmann rediscovered: The original article**. 1986.

53. LATANÉ, Bibb; WILLIAMS, Kipling; HARKINS, Stephen. Many hands make light the work: The causes and consequences of social loafing. **Journal of personality and social psychology**, v. 37, n. 6, p. 822, 1979.

54. MERCHANT, Kenneth A; PICK, Katharina. **Blind Spots, biases and other pathologies in the boardroom**. Nova York: Business Expert Press, 2010.

55. GUERRA, Sandra; BARROS, Lucas A.; SANTOS, Rafael L. **Decision- -making in boards of directors: The roles of meeting dynamics and choice architecture**. Projeto de pesquisa, 2020.

56. PICK, Katharina; MERCHANT, Kenneth. **Recognizing Negative Boardroom Group Dynamics**. In: LORSCH, Jay William. **The future of boards: Meeting the governance challenges of the twenty-first century**. Boston: Harvard Business Press, 2012.

57. GUERRA, Sandra; BARROS, Lucas A.; SANTOS, Rafael L. **Decision- -making in boards of directors: The roles of meeting dynamics and choice architecture**. Projeto de Pesquisa. 2020.

58. FORBES, Daniel P.; MILLIKEN, Frances J. Cognition and corporate governance: Understanding boards of directors as strategic decision-making groups. **Academy of management review**, v. 24, n. 3, p. 489-505, 1999.

7. A bússola comportamental

1. THURAISINGHAM, Meena; LEHMACHER, Wolfgang. **The Secret Life of Decisions: How Unconscious Bias Subverts Your Judgement**. Aldershot: Gower Publishing, 2013.

2. CADBURY, Adrian. **Corporate Governance and Chairmanship — A Personal View**. Nova York: Oxford University Press, 2002. p. 43.

3. SOLL, Jack B.; MILKMAN, Katherine L.; PAYNE, John W. A user's guide to debiasing. **The Wiley Blackwell handbook of judgment and decision making**, v. 2, p. 924-951, 2015. p. 926.

4. THALER, Richard H.; SUNSTEIN, Cass R. **Nudge: Improving decisions about health, wealth, and happiness**. Nova York: Penguin, 2009.

5. Ibid. Localização 173 de 5708.

6. LOVALLO, Dan; SIBONY, Olivier. The case for behavioral strategy. **McKinsey Quarterly**, v. 2, n. 1, p. 30-43, 2010.

7. IBGC — Instituto Brasileiro de Governança Corporativa. **XVII Congresso do IBGC**. São Paulo, out. 2016.

8. THURAISINGHAM, Meena; LEHMACHER, Wolfgang. **The Secret Life of Decisions: How Unconscious Bias Subverts Your Judgement**. Aldershot: Gower Publishing, 2013. Localização 3009 de 3405.

9. GUERRA, Sandra; SANTOS, Rafael L. Headaches, Concerns and Regrets: What does the experience of 102 Brazilian directors tell us? Private Sector Opinion. Washington, DC: IFC. 2017. Disponível em: <https://www.ifc.org/wps/wcm/connect/topics_ext_content/ifc_external_corporate_site/ifc+cg/resources/private+sector+opinion/headaches%2C+concerns%2C+and+regrets+-+what+does+the+experience+of+102+brazilian+directors+tell+us>. Acesso em: 17 fev. 2021.

10. LEVITT, Theodore. Miopia em Marketing, publicado na Harvard Business Review. **Best of HBR**, p 1-14, jul./ago. 1960. Disponível em: <https://edisciplinas.usp.br/pluginfile.php/5048777/mod_resource/content/1/levit_1960_miopia-em-marketing.pdf>. Acesso em: 17 fev. 2021.

11. FRISCH, Bob. When Teams Can't Decide. **Harvard Business School Publishing Corporation**, nov. 2008. Disponível em: <https://hbr.org/2008/11/when-teams-cant-decide>. Acesso em: 17 fev. 2021.

12. LOVALLO, Dan; SIBONY, Olivier. The case for behavioral strategy. **McKinsey Quarterly**, v. 2, n. 1, p. 30-43, 2010.

13. GUERRA, Sandra; SANTOS, Rafael L. Headaches, Concerns and Regrets: What does the experience of 102 Brazilian directors tell us? **Private Sector Opinion**. Washington, DC: IFC. 2017. Referência ao Gráfico 7.1. Disponível em: <https://www.ifc.org/wps/wcm/connect/topics_ext_content/ifc_external_corporate_site/ifc+cg/

resources/private+sector+opinion/headaches%2C+concerns%2C+
and+regrets+-+what+does+the+experience+of+102+brazilian+dire
ctors+tell+us>. Acesso em: 17 fev. 2021.

14. THALER, Richard H.; SUNSTEIN, Cass R. **Nudge: Improving decisions about health, wealth, and happiness**. Nova York: Penguin,
2009. Localização 958 de 5708.

15. Referência ao Gráfico 7.1. Disponível em: <https://www.ifc.org/
wps/wcm/connect/topics_ext_content/ifc_external_corporate_site/
ifc+cg/resources/private+sector+opinion/headaches%2C+concerns
%2C+and+regrets+-+what+does+the+experience+of+102+brazilian+
directors+tell+us>. Acesso em: 17 fev. 2021.

16. LOVALLO, Dan; SIBONY, Olivier. The case for behavioral strategy. **McKinsey Quarterly**, v. 2, n. 1, p. 30-43, 2010.

17. GUERRA, Sandra; BARROS, Lucas A.; SANTOS, Rafael L. **Decision-
-making in boards of directors: The roles of meeting dynamics
and choice architecture**. Projeto de pesquisa, 2020.

18. JANIS, Irving Lester. **Groupthinking: Psychological studies of
policy decisions and fiascoes**. 2. ed. Boston: Houghton Mifflin, 1982.

19. GUERRA, Sandra; SANTOS, Rafael L. Headaches, Concerns and
Regrets: What does the experience of 102 Brazilian directors tell us?
Private Sector Opinion. Washington, DC: IFC. 2017. Disponível em:
<https://www.ifc.org/wps/wcm/connect/topics_ext_content/ifc_
external_corporate_site/ifc+cg/resources/private+sector+opinion/
headaches%2C+concerns%2C+and+regrets+-+what+does+the+expe
rience+of+102+brazilian+directors+tell+us>. Acesso em: 17 fev. 2021.

20. GUERRA, Sandra; BARROS, Lucas A.; SANTOS, Rafael L. **Decision-
-making in boards of directors: The roles of meeting dynamics
and choice architecture**. Projeto de pesquisa, 2020.

21. REYNOLDS, Alison; LEWIS, David. Teams solve problems faster
when they're more cognitively diverse. **Harvard Business Review**,
v. 30, p. 1-8, 2017.

22. TORCHIA, Mariateresa; CALABRÒ, Andrea; MORNER, Michèle.
Board of Directors' Diversity, Creativity, and Cognitive Conflict:

The Role of Board Members' Interaction. **International Studies of Management & Organization**, v. 45, n. 1, p. 6-24, 2015.

23. LOVALLO, Dan; SIBONY, Olivier. The case for behavioral strategy. **McKinsey Quarterly**, v. 2, n. 1, p. 30-43, 2010.

24. BOND, Samuel D.; CARLSON, Kurt A.; KEENEY, Ralph L. Generating objectives: Can decision makers articulate what they want? **Management Science**, v. 54, n. 1, p. 56-70, 2008.

25. SUNSTEIN, Cass R.; HASTIE, Reid. Wiser: Getting beyond groupthink to make groups smarter. Boston: Harvard Business Press, 2015.

26. FRISCH, Bob. When Teams Can't Decide. 2008. In: **HBR's 10 Must Reads on Teams**. Boston: Harvard Business School Publishing Corporation, p. 135-147, 2013. Disponível em: <https://hbr.org/2008/11/when-teams-cant-decide>. Acesso em: 17 fev. 2021.

27. Ibid. Localização 2264 de 3273.

28. GUERRA, Sandra; SANTOS, Rafael L. Headaches, Concerns and Regrets: What does the experience of 102 Brazilian directors tell us? **Private Sector Opinion**. Washington, DC: IFC. 2017. Disponível em: <https://www.ifc.org/wps/wcm/connect/topics_ext_content/ifc_external_corporate_site/ifc+cg/resources/private+sector+opinion/headaches%2C+concerns%2C+and+regrets+-+what+does+the+experience+of+102+brazilian+directors+tell+us>. Acesso em: 17 fev. 2021.

29. Ibid.

30. Ibid.

31. KAHNEMAN, Daniel. **Thinking, fast and slow**. Nova York: Farrar, Straus and Giroux, 2011. Localização 4450 e 4457 de 9418.

32. MCKINSEY. Flaws in Strategic Decision Making. **Global Survey Results**, jan. 2009. Disponível em: <http://www.mckinsey.com/business-functions/strategy-and-corporate-finance/our-insights/flaws-in-strategic-decision-making-mckinsey-global-survey-results>. Acesso em: 17 fev. 2021.

33. GUERRA, Sandra; BARROS, Lucas A.; SANTOS, Rafael L. Decision-making in boards of directors: The roles of meeting dynamics and choice architecture. Projeto de pesquisa, 2020.

34. PICK, Katharina e MERCHANT, Kenneth A. Recognizing Negative Boardroom Group Dynamics. In: LORSCH, Jay William (editor). **The future of boards: Meeting the governance challenges of the twenty-first century**. Boston: Harvard Business Press, p. 113-132, 2012.

35. CEDR — Effective Dispute Resolution; IFC — International Finance Corporation. **Managing Conflicts and Difficult Conversations on the Board**. Interactive Training. Background Reading Material, 2015. Disponível em: <https://www.ifc.org/wps/wcm/connect/4d816348-7c63-48ba-95a2-849574020d0a/Boardroom_Disputes_Practical_Guide_for_Directors.pdf?MOD=AJPERES&CVID=kHGE9QV>. Acesso em: 17 fev. 2021.

36. Ibid.

37. MERCHANT, Kenneth A; PICK, Katharina. **Blind Spots, biases and other pathologies in the boardroom**. Nova York: Business Expert Press, 2010.

38. MASTERS, Jon J.; RUDNICK, Alan A. **Improving Board Effectiveness: Bringing the Best of ADR into the Boardroom**. Washington,DC: ABA Section of Dispute Resolution, 2005.

39. HUSE, Morten. **Boards, governance and value creation: The human side of corporate governance**. Cambridge: Cambridge University Press, 2007.

40. KAHNEMAN, Daniel. **Thinking, fast and slow**. Nova York: Farrar, Straus and Giroux, 2011.

41. THURAISINGHAM, Meena; LEHMACHER, Wolfgang. **The Secret Life of Decisions: How Unconscious Bias Subverts Your Judgement**. Aldershot: Gower Publishing, 2013.

42. IFC — International Finance Corporation; CEDR — Centre For Effective Dispute Resolution. **Conflicts in the boardroom survey — results and analysis, 2015**. Disponível em: <https://www.ifc.org/wps/wcm/connect/4d816348-7c63-48ba-95a2-849574020d0a/Boardroom_Disputes_Practical_Guide_for_Directors.pdf?MOD=AJPERES&CVID=kHGE9QV>. Acesso em: 17 fev. 2021.

43. MERCHANT, Kenneth A.; PICK, Katharina. **Blind Spots, biases and other pathologies in the boardroom**. Nova York: Business Expert Press, 2010.

44. Tradução do termo *social loafing* proposta em: THOMPSON, Leigh. Desenvolvendo a criatividade dos grupos de trabalho organizacionais. **GVexecutivo: Revista de Estratégia e Gestão**. Fundação Getúlio Vargas, Nova York: **Academy of Management**, v. 2, n. 3, p. 63-81, 2003.

45. LATANÉ, Bibb; WILLIAMS, Kipling; HARKINS, Stephen. Many hands make light the work: The causes and consequences of social loafing. **Journal of personality and social psychology**, v. 37, n. 6, p. 822, 1979.

46. MERCHANT, Kenneth A.; PICK, Katharina. **Blind Spots, biases and other pathologies in the boardroom**. Nova York: Business Expert Press, 2010.

47. KAHNEMAN, Daniel. **Thinking, fast and slow**. Nova York: Farrar, Straus and Giroux, 2011. Localização 1388 de 9418.

48. TORCHIA, Mariateresa; CALABRÒ, Andrea; MORNER, Michèle. Board of Directors' Diversity, Creativity, and Cognitive Conflict: The Role of Board Members' Interaction. **International Studies of Management & Organization**, v. 45, n. 1, p. 6-24, 2015.

49. HARRISON, David A.; PRICE, Kenneth H.; BELL, Myrtle P. Beyond relational demography: Time and the effects of surface-and deep--level diversity on work group cohesion. **Academy of management journal**, v. 41, n. 1, p. 96-107, 1998.

50. TORCHIA, Mariateresa; CALABRÒ, Andrea; MORNER, Michèle. Board of Directors' Diversity, Creativity, and Cognitive Conflict: The Role of Board Members' Interaction. **International Studies of Management & Organization**, v. 45, n. 1, p.20, 2015.

51. GUERRA, Sandra; SANTOS, Rafael L. Headaches, Concerns and Regrets: What does the experience of 102 Brazilian directors tell us? **Private Sector Opinion**. Washington, DC: IFC. 2017. Disponível em: <https://www.ifc.org/wps/wcm/connect/topics_ext_content/ifc_

external_corporate_site/ifc+cg/resources/private+sector+opinion/headaches%2C+concerns%2C+and+regrets+-+what+does+the+experience+of+102+brazilian+directors+tell+us>. Acesso em: 17 fev. 2021.

52. THURAISINGHAM, Meena; LEHMACHER, Wolfgang. **The Secret Life of Decisions: How Unconscious Bias Subverts Your Judgement.** Aldershot: Gower Publishing, 2013. Localização 3097 de 3405.

53. PICK, Katharina; MERCHANT, Kenneth A. **Recognizing Negative Boardroom Group Dynamics**. In: LORSCH, Jay William (editor). **The future of boards: Meeting the governance challenges of the twenty-first century**. Boston: Harvard Business Press, p. 113-132, 2012. Localização 2054 de 2780.

54. Financial Reporting Council. Corporate Culture and The Role of Boards **Report of Observations do Financial Reporting Council de jul. 2016**. Disponível em: <https://www.frc.org.uk/Our-Work/Publications/Corporate-Governance/Corporate-Culture-and-the--Role-of-Boards-Report-o.pdf>. Acesso em: 17 fev. 2021.

55. Ibid.

56. IBGC — Instituto Brasileiro de Governança Corporativa. **XVII Congresso do IBGC**. São Paulo, out. 2016.

57. WEF — World Economic Forum. **Climate Governance Initiative Principles** Disponível em: <https://www.weforum.org/projects/climate-governance-initiative>. Acesso em: 19 fev. 2021.

58. IBGC — Instituto Brasileiro de Governança Corporativa. **XVII Congresso do IBGC**. São Paulo, out. 2016.

59. Mais informações sobre o Relato Integrado e sua estrutura estão disponíveis em <https://integratedreporting.org/resource/international-ir-framework/>. Acesso em: 17 fev. 2021.

60. DRUCKMAN, Paul. **We have made history together — thank you!** Disponível em: <https://integratedreporting.org/news/we-have--made-history-together-thank-you/>. Acesso em: 17 fev. 2021.

Índice de gráficos, tabelas e figuras

Capítulo 7

Índice

Este livro foi composto na tipografia Palatino
LT Std, em corpo 10,5/15, e impresso em papel
off-white na Lis Gráfica.